KOCHEN

GÜNTER BEER · PATRIK JAROS

KOCHEN

DAS STANDARDWERK

Parragon

Bath • New York • Singapore • Hong Kong • Cologne • Delhi
Melbourne • Amsterdam • Johannesburg • Auckland • Shenzhen

LOVE FOOD is an imprint of Parragon Books Ltd

Parragon
Queen Street House
4 Queen Street
Bath BA1 1HE, UK

Idee: Patrik Jaros & Günter Beer

Der Visuelle Index ist ein beim Europäischen Markenamt unter der Nummer 000252796-001 eingetragenes Geschmacksmuster der Buenavista Studio s.l.

Rezepte und Foodstyling: Patrik Jaros | www.foodlook.com

Fotografie: Günter Beer | www.beerfoto.com

Text: Günter Beer, Gerhard von Richthofen, Patrik Jaros, Jörg Zipprick

Assistenz Fotografie: Sigurd Buchberger, Aranxa Alvarez

Assistenz Küche: Magnus Thelen, Johannes von Bemberg

Design by Estudio Merino | www.estudiomerino.com

Produziert von Buenavista Studio s.l. | www.buenavistastudio.com

ISBN: 978-1-4454-1026-5

Printed in China

Anmerkungen für den Leser:

Ein Teelöffel entspricht 5 ml, ein Esslöffel 15 ml. Soweit nicht anders angegeben ist, wird Vollmilch verwendet. Die Angaben für Kartoffeln, Gemüse und Eier beziehen sich auf mittlere Größen. Pfeffer ist immer frisch gemahlener Pfeffer.

Kinder, ältere Menschen, Schwangere, Kranke und Rekonvaleszenten sollten auf Gerichte mit rohen oder nur leicht gegarten Eiern, rohen Fisch und Meeresfrüchte sowie Erdnüsse oder Erdnussprodukte verzichten. Allergiker bitten wir zu beachten, dass einige Fertigprodukte, die in den Rezepten verwendet werden, allergene Bestandteile enthalten können und daher immer sorgfältig die Inhaltsangaben der Produkte überprüft werden müssen.

Bewahren Sie Lebensmittelreste immer im Kühlschrank auf und prüfen Sie sie vor ihrer Verwendung gewissenhaft auf ihre Verwertbarkeit. Verdorbene Lebensmittel dürfen auf keinen Fall verzehrt werden. Alle Rezepte in diesem Buch wurden mit größtmöglicher Sorgfalt überprüft, nachgekocht und verkostet.

Bildnachweis: Alle Fotos von Günter Beer, Barcelona

Außer Gettyimages: S. 303: 3. Reihe mitte., S. 423: 2. Reihe mitte Davies + Starr, 3. Reihe links und mitte Eising, 3. Reihe rechts Foodcollection.

Inhalt

Wie dieses Kochbuch funktioniert

Die bebilderte Zutatenliste auf der linken, oberen Seite ist wie ein Daumenkino als Index nutzbar. Blitzschnell, ohne das Buch lesen zu müssen, können Rezepte für zwei oder mehr Zutaten gefunden werden.

↓

100 ml Weißwein
5 Eier
1 Prise Salz
350 g Butter
½ Zitrone
1 EL Estragonessig
1 Prise Cayennepfeffer

Sauce hollandaise

1. Für das Wasserbad 3 cm Wasser in einem Topf zum Kochen bringen. Den Weißwein in eine Schüssel mit rundem Boden gießen. Die Eier trennen, das Eigelb in die Schüssel geben und das Eiweiß zur anderweitigen Verarbeitung in den Kühlschrank stellen. Nun die Schüssel auf das Wasserbad stellen, salzen und die Mischung mit einem Schneebesen aufschlagen.

2. Das Eigelb mit dem Schneebesen kräftig schlagen, bis es weiß und schaumig ist.

3. Die Butter in einem kleinen Topf zerlassen und warm, aber nicht heiß, vorsichtig mit einer Kelle in das schaumige Eigelb laufen lassen. Währenddessen mit dem Schneebesen weiter rühren, damit sich die Butter und das Eigelb miteinander verbinden und eine schaumig-cremige Konsistenz ergeben. Die Zubereitung erfolgt genau wie die von Mayonnaise, allerdings ist die Sauce warm. Zum Schluss mit Salz, Zitronensaft, Estragonessig und Cayennepfeffer abschmecken.

Ergibt ca. 600 g oder 1000 ml Volumen.

Diese Sauce ist bereits geronnen, da die Butter zu schnell oder zu heiß zugegeben wurde.

Das Eigelb wurde über dem Wasserbad zu heiß aufgeschlagen. Hier ist das Ei bereits wie ein Rührei gestockt. Gäbe man jetzt Butter dazu, so könnte man sie nicht mehr einrühren.

***25**

■ Um eine Sauce hollandaise gut aufschlagen zu können, sind 5 Eigelb optimal. Man sollte nie weniger als 3 Eigelb verwenden, da sonst die Sauce nicht das richtige Volumen erhält. Die fertige Sauce mit Butterpapier abgedeckt auf den Topf mit Wasser stellen, ohne diesen auf den Herd zu geben. So lässt sie sich bis zu eine Stunde lang warm halten. Passt am besten zu gekochtem weißen Spargel oder zu pochiertem Fisch, aber auch zu allen anderen Gerichten wie die Ableitungen der Hollandaise.

Küchendoktor: Auch hier ist die Sauce geronnen. Einen Esslöffel heißes Wasser dazugeben und mit kleinen Rührbewegungen an einer Stelle versuchen, die Sauce wieder zu verrühren. Dann nach und nach die restliche Sauce einrühren. Dies erfordert viel Geschick und Erfahrung.

152 | Saucen & Fonds

↑ ↑ ↑ ↑

Zubereitungszeit: Die Zahl unten links auf der Seite gibt die ungefähre Zubereitungszeit in Minuten an.

Tipps: Ergänzungen und Abwandlungen des Rezeptes oder Tipps zur Verwendung oder Kombinationsmöglichkeiten stehen hier.

Küchendoktor: Der Küchendoktor hilft, wenn etwas nicht auf Anhieb klappt.

Schwierigkeitsgrad: Die Sterne bezeichnen den Schwierigkeitsgrad: Ein Stern steht für leicht, zwei Sterne für mittelschwer, drei Sterne für schwer.

Die in den **Rezepten** verwendeten **Mengen** reichen, sofern nicht anders angegeben, für **4 Personen**

Ein Teelöffel entspricht 5 ml, ein Esslöffel entspricht 15 ml. Soweit es nicht anders angegeben ist, wird Vollmilch verwendet. Die Angaben für Kartoffeln, Gemüse und Eier beziehen sich auf mittlere Größen. Pfeffer ist immer frisch gemahlener Pfeffer.

Das kennen wir alle: Man will etwas Leckeres kochen, sucht nach einem passenden Rezept, das Gutes verspricht, kauft die Zutaten ein und legt in der Küche los. Doch schon bei einer klassischen Grundzutat, der Zwiebel nämlich, und ganz besonders beim Schneiden derselben, beginnen die Probleme. Das liest sich so leicht: Die Zwiebel in kleine Würfel schneiden – aber wie macht man das?

Genau hier setzt dieses Buch an. Wesentliche Schritte der Vorbereitung von Grundzutaten werden anschaulich in Wort und Bild erklärt. Wie schäle ich Tomaten richtig? Wie entkerne ich eine Paprika? Wann schneide ich Artischocken in Scheiben, wann lasse ich sie ganz? Es wird schnell deutlich, dass klein schneiden nicht gleich klein schneiden ist: Champignons werden für Saucen und Omeletts anders geschnitten als für Ragouts. Und das gilt für alle Gemüsesorten.

Auch bei der Zubereitung tauchen Probleme auf. Wer hat nicht schon einmal Reis gekocht, der beim Kochen klebrig geworden ist, wo er doch locker und körnig sein sollte? Denn Vollkornreis wird eben anders gekocht als Basmatireis. Gleiches gilt für Kartoffeln. Warum wird das Kartoffelpüree klebrig und zäh? In diesem Buch wird endlich erklärt, wie man ein schön locker-cremiges Kartoffelpüree macht. Sie finden die grundlegenden Basisrezepte, die verständlich erklären, wie Nudeln, Gnocchi, Semmelknödel, Pizza- und Mürbteig gelingen. Auch die Grundrezepte von Brühen und Saucen, die für viele Gerichte unverzichtbar sind, fehlen nicht.

Dieses Buch bietet zahlreiche Rezepte in anschaulicher Schritt-für-Schritt-Fotografie, die ganz nebenbei die Techniken der Vor- und Zubereitung auf viele weitere Grundzutaten erweitern.

So müssen Sie sich nicht mehr ärgern, dass zum Beispiel die Zwiebel beim Schneiden matschig wird und das Gericht, das so viel versprach, im wahrsten Sinne des Wortes einen bitteren Beigeschmack bekommt. Sie werden nicht nur planen, etwas Leckeres zu kochen, Sie werden etwas Leckeres kochen!

Waren-
kunde

Inhalt

Allgemeine Warenkunde

Gute Küche braucht gute Zutaten. Selbst ein Hobbykoch kann mit einem Bressehuhn oder fangfrischem Wolfsbarsch ein Festtagsmenü auf den Tisch bringen – schon ein schlichtes Rezept reicht für höchsten Genuss, wenn die Qualität der Waren stimmt. Sicher, etwas Präzision braucht man auch, besonders bei der Garzeit. Doch mit guten Zutaten kann auch ein wenig geübter Koch Erstklassiges auf den Tisch bringen. Hat man nur mäßige Zutaten zur Verfügung, wird ein herausragender Koch gebraucht, um sie schmackhaft zuzubereiten.

Trotz der Fülle von Zutaten wird es immer schwieriger, aus der Vielfalt des Angebots die wirklich guten Waren auszuwählen. Wann haben Sie das letzte Mal z. B. eine Tomate gegessen, die nicht nach gefärbtem Wasser schmeckte? Die meisten Menschen kaufen rein nach optischen Gesichtspunkten. Das richtige Licht an Fleisch- und Fischtheke, fleckenlose Gemüse wie aus dem Bilderbuch – und niemand fragt mehr nach dem Aroma.

In den einzelnen Kapiteln dieses Buches werden wir die wichtigsten Zutaten genauer betrachten. Doch es gibt einige Grundregeln für den Einkauf:

Ist Fisch zum Beispiel fertig geschuppt, ausgenommen und in Streifen zerteilt, können selbst Experten kaum ohne Weiteres die Frische beurteilen. Ein Filet sollte über festes Fleisch verfügen und (außer bei „roten" Fischen wie Lachs) schön weiß schimmern, ohne stumpf auszusehen. Anschließend kann man die Unterschiede nur schmecken.

Ganze Fische sollten stets glänzende, gewölbte Augen aufweisen, ihr Fleisch muss sich fest anfassen und ihre Kiemen sollten, je nach Sorte, rot oder rötlich schimmern.

Filets immer frisch kaufen und nach Möglichkeit in den nächsten zwei Stunden, zumindest aber am selben Tag verzehren. Sonst oxidiert der Fisch und wird fad.

Günstiges Fleisch ist oft bleich, schlaff und wässrig. In der Pfanne schrumpft es dann schnell zusammen. Sichtbare Qualitätszeichen sind bei Fleisch nicht leicht auszumachen: Die Beleuchtung an der Metzgertheke kann über die wahre Farbe hinwegtäuschen. Fleisch mit Fettrand sollte man nicht generell verschmähen, denn Fett ist ein wichtiger Geschmacksträger.

Ansonsten kann man Qualität weder an Herkunftsregionen noch an Rassen definitiv erkennen. Es gibt erstklassiges und minderwertiges Charolais-Rind, doch beide werden unter demselben Namen verkauft.

Auch bei bratfertig verpacktem Geflügel kann niemand echte Qualitätszeichen erkennen: Die Haut sollte nicht fleckig sein, sichtbare Beschädigungen sind ein Alarmzeichen. Anders als beim Fleisch kann das Etikett hier zuverlässige Anhaltspunkte geben: Ein Huhn aus Freilandhaltung schmeckt immer besser als ein Huhn aus Käfigmast. Und ein Bressehuhn mit Herkunftszertifikat wird noch besser sein.

Auch Gemüse sieht man nicht an, ob es voller Geschmack ist. Aber: Austrocknung ist der natürliche Feind des Gemüses. Fleckige Haut und brüchige Stängel sprechen deshalb nicht für Qualität. Wählen Sie lieber kleine bis mittelgroße Gemüse: Großes Gemüse gibt in der Pfanne oft besonders viel Wasser ab.

Früchte sind heutzutage fast immer schön anzusehen: Knackig und glänzend schimmern sie auf den Auslagen. Besser ist Bio-Ware. Bio-Äpfel sind gelegentlich leicht schrumpelig oder gar wurmstichig. Aber sie verfügen ganz einfach über mehr Geschmack. Und darauf kommt es schließlich an.

Basislebensmittel

Viele Leser von Kochbüchern machen einen Fehler. Sie suchen sich ein besonders ansprechendes Rezept heraus und kaufen zuerst jede einzelne Zutat auf der Liste. Schon auf dem Heimweg ärgern sie sich über die Rechnung – und beschließen vielleicht, dass selber kochen zu teuer ist.

In Wahrheit ist selber kochen günstig. Aber man sollte es vermeiden, für jedes Rezept einzeln einzukaufen.

Um sinnvoll in der Küche arbeiten zu können, benötigt man zuerst einen „Grundbestand" an lange haltbaren Zutaten. Füllen Sie den Küchenschrank zum Beispiel mit:

1. Reis (Basmati und Thai)
2. Mehl
3. Spaghetti und Tagliatelle
4. Linsen, Bulgur, andere getrocknete Hülsenfrüchte
5. Kakaopulver
6. Dunkle Schokolade mit hohem Kakaogehalt (über 70%)
7. Mandelblätter
8. Korinthen
9. Getrocknete Früchte, z. B. Aprikosen
10. Getrocknete Pilze, z. B. Steinpilze
11. Tomatenmark
12. Zucker
13. Salz
14. Pfefferkörner, schwarz und weiß, nicht gemahlen
15. Erdnussöl
16. Olivenöl
17. Balsamico
18. Zimtstangen
19. Muskatnuss
20. Thymian
21. Rosmarin
22. Sesamkörner
23. Lorbeerblätter
24. Erbsen (getrocknet oder tiefgekühlt)
25. Dosenfisch (z. B. Thunfisch)
26. Alkohol wie Cognac, Portwein, Rum, Cointreau

Lebensmittel, die im Kühlschrank gelagert werden müssen, verderben schneller. Als Basis zum Kochen benötigen Sie:

27. Butter
28. Sahne
29. Neutraler Joghurt
30. Milch
31. Eier
32. Eine frische Zitrone.

■ **Achtung: Nichts hält ewig. Prüfen Sie regelmäßig die Haltbarkeitsdaten der Artikel.**

1

2

3

4

5

6

7

8

9

10

11

12

13

14

15

16

17

18

19

20

21

22

23

24

25

26

27
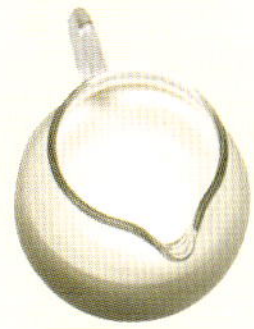
28

29

30

31

32

Basisequipment und Küchenhelfer

Alufolie (1): Zum Abdecken von Gargut. Schützt die Oberfläche vor zu starker Bräunung.

Backpulver (2): Hilft Teigen und Massen beim Backen aufzugehen und locker zu bleiben.

Bambusmatte (3): Zum Einrollen von Sushi oder anderen Röllchen.

Baumwoll-Küchentuch (4): Zum Abtropfen von Kartoffeln und geschnittenem Gemüse.

Beschichtete runde Pfanne (5): Zum Braten von Pfannkuchen, Kartoffeln, Gemüse, Fleisch, Geflügelteilen und Fisch.

Durchschlagsieb (6): Zum Waschen und Abtropfen von Salaten, Gemüse, Obst oder gekochten Lebensmitteln.

Dünsttopf (7): Relativ flacher Topf mit Deckel zum Dünsten von Gemüse und Fisch.

Fleischgabel (8): Zum Herausnehmen von Braten und Geflügelteilen aus dem Topf. Zum Wenden von Fleischteilen im Topf.

Flotte Lotte (9): Um Kartoffeln, Gemüse oder grobe Gemüsesaucen durchzupressen.

Fond (10): Immer eine gute Basis für Suppen, Eintöpfe, Saucen und Risottos.

Frische Hefe (11): Wichtige Zutat bei Brot, Mehlspeisen und Teigen. Nur mit lauwarmer Flüssigkeit anzurühren.

Gelatine (12): Zum Binden von Cremes, Desserts, salzigen und süßen Mousse. Vorher in kaltem Wasser einweichen, danach in heißer Flüssigkeit auflösen lassen.

Gemüsemesser (13): Vorne leicht nach unten gebogenes Messer zum Schälen, Schneiden und Putzen von Gemüse oder Obst.

Gemüsesträußchen I. (14): Bestehend aus Wurzelgemüse und Kräutern für Fleischsuppen und Saucen.

Gemüsesträußchen II. (15): Bestehend aus Wurzelgemüse ohne Karotten. Mit Zitronenschale und Kräutern für Fischsuppen und Saucen.

Gratinform (16): Zum Überbacken von Gemüseaufläufen, gefülltem Gemüse oder Lasagne.

Grillpfanne (17): Gusseiserne Grillpfanne zum Grillen von Fleisch, Fisch, Gemüse oder Beilagen. Vorher das Grillgut mit Öl einstreichen und die Pfanne gut erhitzen – sonst klebt das Gargut.

Grobe Reibe (18): Zum Reiben von Gemüse und Obst.

Große Salatschale (19): Zum Vermischen und Anmachen von Salaten, Füllungen oder zum Aufbewahren von gekochten Zutaten.

Grätenzange (20): Wichtig, um die feinen Gräten der Fischfilets herauszuziehen und somit ein reines, grätenfreies Fischgericht zu bekommen.

Gusseiserne Terrinenform (21): Mit einem Fassungsvermögen von 1,8 Litern für Pasteten, Terrinen, Gelees und Gemüse- sowie Fischterrinen.

Inox-Bratpfanne (22): Pfanne zum Braten von allen Lebensmitteln und zum Erhitzen von Saucen.

Kastenform (23): Zum Backen von Brot und Kuchen – vorher mit Butter und Mehl ausstäuben, damit der Inhalt nach dem Backen besser aus der Form gleitet.

Keramik-Auflaufform (24): Zum Garen von Fisch im Ofen sowie für süße oder salzige Aufläufe.

Keramik-Bratform (25): Zum Braten von Geflügel, Fisch oder Gemüse im Ofen.

Klarsichtfolie (26): Um fertige Gerichte oder vorbereitetes, mariniertes Fleisch oder Fisch im Kühlschrank aufzubewahren. So nehmen die Gerichte weder fremden Geruch und Geschmack an, noch geben ihren eigenen ab.

Kleiner Inox-Bräter (27): Zum Braten von kleineren Gerichten im Ofen.

Kleine Schöpfkelle (28): Zum Abschäumen von Schaum von Suppen oder Fonds.

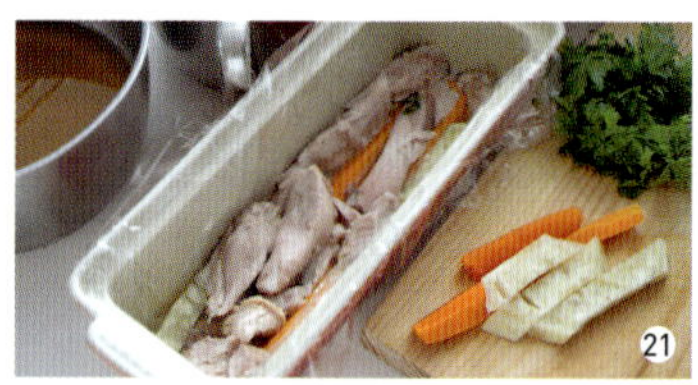

2

3

4

6

7

8
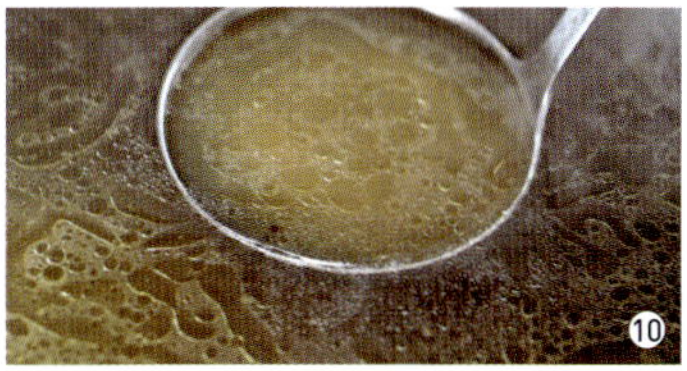
10

11

12

14

15

16

18

19

20

22

23

24

26

27

28

Kleiner Schneebesen (29): Zum Verrühren von Salatsaucen, warmen Saucen, Kuchenteigen und Suppen.

Kleiner Teigschaber (30): Zum Aufstreichen von Füllungen und Farcen. Zum Auskratzen von Saucen aus Töpfen oder Schalen.

Knoblauchpresse (31): Um geschälten Knoblauch für Marinaden oder Salatsaucen durchzudrücken.

Kuchenspringform (32): In der Regel beschichtet und von 28 cm Durchmesser. Für Kuchen und Torten.

Kugelausstecher (33): Durch seine scharfen Kanten eignet sich der Ausstecher gut, um Kürbisse, Gurken oder Zucchini zum Füllen auszuschaben.

Küchenbürste (34): Zum Abbürsten und Säubern von Schalentieren.

Küchengarn (35): Um Speck, Kräuter oder auch zwei verschiedene Fleischteile oder Braten zusammenzubinden, damit diese die Form beim Braten behalten.

Küchengarn (36): Zum Fixieren von Zutaten an anderen Lebensmitteln, wie z.B. eine Zitronenscheibe an Artischocken oder Speck an Fleisch oder Geflügel.

Küchenmixer (37): Zum Mixen von Saucen, Suppen, Milchshakes, Smoothies oder Gemüsepürees.

Küchenpapier (38): Um gebratene oder frittierte Lebensmittel darauf abzulegen, damit das überschüssige Öl oder Fett vom Papier aufgesogen wird.

Küchenschere (39): Zum Schneiden von Krustentierpanzern für Saucen oder Geflügelknochen für Fonds und Saucen.

Messbecher (40): Zum Abmessen von Flüssigkeiten und Cremes.

Muskatreibe (41): Zum Reiben von ganzen Muskatnüssen. Wichtig für klare Suppen und Kartoffelpüree.

Ovale beschichtete Pfanne (42): Zum Braten von Fischen oder Krustentieren.

Pergamentpapier (43): Zum Abdecken von empfindlichem Gargut, damit dieses nicht direkt mit der Hitze in Berührung kommt.

Petersiliensträußchen (44): Die übrig gebliebenen Petersilienstiele mit Küchengarn zu einem Sträußchen zusammenbinden und in Saucen, Suppen oder Schmorgerichten auskochen – gibt einen schönen frischen Geschmack.

Plastik-Schneidebrett (45): Als Arbeitsbrett zum Schneiden für sämtliche Lebensmittel.

Runde Ausstecher (46): Gibt es als Set in verschiedenen Größen zu kaufen. Zum Ausstechen von Teig, Kartoffelschuppen oder Karottenschuppen für Fisch.

Runder Schlagkessel (47): Zum Aufschlagen von Hollandaise oder Eigelb über dem heißen Wasserbad.

Schaumkelle (48): Zum Herausnehmen von Gargut aus Suppen oder Fonds.

Sifon (49): Zum Aufschäumen von Sahne oder sahneähnlichen Flüssigkeiten unter Zugabe von Gelatine.

Souffléformen (50): Runde Keramikformen mit verschiedenen Durchmessern für süße und salzige Soufflés.

Spritzbeutel und Spritztülle (51): Zum dekorativen Aufspritzen von Füllungen in Eier oder auf kleine Brote. Zum Dekorieren von Kuchen oder Torten.

Stielkasserolle (52): Zum Kochen und Erhitzen von Saucen, Suppen oder Eintöpfen.

Teigausstecher (53): Für Mürbteige oder auch Blätterteige.

Trüffelhobel (54): Natürlich, um Trüffel über ein Gericht zu hobeln, aber auch, um Parmesan in feine Späne über Vorspeisen oder Pasta zu reiben.

Wokpfanne (55): Große Pfanne mit schrägem, hohem Rand um Bratengut auf die Seiten zu schieben und in die Mitte wieder frisches Gargut zugeben zu können.

Zahnstocher (56): Zum Verschließen von Bauchhöhlen von Geflügel und zum Fixieren von Schinken oder Speck an kleinen Schnitzeln.

29

33

37

41

45

49

53

30

31

32

34

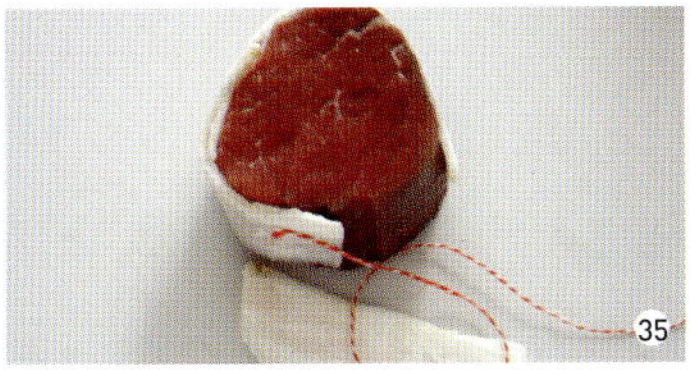
35

36

38

39

40

42

43

44

46

47

48

50

51

52

54

55

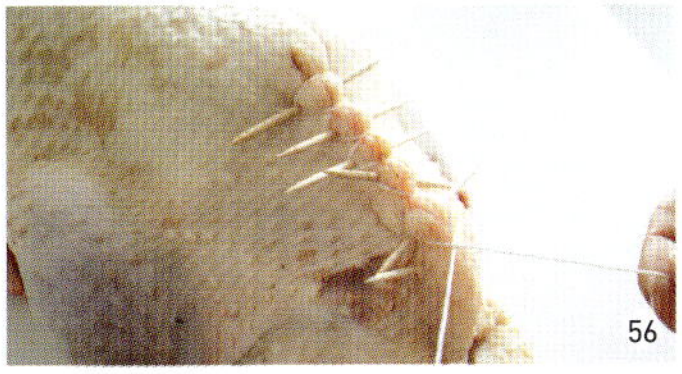
56

Die Ernährungspyramide

Die Ernährungspyramide soll dabei helfen, sich gesund zu ernähren.

Die Grafik zeigt, in welchem Mengenverhältnis zueinander verschiedene Nahrungsmittel konsumiert werden sollten.

Unten stehen Nahrungsmittel, die Sie häufig verzehren dürfen: Es sind stärkereiche Grundnahrungsmittel wie Nudeln, Brot oder Reis. Oben stehen Nahrungsmittel, die man in geringer Menge essen sollte: Fette und Zucker.

Die Pyramide ist jedoch seit Jahren umstritten. Es gibt Alternativen, die z. B. den glykämischen Index zugrunde legen. Einige Wissenschaftler sind der Meinung, rotes Fleisch und Käse sowie Weißbrot sollten weiter oben stehen.

Die Ernährungspyramide kann nur ein Anhaltspunkt sein, ein Dogma ist sie nicht. Die meisten Ernährungsmodelle scheitern an ihrem Verständnis, dass der menschliche Körper wie eine Maschine funktioniert. Ein Dieselmotor braucht immer Diesel, egal ob er mit halber Kraft oder Vollgas betrieben wird. Unser Körper ist jedoch keine Maschine. Unser Nahrungsbedarf hängt von unseren Lebensumständen ab: Üben wir eine körperliche oder eine sitzende Tätigkeit aus? Treiben wir in unserer Freitzeit Sport oder sitzen wir vor dem Fernseher?

Auch genetische Faktoren spielen eine Rolle. Fakt ist: Einige Menschen bleiben ihr Leben lang dünn und können essen, was sie möchten. Andere wiederum essen genauso viel, werden aber dick. Jeder Mensch verarbeitet die Nahrung eben anders.

Regelmäßige körperliche Aktivität
mind. 2 – 3 pro Woche
(20 – 30 Minuten)
Mäßig Alkohol

Tierische Fette, Süßigkeiten
Fleisch 2 – 3 x pro Woche
Eier 2 – 3 Stück pro Woche
Fisch 1 – 2 x pro Woche
Milch & Milchprodukte mind. 2 x täglich
Gemüse mind. 2 – 3 x täglich
Obst mind. 2 – 3 x täglich
Getreideprodukte mehrmals täglich, z. B. Brot, Kartoffeln, Nudeln, Hülsenfrüchte
Getränke mind. 1,5 l täglich (vorwiegend Mineralwasser)

Selber kochen ist der erste Schritt zu einer besseren Ernährung

Sie wissen, was in Töpfe und Pfannen kommt. Sie können bewusst zwischen fettem und magerem Fleisch unterscheiden, können wählen, ob Sie mit Butter oder Olivenöl garen. Und Sie ersparen Ihrem Körper all die Zusatzstoffe, die in Fertigkost stecken. Substanzen, die Fertigkost haltbar machen, ihr zu schönerem Aussehen verhelfen oder erst Geschmack geben. Besonders die letzte Gruppe, die Geschmacksverstärker, ist hoch umstritten. Einige Wissenschaftler glauben, sie sind für Erkrankungen wie Alzheimer und Parkinson sowie für Übergewicht verantwortlich.

Energiedichte

Auch wenn sich die Kilokalorien in der Öffentlichkeit durchgesetzt haben, sehen viele Experten in der Energiedichte der Nahrungsmittel eine bessere Orientierungsmöglichkeit für gesunde Ernährung. Energiedichte ist der Energiegehalt von Lebensmitteln bezogen auf ihr Gewicht (Kilokalorien/Gramm). Das klingt abstrakt, hat aber sehr konkrete Auswirkungen: Lebensmittel mit geringer Energiedichte verfügen über einen größeren Sättigungseffekt bei geringerer Kalorienaufnahme.

Nahrungsmittel-Energiedichte (kcal/g)

Roggenmischbrot	2,1
Vollkornbrötchen	2,2
Croissant	4,3
Sahnetorte	3,7
Keks	4,9
Lebkuchen	4,0
Kuhmilch, 1,5 % Fett	0,4
Kuhmilch, 3,5 % Fett	0,6
Joghurt mit Früchten, gezuckert, 1,5 % Fett	0,8
Joghurt mit Früchten, gezuckert, 3,5 % Fett	0,9
Saure Sahne	1,2
Schlagsahne	3,1
Marmelade	2,7
Honig	3,3
Nussnougatcreme	5,2
Halbfettbutter/Halbfettmargarine	3,7
Diätmargarine	8,0
Butter	8,0
Schinken, gekocht (mager)	1,3
Leberkäse	3,0
Salami	3,7
Bratwurst	3,1
Thunfisch (ohne Öl)	1,1
Bismarckhering	2,1
Emmentaler/Greyerzer, 45 % F.i.Tr.	4,0
Apfel, Grapefruit, Honigmelone, Kirschen (sauer), Kiwi, Mandarine, Nektarine, Pflaume	0,5
Gummibärchen	3,4
Müsliriegel	3,3 – 4,2
Vollmilchschokolade	5,4
Rindfleisch, mager	1,0
Kalbfleisch, mager	1,0
Schweineschnitzel	1,1
Schweineschnitzel, paniert (gegart)	3,2
Hähnchenbrustfilet	1,0
Forelle	1,0
Panierter Fisch (gegart)	3,2
Kartoffeln	0,7
Reis, poliert, gekocht	1,1
Bratkartoffeln	1,3
Nudeln, gekocht	1,4
Pommes frites (Friteuse)	2,1
Hühnerei	1,5
Bohnen, Brokkoli, Gartenkresse, Kürbis, Möhren, Porree, Wirsing, Zwiebel	0,3
Fruchteis/Sorbet	0,8 -1,2
Portionseis	1,0 – 3,9

Der ideale Durchschnittswert liegt bei 1,5 kcal/g. Ausflüge zu Sahnetorten und Pizzen sind durchaus gelegentlich erlaubt, ein cleverer Umgang mit der Energiedichte-Tabelle sorgt aber dafür, dass man sich schmackhafte Mahlzeiten selbst zusammenstellen kann. So ist es z. B. besser, beim Frühstück den Brotkonsum einzuschränken und stattdessen ruhig etwas mehr gekochten Schinken zu verspeisen. Kartoffeln haben eine geringere Energiedichte als Reis oder Pasta; wer auf die Nudeln verzichtet, darf sich also etwas mehr Fleisch auftischen. Und nicht zuletzt: Die Energiedichte-Tabelle verheißt weniger hungern, schließlich bezieht sie sich ausdrücklich auf den Sättigungseffekt jedes Nahrungsmittels.

- Unter 1,5 kcal/g
- 1,5 - 2,5 kcal/g
- Über 2,5 kcal/g

Auszug aus der Energiedichte-Tabelle des EKF-Zentrums der TU München.

Kalorien

Kalorien sind ein Brennwert: Eine Kilokalorie entspricht der Menge an Energie, die notwendig ist, um ein Kilogramm Wasser um ein Grad Celsius zu erwärmen. Der Begriff der Kalorie stammt direkt aus der Zeit der Dampfmaschine – für den Betrieb einer solchen war es natürlich interessant zu wissen, wie sich Holz oder Kohle in Erwärmung von Wasser und damit Gewinnung von Energie umsetzen lassen. Der menschliche Körper jedoch verbrennt Nahrung nicht und weigert sich auch sonst nachhaltig, wie eine Dampfmaschine zu arbeiten. Trotz aller Tabellen in Frauen- und Fitnesszeitschriften hängt der menschliche Energieumsatz stark von der individuellen Konstitution ab. Als größter „Energieverbraucher" unseres Körpers gilt das Gehirn: Es entspricht vom Gewicht her etwa 2% der Körpermasse, monopolisiert aber ca. 20% des körpereigenen Energieumsatzes.

Gehalt an Kilokalorien einiger Lebensmittel je 100 Gramm (wenn nicht anders angegeben):

Hase	105
Hirsch	94
Kalbfleisch	94
Kalbsleber	115
Kaninchen	121
Lamm	178
Rehrücken	94
Rinderfilet	115
Rinderhack	212
Rindfleisch, fett	281
Rindfleisch, mager	164
Rumpsteak	162
Schweinefilet	171
Schweinefleisch, Eisbein	189
Schweinefleisch, fett	311
Schweinefleisch, mager	143
Schweineschnitzel	105
Brathähnchen	99
Hähnchenkeule	80
Hähnchenbrust	75
Ente	192
Gans	227
Pute	122
Wiener Würstchen	257
Frankfurter Würstchen	249
Schinken, gekocht	264
Seezunge	59
Thunfisch	239
Steinbutt	42
Hamburger, Portion, 105g	273
Cheeseburger, Portion, 120g	324
Fischburger, Portion, 150g	380
Pommes frites, Portion, 120g	420
Currywurst mit Ketchup, Portion, 150g	516
Frikadelle, Stück, 150g	280
Bratwurst, Stück, 150g	460
Mayonnaise (80% Fett)	765

Vollmilchschokolade	569
Halbbitterschokolade	521
Kartoffeln mit Schalen	70
Kartoffeln ohne Schalen	86
Kartoffelchips	598
Pfifferlinge	12
Karotten	29
Auberginen	21
Tomaten	16
Butter	776
Margarine	748
Aprikose	49
Aprikose, getrocknet	308
Banane	70
Olivenöl	930
Weißwein	69
Rotwein	67
Bier	43
Apfeltasche, Stück, 80g	220
Berliner, Stück, 60g	310
Croissant, Stück, 60g	280

Menüvorschläge für ein Picknick

Ganz allgemein gilt: Rezepte unterliegen nicht den Regeln der Mathematik. Man erhält kein Rezept für zwei Personen, indem man alle Zutaten und Garzeiten einer Zubereitung für vier Personen durch zwei teilt. Und man bekommt kein Rezept für acht Personen, indem man alle Zutaten mit zwei multipliziert. Das hat einfache Ursachen: Kaufen Sie für acht Personen z. B. ein sehr großes Stück Fleisch, etwa eine Hochrippe vom Rind, wird sich die Garzeit nicht gezwungenermaßen verdoppeln. Das gilt erst recht für Fisch. Aber es gibt Ausnahmen: Bei kalten Salaten reicht es tatsächlich, die Zutaten zu multiplizieren. Auch bei Suppen wird es in den meisten Fällen funktionieren. Ganz besonders vorsichtig sollten Sie freilich bei Torten und hausgemachtem Brot sein. Hier stößt die Mathematik definitiv an ihre Grenzen. Nun lebt ein Picknick auch durch die Vielfalt an kleinen Gerichten. Kochen Sie einfach mehrere Rezepte für vier Personen nach und reichen Sie die Gerichte als Kostproben herum. Wichtig ist allein, dass Sie die Gesamtmenge gut kalkulieren. Die meisten Erwachsenen essen Hauptgerichte von 300-500 Gramm inklusive Beilagen. Im Restaurant nimmt man im Laufe eines mehrgängigen Menüs, verteilt über mehrere Stunden, etwa 500 Gramm Nahrung zu sich. Für acht Personen müssen Sie je nach Anlass und Aufwand also 2,4 bis 4 Kilo kulinarisches Reisegepäck rechnen. Darunter sollten sich dann freilich viele Salate, Früchte und Gemüse befinden.

1. **Kräuterbutter und Basilikum-Tomaten-Butter** (s. S. 36)

2. **Tomatenpesto mit schwarzen Oliven und Pesto Genovese** (s. S. 60) für kalte Salate oder als Brotaufstrich

3. **Parfait von frischer Geflügelleber** (s. S. 80) – in Scheiben schneiden und als Sandwich zwischen Brioche oder Toastbrot geben, dazu süßen Wein servieren.

4. **Waldorfsalat** (s. S. 84)

5. **Kartoffel-Gurken-Salat** (s. S. 86) – immer ein Erfolg, zu kalten Frikadellen (s. S. 590), kaltem Hühnchen oder Braten.

6. **Nudelsalat mit Thunfisch und gekochtem Ei** (s. S. 94)

7. **Spanische Tortilla** (s. S.117) – in Stücke schneiden und kleine Ciabattabrötchen damit füllen, dazu noch Aioli und grüne Oliven.

8. **Nigiri-Sushi** (s. S. 242) – ist auch mit anderen Saucen- und Wasabi-Füllungen ein leckerer Picknick-Snack.

9. **Quiche Lorraine mit Lauch** (s. S. 394) – Backen und in der Form zum Picknick mitnehmen – so übersteht die Quiche den Transport unversehrt.

10. **Stubenküken gebraten mit Zitrone** (s. S. 540) – am Vortag braten und kalt mitnehmen. Servietten nicht vergessen!

11. **Exotischer Obstsalat** (s. S. 657) – ist frisch und einfach zu vernaschen.

12. **Schokoladenbrownies** (s. S. 710) – bleiben saftig, lassen sich gut vorbereiten und machen glücklich (wie bekanntlich alles aus Schokolade!).

1

2

3

4

5

6

7

8

9

10

11

12

Partytime

Gute Vorbereitung ist alles, schließlich wollen Sie den Abend mit Ihren Gästen und nicht in der Küche verbringen. Auch hier gilt: Rezepte, die für vier Personen konzipiert sind, lassen sich nicht einfach durch Multiplizieren für acht oder 16 Personen realisieren. Einfacher ist es, wenn Sie sich an das im Buch beschriebene Rezept halten und Ihren Gästen ein schönes Buffet mit vielen leckeren Kleinigkeiten vorbereiten. Schwierig wird es bei warmen Gerichten. Letztere verursachen bei vielen Besuchern definitiv viel Arbeit, wenn sie mit optimaler Temperatur auf den Tisch kommen sollen. Doch es gibt eine Ausnahme, die auch partytauglich ist: das Grillen.

Fleisch und Fisch einfach über dem offenen Feuer zubereiten – viel ursprünglicher und authentischer geht es nicht. Damit das Fleisch gelingt, sollte man ein paar einfache Tipps beachten:

– Der Grill darf nicht zu heiß sein. Sonst wird das schönste Fleisch im Nu zäh. Also besser ein paar Minuten mehr Grillzeit einplanen und den Rost vielleicht etwas höher hängen. Die Hitze kann man prüfen, indem man eine Hand ca. 12 cm über den Rost hält: Muss man sie nach 1–2 Sekunden wegziehen, ist der Grill teuflisch heiß. Ca. fünf Sekunden heißen „mittlere" Hitze. Übrigens kann man die Hitze verringern, indem man die Kohlen auseinander schiebt.

– Gegrilltes Fleisch sollte etwa ein bis zwei Minuten auf einem Teller ruhen, mit Alufolie abgedeckt. So läuft der Fleischsaft nicht beim ersten Anschneiden heraus.

– Marinaden oder Würzmischungen schmecken noch besser, wenn man sie selbst herstellt. Fertige Grillwürze enthält oft Geschmacksverstärker wie Mononatriumglutamat.

Rind und Schwein gelingen ohne Marinade, wenn die Stücke von Fettadern durchzogen sind. Hühnerbrüste können ganz simpel mit dem Saft einer Zitrone, ½ Bund gehackter Petersilie, 3 EL Olivenöl und einer zerdrückten Knoblauchzehe, gut vermischt, bestrichen werden. Nach zwei Stunden Ruhe kommen sie auf den Grillrost.

Fische wie Lachs, Hering, Dorade oder Makrele schmecken auch gegrillt. Garnelen und Krustentiere sollten hingegen nur mit Schale auf den Rost kommen. Die Grillzeit ist hier gerade mal zwei bis drei Minuten kurz.

1. **Tatarsauce** (s. S. 52), Cocktailsauce (s. S. 553) und Aioli (s. S. 53) zum Dippen für Brot und Gemüse.

2. **BBQ-Sauce** (s. S. 56) für Steaks und gegrillte Schweinekoteletts

3. **Schinkensülze mit Radieschen** (s. S. 74)

4. **Tomatenmousse mit Pesto** (s. S. 76)

5. **Hummercocktail mit Champignons** (s. S. 82) – in Gläser füllen und auf dem Tisch anrichten.

6. **Kartoffel-Gurken-Salat** (s. S. 86) – immer ein Erfolg, zu kalten Frikadellen, kaltem Hühnchen oder Braten.

7. **Italienische Frittate** (s. S. 116) – vormittags vorbereiten und dann einfach nur lauwarm servieren.

8. **Gefüllte Eier** (s. S. 118) – ein Klassiker und ein Muss für jede Retro-Party! An sich schon sehr dekorativ dienen die Eier auch als Garnierung für Salate.

9. **Wachtelspiegeleier auf Tatarkanapees** (s. S. 120) – das Tatar lässt sich vorbereiten, die Wachtelspiegeleier werden erst im letzten Moment gebraten, um die Kanapees gleich zu Anfang der Party zum Bier zu reichen.

10. **Gazpacho** (s. S. 162) – am Vortag vorbereiten und über Nacht durchziehen lassen. Dann in großen Schüsseln servieren.

11. **Penne Bolognese** (s. S. 202) – vorkochen und später nur noch im Ofen backen. Pasta ist ein echter Party-Renner und kann – bis auf Spaghetti – auch gut im Stehen gegessen werden.

12. **Indisches Kichererbsen-Curry** (s. S. 290) – leicht vorbereitet schmeckt es schön würzig und ist noch dazu vegetarisch.

13. **Auberginen mit Schafskäse-Füllung** (s. S. 366) – vorbacken, bei Eintreffen der ersten Gäste kurz aufwärmen und praktisch frisch auf den Tisch bringen!

14. **Miesmuscheln in Kräutermarinade** (s. S. 506) – können auch schon am Vortag zubereitet werden.

15. **Hähnchenkeule mit BBQ-Sauce** (s. S. 522) – einfach in größeren Mengen vorbereiten und am Vortag marinieren. Die Hähnchenteile können auch langsam bei 140 °C gebacken werden. So verlängert sich die Backzeit und die Keulen können länger im Ofen bleiben, ohne dunkel zu werden.

16. **Chili con Carne** (s. S. 554) – besonders beliebt zu später Stunde oder aufgewärmt mit Spiegelei am Tag nach der Party – man wird es ihnen danken!

17. **Bayerische Creme** (s. S. 658) – lässt sich leicht vervielfachen und entweder portionsweise in Gläser oder in große Schalen füllen und mit verschiedenen Fruchtsaucen (s. S. 695) servieren.

18. **Panna cotta** (s. S. 674) – so einfach, dass man kaum etwas falsch machen kann, und noch dazu ein sehr beliebtes Dessert auf jeder Party.

1

2

3

4

5

6

7

8

9

10

11

12

13

14

15

16

17

18

Salz
Butter
Öl
Essig

Inhalt

1. Hibiskusblüten-Salz
2. Portugiesisches Meersalz
3. Himalayasalz
4. Fleur de Sel
5. Kristallsalz
6. Jodsalz
7. Grobes Atlantik-Meersalz
8. Maldon-Salz
9. Geräuchertes Salz
10. Mallorquinisches Meersalz

Salze

Salz ist nicht gleich Salz: Die wichtigsten Sorten sind Tafelsalz mit oder ohne Jodzusatz. Dazu erhält man Meersalz und grobes Salz. Meersalz stammt z.B. von den Salinen in Guérande (Bretagne, Frankreich), Aigues – Mortes (Languedoc-Roussillon, Frankreich), der Camargue, der Atlantikküste oder Maldon (Essex in England). Größe und Form der Körner sowie Aroma können leicht variieren. So sagt man z.B. vom „Rosée des Salins" aus den „Salins du Midi", er hätte eine leicht pfeffrige Note. Grobes Salz von der Atlantikküste hingegen verfügt über leichte Säure. Und die leicht-graue „Fleur de Sel" (Salzblume) aus Guérande, die von Juni bis September von Hand geerntet wird, formt sich angeblich nur, wenn der Wind vom Osten bläst. Salz sollte immer trocken aufbewahrt werden. Weil die Kristalle Chlor enthalten, sind Metallboxen als Lagerplatz ungeeignet.

Für Suppen und Gemüse wird oft grobes Salz verwendet. Feine Salzkörner würzen Fisch, Fleisch und Saucen. Fleisch wird zu Beginn der Garung gesalzen, denn die Salze lösen die Geschmacksstoffe. Sonst „zieht" das Salz den natürlichen Jus an die Oberfläche. Fische ebenfalls vor dem Garen von innen und außen salzen. Danach sofort in die Pfanne oder auf den Grill legen.

Salz sollte sparsam verwendet werden. Wer den Geschmack eines Gerichtes genießen möchte, salzt nach dem Servieren höchstens leicht nach.

Einige Fachbücher zählen auch Mononatriumglutamat zu den Salzen. Dabei handelt es sich um einen Geschmacksverstärker, der Übelkeit verursachen kann. Wer auf Basis guter Zutaten kocht, braucht solche Geschmacksverstärker nicht.

In den letzten Jahren werden vermehrt „Lifestyle-Salze" angeboten: rote, mit Wein aromatisierte Salze gehören ebenso dazu wie Hawaisalze in grün, rot und schwarz, Himalayasalze oder koreanische Bambussalze. Sie können auf einigen Gerichten farbliche Akzente setzen und sind ein origineller Geschenkartikel. Salzt man wenig, wird man kaum geschmackliche Unterschiede bemerken. In der Küche sind sie nicht unersetzlich: Generationen von Köchen haben ohne „Lifestyle-Salze" erstklassige Gerichte hervorgebracht.

Englisches Maldon-Salz ist ein sehr feines Salz und schmeckt mit gekochtem Ei oder zu gebratenem Fleisch.

Grobes weißes Meersalz aus Mallorca und lilafarbenes Hibiskusblüten-Salz, ebenfalls aus Mallorca. Die mit dem Meersalz vermengten Hibiskusblüten verleihen dem Salz ein fruchtiges Aroma.

1
2
10
9
3
8
4
7
6
5

1. Dänische Butter
2. Irische Butter
3. Französische Butter, halb gesalzen
4. Belgische Butter

Butter

Butter wird aus dem Fett der Milch, dem Rahm, hergestellt. Nur noch selten wird sie traditionell im Butterfass geschlagen. Meist wird die Milch zentrifugiert: Das Fett trennt sich dabei von der Flüssigkeit. Gut 10 – 15 l Milch werden so zu 500 Gramm Butter. Im Prinzip kann Butter aus der Milch aller Tierarten hergestellt werden. In Tibet wird Yakbutter zum Tee gereicht.

Die Buttersorten unterscheiden sich in Salz- und Feuchtigkeitsgehalt. Doch auch andere Faktoren beeinflussen die Qualität: So wirkt sich die Nahrung der Kuh auf den Geschmack der Milch aus.

Durch ihren hohen Wassergehalt wird Butter beim Erhitzen braun und verbrennt. Deshalb erhitzt man zunächst ein wenig Öl in der Pfanne und fügt die Butter dann hinzu.

Weiche, leicht angewärmte Butter kann problemlos mit anderen Zutaten vermischt werden. Dazu gehören Kräuter wie Schalotten, Petersilie, Knoblauch, Meerrettich. So kann sich jeder seine Kräuterbutter selbst herstellen. Möglich ist auch das Vermischen mit Mandeln, Sardinen oder Senf.

Als „Nussbutter" bezeichnet man hell gebräunte Butter. Der Name bezieht sich auf Farbe und Geschmack aber nicht auf die Zutaten. In Nussbutter sind keine Nüsse, vielmehr karamellisiert der Milchzucker. Sie wird traditionell zum Fisch gereicht.

Butter wird schnell ranzig und sollte maximal drei Wochen im Kühlschrank lagern.

Halbfette Butter enthält 50% weniger Fett. Damit sie äußerlich echter Butter gleicht, werden ihr Emulgatoren, Farbstoffe, Stabilisatoren und Konservierungsmittel zugesetzt.

Ganz anders ist die traditionelle Fertigung von Butter, die heute nur noch in ganz wenigen Betrieben erfolgt: Rund drei Tage braucht man, um Butter traditionell herzustellen. Das Holz, auf dem die Butter ruht, wurde während bestimmter Mondphasen geschlagen. Salz- und Feuchtigkeitsgehalt sowie Form können bei solchen kleinen Herstellern noch vom Kunden bestimmt werden. Zuerst dreht sich die Milch 90 Minuten in einem horizontalen Metallfass. Daraus werden dann Flocken in eine Art weißem Sud. Wenn letztere mit Eiswasser gekühlt werden, ziehen sich die Flocken zusammen. Drei Tage ruht die Butter dann. Schließlich folgt das Kneten auf hölzernem Untergrund.

Mindestens zwei Stunden muss die Butter jetzt noch ruhen, damit sich das Salz setzt. Der Salzgehalt der traditionellen Butter schwankt je nach Kundenwunsch und liegt zwischen 1,8 und 7%.

Butter aus traditioneller Fertigung ist drei Wochen haltbar, verliert aber schon nach sieben Tagen langsam ihren ursprünglichen Geschmack.

Aufgeschlagene Butter

250 g Butter auf Zimmertemperatur bringen und so lange mit einem Schneebesen aufschlagen, bis ihr Volumen um ein Drittel zugenommen und sie eine cremige Konsistenz angenommen hat. Diese Butter wird in Buttermischungen weiterverarbeitet oder für Backrezepte verwendet.

1

2

3

4

Um Butter auf dem Esstisch zu servieren, sollte man sie mit einem Messer in etwa ½ cm dünne Scheiben schneiden und diese noch einmal halbieren. Danach legt man sie in eine Schale mit Eis und Wasser. So schmilzt die Butter nicht und man kann sie portionsweise abnehmen.

Angebrochene Butter in eine gut verschließbare Plastikschale geben, da nicht abgedeckte Butter sämtliche Gerüche von den anderen Lebensmitteln im Kühlschrank annehmen würde.

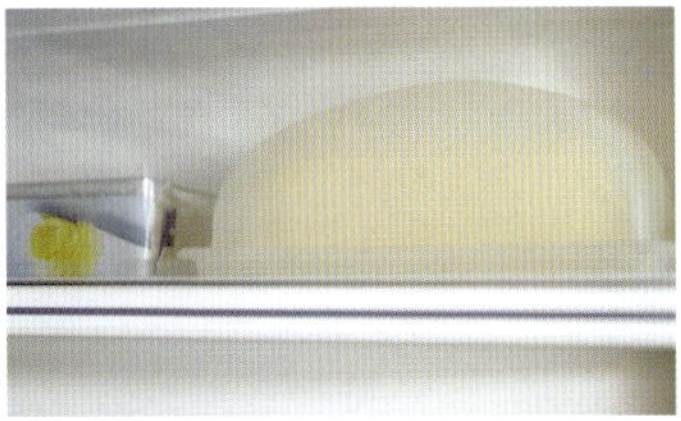

Die Butter in der Schale am besten in der Kühlschranktür in einem separaten oberen Fach aufbewahren. Dort ist es nicht zu kalt und die Butter lässt sich dann auch besser verarbeiten bzw. verstreichen.

Butter aus verschiedenen Ländern

1. Büffelmilchbutter:
für Gebäck, zum Überbacken von Pasta und zum Braten von italienischen Fleischgerichten, auf Brot oder zum Binden von Pastasaucen

2. Italienische Sauerrahmbutter:
auf Brot oder zum Binden von Pastasaucen

3. Französische Butter, halb gesalzen:
zum Braten von Fleisch, zum Binden von Saucen und auf frischem Baguette

4. Französische Süßrahmbutter:
für Butter- und Sahnesaucen, für französische Kuchen und Feingebäck

5. Deutsche Bauernbutter:
zum Backen und Kochen

4
3
5
2
1

Zerlassene Butter

250 g Butter in einem kleinen Topf bei mittlerer Hitze zerlassen und über gekochte Kartoffeln oder gekochten weißen Spargel geben.

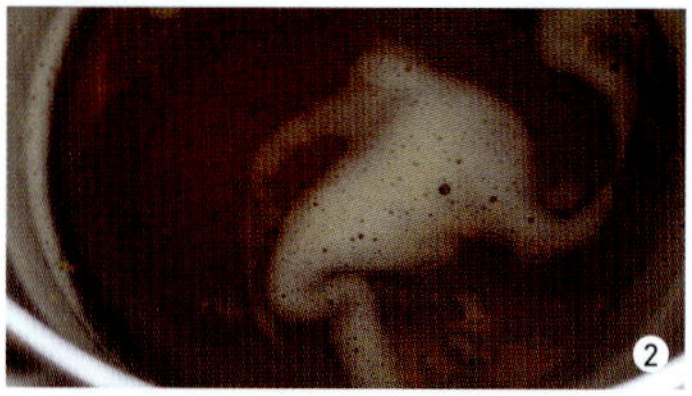

Nussbutter

1. **250 g Butter** in einem kleinen Topf bei mittlerer Hitze zerlassen und so lange erhitzen, bis die Molke eine hellbraune Farbe annimmt.

2. Sobald die gewünschte Farbe erreicht ist, den Topf vom Herd nehmen, da die Butter durch die Resthitze nachbräunt. Am besten sofort kurz auf ein nasses Küchentuch stellen. So kühlt der Topf etwas ab, und die Butter bräunt nicht zu stark nach und verbrennt nicht.

3. Der Name der Nussbutter bedeutet nicht etwa, dass sie Nüsse enthält, sondern dass die gebräunte Molke einen nussigen Geschmack annimmt.

Geklärte Butter

250 ml Nussbutter durch ein Spitzsieb mit Papierserviette laufen lassen, um die geröstete Molke vom Butterfett zu trennen.

Geklärte Butter verwendet man zum Braten oder Backen verschiedener Gerichte. In der indischen Küche ist sie als „Ghee" bekannt. Geklärte Butter lässt sich stärker und besser erhitzen, da sie keine Molke mehr enthält, die anbrennen könnte.

- 125 g Butter
- 3 TL Tomatenmark
- 1 Bund Basilikum
- ½ Knoblauchzehe
- 1 Prise Salz,
  1 Prise schwarzer Pfeffer

Basilikum-Tomaten-Butter

20

1. Die Butter schaumig schlagen.

2. Das Tomatenmark zugeben. Das Basilikum in feine Streifen schneiden, die halbe Knoblauchzehe fein hacken und beides zur Tomatenbutter geben.

3. Salz und Pfeffer beigeben und verrühren. In kleine Schälchen umfüllen, abdecken und bis zur weiteren Verwendung im Kühlschrank kalt stellen.

Zu gegrilltem oder gebratenem Fleisch oder Fisch servieren. Wahlweise auf geröstetes Brot streichen und als Vorspeise mit Roséwein servieren.

- 125 g Butter
- 1 Bund Schnittlauch,
  1 Bund Petersilie
- ½ Knoblauchzehe
- 3 Schalotten
- 1 TL scharfer Senf
- 1 Prise Salz
- 1 Prise Muskatnuss,
  frisch gerieben
- ½ TL Worcestersauce

Kräuterbutter

10

1. Die Butter schaumig schlagen.

2. Den Schnittlauch waschen und in feine Röllchen schneiden. Die Petersilie zupfen, waschen und fein hacken. Den Knoblauch schälen und fein schneiden. Die Schalotten schälen und in feine Würfel schneiden. Alle Kräuter zusammen mit dem Senf, Salz, der Muskatnuss und der Worcestersauce zur Butter geben.

3. Mit einem Schneebesen alles gut verrühren. Dann in kleine Schälchen umfüllen, abdecken und bis zur weiteren Verwendung im Kühlschrank kalt stellen.

Diese Butter zu gegrillten Steaks reichen oder zum Nachbraten von Kartoffelgerichten verwenden.

Öle

Es gibt Öle zum Braten, zum Frittieren, zum Würzen, aber ein Öl für alles – das gibt es nicht.

In der Küche braucht man mindestens zwei Öle, bei denen es sich meist um ein Oliven- und ein Sonnenblumen- oder Erdnussöl handelt.

Relativ geschmacksneutrales Öl wie das Erdnussöl ist ideal zum Frittieren: Erst bei Temperaturen ab 220 °C beginnt es zu rauchen und kann eventuell Feuer fangen. Eine Fritteuse mit Temperaturanzeige beugt dem vor.

Selbst bei einem einfachen Gericht wie Pommes frites reicht es nicht aus, die Kartoffelstäbchen einfach in heißes Fett zu werfen: Erst vorfrittieren bei 150 °C, abtropfen und ruhen lassen. Dann bei 190 °C kurz goldbraun ausbacken und anschließend entfetten.

Öllexikon

Das Etikett

Natives Olivenöl extra, Olio extra virgine oder Huile vierge extra: Öl aus der ersten Pressung. Sein Anteil an freien Fettsäuren beträgt weniger als 0,8 g pro 100 g Öl .

Natives Olivenöl: Die „zweite Klasse" mit weniger als 2 g Fettsäuren auf 100 g Öl.

Olivenöl: Entspricht der dritten Klasse. Solche Öle können dank chemischer Lösungsmittel extrahiert und raffiniert worden sein. Oft eine Mischung aus nativem und raffiniertem Olivenöl, geeignet allenfalls zum Kochen und Braten.

Oliventresteröl: Chemisch aus Oliventrester (Reste des ausgepressten Olivenbreis) gewonnenes Öl.

100 % reines Öl: Der Inhalt der Flasche wurde aus einem einzigen Öl gewonnen, Mischungen sind untersagt.

Kaltpressung: Schonende Pressung bei unter 17 °C, oft mit Hilfe hydraulischer Pressen durchgeführt.

Bezeichnungen wie „erste Pressung" und „kaltgepresst" sind heute veraltet. Natives Olivenöl ist stets kaltgepresst, die zweite Pressung, die der Steigerung des Ertrages diente, ist nicht mehr üblich. Auch die Säurewerte sagen über den Geschmack des Öls an sich wenig aus.

Das Etikett eines guten Öls enthält das Jahr der Pressung, den Namen der Mühle und den Namen des „Anbaugebiets". So entgeht man minderwertigen Mischungen von Ölen verschiedener Länder. Verschiedene Auszeichnungen wie Appellation d'Origine Contrôlée (AOC, kontrollierte Erzeugerabfüllung), Appellation d'Origine Protégée (AOP) oder Identification Géographique Protégée (IGP) sprechen für Sorgfalt bei der Herstellung.

Olivenöl sollten Sie aufrecht stehend, bei 10–16 °C im Dunkeln lagern. Bitte die Öle nicht in den Kühlschrank stellen: Dort flocken sie weiß aus.

1. Haselnussöl
2. Walnussöl
3. Traubenkernöl
4. Kürbiskernöl
5. Arganöl
6. Sonnenblumenöl

Aromaöle

Mandeln gelten als ideal zu rohen Jakobsmuscheln, Pistazien schmecken zu Hummer oder Langusten, Haselnuss verfeinert Fisch oder frischt den Geschmack von kaltem Geflügel wieder auf... Gemeint sind natürlich nicht die Früchte, sondern ihr Öl. Hobbyköche brauchen mindestens zwei Öle, meist werden es ein Oliven- und ein Sonnenblumen- oder Erdnussöl sein.

Neben den einfachen Haushaltshelfern für Fritteuse und Bratpfanne gibt es regelrechte Kultöle – Öle, die über eigenen Geschmack verfügen und andere Gerichte würzen oder verfeinern können: Das steirische Kürbiskernöl etwa, das in Österreich manchmal pur auf ein wenig Tafelspitz genossen wird. Nuss- und Mandelöl aus dem Périgord, das hervorragend zu Salaten schmeckt. Kräftiges Sesamöl, das einem simplen Gemüsesalat exotische Aromen verleiht. Solche Öle sind stets nur so gut, wie die Mühle, die sie pressen lässt. Puristen kaufen nicht beim Händler, sondern lassen sich ihr Öl von entlegenen Gehöften zuschicken, in denen die Früchte nach jahrhundertealter Tradition zwischen riesigen Steinblöcken zermahlen werden.

Das nussige Arganöl kommt von Früchten der Arganbäume, die nur im Südwesten Marokkos, relativ nah am Atlantik, wachsen. Marokkanischen Frauen galt es als Schönheitsgeheimnis, sie nutzten die rare Flüssigkeit als natürliche Feuchtigkeitscreme oder als Body-Gel, gegen trockenes Haar oder für kräftige Fingernägel. Die eigentliche Frucht wird zu Tierfutter. Bleibt der extrem harte Argankern, der mit zwei Steinen zerschlagen wird. In dessen Mitte wiederum lagert eine Art Mandel. Einmal gesammelt, werden diese Mandelkerne in einem Ofen angeröstet – als „Brennstoff" können die Kerngehäuse dienen. Anschließend zermahlen die Berberfrauen die gerösteten Kerne. Ein Prozess, der in Handarbeit Stunden dauert.

Zum Aufpeppen von Salaten und frischen Meeresfrüchten führen Feinkosthändler außerdem diverse Aromaöle, mal nur mit ein wenig Kümmel, mal mit raffinierten Würzmischungen aus verschiedensten Kräutern und exotischen Gewürzen angereichert. Solche Öle kann man leicht selbst herstellen: Einfach ein wenig Basilikum oder Zitrone in eine Flasche neutralen Öls füllen und abwarten. Nach einer Woche durchströmt der neue Duft bereits die Flasche, nach gut sechs Wochen darf serviert werden. Versuchen Sie es zu Anfang ruhig mit einer halben Vanilleschote (aufschneiden und die schwarzen Körner mit einer Messerspitze aufkratzen) in einer kleinen Flasche Erdnussöl – das wirkt selbst bei einem simplen Tomatensalat Wunder.

Aromaöle wie z. B. ein Chili-Knoblauch-Öl kann man leicht selbst herstellen.

❶
❷
❸
❹
❺
❻

1. Weißer Balsamico
2. Balsamico
3. Apfelessig
4. Himbeeressig
5. Sherryessig
6. Brauner Reisessig
7. Weißweinessig
8. Rotweinessig
9. Estragonessig

Essig

Alkohol wird durch eine Bakterie namens „Mycoderma aceti" in Essig verwandelt. Sein Säuregehalt beträgt 4 bis 12 %. Die besten Essige werden aus Wein oder Apfelwein hergestellt, doch prinzipiell kann fast jeder Alkohol zu Essig verarbeitet werden. Für Abwechslung in der Küche sorgen Sherry-, Apfel-, Champagner-, Rioja-, Weißwein-, Rotwein- oder gar Reiswein- und Palmweinessige. Daneben gibt es natürlich den herkömmlichen klaren Essig, in dem beispielsweise Gewürzgurken eingelegt werden.

Auf dem Markt sind außerdem zahlreiche aromatisierte Varianten erhältlich: Knoblauch-, Schalotten-, Estragon-, Rosmarin-, Muskatnuss-, Kirsch- oder Himbeeressig. Man kann solche Aromaessige auch selbst herstellen. Dazu einen ½ l Weinessig aufkochen, über die Kräuter (etwa 60 g) gießen und in einer gut verkorkten Flasche 14 Tage unter gelegentlichem Schütteln aufbewahren. Alternativ kann man Kräuter wie Thymian in einem Topf mit dem Essig langsam erhitzen und die Mischung 30 Minuten ziehen lassen, bevor man sie in eine Flasche füllt. Essig ist bei Raumtemperatur fast unbegrenzt haltbar, doch hausgemachten Essig sollte man besser im Kühlschrank aufbewahren.

Balsamessig („Aceto balsamico")
Italienischer Balsamicoessig wird wie ein Gewürz eingesetzt. Er wird aus dem gefilterten, erhitzten Most der Trebbiano-Trauben gewonnen und muss altern. Mit den Jahren wandert er in immer kleinere Fässer aus Eichen-, Kastanien-, Kirsch- und Eschenholz oder auch anderem Holz und durchlebt so kalte Winter und heiße Sommer. 12, 25 oder gar 50 Jahre kann sich der Balsamico gedulden, bevor er als sirupartige, dunkelbraune Flüssigkeit ins Glas wandert. Nach 20 Jahren fachgerechter Lagerung verbleiben von ursprünglich 70 l Most gerade einmal 3 l Balsamico. Allein der gute Name steht noch nicht für Qualität: Bedingt durch die lange Lagerzeit ist Balsamico nicht billig, Sonderangebote sind oft wesentlich jünger als echter Balsamicoessig und werden oft mit künstlichen Aromastoffen aufgepeppt. Balsamico mit der Aufschrift „tradizionale" hat hingegen zumindest 12 Jahre im Fass verbracht, und älterer Balsamico trägt stolz den Zusatz „extra vecchio" auf dem Etikett.

Nicht alle Balsamicoessige schmecken gleich: Probieren Sie ihn zuerst auf einem Löffel oder einer Messerspitze, bevor sie ihn zum Würzen einsetzen. Balsamico ist pflegeleicht: Wer die Flasche immer gut verschließt, wird mit der Lagerung keine Probleme haben. Nur starke Aromaträger wie Zwiebeln können ihren Geschmack an ihn abgeben.

1
2
3
4
5
6
7
8
9

1. Trüffelessig

50 g schwarze Trüffelscheiben in Streifen schneiden und mit **6 Brombeeren** in ein Gefäß geben. Mit **50 ml rotem Portwein** und **250 ml Sherryessig** aufgießen und etwa eine Woche im Kühlschrank verschlossen ansetzen. Diesen Essig für kräftige Vinaigretten, zum Abschmecken von Mayonnaisen oder zum Ablöschen von Nieren oder Kalbsbries verwenden.

2. Chili-Pfeffer-Essig

250 ml Weißweinessig mit **10 roten getrockneten Chilischoten**, **1 EL schwarzen Pfefferkörnern** und **1 TL Koriandersamen** in einer Flasche ansetzen und verschlossen etwa eine Woche stehen lassen. Für Sommersalate mit Tomaten und Käse, zum Pochieren von Eiern oder zum Würzen von Saucenreduktionen verwenden. Der gewürzte Essig verleiht dem Gericht eine kräftige, pikante Note.

3. Knoblauch-Koriander-Essig

125 ml Weißweinessig mit **125 ml Reisweinessig** in eine Flasche geben. **5 Knoblauchzehen** andrücken und zusammen mit **½ Bund Koriander** und **2 Scheiben Galgantwurzel** zum Essig geben. Verschließen und im Kühlschrank einige Tage ansetzen. Für Salatsaucen, Fisch und Krustentiere mit Früchten oder zur Zubereitung von asiatischen Dips verwenden.

4. Vanille-Kardamom-Essig

125 ml Weißwein mit **100 ml Rotweinessig** und **1 EL Balsamico** in eine Flasche geben. **2 Vanilleschoten** halbieren, das Vanillemark auskratzen und zusammen mit den Vanilleschoten, **3 Sternanisen** und **5 schwarzen Kardamomsamen** in den Essig geben. Verschließen und einmal gut schütteln, damit sich das Vanillemark besser verteilen kann. Für winterliche Salate mit Rotkohl und Orangen oder für Quittenkompott zu Wild verwenden.

5. Zitronen-Rosmarin-Essig

250 ml Weißweinessig in ein Gefäß geben. **3 Lorbeerblätter**, die Nadeln von **1 Zweig Rosmarin** abzupfen, **½ Zitrone** in Scheiben schneiden und **10 weiße Pfefferkörner** andrücken. Alles zum Essig geben und einige Tage im Kühlschrank ansetzen. Für Salatsaucen, Dressings oder zum Abschmecken von Mayonnaisen verwenden.

■ Da diese Essige nicht aufgekocht werden, sind sie zwar nicht so lange haltbar, aber dafür viel aromatischer.

1
5
2
4
3

Kalte Saucen

Inhalt

- 6 Eier
- 1 TL scharfer Senf
- 1½ TL Salz
- 800 ml Sonnenblumenöl
- ½ Zitrone
- 1 große Prise Cayennepfeffer

Mayonnaise

Wichtig: Alle Zutaten müssen dieselbe Temperatur haben, d.h. Öl und Eier beide entweder aus dem Kühlschrank oder beide bei Zimmertemperatur verarbeiten.

1. Die Eier trennen. Das Eigelb in eine Schüssel geben, das Eiweiß zur anderweitigen Verwendung im Kühlschrank kalt stellen.

2. Den Senf und das Salz zum Eigelb geben und verrühren.

3. Die Hälfte des Sonnenblumenöls nach und nach hinzufügen und kräftig mit dem Schneebesen einrühren.

4. Dann den Saft einer halben Zitrone und eine Prise Cayennepfeffer beigeben. Nun das restliche Öl schnell einrühren, da schon genügend Bindung vorhanden ist.

Ergibt 1 l.

20

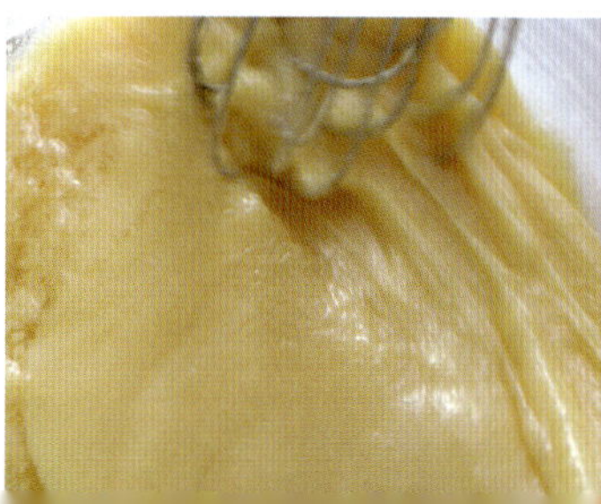

■ Ein feuchtes Tuch unter die Schüssel legen, damit sie beim Einrühren des Öls nicht verrutscht. Sollte die Mayonnaise gerinnen, kann man sie durch vorsichtiges Rühren am Schüsselrand retten. Dabei wird der geronnene Teil nach und nach untergemischt und die Mayonnaise erhält ihre Bindung zurück.

2

3

4

Tatarsauce

2 Eier 10 Minuten lang hart kochen. Unter kaltem Wasser abschrecken und pellen. **1 Schalotte** schälen, halbieren und in feine Würfel schneiden. **1 Bund Schnittlauch** waschen, verlesen und in feine Röllchen schneiden. Die hart gekochten Eier mit der feinsten Küchenreibe reiben. Die vorbereiteten Zutaten mit **200 g Mayonnaise** verrühren. Außerdem **1 TL scharfen Senf**, den Saft von **½ Zitrone** und **½ EL Worcestersauce** zugeben. Zum Schluss mit **1 Prise Salz** und **1 Prise Pfeffer** abschmecken.

Ergibt 400 g.

■ **Um die Sauce etwas leichter zu gestalten, kann man noch 1 EL Sauerrahm hinzufügen. Zu gebratenem, kalt aufgeschnittenem Fleisch, Fleischsülzen oder warmen und kalten Fischgerichten reichen.**

Remouladensauce

3 Schalotten schälen, halbieren und in feine Würfel schneiden. **3 kleine Essiggurken** in dünne Scheiben, dann in Streifen und schließlich in feine Würfel schneiden. **½ Bund Petersilie** und **½ Bund Kerbel** waschen, verlesen und fein schneiden. **3 Sardellenfilets** und **1 EL Kapern** fein hacken. Alle Zutaten mit **200 g Mayonnaise** verrühren. **1 TL scharfen Senf** und **½ TL Worcestersauce** zugeben, verrühren und mit **1 Prise Salz** und **1 Prise Pfeffer** abschmecken.

Um die Sauce etwas leichter zu gestalten, kann man noch **1 EL Sauerrahm** hinzufügen.

Ergibt 400 g.

■ **Zu gekochtem, warmem Fleisch, kaltem Roastbeef, gebackenem Gemüse oder Eiergerichten servieren.**

Sauce Rouille

3 Knoblauchzehen schälen und in Scheiben schneiden. **1 kleine, mehlig kochende Kartoffel** schälen und in kleine Würfel schneiden. Alles zusammen in einem kleinen Topf mit **1 EL nativem Olivenöl extra** leicht anschwitzen. **½ g Safranfäden**, **½ TL Paprikapulver** und **½ TL Salz** dazugeben. Mit **200 ml kaltem Wasser** aufgießen und 10 Minuten langsam köcheln lassen. Die Kartoffelwürfel mit einer Gabel fein zerdrücken und mit der Flüssigkeit verrühren. Auskühlen lassen, bis die Mischung nur noch lauwarm ist. Danach mit **200 g Mayonnaise** vermischen.

Ergibt 400 g.

■ **Die Sauce Rouille ist ein wichtiger Bestandteil der Bouillabaisse, schmeckt aber auch zu kaltem pochiertem Fisch oder Krustentier oder einfach mit einem frischen Baguette und einem Glas Wein.**

Cocktailsauce

3 EL Tomatenketchup, **2 TL geriebenen Meerrettich**, **3 EL Cognac** und den Saft von **½ Orange** zu **200 g Mayonnaise** geben und mit einem Schneebesen glatt rühren. Mit **1 Prise Salz**, **1 Prise Cayennepfeffer** und **3 Tropfen Worcestersauce** abschmecken.

Ergibt 400 g.

■ **Eignet sich als Dressing für Krustentiersalate oder als Dip zu kaltem oder gebackenem Gemüse und schmeckt besonders gut zu Fondue.**

Dill-Senf-Sauce

1 Bund Dill waschen, zupfen und fein schneiden. Zusammen mit **2 EL grobem Senf**, **2 EL scharfem Senf** und **5 EL Honig** zu **200 g Mayonnaise** geben und verrühren. Mit **1 Prise Salz** und **1 Prise schwarzem Pfeffer** abschmecken.

Ergibt 400 g.

■ **Passt am besten zu mariniertem Fisch, beispielsweise Lachs, Heilbutt oder Forelle, kann aber auch zu frisch gekochten Krevetten oder Flusskrebsen serviert werden.**

Aioli

3 Knoblauchzehen schälen, in Scheiben schneiden und zusammen mit **½ TL Salz** in einem Mörser fein zerreiben. Nun **200 g Mayonnaise** dazugeben. **½ Zitrone** auspressen und den Saft unter die Mayonnaise mischen. Am besten eine halbe Stunde durchziehen lassen, damit sich der Knoblauchgeschmack gleichmäßig verteilt und die Sauce nicht zu scharf schmeckt.

Ergibt 250 g.

■ **Zu gekochtem oder auch kaltem, gebratenem Fisch oder Krustentier reichen. Eignet sich ebenfalls als Dip zu rohen Gemüsesticks und ist bei einem spanischen Abend eine unverzichtbarer Vorspeise mit viel Weißbrot und eiskaltem Chablis.**

Schneiden von Kräutern

1. Den Schnittlauch waschen, verlesen und in feine Röllchen schneiden.

2. Das Basilikum waschen, zupfen, verlesen und in feine Streifen schneiden.

3. Den Estragon waschen, zupfen, verlesen und in feine Streifen schneiden.

4. Den Kerbel waschen, zupfen, verlesen und fein schneiden.

5. Die Petersilie waschen, zupfen, verlesen und fein schneiden. Die Kräuter mit der linken Hand zusammenhalten, damit sie sich feiner schneiden lassen.

6. Mit der Küchenmaschine lassen sich die Kräuter zwar schneller verarbeiten, verlieren jedoch an Qualität, da sie bitter werden können. Am besten mit einem großen Messer durch die Kräuter schneiden, nicht hacken. Das große Messer dann wie ein Wiegemesser verwenden.

Kräuter-Joghurt-Sauce

1 Bund Kerbel, **½ Bund Basilikum**, **1 Bund Petersilie**, **1 Bund Schnittlauch** und **½ Bund Estragon** waschen und klein schneiden. **2 Knoblauchzehen** schälen, halbieren und in feine Würfel schneiden. **250 g Joghurt** und **200 g Crème fraîche** in eine Schüssel geben, dann die vorbereiteten Kräuter und den Knoblauch hinzufügen. Anschließend **1 TL Zucker**, **1½ TL Salz**, **1 Prise schwarzen Pfeffer** und **4 EL natives Olivenöl extra** beigeben und alles gut vermischen.

Ergibt 600 g.

■ **Die Sauce als Dip zu rohem Gemüse, gekochtem Fleisch oder Fisch, kaltem Roastbeef oder gebratenem Geflügel reichen oder einfach nur mit frischem Weißbrot servieren.**

Grüne Kerbel-Kresse-Sauce

1 Bund Kerbel und **1 Bund Brunnenkresse** waschen, zupfen und verlesen. Die Kräuter 1 Minute in Salzwasser kochen und sofort in einer Schüssel mit Eiswasser abschrecken. **200 g Mayonnaise** in eine Schüssel füllen, dann **1 EL natives Olivenöl extra**, **100 g Crème fraîche**, **1 TL Salz** und **1 Prise Cayennepfeffer** hinzufügen. **½ Zitrone** über einem Sieb auspressen, damit keine Kerne in die Schüssel fallen. Alles mit dem Schneebesen gut vermischen. Die Kräuter zusammen mit **3 EL Wasser** in die Küchenmaschine geben und zerkleinern, bis eine gleichmäßige feine Masse entsteht. Danach mit der restlichen Sauce vermischen.

Ergibt 500 g.

■ **Zu Krustentieren wie Shrimps oder Hummer, kaltem gedämpftem Lachs, gekochtem Kalbfleisch oder kaltem Hühnchen servieren.**

Preiselbeer-Meerrettich-Sauce

200 g Rahmjoghurt mit **1 Prise Salz**, **1 Prise weißem Pfeffer** und dem Saft von **½ Zitrone** mit einem Schneebesen glatt rühren. **1 EL Preiselbeermarmelade** sowie **150 g** geriebenen **Meerrettich** zugeben und unterrühren. Zum Schluss **100 g** geschlagene **Sahne** untermischen.

Ergibt 500 g.

■ **Diese Preiselbeer-Meerrettich-Sauce passt sehr gut zu gekochtem Fleisch, kaltem gebratenem Wild und zu kaltem Geflügel wie Truthahn.**

- 500 ml Ketchup
- 1 Knoblauchzehe
- 5 EL Zucker
- 1 Orange
- 1 Zitrone
- 3 EL Sojasauce
- 2 EL Pfirsichmarmelade
- 50 ml Cognac
- 2 EL Ahornsirup
- 1 TL Tabasco
- 2 EL Senf, scharf
- 1 TL Worcestersauce
- 1 EL Paprikapulver, edelsüß
- 1 EL Curry
- 1 EL Ingwerpulver
- 1 Zweig Rosmarin
- 1 EL Thymian, getrocknet

BBQ-Sauce

1. Den Ketchup in eine Schale geben. Die Knoblauchzehe schälen, klein hacken und zusammen mit dem Zucker, dem Saft der Orange und der Zitrone sowie der Sojasauce hinzugeben. Alles mit einem Schneebesen kurz verrühren.

2. Danach Pfirsichmarmelade, Cognac, Ahornsirup, Tabasco, scharfen Senf, Worcestersauce, Paprikapulver, Curry und Ingwerpulver hinzufügen und erneut verrühren.

3. Die Rosmarinnadeln vom Zweig zupfen, hacken, mit dem Thymian zur Sauce geben und unterrühren.

Als Marinade für Spareribs, Schweine- oder Rindersteaks verwenden oder auch zu gegrillten Chicken Wings und Currywurst servieren.

Ergibt 1 l.

20

■ Die BBQ-Sauce hält sich gut verschlossen im Kühlschrank bis zu 3 Monate. Beim Grillen darauf achten, dass die Flammen nicht zu stark bzw. die Ofentemperatur nicht zu hoch ist. Wegen des Honigs und des Zuckers in der Pfirsichmarmelade könnte die Sauce an den Ecken dunkel werden und anbrennen.

2

3

 2 Eier

 4 TL scharfer Senf

 2 TL Salz

 1 Prise weißen Pfeffer

 150 g Weißweinessig

 1 Prise Muskatnuss, frisch gerieben

 600 ml Sonnenblumenöl

 100 g Wasser

French Dressing

1. Die Eier trennen und das Eigelb in eine Schüssel geben. Das Eiweiß zur anderweitigen Verarbeitung in den Kühlschrank stellen. Den Senf zum Eigelb hinzufügen.

2. Salz, Pfeffer, Weißweinessig und Muskatnuss dazugeben.

3. Alles mit einem Pürierstab mixen und dabei nach und nach das Öl hinzugießen. Zum Schluss das Wasser beigeben und verrühren. Mit weißem Pfeffer und Salz abschmecken.

Ergibt 1 l.

■ Dieses klassische Salatdressing passt zu den meisten Blattsalaten. Es dient zudem als Grundlage für andere Saucen, wie das 1000 Island Dressing und das Cesar Dressing.

15

1000 Island Dressing

½ grüne Paprikaschote und **½ rote Paprikaschote** waschen, halbieren, schälen und fein würfeln. **2 Schalotten** schälen, halbieren und in feine Würfel schneiden. Danach alles mit **500 ml French Dressing** vermischen. Nun **2 EL Tomatenketchup**, **1 EL Zucker** und **1 Prise Cayennepfeffer** dazugeben und alles gut verrühren. Die Paprikawürfel wirken wie viele kleine Inseln im Meer – daher der Name dieses „Tausend-Insel"-Dressings.

Ergibt 800 ml.

■ **Für eine einfache Variante kann man statt Paprika und Schalotten auch Mixed Pickles verwenden. Diese mit der Küchenmaschine mixen und in das French Dressing geben.**

Cesar Dressing

80 g Parmesan fein reiben, **1 TL Kapern (ohne Saft)** fein hacken. **5 Sardellenfilets** klein schneiden und mit dem Messerrücken fein zerreiben. **250 ml French Dressing** in eine Schüssel füllen. **200 g Sauerrahm**, die Kapern, die Sardellen und den Parmesan in das Dressing geben und verrühren. Mit **1 Prise schwarzem Pfeffer** abschmecken.

Ergibt 550 ml.

■ **Mit Romana-Salat vermischen und zum Schluss mit krossen Speckstreifen und Parmesanspänen bestreuen. Dies ist ein Klassiker unter den Salaten.**

- 100 g Parmesan
- 200 g Tomaten, getrocknet in Öl
- 1 TL Salz, 1 große Prise schwarzer Pfeffer
- 125 g Mandeln, geschält
- 250 ml natives Olivenöl extra
- 50 g schwarze Oliven, entkernt

Tomatenpesto mit schwarzen Oliven

30

1. Den Parmesan fein reiben. Mit den getrockneten Tomaten, Salz und Pfeffer, den Mandeln und der Hälfte des Öls in eine Küchenmaschine geben und mixen.

2. Nun das restliche Öl dazugießen und 3 Minuten langsam mixen, bis das Pesto eine pastöse Konsistenz aufweist.

3. Zum Schluss die schwarzen Oliven dazugeben und nur noch ½ Minute mixen, damit die Oliven nicht zu fein werden.

Ergibt 750 g.

■ **Das Tomatenpesto zu gegrilltem Fisch oder Pastagerichten servieren.**

- 100 g Parmesan
- 3 Bund Basilikum
- 3 Knoblauchzehen
- 125 g Pinienkerne
- 1 TL Salz, 1 große Prise schwarzer Pfeffer
- 1 Prise frisch geriebene Muskatnuss
- 200 ml natives Olivenöl extra

Pesto Genovese

30

1. Den Parmesan reiben. Das Basilikum waschen und verlesen. Den Knoblauch schälen und in dünne Scheiben schneiden. Diese Zutaten in eine Küchenmaschine geben.

2. Die Pinienkerne hinzufügen, mit Salz, schwarzem Pfeffer und Muskatnuss würzen.

3. Die Hälfte des Öls dazugießen und alles in der Küchenmaschine mixen.

4. Schließlich das restliche Öl zugeben und weitere 1 bis 2 Minuten mixen, bis das Pesto eine pastöse Konsistenz aufweist.

Ergibt ca. 650 g.

■ **Dieses klassische Basilikumpesto mit Pasta oder Grillgemüse servieren oder zum Marinieren von Oliven verwenden.**

1 Knoblauchzehe

1 ½ TL Senf, scharf

1 Prise weißer Pfeffer

1 TL Salz

1 EL Zucker

4 EL Weißweinessig

8 EL natives Olivenöl extra

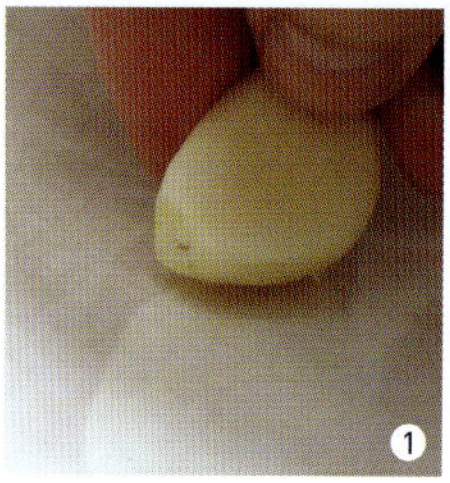

Essig-Öl-Vinaigrette

1. Eine Schale mit der Knoblauchzehe ausreiben. Das reicht aus, um der Vinaigrette den nötigen Knoblauchgeschmack zu verleihen.

2. Den Senf, Pfeffer, Salz und Zucker in die Schüssel geben. Dann den Weißweinessig zugießen und so lange rühren, bis sich Salz und Zucker vollständig aufgelöst haben.

3. Nun das Öl hinzugießen. Mit einem Schneebesen gut verrühren, bis die Vinaigrette eine cremige Konsistenz annimmt. So entsteht eine Basisvinaigrette, eine einfache, aber sehr schmackhafte Salatsauce.

Ergibt ca. 180 ml.

15

Kräuter-Senf-Vinaigrette

½ Bund Petersilie, **1 Bund Schnittlauch**, **½ Bund Basilikum** und **¼ Bund Estragon** waschen, verlesen und sehr fein schneiden. **2 Schalotten** schälen, halbieren und fein würfeln. Alle Zutaten mit **140 ml Basisvinaigrette** und **1 TL Senf** verrühren.

Ergibt ca. 250 ml.

■ **Diese Kräuter-Senf-Vinaigrette dient zum Marinieren von gebratenem Gemüse wie Artischocken, gekochtem Spargel, Bohnen oder als Dressing für Tomaten-, Endivien- oder gemischten Blattsalat.**

Tomaten-Vinaigrette

2 Tomaten häuten, entkernen und in Würfel schneiden. **1 Schalotte** und **½ Knoblauchzehe** schälen und ebenfalls fein würfeln. **½ Bund Basilikum** waschen, verlesen und in feine Streifen schneiden. **4 EL Balsamicoessig** in eine Schüssel gießen. **1 Prise Salz**, **1 Prise schwarzen Pfeffer** und **1 EL Zucker** zum Essig geben und mit einem Schneebesen so lange rühren, bis sich Zucker und Salz aufgelöst haben. Nun nach und nach 8 EL Öl zugießen und einrühren. Die Tomaten-, Knoblauch- und Schalottenwürfel sowie das Basilikum hinzugeben und alles gut vermischen.

Ergibt ca. 250 ml.

■ **Diese Vinaigrette schmeckt sehr gut über gebratenem Fisch, Calamares oder gekochten Muscheln. Gebratene Champignons mit Tomaten-Vinaigrette sind eine leckere Beilage zu Grillgut.**

Soja-Vinaigrette mit Koriander

½ Bund Koriandergrün waschen, verlesen und fein schneiden. **1 daumengroßes Stück Ingwerwurzel** schälen und fein reiben. Den Ingwer zusammen mit **4 EL braunem Reisessig**, **1 EL Sojasauce**, **1 EL Sesamsamen** und **1 Prise Chiliflocken** in eine Schüssel geben und gut verrühren. Nun **1 EL Sesamöl** und **5 EL Erdnussöl** hinzugießen und vermischen. Zum Schluss den Koriander zugeben und unterrühren.

Ergibt ca. 250 ml.

■ **Mit kalten asiatischen Nudeln vermischt als Salat servieren oder als Dip zu fein geschnittenem rohem Gemüse wie Karotten, Fenchel, Staudensellerie oder Chinakohl reichen.**

Salate & Vorspeisen

Inhalt

Salat- und Kräutersorten

Salate sollte man schnellstmöglich verzehren, sonst drohen Austrocknung und Fäulnis. In ein Tuch gehüllt, halten sie je nach Frische zwei bis vier Tage im Gemüsefach.

Frische Kräuter kann man kühl in einem halbvollen Wasserglas aufbewahren. Im Gemüsefach halten Kräuter in einem Plastikbeutel je nach Sorte einen bis fünf Tage. Getrocknete Kräuter mögen kein Licht und keine Hitze.

Lollo Rosso

Lollo Verde

Salatherz / Cogollo de Tudela

Frisée

Grüner Eichblattsalat

Gelber Löwenzahnsalat

Eichblattsalat

Eisbergsalat

Kopfsalat

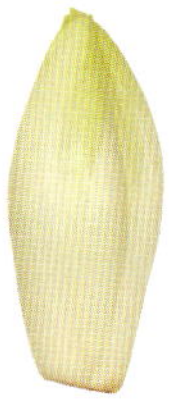

Chicorée

Radicchio di Chioggia

Rote Endivien

Rucola

Hiziki Algen

Dulse Algen

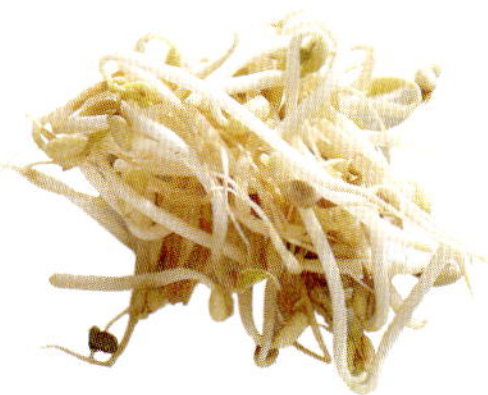

Sojasprossen

Gartenkresse

Portulak

Schnittlauch

Glaciale

Petersilie

Eisbergsalat

1. Der Eisbergsalat sollte fest sein und keine weichen Stellen aufweisen.

2. Den Strunk abschneiden.

3. Braune Stellen an der Mittelrippe mit einem Messer herausschneiden.

4. Den Eisbergsalat im Ganzen unter fließendem Wasser waschen. Danach gut abtropfen lassen.

5. Nun in Stücke schneiden und im Salatdressing marinieren oder in Klarsichtfolie einpacken und im Kühlschrank aufbewahren.

6. Durch das Wasser bleibt der Salat gut 1 Woche im Kühlschrank frisch.

Grüner Bataviasalat

1. Der Salat sollte einen festen Kern haben und der Strunk sollte nicht zu ausgetrocknet sein.

2. Den Strunk 2 cm dick abschneiden, die welken Salatspitzen ebenfalls.

3. Die Salatblätter in einem großen Abtropfsieb unter fließendem Wasser zerteilen, um den ersten Schmutz zu entfernen.

4. Unter fließendem Wasser die Salatblätter gut waschen und gegebenenfalls faule Stellen entfernen. Die Salatblätter gut abtropfen lassen bzw. trockenschütteln und mit Salatsauce marinieren oder in einer Schale mit Klarsichtfolie abdecken und im Kühlschrank bis zur weiteren Verarbeitung aufbewahren.

Vorbereiten von Ingwer

1. Ingwer bleibt länger frisch, wenn man ihn in einer Plastiktüte im Kühlschrank aufbewahrt und mit ein paar Tropfen Wasser leicht feucht hält.

2. Mit einem gebogenen kleinen Messer schälen.

3. Auf der Küchenreibe fein reiben.

Vorbereiten von Meerrettich

1. Den Meerrettich schälen.

2. Die benötigte Menge auf der Küchenreibe reiben.

3. Den verbleibenden Rest mit Zitrone abreiben, damit der Meerrettich beim Lagern weiß bleibt.

4. Anschließend in Frischhaltefolie wickeln.

1. Ingwer
2. Meerrettich

- 1 Bund weißer Spargel (400 g)
- 1 Bund grüner Spargel (400 g)
- 2 Schalotten
- 2 Zweige Minze
- ½ Bund Schnittlauch
- ½ Bund Petersilie
- ½ Bund Kerbel
- 2 EL Zucker
- 2 EL Salz
- ½ Zitrone
- 150 ml Essig-Öl-Vinaigrette
- 4 Eier
- 2 EL Wasser
- 2 EL Sahne
- 1½ EL Mayonnaise

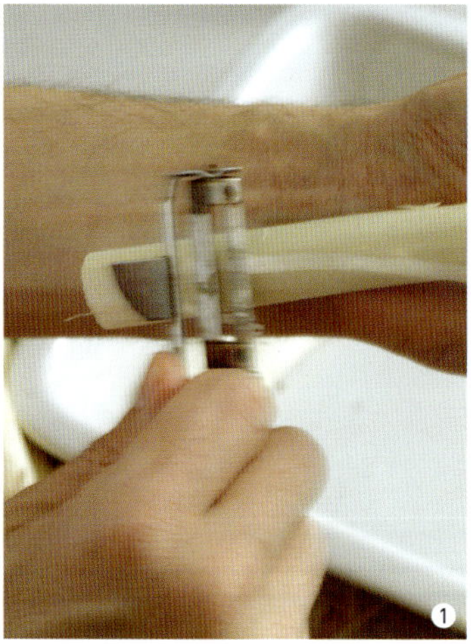
1

2

Salat aus grünem und weißem Spargel mit pochiertem Ei

1. Den weißen und den grünen Spargel schälen. Die Schalotten schälen, halbieren und in feine Würfel schneiden. Die Minze waschen, verlesen, zupfen und in feine Streifen schneiden. Den Schnittlauch waschen, verlesen und in feine Röllchen schneiden. Die Petersilie und den Kerbel ebenfalls waschen, verlesen, zupfen und in feine Streifen schneiden.

2. Den weißen Spargel in Wasser mit dem Zucker und 1 EL Salz und dem Saft der ½ Zitrone etwa 8 Minuten kochen. Den grünen Spargel in Wasser mit 1 EL Salz etwa 5 Minuten kochen. Beide nach dem Kochen kurz in Eiswasser abschrecken und sofort wieder herausnehmen. Zum Marinieren muss der Spargel warm sein, damit die Marinade besser einzieht. Den Spargel in eine Form geben. Die Schalotten und die Kräuter über den Spargelstangen verteilen.

3. Die Vinaigrette über den Spargel gießen. In der Zwischenzeit die Eier in Essigwasser pochieren (s. S. 112).

4. Die Marinade vorsichtig mit den Spargelstangen mischen und alles etwa 10 Minuten marinieren lassen. Danach die Spargelstangen auf Tellern verteilen und mit der Kräutervinaigrette beträufeln. Jeweils ein pochiertes Ei daraufgeben und mit der mit etwas Spargelwasser und Sahne angerührten Mayonnaise garnieren.

40

■ Zu diesem Salat schmecken gekochte Flusskrebse, pochierte Wachteleier, gebratene Pilze (beispielsweise Morcheln), gebratene kleine Kalbsmedaillons oder Kalbstafelspitz.

3

4

1 EL Salz

350 g Lauch

150 g Staudensellerie

140 g Knollensellerie

80 g Petersilienwurzel

300 g Karotten

3 Eisbeine

250 g Zwiebeln

1 Knoblauchknolle

3 Zweige Thymian

3 Lorbeerblätter

10 Nelken

10 Wacholderbeeren

1 Prise Muskatnuss, gerieben

1 TL weiße Pfefferkörner

1 TL schwarze Pfefferkörner

12 Blatt Gelatine

500 ml Rinderbrühe

½ Bund Petersilie

+ 2 ½ Stunden Kochzeit
+ 6 Stunden kühlen

*** 45

Schinkensülze mit Radieschen

1. Einen großen Topf mit 5 l Wasser zum Kochen bringen und 1 EL Salz hinzugeben. Das Gemüse – außer den Zwiebeln und der Knoblauchknolle – putzen und im Ganzen lassen. Von den Karotten 150 g und vom Lauch 180 g beiseitelegen. Nun die Eisbeine in das kochende Wasser legen und die ungeschälten Zwiebeln, den Lauch, den Staudensellerie, die ungeschälte Knoblauchknolle, den Thymian, die Lorbeerblätter, die Nelken, die Wacholderbeeren, die Muskatnuss sowie die weißen und schwarzen Pfefferkörner beigeben. Je nach Größe der Eisbeine 2 ¼ bis 2 ½ Stunden köcheln lassen und zwischendurch Wasser nachfüllen. Die Gelatine in kaltem Wasser quellen lassen.

2. Für die Einlage die beiseitegelegten Karotten, den Lauch, die Petersilienwurzel und den Knollensellerie in einem Topf mit Salzwasser extra weich kochen. Die unterschiedlichen Kochzeiten der Gemüsesorten beachten: Am längsten braucht der Knollensellerie, gefolgt von den Karotten, der Petersilienwurzel und dem Lauch. Die Gelatine in der Rinderbrühe auflösen und eventuell mit Salz abschmecken. Die Brühe ins Gefrierfach stellen und auf Zimmertemperatur abkühlen. Die Gemüse in breite Stifte schneiden.

3. Das Fleisch von den gekochten Eisbeinen schneiden und dunkle Stellen sowie Fett und Schwartenreste entfernen. Das Fleisch mit der Hand in 2-3 cm große Stücke reißen. In die Form ein wenig Brühe füllen, damit die Folie nicht am Boden klebt. Klarsichtolie einlegen und in den Ecken fest andrücken, damit sie gut sitzt und möglichst

■ Als Beilage zur Sülze eignen sich krosse Bratkartoffeln und Remouladensauce. Hier wird die Sülze mit Radieschenscheiben und etwas Essig-Öl-Vinaigrette, mariniert mit Schnittlauch, serviert.

keine Falten wirft. Schichtweise die Gemüsestifte, das Fleisch und die Petersilie einlegen und zwischendurch mit dem Gelee auffüllen.

4. Das Fleisch und Gemüse weiter abwechselnd schichten und immer wieder Druck ausüben, damit keine Lufteinschlüsse bleiben. Andernfalls würde die Sülze später beim Schneiden leichter auseinanderfallen.

5. Zum Schluss, wenn die Form bis zum Rand gefüllt ist, mit dem restlichen Gelee auffüllen und die Sülze mit der flachen Hand zusammenpressen.

6. Die überstehende Folie von einer Seite über die Sülze schlagen und verschließen.

7. Ein Brett in der Größe der Öffnung darauflegen und beschweren, damit Druck ausgeübt wird. Die Sülze wenigstens 6 Stunden (am besten über Nacht) in den Kühlschrank stellen, damit die Gelatine fest werden kann.

8. Die Sülze stürzen und vorsichtig aus der Folie packen. Mit einem scharfen Messer etwa 2 cm dicke Scheiben schneiden, auf Tellern anrichten und servieren.

 600 g Tomaten

 2 Knoblauchzehen

 3 Schalotten

 60 g Staudensellerie

 1 Zweig Rosmarin

 2 Zweige Thymian

 3 EL Wasser

 2 EL Zucker

 3 EL Estragonessig

 4 EL natives Olivenöl extra

 2 ½ TL Salz

 1 Prise schwarzer Pfeffer

 500 ml Tomatensaft

 4 Blatt Gelatine

 500 g Sahne

 4 EL Pesto

Tomatenmousse mit Pesto

1. Die Tomaten häuten, achteln, vom Kerngehäuse befreien und in 1 cm große Würfel schneiden. Den Knoblauch schälen, halbieren und in dünne Scheiben schneiden. Die Schalotten schälen und in Ringe schneiden. Den Staudensellerie in kleine Würfel schneiden. Den Rosmarin und den Thymian gleichfalls fein schneiden.

2. Das Wasser in einen Topf geben und 1 EL Zucker darin auflösen. So lange erhitzen, bis der Zucker eine goldgelbe Farbe erhält. Dann mit dem Estragonessig ablöschen.

3. Nun das Olivenöl beigeben und die Schalotten, den Knoblauch und die Kräuter 1 Minute bei mittlerer Hitze darin anschwitzen. Den Staudensellerie hinzufügen und 5 Minuten mitschwitzen lassen.

4. Jetzt die Tomaten mit Salz und Pfeffer in den Topf geben. Mit dem Tomatensaft aufgießen und 8-10 Minuten bei mittlerer Hitze köcheln lassen. Anschließend mit dem Stabmixer pürieren und auf Zimmertemperatur abkühlen lassen. Dies ergibt 750 ml Tomatenflüssigkeit.

5. Die Gelatineblätter etwa 10 Minuten in kaltem Wasser einweichen. Die gequollene Gelatine ausdrücken und in einem kleinen Topf schmelzen lassen.

6. In der Zwischenzeit die Sahne steif schlagen und im Kühlschrank kalt stellen. Die Tomatenflüssigkeit in eine Schüssel schütten, die geschmolzene Gelatine einrühren und nochmals mit Estragonessig, Salz und Pfeffer abschmecken.

+ 3 Stunden kühlen

30

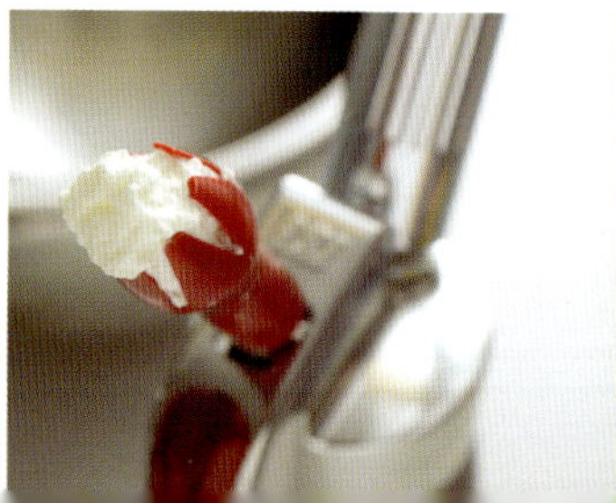

■ **Man spart Zeit, wenn man 500 g Sahne in einen Sahnesiphon füllt und mit 2 Kapseln aufschäumt.**

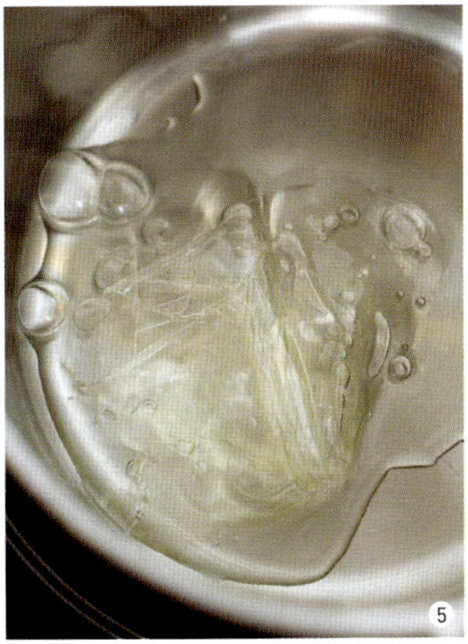

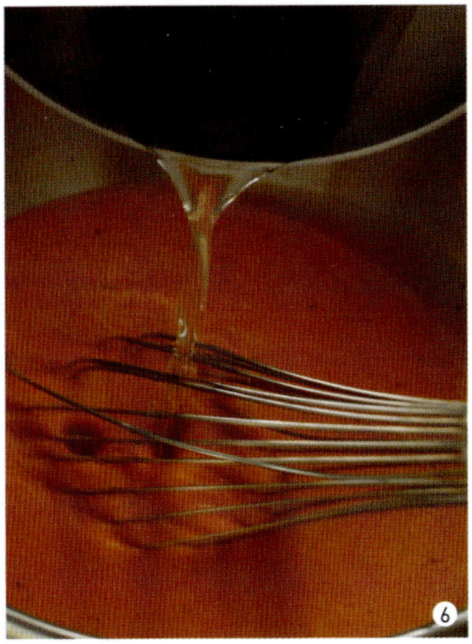

7. Nun die Hälfte der geschlagenen Sahne mit einem Schneebesen und einer Drehung des Handgelenks unter die Tomatenflüssigkeit heben.

8. Den Rest der Sahne vorsichtig mit einem Teigschaber unterheben und abschließend mit dem Schneebesen verrühren, um Sahneklumpen aufzulösen. Danach etwas Pesto in Gläser geben, das Tomatenmousse einfüllen, mit Klarsichtfolie abdecken und 3 Stunden im Kühlschrank auskühlen lassen. Mit etwas Pesto bedecken und mit Weißbrot servieren.

- 220 g Entrecote
- 5 EL Fischsauce
- 200 g Kirschtomaten
- 100 g Zwiebeln
- 1 Mango
- 2 TL Zucker
- 1½ Limetten
- 1 EL Erdnussöl
- 1 TL Sesamöl, geröstet
- 5 Zweige Minze
- 1 kleiner Kopfsalat

Mangosalat mit Kirschtomaten, Minze und Rindfleisch

1. Das Entrecote in Streifen schneiden und mit 2 EL Fischsauce marinieren. Die Kirschtomaten vierteln. Die Zwiebeln schälen, halbieren und in feine Streifen schneiden.

2. Die Mango waschen, schälen und vom Stein lösen. Dann in Streifen schneiden.

3. Die Zwiebeln, Kirschtomaten, Mango und den Zucker in eine Schüssel geben und den Saft der Limetten darüber auspressen.

4. Das Erdnussöl und das Sesamöl in die Pfanne geben und erhitzen. Das Fleisch 1 Minute scharf anbraten und dabei wenden.

5. Die Minze waschen, zupfen und verlesen. Die Spitzen zum Garnieren zurückbehalten, die restlichen Blätter in Streifen schneiden und mit dem Fleisch in die Schüssel geben, 3 EL Fischsauce darübergeben und vermischen. Mit Blattsalat und Minzespitzen dekorieren und auf Tellern anrichten.

45

■ Mit zerkleinerten, gerösteten Erdnüssen oder Grünkern verleiht man dem Gericht eine besondere Note.

2
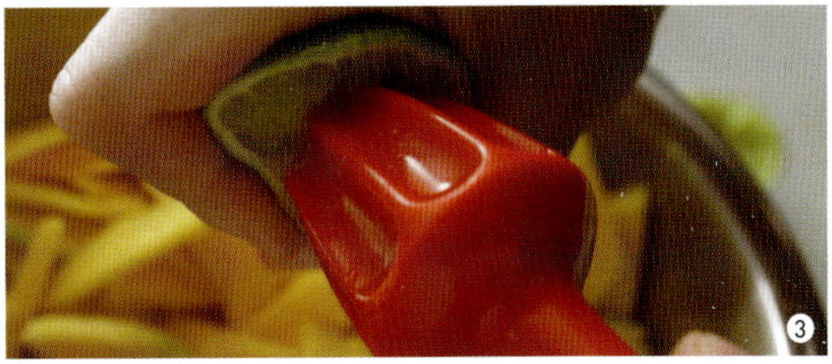
3
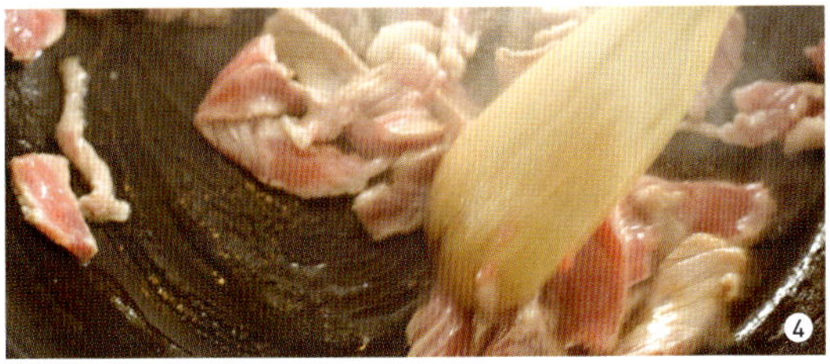
4

5

 700 g Geflügelleber

 250 ml roter Portwein

 250 ml Cognac

 600 g Butter

 250 g dünne Speckscheiben

 3 Eier

 1½ TL Salz,
½ TL schwarzer Pfeffer

 1 Prise Muskatnuss,
frisch gerieben

 4 Wacholderbeeren

 1 Zweig Thymian

Parfait von frischer Geflügelleber

1. Die Geflügelleber putzen und Haut, Adern und Blutreste mit einem kleinen Küchenmesser entfernen.

2. Den roten Portwein und den Cognac in einem Topf auf 1/5 des Volumens einkochen und auf Zimmertemperatur abkühlen lassen. Aus der Butter eine Nussbutter zubereiten (s. S. 34) und ebenfalls auf Zimmertemperatur abkühlen lassen.

3. In der Zwischenzeit die Terrinenform mit den Speckscheiben so auslegen, dass sie sich überlappen und über den Terrinenrand ragen.

4. Die Geflügelleber mit den Eiern, dem Salz, dem Pfeffer und den eingekochten Spirituosen in den Mixer geben.

5. Die Muskatnuss frisch darüberreiben, die Nussbutter zugießen und dabei mixen, bis die Masse wie ein glatter Schokoladenmilchshake aussieht.

6. Die gemixten Zutaten mit einer Kelle in die mit Speck ausgelegte Form geben.

7. Die gefüllte Form mit dem Speck abdecken.

8. Die Wacholderbeeren und den Thymian auf den Speck legen. Das Parfait mit Alufolie abgedeckt im Ofen 90 Minuten bei 100 °C garen. Herausnehmen und auskühlen lassen, am besten über Nacht im Kühlschrank. Danach vorsichtig aus der Form stürzen. Mit einem langen, in heißes Wasser getauchtes Messer eine 2 cm dicke Scheibe abschneiden und auf einen Teller legen. Mit frischem Brot, Weißbrot oder Brioche servieren. Anrichten mit Essiggürkchen und/oder Orangenchutney.

+ 6 Stunden kühlen

*** 240**

■ **Alternativ kann man als Zutaten auch eingelegte grüne Pfefferkörner, angebratene Champignons oder Morcheln, schwarze Trüffel in Stücken oder in Zucker und Butter gebratene Apfelspalten verwenden. Die Zutaten sollten aber höchstens handwarm sein.**

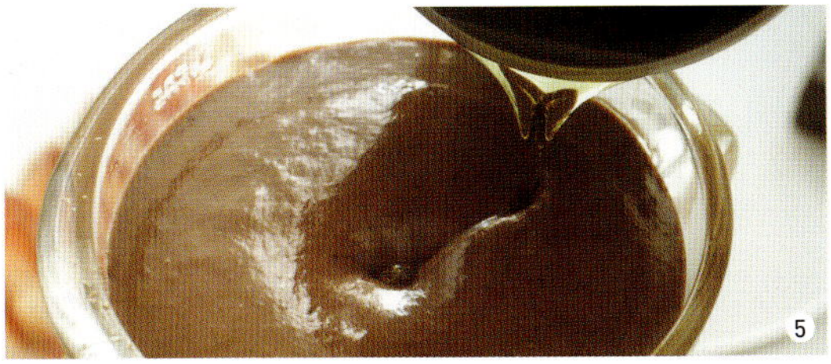
5

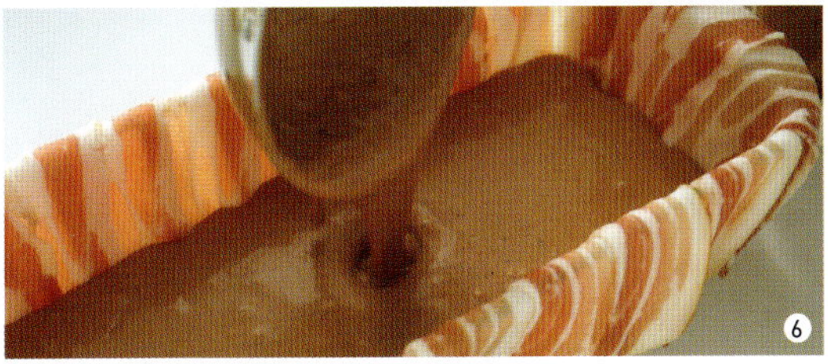
6

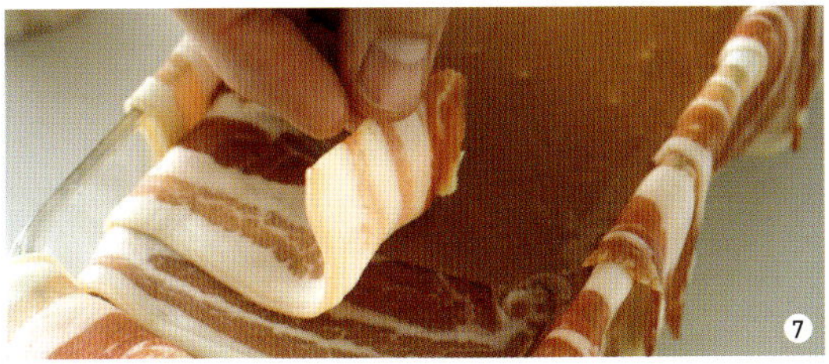
7

8

- 2 Hummer, gekocht und ausgebrochen
- 1 Chicorée
- 200 g Champignons
- 50 ml Weißwein
- ½ Zitrone
- 120 g Cocktailsauce

Hummercocktail mit Champignons

1. Das gekochte, ausgebrochene Hummerfleisch halbieren und den Darm mit der Messerspitze herausziehen (s. S. 480). Pro Person eine Schere zum Garnieren aufbewahren. Das Hummerfleisch in ½ cm große Würfel schneiden. Vier schöne Chicoréeblätter beiseitelegen, den Rest in feine Streifen schneiden.

2. Die Champignons putzen und vierteln. Den Weißwein in einem kleinen Topf zum Kochen bringen und die Champignons zugeben. Den Zitronensaft über einem Sieb hinzupressen, damit die Kerne nicht in den Topf fallen. Alles etwa eine Minuten hell dünsten lassen.

3. Die Pilze in einem Sieb abtropfen und abkühlen lassen. Die Flüssigkeit eventuell zur Weiterverarbeitung zu Fischsauce oder Sauce Hollandaise aufheben.

4. Die Champignons in einer Schale mit den Hummerstücken und der Cocktailsauce vermischen. Ein paar Chicoréestreifen und ein Chicoréeblatt in Sektschalen stecken. Danach den Hummercocktail einfüllen und mit den Hummerscheren dekorieren.

30

■ Man kann diesen Cocktail auch mit Krabben oder Garnelen zubereiten und mit verschiedenen Kräutern dekorieren.

2

3

4

- 250 g Knollensellerie
- 1 Zitrone
- 12 Walnüsse
- 3 Äpfel
- ½ TL Salz
- 1 TL Zucker
- 1 Prise schwarzer Pfeffer
- 100 g Crème fraîche
- 100 g Mayonnaise

Waldorfsalat

1. Den Knollensellerie schälen und mit einer Zitrone abreiben, damit er nicht braun wird. Die Walnüsse knacken und beiseitestellen.

2. Die Äpfel schälen, Boden und Deckel entfernen. Das Fruchtfleisch um das Kerngehäuse herum abschneiden.

3. Die Apfelstücke und den Sellerie auf einer feinen Reibe in Streifen hobeln.

4. Die Apfel- und Selleriestreifen in eine Schale geben. ½ Zitrone über einem Sieb ausdrücken. Mit Salz, Zucker und Pfeffer würzen.

5. Die Crème fraîche und die Mayonnaise beigeben und alles gut miteinander vermischen. Zum Schluss in einem Glas anrichten und mit den Walnusskernen garnieren.

***30**

■ **Mit einer Aufschnittmaschine kann man den Sellerie in dünne, gleichmäßige Scheiben schneiden. Selleriestreifen können auch blanchiert werden, um einen noch feineren Geschmack zu erzielen. Kocht man die Walnusskerne in Milch und Wasser zu gleichen Teilen kurz auf, lassen sie sich leichter schälen.**

2

3

4

5

- 1½ kg Kartoffeln
- 450 g Gärtnergurken
- 100 g geräucherter Bauchspeck
- 2 Zwiebeln
- 200 ml Sonnenblumenöl
- 3 EL scharfer Senf
- 250 ml Geflügelfond
- 140 ml Apfelessig
- 1½ TL Salz
- 1 große Prise schwarzer Pfeffer

Kartoffel-Gurken-Salat mit Speckstreifen

1. Die Kartoffeln kochen, ausdampfen lassen, pellen und noch warm in ca. ½ cm dicke Scheiben schneiden.

2. Die Gurken schälen und in dünne Scheiben reiben.

3. Den Speck zunächst in Scheiben und dann in Streifen schneiden. Die Zwiebeln schälen und in Würfel schneiden.

4. Das Sonnenblumenöl in einen Topf geben und den Speck darin knusprig braten. Dann die Zwiebeln dazugeben und anschwitzen. Den Senf ebenfalls zugeben und einrühren. Anschließend den Geflügelfond und den Essig in den Topf schütten und mit Salz und Pfeffer abschmecken. 3 Minuten köcheln lassen.

5. Das heiße Dressing über die Gurken und die Kartoffeln gießen und vorsichtig umrühren. Nochmals mit Salz und Pfeffer abschmecken. Noch warm servieren.

50

■ Kocht man die Kartoffeln mit Kümmel, erhalten sie einen würzigeren Geschmack. Mit Mayonnaise angerichtet schmeckt der Salat noch reichhaltiger und wird zu einer wunderbaren Beilage zu gebackenem Fleisch oder Fisch, zu Schinkensülze oder zu verschiedenen Würsten.

2

3

4

5

 200 g Wachtelbohnen, gekocht

 200 g weiße Bohnen, gekocht

 200 g Feuerbohnen, gekocht

 300 g breite Bohnen

 1 TL Salz

 3 Lauchzwiebeln

 1 Prise schwarzer Pfeffer

 4 EL Apfelessig

 5 EL Sonnenblumenöl

 1 EL Petersilie

Gemischter Bohnensalat mit Petersilie

1. Die Bohnen kochen (s. S. 282), gut abtropfen lassen und in eine Schüssel geben.

2. Die breiten Bohnen schräg in Streifen schneiden und in Salzwasser bissfest garen. In ein Sieb gießen und unter fließend kaltem Wasser abschrecken.

3. Die lauwarmen grünen Bohnen nun zu den anderen Bohnen geben.

4. Die Lauchzwiebeln halbieren und in dünne Scheiben schneiden. Zu den Bohnen geben.

5. Nun salzen und mit schwarzem Pfeffer würzen. Den Apfelessig und das Sonnenblumenöl über die Bohnen geben und gut vermischen. 10 Minuten marinieren lassen. Danach die Petersilie waschen, zupfen und fein schneiden und untermischen.

Passt gut zu gegrilltem Fleisch oder zu Frikadellen.

35

■ So erkennt man, ob die Bohnen frisch sind: Nach dem Einweichen sind alte Bohnen aufgeplatzt (links), frische Bohnen bleiben ganz (rechts).

2

3

4

5

- 2 Päckchen getrocknete gemischte Algen
- 6 EL Sojasauce
- 2 EL geröstete Sesamsamen
- 2 EL geröstetes Sesamöl
- 300 g Spinatblätter

Meeresalgensalat mit Blattspinat und Sesamdressing

1. Die getrockneten Algen in lauwarmem Wasser einweichen – je nach Packungsanleitung etwa 30 Minuten.

2. Die eingeweichten Algen in einem Küchensieb abtropfen lassen.

3. Für das Dressing die Sojasauce mit den gerösteten Sesamsamen und dem gerösteten Sesamöl vermischen.

4. Die Spinatblätter waschen, gut trockenschütteln und in die Schale zum Dressing geben.

5. Zum Schluss die abgetropften Algen über den Spinat geben und vermischen.

In einer Schale anrichten und servieren.

***40**

■ Zum Algensalat können noch folgende Zutaten untergemischt werden, damit der Salat bunter und reichhaltiger wird. Feine Karottenstreifen oder Rettichstreifen, kleine frittierte Tofuwürfel, kleine Stücke vom rohen Thunfisch oder Lachs. Mit diesen Zusätzen ist der Salat ein vollwertiges Gericht.

2

3

4

5

400 g gekochter Langkornreis

200 g gekochter Schinken

200 g Obstsalat aus der Dose

3 EL Mayonnaise

1 EL Curry

1 Prise Salz,
1 Prise schwarzer Pfeffer

Saft von 1 Zitrone

Reissalat mit Currymayonnaise und Obst

1. Den Reis und den in Würfel geschnittenen Schinken in eine Schale geben.

2. Den Obstsalat in einem Sieb abtropfen lassen und große Stücke gegebenenfalls durchschneiden.

3. Die Obststücke mit der Mayonnaise zum Reis geben.

4. Mit Currypulver bestäuben, salzen, pfeffern und mit Zitronensaft abschmecken.

5. Alles vorsichtig vermischen und etwa 30 Minuten durchziehen lassen.

In Schalen oder Cocktailbechern anrichten und mit einem Salatblatt und einer Zitronenscheibe garnieren.

40

■ **Anstatt Obstsalat aus der Dose kann ebenfalls frischer Obstsalat (s. S. 656) für diesen Salat verwendet werden.**

4

5

- 2 Eier
- 400 g Penne
- 2 Lauchzwiebeln
- 150 g Thunfisch in Lake
- 1 Prise Salz,
  1 Prise schwarzer Pfeffer
- 2 EL Mayonnaise
- 2 EL Rahmjoghurt
- 1 EL Honigsenf

Nudelsalat mit Thunfisch und gekochtem Ei

1. Die Eier hart kochen (s. S. 102). Penne kochen, abgießen und unter fließendem kalten Wasser auskühlen lassen (s. S. 188). Die Eier pellen und grob hacken. Die Lauchzwiebeln putzen und in feine Ringe schneiden.

2. Die gekochten kalten Nudeln in eine Schüssel geben. Die Eier, die Lauchzwiebelringe und den Thunfisch dazugeben.

3. Salzen, pfeffern, die Mayonnaise und den Joghurt in den Salat geben.

4. Zum Schluss noch Honigsenf beifügen und alles gut vermischen.

In Schalen oder auf Tellern anrichten und mit Kräutern garnieren.

15

■ **Dieser Nudelsalat kann auch mit anderen Nudelsorten wie Farfalle, Rigatoni oder klein geschnittenen Spaghetti zubereitet werden.**

2

3

4

2 Yamswurzeln

2 l Pflanzenöl zum Frittieren

1 Prise Salz oder

1 Prise Zucker

Hausgemachte Yams-Chips

1. Die Schale der Yamswurzeln mit einem Messer dünn abschneiden.

2. Die Wurzeln in feine Scheiben schneiden oder fein hobeln.

3. Die Scheiben für 15 Minuten in kaltes Wasser einlegen, damit die Stärke austritt.

4. Danach gut unter fließendem Wasser abspülen.

5. Die Scheiben in einem Küchentuch gut trocknen.

6. Das Öl in einem hohen Topf auf 170 °C erhitzen und die Scheiben darin kross frittieren.

7. Wenn die Chips goldbraun frittiert sind, mit einer Schaumkelle aus dem Öl heben.

8. Zum Abtropfen auf Küchenpapier ausbreiten.

Nach Geschmack mit Salz oder Zucker bestreuen und in Schälchen servieren.

■ Zu den hausgemachten Yams-Chips eine leichte Kräutersauce oder eine pikante Tomatensalsa servieren.

35

5

6

7

8

 8 EL natives Olivenöl extra

 1 Prise Meersalz

 1 Prise schwarzer Pfeffer

 5 Basilikumblätter

 400 g Rinderfilet

 Saft von 1 Zitrone

 1 Stück Parmesan

1

Rindercarpaccio mit Parmesan und Zitronensaft

1. Jeden der 4 Teller mit 1 EL Olivenöl bestreichen, salzen, pfeffern und mit etwas in dünne Streifen geschnittenem Basilikum bestreuen.

2. Das Rindfleisch mit einem langen scharfen Messer in sehr dünne Scheiben schneiden.

3. Das geschnittene Rindfleisch nebeneinander auf den vorgewürzten Teller legen und mit 1 EL Olivenöl beträufeln. Salzen und pfeffern.

4. Mit Basilikumstreifen bestreuen und etwas Zitronensaft beträufeln.

5. Parmesanspäne mit einem Sparschäler darüber hobeln und mit frischem Brot servieren.

10

■ **Anstelle von Rinderfilet kann man auch frisch geschnittenen rohen Lachs, Thunfisch, Jakobsmuscheln sowie frisches Kalbsfilet oder -rücken verwenden.**

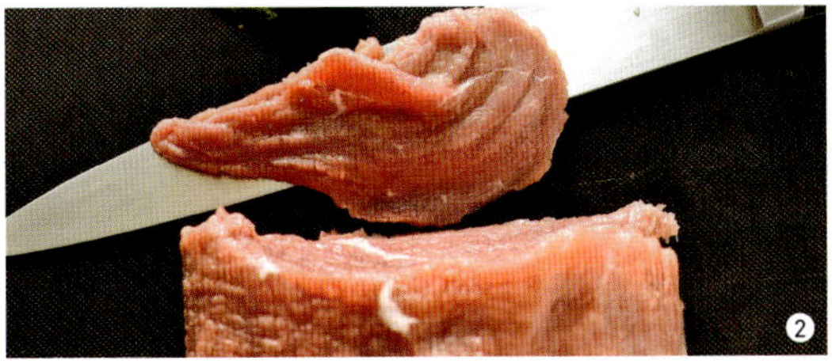
2

3

4

5

Eierspeisen

Inhalt

Gekochtes Ei

1. 5-Minuten-Ei: Ein weiches Eigelb – eine perfekte Garstufe für Eier im Glas. Das ganze Ei lässt sich gut und komplett im Glas verrühren.

2. 7-Minuten-Ei: Das Frühstücksei. Das Eigelb ist noch leicht flüssig.

3. 10-Minuten-Ei: Eiweiß und Eigelb sind gleichermaßen fest.

4. Überkochtes Ei mit grünem Rand: Dies tritt auf, wenn Eier länger als 15 Minuten gekocht und danach nicht unter kaltem Wasser abgekühlt werden.

5. Frisches Ei: Hier ist das Eiweiß sehr fest und kompakt, fast puddingartig.

6. Nicht ganz frisches Ei: Das Eiweiß hängt nicht mehr kompakt am Eigelb, sondern fließt auf dem Teller auseinander.

Entenei, Hühnerei und Wachtelei

1. Entenei, Hühnerei und Wachtelei im Größenvergleich.

2. Entenei, Hühnerei und Wachtelei aufgeschlagen.

3. Öffnen eines Wachteleis: Um ein Wachtelei zu öffnen, sollte man es mit der Messerspitze vorsichtig einritzen, um das Eigelb nicht zu verletzen.

4. Dann ein Loch hineinschneiden und das Ei in eine Schale laufen lassen. Wegen der dicken Schale kann man es nicht einfach aufschlagen.

Tausendjähriges Ei

Es wird manchmal auch hundertjähriges Ei genannt und ist natürlich wesentlich jünger. Rohe, frische Enteneier werden für diese Spezialität der chinesischen Küche in einer Mischung aus gebranntem Kalk, Asche verschiedener Holzsorten, Tee und Salz bedeckt. Nach gut drei Monaten werden die Eier gewaschen. Weil ihre Schalen durchlässig sind, reagiert die Kalkmischung mit dem Inneren. Das Ei ist jetzt eine gelb-grüne, gelatinöse Masse mit strengem Geruch, der manche an Käse erinnert. Es wird in China unter anderem zum Frühstück serviert.

Solei

1 l Wasser mit **4 EL Salz**, **1 TL weißen Pfefferkörnern**, **1 getrockneten Chilischote**, **3 Knoblauchzehen** und **1 TL Senfkörnern** aufkochen. **10 Eier** ins kochende Wasser legen und 5 Minuten kochen. Vom Herd nehmen und die Eier mit der Flüssigkeit in ein Einweckglas geben. Im Glas sind die Eier gekühlt mehr als einen Monat haltbar. Mit Essig und Senf sowie Brot servieren.

2 Eier

1 EL Sahne

1 Prise Salz,
1 Prise schwarzer Pfeffer

10 g Butter

Rührei

1. Die Eier in einen tiefen Teller aufschlagen, weil man sie mit einer Gabel besser in einem tiefen Teller verquirlen kann als in einer Schüssel. Die Eier mit einer schnellen kreisenden Bewegung mit der Gabel verrühren.

2. Die Sahne zugeben, mit Salz und Pfeffer abschmecken und vermischen.

3. Die Butter in die Pfanne geben und bei mittlerer Hitze aufschäumen lassen. Das Rührei in die Pfanne geben. Das Ei unter Rühren fest werden lassen. Es muss cremig bleiben und soll einen schönen Glanz haben und saftig sein.

5

Rührei mit Kräutern

In einem tiefen Teller **2 Eier** mit **2 EL** gemischten geschnittenen **Kräutern**, **1 EL Sahne** und je **1 Prise Salz** und **Pfeffer** verschlagen. Wie das Rührei (s. S. 104) mit **10 g Butter** in der Pfanne zubereiten. Geeignete Kräuter sind Schnittlauch, Basilikum und Koriander.

Rührei mit Tomate

In einem tiefen Teller **2 Eier** mit **1 EL Sahne** und je **1 Prise Salz** und **Pfeffer** verschlagen. **1 Tomate** waschen, häuten, das Kerngehäuse herausschneiden (s. S. 346) und das Tomatenfleisch in kleine Würfel schneiden. **5 Basilikumblätter** in Streifen schneiden und mit den Tomaten und dem Ei vermischen. In einer kleinen Pfanne **10 g Butter** erhitzen, die Mischung darin unter Rühren stocken lassen. Schmeckt sehr gut auf gerösteten **Weißbrotscheiben** und garniert mit einigen Stücken **Mozzarella**.

Rührei mit Pilzen

30 g Pilze putzen (s. S. 360) und in Scheiben schneiden. In einer kleinen Pfanne **10 g Butter** erhitzen, die Pilze anschwitzen und mit je **1 Prise Salz** und **Pfeffer** würzen. **2 Eier** zusammen mit **1 EL Sahne** aufschlagen (s. S. 106), zu den Pilzen geben und unter Rühren stocken lassen.

■ Als Pilze Champignons, Austernpilze, Pfifferlinge, Steinpilze oder Shiitake-Pilze verwenden. Auch Trüffel passen sehr gut zu Ei.

Rührei mit Käse

In einem tiefen Teller **2 Eier** mit **40 g** geriebenem **Käse**, **1 EL Sahne** und je **1 Prise Salz** und **Pfeffer** verschlagen. Wie das Rührei (s. S. 104) mit **10 g Butter** in der Pfanne zubereiten. Der Käse sollte sich schön zäh ziehen.

■ Als Käsesorten Gruyère, alten Gouda, Appenzeller oder Raclettekäse verwenden. Wer es milder mag, sollte zu frischem Ziegenkäse, Fetakäse oder Brie greifen.

 4 Eier

 2 EL Crème fraîche

 10 g schwarze eingelegte Trüffel aus dem Glas

 20 g Butter

 1 Prise Salz,
1 Prise schwarzer Pfeffer

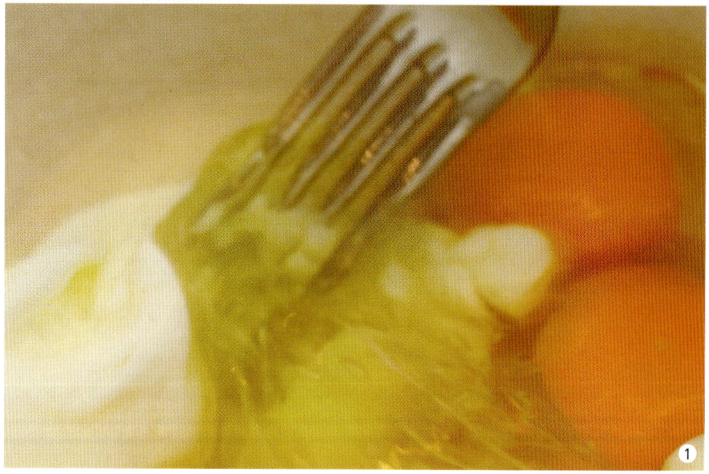

Französisches Rahmrührei mit Trüffeln

1. Die Eier in eine Schüssel schlagen und mit Crème fraîche verrühren.

2. Die Trüffel in dünne Scheiben schneiden. Man kann auch frische oder tiefgekühlte Trüffel verwenden.

3. Die Trüffelscheiben zu den Eiern geben, vermischen und 1 Stunde im Kühlschrank zugedeckt stehen lassen, damit sich der Trüffelgeschmack besser entfalten kann.

4. Die Butter in der Pfanne bei mittlerer Hitze aufschäumen lassen. Die verschlagenen Eier mit Salz und Pfeffer würzen und in die Pfanne geben. Die Rühreier in der Pfanne ständig langsam rühren, damit das Ei gleichmäßig stocken kann.

5. Das Trüffelrührei ist fertig, wenn es gleichmäßig cremig und locker ist. Auf einem Teller anrichten und mit getoasteten Weißbrotscheiben servieren.

*** 80

■ **Falls man dieses Gericht mit weißer Trüffel zubereiten möchte, zuerst das Rührei zubereiten und anschließend die weiße Trüffel mit einem Trüffelhobel über das Rührei fein reiben. Weiße Trüffel sollten nicht gekocht werden, da sie sonst an Geschmack verlieren.**

2

3

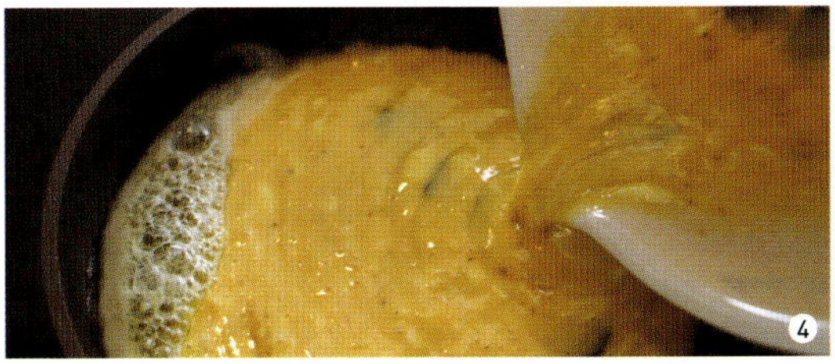
4

5

 10 ml Pflanzenöl

 2 Eier

 1 Prise Salz, 1 Prise Pfeffer

 10 g Butter

Spiegelei

1. Das Pflanzenöl in eine beschichtete Pfanne geben und bei mittlerer Temperatur erhitzen. Die Eier in eine Tasse schlagen und in die Pfanne gleiten lassen.

2. Nur das Eiweiß salzen, nicht das Eigelb – das Salz würde weiße Flecke auf dem Eigelb hinterlassen. Das gesamte Ei pfeffern. 10 g Butter mit einer Gabel am inneren Pfannenrand abstreichen, dadurch erhält das Spiegelei einen feineren Geschmack.

3. Danach das Spiegelei mit einem Bratenwender aus der Pfanne nehmen und auf einem Teller anrichten.

■ **Die Eier zunächst in eine Tasse aufzuschlagen ist hygienischer, als sie direkt in die Pfanne zu geben. So gehen Sie sicher, dass keine Schalenteile oder andere Verunreinigungen in die Pfanne gelangen. Je dunkler gebraten ein Ei ist, desto schwerer lässt es sich verdauen!**

*** 10

Strammer Max

1 Scheibe getoastetes **Graubrot** mit **10 g Butter** bestreichen und mit **2 Scheiben gekochtem Schinken** belegen. **2 Spiegeleier** (s. S. 108) mit einem Bratenwender auf die Brotscheibe geben. Mit **Petersilienblättern** oder **Gartenkresse** bestreuen und servieren. Die Zubereitung von Strammem Max ist auch mit rohem Schinken möglich.

■ **Wer es etwas würziger mag, sollte das Brot vorher mit Knoblauch abreiben.**

Scharfes Spiegelei

2 Eier in eine Tasse geben und in die heiße Pfanne gleiten lassen. Nur das Eiweiß **salzen**, nicht das Eigelb. Das gesamte Ei **pfeffern**. **2 grüne scharfe Pfefferschoten**, **1 EL Lauchzwiebeln** in Ringe und **1 TL getrocknete Paprikaschoten** in Streifen schneiden und alles darüber geben. Die Spiegeleier mit einem Bratenwender auf den Teller heben und zum Schluss mit **1 Prise** scharfem **Paprikapulver** bestreuen.

■ **Mit frischen Brötchen oder auch Bagel servieren. Dazu passen ebenfalls scharfe Chilibohnen oder kross gebratener Speck.**

2 l Wasser

50 ml Weißweinessig

1 Ei

Pochiertes Ei

1. Das Wasser in einem hohen Topf erhitzen, danach den Essig hinzugeben. Das Wasser darf nicht kochen. Das Ei in ein Glasgefäß aufschlagen und dann vorsichtig in das Essigwasser gleiten lassen. Dabei das Ei mit einem Löffel sanft wenden, sodass das Eiweiß das Eigelb umschließt. Ein Ei mittlerer Größe pochiert in etwa 3 bis 5 Minuten – die erforderliche Zeit hängt auch vom persönlichen Geschmack ab.

2. Das Ei mit einer Schaumkelle vorsichtig aus dem Topf heben und auf einem Teller abtropfen lassen. Gegebenenfalls die überstehenden Eiweißfäden mit einem Messer abschneiden und danach servieren: auf Salat, mit Toast oder einfach nur mit Butter und frischen Kräutern.

■ **Eier solten erst kurz vor der Verwendung aus dem Kühlschrank genommen werden, damit sie beim Kochen eine bessere Konsistenz behalten und nicht auseinanderfließen. Der Essig bewirkt, dass das Ei besser stockt. Das Kochwasser niemals salzen, denn das würde das Gegenteil bewirken!**

15

Frittiertes Ei

200 ml bzw. 2 cm hoch **Pflanzenöl** in eine Pfanne geben und bei mittlerer Hitze erhitzen. **1 Ei** in eine Schale aufschlagen und vorsichtig in das Öl gleiten lassen. Das Ei in der Pfanne wenden und von beiden Seiten jeweils ca. 1 Minute frittieren. Das Ei mit einer Schaumkelle aus der Pfanne auf **1 getoastete Weißbrotscheibe** geben. Mit jeweils **1 Prise Salz** und **schwarzem Pfeffer** würzen.

■ Vorsicht: Wenn Sie das Ei in die Pfanne geben, kann Öl nach oben spritzen. Das frittierte Ei auf einem getoastetem Weißbrot anrichten, damit dieses das überschüssige Fett aufsaugen kann. Die Eier auf Toast mit einer pikanten Tomatensauce oder auch auf kleinen Scaloppine servieren.

Pochierte Eier Benedikt

2 Eier wie zuvor beschrieben pochieren. **10 g Butter** in einer Pfanne aufschäumen. **150 g** geputzten und gewaschenen **Blattspinat** hinzugeben. Mit jeweils **1 Prise Salz, Pfeffer** und **frisch geriebener Muskatnuss** würzen. Den Spinat in der Pfanne zusammenfallen lassen. Etwa 1 Minute lang schwenken. Den Spinat auf **2 getoasteten Weißbrotscheiben** verteilen. Darauf das pochierte Ei geben und mit **5 EL Sauce hollandaise** (s. S 152) übergießen.

- 3 Eier
- 1 Prise Salz,
  1 Prise schwarzer Pfeffer
- 1 Prise frisch geriebene Muskatnuss
- 1 EL Sahne
- 10 g Butter

Französisches Omelett klassisch

***

10

1. Die Eier in eine Schüssel aufschlagen, salzen, pfeffern und mit frisch geriebener Muskatnuss würzen. Die Sahne dazugeben und die Eier mit einer Gabel verschlagen.

2. Die Butter in einer beschichteten Pfanne mit 20 cm Durchmesser aufschäumen lassen. Die Eier in die Pfanne geben und mit einem Holzlöffel ständig verrühren.

3. Die Hitze reduzieren und das Rührei nicht mehr umrühren, damit es von unten stocken kann. Die Pfanne leicht schräg nach oben halten.

4. Das Omelett mit dem Holzlöffel zu einem Halbmond zusammenrollen.

5. Das fertige Omelett in der Pfanne mit etwas Butter bestreichen und auf einen Teller stürzen.

Nochmals von oben mit Butter bestreichen, damit das Omelett glänzt. Wichtig ist, dass das Omelett eine glatte, ungebratene Oberfläche aufweist und innen noch saftig ist.

Französisches Omelett mit Rahmchampignons

½ Schalotte fein würfeln. **10 g Butter** in einer Pfanne aufschäumen lassen und die Schalotten darin glasig anschwitzen. **80 g Champignons** in dünne Scheiben schneiden und zu den Schalotten in die Pfanne geben. Ca. 2 Minuten lang andünsten, bis die Flüssigkeit verdunstet ist. **Salzen** und **pfeffern** und mit **10 Tropfen Zitronensaft** beträufeln. So bleiben die Champignons schön weiß. **100 ml** flüssige **Sahne** hinzugeben und weitere 2 Minuten köcheln lassen, bis die Sauce eine sämige Konsistenz annimmt. Das **Omelett** (siehe oben) mit einem Messer der Länge nach einschneiden. Die Rahmchampignons einfüllen und mit der Sauce begießen. Mit **1 TL Petersilienblättern** garnieren und mit getoastetem Weißbrot servieren.

■ **Füllungen mit Spargel, Flusskrebsen, Shrimps, Tomaten und Hackfleisch passen ebenfalls sehr gut zu Omeletts.**

50 g Butter

50 g Semmelbrösel

8 Eier

1 Prise Salz,
1 Prise schwarzer Pfeffer

1 TL Speisestärke

1 Prise frisch geriebene Muskatnuss

250 g Raclettekäse

1

Käsesoufflé

1. Die runden Auflaufformen mit etwa 8 cm Durchmesser mit Butter ausstreichen und mit Semmelbröseln ausstreuen.

2. Die Eier trennen. Das Eiweiß salzen. Mit einem Schneebesen steif aufschlagen und die Speisestärke unterheben. Das Eigelb, den Pfeffer und eine Prise frisch geriebene Muskatnuss in die Eiweißmasse geben.

3. Den Rand vom Raclettekäse abschneiden und den Käse grob reiben. 200 g geriebenen Raclettekäse mit einer Gummispachtel vorsichtig unterheben. Nicht zu lange rühren, sonst fällt die Eiweißmasse zusammen und das Soufflé geht später nicht richtig auf.

4. Die Eiweißmasse mit einem Schöpflöffel in die vorbereiteten Soufflèformen verteilen, bis diese zu drei Viertel gefüllt sind.

5. Den restlichen Raclettekäse auf den Soufflés verteilen. Eine Porzellanauflaufform mit Backpapier auslegen und 2 cm hoch mit heißem Wasser füllen. Die Souffléformen hineinstellen.

Die Formen in den auf 190 °C vorgeheizten Backofen (Unterhitze) ohne Umluft geben. Je nach Ofen 20 bis 25 Minuten backen. Zum Schluss kann die Oberhitze dazugeschaltet werden, damit das Käsesoufflé oben eine goldgelbe Farbe annimmt. Danach sofort herausnehmen und entweder in der Form servieren oder herausstürzen. Dazu kann eine leichte Tomaten-Butter-Sauce oder eine Champignonrahmsauce serviert werden.

*** 45

■ Wichtig ist, die Souffléform bis an den oberen Rand mit Butter zu bestreichen. Andernfalls könnte es beim Backen im Ofen eventuell an den ungebutterten Stellen anhängen und nicht die gewünschte Form annehmen. Auch beim abschließenden Stürzen aus der Form besteht die Gefahr, dass das Soufflé daran kleben bleibt. Die Eier sollten unbedingt kalt sein, damit sich mehr Volumen hineinschlagen lässt!

2

3

4

5

- 5 Eier
- 1 Prise Salz
- 1 Prise Fenchelsamen, gemahlen
- 200 g Zucchini
- 1 Knoblauchzehe
- 1 Zweig Rosmarin
- 5 EL natives Olivenöl extra
- 4 EL Aioli
- 1 Prise schwarzer Pfeffer, grob

Italienische Frittata

1. Die Eier aufschlagen und in eine Schüssel geben. Mit Salz und gemahlenen Fenchelsamen würzen. Dann mit einer Gabel verschlagen.

2. Die Zucchini der Länge nach halbieren und in dünne Scheiben schneiden. Den Knoblauch in dünne Scheiben schneiden. Die Rosmarinnadeln grob schneiden. In einer beschichteten Pfanne Olivenöl erhitzen. Den Knoblauch hinzufügen und goldgelb anschwitzen. Zucchini und Rosmarin ebenfalls in die Pfanne hinzugeben und 5 Minuten lang leicht anbraten. Die Eier in die Pfanne geben, sodass die Zucchinischeiben bedeckt sind. Die Pfanne etwa eine ½ Minute auf dem Herd erhitzen.

3. Danach in den auf 180 °C vorgeheizten Backofen geben und 8 bis 10 Minuten backen. Die Frittata ist fertig, wenn sie schön aufgegangen ist und auf der Oberfläche eine goldgelbe Farbe angenommen hat. Danach aus der Pfanne auf ein Holzbrett stürzen, auskühlen lassen und in 2 cm dicke Stücke schneiden. Auf einen Teller geben, Aioli dazugeben und mit grobem Pfeffer garnieren.

■ **Fenchelsamen können statt in einer Mühle gemahlen auch gehackt werden. Die Frittatastücke auf Zahnstocher aufspießen und als Fingerfood zum Aperitif reichen. Pesto oder alter Balsamicoessig passen ebenso gut als Dip dazu.**

25

2 Knoblauchzehen 

400 g Kartoffeln 

5 EL natives Olivenöl extra 

1 Prise Salz,
1 Prise schwarzer Pfeffer 

130 g Zwiebel 

3 Eier 

Spanische Tortilla

1. Die Knoblauchzehen in der Schale andrücken. Die Kartoffeln schälen und in dünne Scheiben schneiden. 3 EL Olivenöl in einer beschichteten Pfanne erhitzen und Knoblauch und Kartoffeln in die Pfanne geben. Mit Salz und Pfeffer würzen. Die Kartoffeln langsam bei mittlerer Hitze ca. 15 Minuten lang garen, ohne dass sie Farbe annehmen.

2. Die Zwiebel halbieren und in dünne Scheiben schneiden. Nach 5 Minuten die Zwiebelscheiben zu den Kartoffeln in die Pfanne geben. Die Eier in eine Schüssel aufschlagen, salzen und pfeffern. Mit einer Gabel verschlagen, dann die gegarten Kartoffeln aus der Pfanne hinzugeben und vermischen.

3. Anschließend wieder 2 EL Olivenöl in einer beschichteten Pfanne mit 20 cm Durchmesser erhitzen. Die Eier-Kartoffel-Mischung in die Pfanne geben und bei schwacher Hitze 6 bis 8 Minuten lang ausbacken. Danach die Tortilla auf einen Teller stürzen und wieder mit der gebratenen Seite nach oben in die Pfanne gleiten lassen. Weitere 5 bis 7 Minuten lang ausbacken. Die fertig gebackene Tortilla auf einen Teller gleiten lassen und servieren.

■ **Dazu passen sehr gut Aioli (s. S. 53) und eingelegte Oliven. Tortilla schmeckt am besten lauwarm.**

35 ***

 6 Eier

 80 g Butter

 1 Prise Salz

 1 Prise Cayennepfeffer

 1 EL mittelscharfer Senf

 1 Zitrone

 10 Tropfen Worcestersauce

Gefüllte Eier

1. Die Eier 10 Minuten lang kochen. Dann unter kaltem Wasser abschrecken, schälen und der Länge nach halbieren. Das Eigelb mit einem kleinen Löffel vorsichtig herauslösen.

2. Die zimmerwarme Butter in einer Schüssel mit Salz und Cayennepfeffer schaumig schlagen. Den Senf hinzufügen und mit einem Schneebesen verrühren.

3. Mit dem Saft von ½ Zitrone und Worcestersauce abschmecken. Das Eigelb hinzugeben und glatt rühren.

4. Die Eimasse durch ein feines Sieb streichen und in einen Spritzbeutel mit Sterntülle geben. Die hart gekochten Eiweißschalen unter fließendem lauwarmen Wasser auswaschen. Auf einen Teller mit Kreppapier zum Abtropfen geben.

5. Die Eigelb-Butter-Füllung mit dem Spritzbeutel dekorativ in die Eiweißschalen spritzen. Je nach Geschmack mit Cherrytomaten, Peperoni, Kapern, Sardellen oder kleinen Petersilienblättern dekorieren.

35

■ **Eier auf russische Art: 120 g Kartoffeln, 80 g Petersilienwurzeln und 80 g Karotten im Ganzen kochen, abkühlen lassen und dann in ½ cm kleine Würfel schneiden. Das gewürfelte Gemüse und die Kartoffeln in eine Schale geben. Mit 2 EL Mayonnaise, 1 TL mittelscharfen Senf, 1 EL Weißweinessig, Salz und Pfeffer anmachen. Auf Tellern anrichten und die gefüllten Eier darauflegen.**

2

3

4

5

 200 g schieres Rindfleisch, fein durchgelassen

 1 Schalotte

 2 Sardellenfilets

 1 Prise Salz,
1 Prise schwarzer Pfeffer

 1 TL mittelscharfer Senf

 1 EL Ketchup

 ½ TL Paprikapulver, scharf

 1 Ei

 einige Tropfen Worcestersauce

 2 EL Gurken- oder Kapernwasser

 8 Wachteleier

 2 EL Pflanzenöl

 4 Scheiben getoastetes Graubrot

 Petersilie

Wachtelspiegeleier auf Tatarkanapees

1. Das durchgelassene Fleisch in eine Schüssel geben. Die Schalotte schälen und in kleine, feine Würfel schneiden. Die Sardellenfilets fein hacken. Beide Zutaten zu dem Fleisch geben und die Mischung mit Pfeffer, Salz, Senf, Ketchup, Paprikapulver, nur dem Eigelb des getrennten Eies, Worcestersauce und Gurken- oder Kapernwasser mit einem Esslöffel pikant anmachen.

2. Die Wachteleier vorsichtig mit einem kleinen Messer an der Oberfläche der Schale aufritzen und in eine Glasschüssel geben (s. S. 102).

3. Das Pflanzenöl in einer beschichteten Pfanne bei mittlerer Temperatur erhitzen. Die Wachteleier einzeln mit einem Esslöffel in die Pfanne geben und darauf achten, dass sie nicht an den Rändern zusammenbraten. Mit schwarzem Pfeffer würzen.

4. Die Wachteleier sind gar, wenn das Eiweiß gestockt ist und das Eigelb glänzend und noch flüssig ist. Das getoastete Graubrot großzügig mit dem angemachten Tatar bestreichen. Die Brotscheiben halbieren und mit einer Gabel ein Wachtelspiegelei auf jeder Hälfte platzieren. Mit Petersilienblättern garnieren und servieren.

*** 40

■ **Das Gericht sollte mit einem kühlen Bier zum Aperitif serviert werden. Als schieres Rindfleisch bezeichnet man mageres Fleisch.**

2

3

4

½ l Béchamelsauce

1 EL Crème fraîche

200 ml Sahne

2 EL mittelscharfer Senf,
1 TL scharfer Senf

8 Eier

600 g Salzkartoffeln

½ Bund Petersilie

1 EL Butter

Gekochte Eier in Senfsauce und Petersilienkartoffeln

1. Die Béchamelsauce (s. S. 156) bei mittlerer Hitze langsam unter ständigem Rühren zum Kochen bringen. Die Crème fraîche und Sahne zur Béchamelsauce hinzugeben.

2. Die beiden Senfsorten mit einem Schneebesen einrühren. In der Zwischenzeit die gekochten Salzkartoffeln mit Butter und der abgezupften und feingeschnitenen Petersilie vermischen.

3. Die hart gekochten, geschälten Eier in die Sauce legen. Die Petersilienkartoffeln auf einem Teller anrichten. Jeweils zwei Eier mit Senfsauce dazu geben und mit Petersilienblättern garnieren.

30

■ Sobald der Senf hinzugefügt wurde, darf die Sauce nicht mehr kochen. Das Gericht lässt sich alternativ mit kalter grüner Sauce (s. S. 55) servieren. Hierbei müssen die Eier frisch gekocht sein und halbiert auf die Sauce gegeben werden.

2

3

- 240 g Mehl
- ½ l Milch
- 3 EL Zucker
- 3 Eier
- 150 g Butter
- 2 EL Öl

Pfannkuchenteig

1. Das Mehl in eine Rührschüssel geben. Die Hälfte der Milch sowie den Zucker hinzufügen.

2. Mit einem Schneebesen den Teig glatt rühren. Das geht besser, wenn der Teig zähflüssig ist.

3. Die restliche Milch zugießen und die Eier hineinschlagen.

4. Die Butter in einem Töpfchen so lange erhitzen, bis die Molke goldgelb ist und ein wunderbar nussiger Geruch entstanden ist – dann haben Sie Nussbutter.

5. Die Nussbutter nach und nach mit dem Schneebesen in den Teig rühren – das macht den Teig saftig.

6. In eine beschichtete Pfanne etwas Öl geben und erhitzen. Eine kleine Schöpfkelle Pfannkuchenteig hineingeben und durch Kippen und Drehen den Teig gleichmäßig dünn verlaufen lassen.

7. Den Teig mit einem Spachtel vom Rand lösen und durch „gekonntes" Schwenken den Pfannkuchen wenden! Dazu ist etwas Übung nötig, aber es funktioniert wirklich!

8. Nach dem Wenden noch kurz braten.

Den Pfannkuchen auf einen Teller stürzen und auskühlen lassen.

25

■ Die Pfannkuchen je nach Geschmack mit frischer Marmelade bestreichen, einrollen und mit Puderzucker bestreut servieren. Lecker ist auch die Kombination mit Früchtequark-Füllung und Vanillesauce.

5

6

7
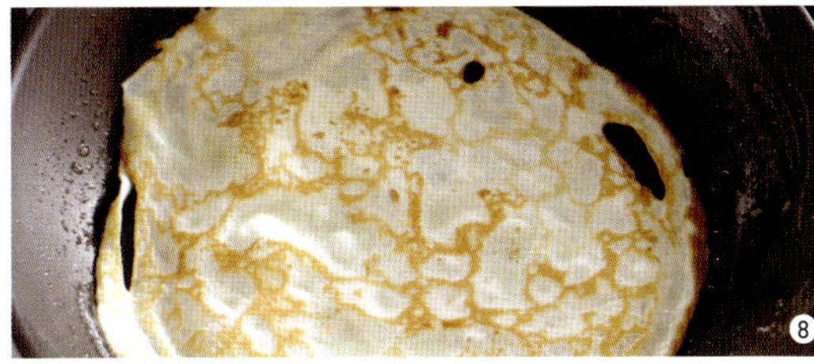
8

 2 reife Äpfel (Golden Delicious)

 12 Scheiben Frühstücksspeck

 1 EL Pflanzenöl

 400 ml Pfannkuchenteig (s. S. 124)

 4 EL Zucker

 100 ml Ahornsirup

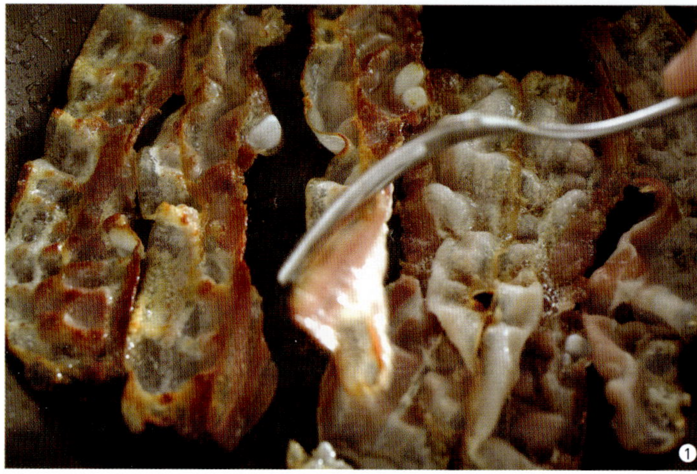

Apfelpfannkuchen mit krossem Speck und Ahornsirup

1. Die Äpfel schälen, halbieren und vom Kerngehäuse befreien. Den Speck in einer beschichteten heißen Pfanne leicht kross ausbraten.

2. 1 EL Pflanzenöl in einer Pfanne erhitzen. Ein Viertel des Pfannkuchenteigs hineingeben.

3. Den Teig durch Kippen der Pfanne gleichmäßig verteilen.

4. Die Äpfel in dünne Scheiben schneiden und ein Viertel der Scheiben in den noch flüssigen Pfannkuchenteig geben – so bleiben sie am Pfannkuchen haften.

5. Den Pfannkuchen mit etwa 1 EL Zucker bestreuen und wenden. Weitere 2 Minuten auf der Apfelseite braten und goldgelb karamellisieren lassen. Drei weitere Pfannkuchen ebenso backen.

Auf Tellern anrichten, mit Ahornsirup begießen und mit krossen Speckscheiben belegen. Das ist ein sehr amerikanisches Frühstück!

25

■ Anstelle von Äpfeln kann man auch dünn geschnittene Ananas in die Pfannkuchen einbacken. Frischer Zuckersirup rundet diesen Gaumenschmaus ab.

2

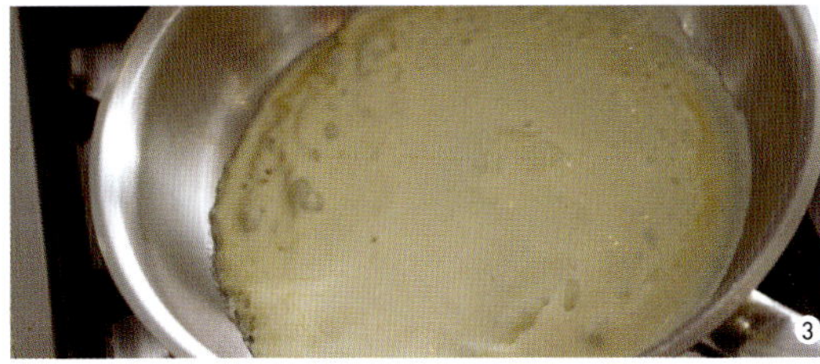
3

4

5

 3 mittelgroße gelbe Mirabellen

 1 EL Butter

 2 EL brauner Zucker

 4 Pfannkuchen (s. S. 124)

1

Mirabellenpfannkuchen

1. Die Mirabellen mit einem Messer halbieren und den Kern mit der Messerspitze herauslösen. Danach die Früchte in Spalten schneiden.

2. In einer Pfanne die Butter aufschäumen lassen. Den braunen Zucker hinzugeben und schmelzen lassen.

3. Die Mirabellenspalten in die Pfanne geben.

4. Die Mirabellenspalten bei sanfter Hitze so lange garen, bis sich der Zucker vollständig aufgelöst hat und die Spalten anfangen, leicht zu zerfallen — etwa 5 Minuten. Die fertigen Pfannkuchen zu Dreiecken falten und im auf 200 °C vorgeheizten Ofen etwa 2 Minuten aufwärmen.

Je zwei Pfannkuchen auf einen Teller geben und die Mirabellenspalten darauf verteilen.

25

■ **Die Pfannkuchen mit Nougatcreme bestreichen — und fertig sind die Schokoladenpfannkuchen!**

2

3

4

Saucen & Fonds

Inhalt

 ½ Fenchelknolle

 1 Lauchstange

 3 Karotten

 2 Stangen Staudensellerie

 1 Tomate

 2 Zwiebeln

 1 Knoblauchknolle

 1 Zweig Rosmarin

 1 Lorbeerblatt

 1 TL weißer Pfeffer

 ½ TL Fenchelsamen

Gemüsefond

1. Die halbe Fenchelknolle von braunen Stellen befreien und in grobe Würfel schneiden.

2. Auch das übrige Gemüse putzen, schälen und in grobe Würfel schneiden. Die Knoblauchknolle quer halbieren.

3. 2 ½ l kaltes Wasser in einen Topf gießen und das gesamte Gemüse vorsichtig hineingeben.

4. Nun die Gewürze hinzufügen und langsam zum Kochen bringen.

5. Den Gemüsefond etwa 20 Minuten köcheln lassen. Danach durch ein feines Sieb abseihen und auskühlen lassen.

Bis zur weiteren Verarbeitung in den Kühlschrank stellen. Der Fond hält sich gut 5 bis 7 Tage, je nach Temperatur Ihres Kühlschranks!

Ergibt ca 2200 ml.

40

■ **Der Fond eignet sich gut, um zu kräftig gewordene Suppen oder Saucen etwas zu strecken oder zu verdünnen, für leichte Suppen und zum Dünsten von Gemüsegerichten.**

2

3

4

5

- 1 Huhn von ca. 1 kg
- 3 Karotten
- 5 Schalotten
- 1 Zwiebel
- 1 Lauchstange
- 2 Stangen Staudensellerie
- 4 l Wasser
- 1 Knoblauchknolle
- 1 Zweig Rosmarin
- 2 Zweige Thymian
- 2 Lorbeerblätter
- 1 TL weiße Pfefferkörner
- 5 Nelken
- 3 Petersilienstängel

Hühnerbrühe

1. Das Huhn grob portionieren, d.h. die Schenkel abtrennen, das Rückgrat aus der Brust schneiden. Das Gemüse putzen, schälen und grob schneiden.

2. Das kalte Wasser aufsetzen, die Hühnerteile zugeben und salzen. Langsam zum Kochen bringen. Das Gemüse, den Knoblauch, die Kräuter und die Gewürze zugeben.

3. Die Suppe etwa 45 Minuten kochen und dabei mit einer Schöpfkelle den aufsteigenden Schaum abschöpfen – dieser macht die Suppe trüb.

4. Kurz vor Ende der Garzeit noch die Petersilienstängel zugeben und den Herd ausschalten.

5. Die gekochten Hühnerkeulen und die Hühnerbrust herausnehmen und zur weiteren Verarbeitung beiseite stellen.

Die Brühe durch ein feines Sieb passieren und auskühlen lassen.

Ergibt ca 2500 ml.

■ **Die Brühe eignet sich, um zu kräftig gewordene Suppen oder Saucen etwas zu strecken oder zu verdünnen, für leichte Suppen und zum Dünsten von Gemüsegerichten**

70

Küchendoktor: Den Schaum auf der Hühnerbrühe immer wieder vorsichtig abschöpfen, da er sonst wieder in die Brühe einkocht und diese trüb werden würde.

2

3

4
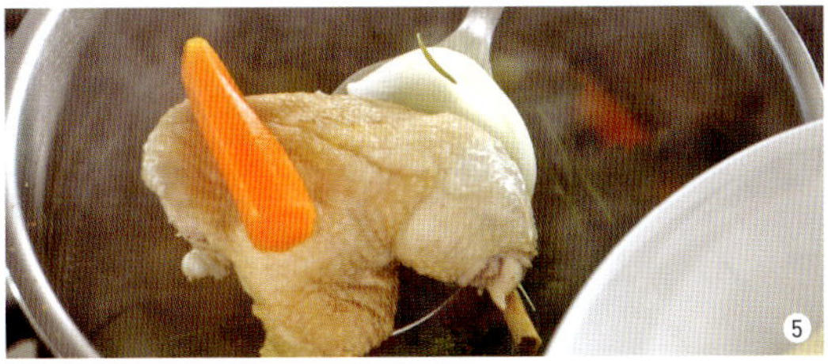
5

1 kg Fischkarkassen

1 Zwiebel

3 Schalotten

½ Fenchelknolle

3 Staudenselleriestangen

3 Knoblauchzehen

3 EL Pflanzenöl

10 weiße Pfefferkörner

½ TL Fenchelsamen

20 g Meersalz

2 Lorbeerblätter

250 ml Weißwein

50 g trockener Wermut

2 ½ l Wasser

2 Scheiben Zitrone

1 Zweig Basilikum

1 Zweig Thymian

80

Fischfond

1. Die Fischkarkassen 30 Minuten wässern, damit das Blut vollständig ausgewaschen und der Fond somit nicht trüb wird. Das gesamte Gemüse schälen und auf mittlere Größe (s. S. 348 - 355) schneiden. Danach in Öl ohne Farbe anschwitzen. Gewürze, Meersalz und Lorbeerblätter hinzugeben.

2. Nun die gewässerten und gut abgetropften Fischkarkassen hinzugeben und ebenfalls kurz anschwitzen. Mit Weißwein und trockenem Wermut ablöschen. Dann mit kaltem Wasser aufgießen und langsam zum Köcheln bringen.

3. Mit einer kleinen Schöpfkelle den oben schwimmenden Schaum abschöpfen. Dies ist das Eiweiß, das entfernt werden muss, um nicht wieder in den Fond einzukochen und ihn trüb werden zu lassen. Etwa 15 Minuten leise köcheln lassen und 5 Minuten vor Ende der Kochzeit die Zitronenscheiben, Basilikumblätter und den Thymianzweig zugeben. Danach den Fond durch ein feines Sieb passieren und für Saucen oder Suppen verarbeiten.

Ergibt ca 2500 ml.

■ **Für den Fischfond sind die Karkassen von Fisch mit weißem Fleisch am besten geeignet, beispielsweise von Seezunge, Steinbutt, Glattbutt, Seewolf und Seeteufel. Beim Auskochen geben sie das beste Aroma ab. Als Basissauce für weitere Cremesauchen und für Fischsuppen.**

Weißweinsauce

2 kleine weiße Champignons und **2 Schalotten** in feine Scheiben schneiden. **30 g Butter** in einem Topf bei mittlerer Hitze aufschäumen lassen. Schalotten und Champignons hinzugeben und anschwitzen. **Mit ¼ l Weißwein** und **100 ml trockenem Wermut** ablöschen. Fast völlig verkochen lassen. So konzentriert man den Geschmack, und der Alkohol verflüchtigt sich. **½ l Fischfond** zugeben und zu einer sirupartigen Konsistenz einkochen lassen, so wird der Geschmack ein zweites Mal konzentriert. **300 ml flüssige Sahne** und **200 g Crème fraîche** angießen und nur einmal aufkochen. Vom Feuer ziehen und mit **einigen Spritzern Zitronensaft**, **1 Prise Salz** und **1 Prise Cayennepfeffer** abschmecken. Die Sauce durch ein feines Sieb passieren, die Reste gut durchdrücken und danach mit einem Pürierstab einmal kräftig durchmixen. Mit **2 EL** aufgeschlagener **Sahne** verfeinern und servieren.

Ergibt ca 600 ml.

■ **Die Weißweinsauce passt zu gedünsteten oder leicht gebratenen Fischfilets.**

Schnittlauchsauce

2 Bund Schnittlauch waschen, verlesen und in feine Röllchen schneiden. **400 ml Buttersauce** noch einmal aufmixen und die Schnittlauchröllchen zusammen mit **1 EL geschlagener Sahne** zugeben. Verrühren und servieren.

Ergibt ca 450 ml.

■ **Diese Sauce passt zu hell gebratenen oder gedämpften Fischfilets, zu Seezunge, Zander, Tilapia oder zu Hummer.**

Aufgeschlagene Buttersauce

2 Schalotten in feine Würfel schneiden. **200 g Butter** in grobe Würfel schneiden und direkt kaltstellen. **20 g Butter** in einer Stielkasserolle bei mittlerer Hitze aufschäumen lassen und die Schalotten hinzugeben und anschwitzen. Danach mit **100 ml weißem Portwein** und **200 ml Weißwein** ablöschen und dann auf ein ⅕ des Volumens einkochen lassen. **400 ml Fischfond** hinzugeben und um die Hälfte einkochen lassen. **1 EL Sahne** hinzufügen, damit die Sauce danach die Butter besser bindet. Nun die kalten Butterwürfel zugeben. Mit einem Pürierstab mixen. Die Sauce darf jetzt nicht mehr aufkochen. Je nach Geschmack noch mit Salz oder Cayennepfeffer abschmecken.

Ergibt ca 400 ml.

■ **Die Butter muss unbedingt kalt sein, sonst bindet die Sauce nicht. Sie ist ein Klassiker zu Fisch oder auch Krustentieren – gehaltvoll, aber sehr delikat. Passt zu gebratenem und pochierten weißem Fisch, aber auch zu Lachs und Pastagerichten mit Gambas und Muscheln.**

- 3 kg Rinderknochen
- 4 EL Pflanzenöl
- 250 g Karotten
- 400 g Zwiebeln
- 120 g Knollensellerie
- 120 g Staudensellerie, mit jungem Grün
- 2 Knoblauchknollen
- 10 Nelken
- 1 EL weiße Pfefferkörner
- 1 TL Pimentkörner
- 2 Zweige Thymian
- 2 Zweige Rosmarin
- 5 Lorbeerblätter
- 2 TL Salz
- 2 EL Tomatenmark
- 2 EL Mehl
- 250 ml Rotwein

+ 3 Stunden Kochzeit

120

Braune Bratensauce / Jus

1. Die Rinderknochen in walnussgroße Stücke hacken. Diese Arbeit am besten vom Metzger erledigen lassen. Danach in einen breiten Topf in Pflanzenöl von allen Seiten etwa 30 Minuten goldbraun rösten. Dabei umrühren und den Bratensatz am Topfboden immer wieder abkratzen, da dieser sonst anbrennen und die Sauce bitter machen würde!

2. Die Karotten, Zwiebeln und den Knollensellerie schälen, den Staudensellerie waschen. Grüne Blätter beiseitestellen. Das Gemüse in 2 cm große Stücke schneiden und zu den Knochen geben. Weitere 20 Minuten rösten und dabei umrühren.

3. Die Knoblauchknollen quer halbieren und die Gewürze mit der flachen Seite des Messers andrücken. So entfalten sie ein viel intensiveres Aroma. Die Kräuter waschen und die Zweige zweimal durchschneiden. Zusammen mit den Lorbeerblättern in die Sauce geben. Das Ganze mit Salz bestreuen.

4. Die Knochen und das Gemüse zur Seite schieben und das Tomatenmark in die Mitte geben. Das Mark ebenfalls rösten, damit es milder wird und nicht zu stark aus der Sauce herausschmeckt.

5. Mit Mehl stäuben und weitere 10 Minuten rösten. Das Mehl bindet die Sauce leicht, während das Rösten den Mehlgeschmack verfliegen lässt und dennoch die Bindung beibehält.

6. Sellerieblätter hinzufügen, mit der Hälfte des Rotweins ablöschen und vollständig verkochen. Danach mit der zweiten Hälfte ablöschen und nochmals einkochen lassen

■ Jus, die Mutter aller Saucen, braucht man für fast jede Fleischsauce und vor allem für kurzgebratene Fleischstücke, aus welchen man nicht ausreichend Sauce beim Braten erhält. Die Sauce gelingt, wenn noch genügend Fleisch an den Knochen ist. Mit Kalbsknochen erzielt man einen noch feineren Geschmack. Die Knochen sollten vom Rücken oder Hals stammen. Besser keine Röhrenknochen verwenden – sie eignen sich besser für Suppen. Die Sauce dann in kleinen Behältern auf Vorrat einfrieren.

– dieser Vorgang ist wichtig für die Intensität der Sauce. So werden die Geschmacksstoffe aus- und wieder eingekocht!

7. Nun mit 3 l kaltem Wasser oder soviel Wasser aufgießen, dass die Knochen leicht bedeckt sind. Dies hängt auch vom Topfdurchmesser ab. Hat man hellen Kalbsfond vorrätig, dann diesen statt Wasser zum Aufgießen verwenden. Die Sauce wird so um ein Vielfaches besser!

8. Nun die Sauce mindestens 2 Stunden, besser 3 Stunden, langsam köcheln lassen. Dabei immer wieder mit kaltem Wasser nachgießen, damit die Knochen stets leicht bedeckt bleiben. Zwischendurch mit einer Schaumkelle den Schaum abnehmen, da dieser sonst einkocht und die Sauce trübt.

Zum Schluss die Sauce durch ein grobes Sieb geben. Die Knochen und Gemüse leicht ausdrücken. Die Sauce nochmal durch ein feines Sieb passieren. Danach die Sauce noch einmal aufkochen, den Schaum abschöpfen und eventuell leicht mit Salz und Pfeffer nachwürzen. Diese Jus ist eine wichtige Grundsauce.

Ergibt ca 2500 ml.

1 Schalotte
60 g Champignons
30 g Butter
10 weiße Pfefferkörner
2 Nelken
200 ml Weißwein
500 ml Geflügelfond
300 ml Sahne
150 g Crème fraîche
1 Prise Salz
1 Prise Cayennepfeffer
2 Eier

Legierte Geflügelrahmsauce

1. Die Schalotte schälen und fein würfeln. Die Champignons putzen und in feine Scheiben schneiden. Die Butter in einer Stielkasserolle aufschäumen lassen. Die Schalotte und die Champignonscheiben darin anschwitzen. Die Pfefferkörner und Nelken mit der flachen Seite eines Messer andrücken und dazugeben.

2. Nun mit Weißwein ablöschen und diesen fast vollständig verkochen lassen. Danach mit Geflügelfond aufgießen.

3. Den Geflügelfond ebenfalls fast vollständig einkochen lassen, bis ein sirupartiger Bodensatz übrig ist.

4. Danach mit 200 ml Sahne und Crème fraîche aufgießen. Aufkochen lassen und mit Salz und Cayennepfeffer abschmecken.

5. Mit einem Pürierstab mixen und durch ein feines Sieb passieren. Die Rückstände mit der Schöpfkelle gut durchdrücken. Wieder in eine Stielkasserolle geben.

6. Die Eier trennen, das Eigelb zu der restlichen Sahne geben und mit einem Schneebesen verrühren. Nun diese Eigelb-Sahne-Verbindung (in der Fachsprache: Liaison) in die heiße Sauce geben, die somit gebunden, sprich: legiert, wird. Die Sauce darf nicht mehr kochen, da sonst das Eigelb ausflocken und die Sauce dünn und stückig geraten würde.

Ergibt ca. 500 ml.

■ **Diese Sauce passt zu hell gebratenem Geflügel, gebratenem Stein- oder Glattbutt, aber auch zu gedünsteten Artischocken, gekochtem Spargel oder gedünstetem Chicorée oder Kopfsalat.**

40

Legierte Estragonrahmsauce

½ **Bund Estragon** waschen, die Blätter abzupfen und fein schneiden. In **500 ml fertig legierte Geflügelrahmsauce** zum Schluss mit **2 EL geschlagener Sahne** hineingeben, verrühren und servieren.

Ergibt ca. 550 ml.

■ Diese Sauce schmeckt zu jeder Art von Geflügel, ob gedünstet oder gebraten, aber auch zu Kaninchenfilets oder zu Kalbsmedaillons. Bei Verwendung zu Kalbfleisch könnte der Geflügelfond durch hellen Kalbsfond ersetzt werden. Diese Sauce dient auch als Basissauce für Leipziger Allerlei. Passt am besten zu gebratenen oder gedünsteten kleinen Kalbsschnitzeln, Poulardenbrüsten oder auch anderen hellen Geflügelteilen.

Grobe Senfsauce

In **500 ml fertig legierte Geflügelrahmsauce 2 EL scharfen Senf** und **1 EL groben Senf** mit einem Schneebesen einrühren. Danach noch mit **2 EL geschlagener Sahne** und **1 Prise Cayennepfeffer** abschmecken und verrühren.

Ergibt ca. 600 ml.

■ Diese Sauce zu gedünstetem Kaninchen, gekochten Stubenküken, gekochtem Kalbskopf, Schweinemedaillons, Seezungenstreifen oder Lachs mit Gartengurken servieren. Wichtig ist, den Senf nicht mehr zu stark zu erhitzen, da er sonst schnell bitter wird und die Sauce fahl schmeckt. Passt zu Kalbsmedaillons, zu kräftigem Geflügel wie Maispoularde oder Perlhuhn oder zu Innereien wie Kalbsbries oder Kalbshirn.

- 1 kg Krustentierschalen
- 40 ml Olivenöl
- 80 Butter
- 1 Knoblauchknolle
- 1 Zweig Thymian
- 1 Zweig Rosmarin
- 2 Lorbeerblätter
- 150 g Karotten
- 300 g Zwiebeln
- 3 Schalotten
- 100 g Staudensellerie
- 100 g Fenchelknolle
- 2 TL Tomatenmark
- 20 ml Cognac
- 30 ml weißen Portwein
- 200 ml Weißwein
- 1½ l Wasser oder Gemüsebrühe
- 10 weiße Pfefferkörner
- 2 Nelken
- 1 Zweig Basilikum

Krustentierfond

1. Die Krustentierschalen klein schneiden oder mit einem schweren Messerrücken klein klopfen. In einem breiten Topf in Öl und Butter sanft und unter ständigem Rühren rösten. Den Knoblauch halbieren, Thymian, Rosmarin und Lorbeerblätter grob schneiden.

2. In der Zwischenzeit das Gemüse in 1 cm große Würfel schneiden und zusammen mit den Kräutern und Gewürzen zugeben. So lange rösten, bis das Gemüse weich und zusammengefallen ist. Die Schalen zur Seite schieben und das Tomatenmark leicht anrösten. Dies nimmt ihm die Säure. Danach zusammen mit den Schalen verrühren und etwas weiterrösten.

3. Anschließend mit Cognac und Portwein ablöschen. Den Alkohol verkochen lassen und die Mischung nun mit Weißwein ablöschen. Ebenfalls unter Rühren verkochen lassen. Mit Wasser oder, falls vorhanden, mit Gemüsebrühe aufgießen. Pfefferkörner und Nelken hinzugeben. Etwa 30 Minuten leise köcheln lassen und 10 Minuten vor dem Ende der Kochzeit den Basilikumzweig zugeben und auskochen lassen. Zwischendurch den sich auf der Oberfläche bildenden Schaum abschöpfen. Danach zweimal durch ein feines Sieb passieren und bis zur weiteren Verarbeitung aufbewahren. Dieser Fond kann im Kühlschrank bis zu eine Woche lang aufbewahrt oder auch auf Vorrat eingefroren werden.

Ergibt ca. 1200 ml.

■ **Einen guten und kräftigen Fond erzielt man mit Garnelenschalen und -scheren. Diese lassen sich gut mit einer Küchenschere schneiden und klein geschnitten besser anrösten und ausdrücken. Als Basissauce für Cremesaucen oder auch Suppen, zu Pastagerichten mit Krustentieren oder Gambasrisotto. Ebenso gut für Bouillabaisse oder auch Paella.**

100

Zutaten wie beim Krustentierfond plus:

500 ml Sahne 

5 Blatt Basilikum 

10 Blatt Estragon 

1 Prise Salz 

1 Prise Cayennepfeffer 

Krustentierrahmsauce

1. Die gleichen Zutaten und die gleiche Zubereitung wie beim Krustentierfond. Sobald der Fond so weit eingekocht ist, dass die Schalen nur noch halb bedeckt sind, mit der Sahne aufgießen, Basilikum- und Estragonblätter hinzugeben und 1 Minute köcheln.

2. Mit einem Pürierstab die Sauce vorsichtig auf kleinster Stufe mixen. Der Geschmack wird damit noch intensiver und die nun orangefarbene Butter, die für den Hauptgeschmack sorgt, wird in die Sauce hineingemixt.

3. Nun mit einer Kelle durch ein feines Sieb gießen und gut durchdrücken. Da viel Sauce in den Krustentierschalen enthalten ist, wird so auch wirklich alles genutzt. Die Sauce noch einmal aufkochen, mit Salz und etwas Cayennepfeffer abschmecken und zu gedünsteten Fischgerichten oder Krustentieren servieren.

Ergibt ca. 1000 ml.

■ **Beim Aufgießen mit Wasser kann man 50 g Rundkornreis zufügen. Er verhilft der Sauce zu einer schönen Bindung.**

120

- 2 rote Zwiebeln
- 2 Knoblauchzehen
- 6 EL Olivenöl
- einige Basilikumstängel
- 1 Prise Salz,
  1 Prise schwarzer Pfeffer
- 1Prise Zucker
- 800 g geschälte Tomaten aus der Dose
- 1 EL Tomatenmark

Einfache Tomatensauce

1. Die fein gewürfelten Zwiebeln und den gehackten Knoblauch in Olivenöl erhitzen. Einige gehackte Basilikumblätter hinzufügen und mitschwitzen.

2. Mit Salz, Pfeffer und 1 Prise Zucker würzen.

3. Die Mischung so lange dünsten, bis die Zwiebeln glasig sind.

4. Die Tomaten in einem Sieb abtropfen lassen. Die Tomaten mit einem Messer in Würfel schneiden und den dabei auslaufenden Saft auffangen und zum Saft aus der Dose geben.

5. Den Tomatensaft sowie das Tomatenmark zur Zwiebel-Knoblauch-Mischung in die Pfanne gießen und etwa 20 Minuten kochen lassen.

6. Der Tomatensaft sollte ungefähr um die Hälfte eingekocht sein.

7. Nun die in Stücke geschnittenen Tomaten zugeben und 5 Minuten köcheln.

8. Zum Schluss mit Salz, schwarzem Pfeffer und Zucker abschmecken und einige grob geschnittene Basilikumblätter untermischen.

9. Die Tomatensauce noch warm in Einmachgläser füllen, verschließen und auskühlen lassen.

Ergibt ca. 800 ml.

■ Die Sauce hält sich im Kühlschrank 1 bis 2 Wochen. In der Küche unverzichtbar, ob einfach als Sauce zu jeglicher Art von Pasta oder als Basissauce für die verschiedensten Tomaten-Saucenvariationen wie Puttanesca, Ammatricciana, Tomaten-Pilz-Sauce oder Aurorasauce. Sie schmeckt auch mit Sahne um Gemüse zu überbacken oder zu Auberginen, Zucchini, Fenchel und Mangold sowie zu gebratenen Mittelmeerfischen oder Calamares.

*** 30

4

5

6

7

8

9

1. Grüne Currysauce

2 EL Erdnussöl in einem Topf erhitzen, **1 TL grüne Currypaste** und **1 EL braunen Zucker** leicht rösten. Mit **3 EL Austernsauce** und **1 EL Sojasauce** ablöschen, einen kleinen Teil der **600 ml Kokosmilch** angießen und einkochen lassen. Die restliche Kokosmilch dazugeben und etwa 5 Minuten leise köcheln lassen. Zum Schluss die abgezupften Blätter von **½ Bund Koriandergrün** in die Sauce geben, mit einem Pürierstab mixen und servieren.

Ergibt ca. 600 ml.

■ **Die grüne Sauce schmeckt zu Gemüsecurrys und Rindfleischgerichten.**

2. Rote Currysauce

2 EL Erdnussöl in einem Topf erhitzen, **1 TL rote Currypaste** und **1 EL braunen Zucker** leicht rösten. Mit **3 EL Austernsauce** und **2 EL Sojasauce** ablöschen, einen kleinen Teil der **600 ml Kokosmilch** angießen und einkochen lassen. Die restliche Kokosmilch dazugeben und etwa 5 Minuten leise köcheln lassen. Wer es noch aromatischer mag, kann kurz vor dem Servieren hauchdünne **Zitronenblattstreifen** in die Currysauce geben.

Ergibt ca.600 ml.

■ **Die rote Currysauce kann man gut zu Enten- und Rindfleisch wie auch zu Tofugerichten reichen.**

3. Gelbe Currysauce

2 EL Erdnussöl in einem Topf erhitzen, **1 TL Currypaste**, **1 Prise Kurkuma** und **1 EL braunen Zucker** leicht rösten. Mit **3 EL Austernsauce** und **1 EL Sojasauce** ablöschen, einen kleinen Teil der **600 ml Kokosmilch** angießen und einkochen lassen. Die restliche Kokosmilch dazugeben und etwa 5 Minuten leise köcheln lassen. Wer es noch aromatischer mag, kann kurz vor dem Servieren frisches **Thaibasilikum** in die Currysauce geben.

Ergibt ca. 600 ml.

■ **Die gelbe Currysauce passt am besten zu Hühnchen und Gemüse- oder Obstcurrys.**

1
2
3

2 Schalotten

20 g Butter

50 ml Lake der Pfefferkörner

100 ml Cognac

½ l Geflügelfond

250 ml Sahne

150 g Crème fraîche

2 EL eingelegte grüne Pfefferkörner

Pfefferrahmsauce

1. Die Schalotten schälen und fein würfeln. Die Butter in einem kleinen Topf bei mittlerer Hitze aufschäumen lassen, die Schalotten hinzugeben und glasig anschwitzen. Mit der Lake der Pfefferkörner ablöschen und die Flüssigkeit einkochen lassen. Dann mit Cognac ablöschen und so lange kochen, bis die Flüssigkeit fast vollständig eingekocht ist.

2. Mit Geflügelfond aufgießen und bis auf $^{1}/_{5}$ des Volumens einkochen lassen. Dann mit der Sahne aufgießen, die Crème fraîche hinzufügen und einmal aufkochen. Danach vom Herd nehmen und mit einem Pürierstab mixen.

3. Die Sauce durch ein feines Sieb passieren, anschließend die grünen Pfefferkörner in die Sauce geben. Bei Bedarf mit Salz nachschmecken.

Ergibt ca. 500 ml.

40

■ Diese Basis kann auch für eine Champignonrahmsauce verwendet werden. In diesem Fall sind die Pfefferkörner und deren Lake wegzulassen. Nachdem die Schalotten in Butter angeschwitzt wurden, fügt man 200 g geputzte und in Scheiben geschnittene Champignons hinzu und schwitzt diese an. Danach wie ab Schritt 2 verfahren. Zum Schluss die Sauce durch ein Sieb passieren, mixen und die Champignonscheiben wieder beigeben. Zu Omeletts, Geschnetzeltem, Schweinemedaillons oder gebratener Hühnerbrust servieren. Am besten schmeckt sie jedoch zu kurzgebratenem Rinderfilet, Rinderfiletspitzen, Tournedos oder Filet Mignons.

2

3

 500 g rote Paprikaschoten

 100 g Zwiebeln

 2 Knoblauchzehen

 4 EL natives Olivenöl extra

 1 Zweig Thymian

 2 Lorbeerblätter

 1 Prise Salz

 1 Prise schwarzer Pfeffer

 1 EL Zucker

 150 ml Weißwein

 700 ml Hühnerbrühe

 200 g Crème fraîche

Paprikarahmsauce

1. Die Paprikaschoten reinigen und in grobe Würfel schneiden. Die Zwiebeln halbieren und in dünne Scheiben schneiden. Die Knoblauchzehen schälen und ebenfalls in dünne Scheiben schneiden. Das Olivenöl in einem Topf bei mittlerer Hitze erwärmen. Zwiebeln und Knoblauch langsam glasig anschwitzen.

2. Den Thymian und die Lorbeerblätter hinzugeben und etwa 1 Minute anschwitzen. Danach die groben Paprikawürfel untermischen, salzen, pfeffern und zuckern und weitere 2 bis 3 Minuten anschwitzen.

3. Mit dem Weißwein ablöschen, die Hühnerbrühe hinzugießen und 15 Minuten langsam köcheln lassen.

4. Die Crème fraîche zugeben und einmal aufkochen lassen.

5. Den Thymianzweig und die Lorbeerblätter herausnehmen und die Sauce mit einem Pürierstab mixen.

6. Die Mischung durch ein feines Sieb passieren. Den Rest der Paprikaschoten mit einer Schöpfkelle gut durchdrücken, damit das gesamte Fruchtpüree in die Sauce gelangt. So wird die Sauce schön fruchtig und sämig.

Ergibt ca. 1200 ml.

■ **Die Sauce passt sehr gut zu gebratenem Kaninchen, gedünstetem oder gebratenem Huhn, zu Waller oder Zanderfilets oder auch zu gefüllten Paprikaschoten.**

45

Balsamicoessig-Sauce

1. Das Wasser in einen Topf geben und den braunen Zucker darin auflösen und solange kochen, bis er leicht karamellisiert und das Wasser verkocht ist. Mit dem Balsamicoessig ablöschen und solange einkochen, bis eine sirupartige Konsistenz erreicht ist.

2. Die Schalotten schälen und in dünne Scheiben schneiden. Die Knoblauchzehen in der Schale zerdrücken. Die Lorbeerblätter, Thymian und Rosmarin grob schneiden. Erst Olivenöl zu dem Sirup geben, danach die Kräuter, Knoblauchzehen und Schalotten einrühren.

3. Salzen und pfeffern und etwa 5 Minute langsam anschwitzen.

4. Mit Hühnerbrühe aufgießen und etwa 15 Minuten auf $1/5$ des Volumens einkochen lassen. Danach die Sahne und Crème fraîche zugeben.

5. Die fast fertige Sauce noch einmal aufkochen lassen. Dann mit einem Pürierstab mixen.

6. Anschließend durch ein feines Sieb passieren. Die Reste mit einer Schöpfkelle gut durchdrücken und zum Schluss die geschlagene Sahne einrühren.

Ergibt ca. 600 ml.

■ **Diese Sauce passt gut zu gebratenem Zander, Kabeljau oder Linsengemüse und zu gebratenem Stubenkücken oder Taube.**

100 ml Wasser
2 EL brauner Zucker
150 ml Balsamicoessig
3 Schalotten
4 Knoblauchzehen
4 Lorbeerblätter
4 Zweige Thymian
1 Zweig Rosmarin
3 EL Olivenöl
1 Prise Salz,
1 Prise schwarzer Pfeffer
$1/2$ l Hühnerbrühe
350 ml Sahne
150 g Crème fraîche
2 EL Sahne, geschlagen

45

 100 ml Weißwein

 5 Eier

 1 Prise Salz

 350 g Butter

 ½ Zitrone

 1 EL Estragonessig

 1 Prise Cayennepfeffer

Sauce hollandaise

1. Für das Wasserbad 3 cm Wasser in einem Topf zum Kochen bringen. Den Weißwein in eine Schüssel mit rundem Boden gießen. Die Eier trennen, das Eigelb in die Schüssel geben und das Eiweiß zur anderweitigen Verarbeitung in den Kühlschrank stellen. Nun die Schüssel auf das Wasserbad stellen, salzen und die Mischung mit einem Schneebesen aufschlagen.

2. Das Eigelb mit dem Schneebesen kräftig schlagen, bis es weiß und schaumig ist.

3. Die Butter in einem kleinen Topf zerlassen und warm, aber nicht heiß, vorsichtig mit einer Kelle in das schaumige Eigelb laufen lassen. Währenddessen mit dem Schneebesen weiter rühren, damit sich die Butter und das Eigelb miteinander verbinden und eine schaumig-cremige Konsistenz ergeben. Die Zubereitung erfolgt genau wie die von Mayonnaise, allerdings ist die Sauce warm. Zum Schluss mit Salz, Zitronensaft, Estragonessig und Cayennepfeffer abschmecken.

Ergibt ca. 600 g oder 1000 ml Volumen.

25

■ **Um eine Sauce hollandaise gut aufschlagen zu können, sind 5 Eigelb optimal. Man sollte nie weniger als 3 Eigelb verwenden, da sonst die Sauce nicht das richtige Volumen erhält. Die fertige Sauce mit Butterpapier abgedeckt auf den Topf mit Wasser stellen, ohne diesen auf den Herd zu geben. So lässt sie sich bis zu eine Stunde lang warm halten. Passt am besten zu gekochtem weißen Spargel oder zu pochiertem Fisch, aber auch zu allen anderen Gerichten wie die Ableitungen der Hollandaise.**

Diese Sauce ist bereits geronnen, da die Butter zu schnell oder zu heiß zugegeben wurde.

Das Eigelb wurde über dem Wasserbad zu heiß aufgeschlagen. Hier ist das Ei bereits wie ein Rührei gestockt. Gäbe man jetzt Butter dazu, so könnte man sie nicht mehr einrühren.

Küchendoktor: Auch hier ist die Sauce geronnen. Einen Esslöffel heißes Wasser dazugeben und mit kleinen Rührbewegungen an einer Stelle versuchen, die Sauce wieder zu verrühren. Dann nach und nach die restliche Sauce einrühren. Dies erfordert viel Geschick und Erfahrung.

200 ml Weißwein
1 EL Estragonessig
½ TL weiße Pfefferkörner
30 g Champignons
1 Schalotte
½ Bund Estragon
5 Eier
350 g Butter
1 Prise Salz
1 Prise Cayennepfeffer
½ Zitrone
½ Bund Kerbel
½ Bund Petersilie
½ Bund Schnittlauch

Sauce béarnaise

1. Weißwein, Estragonessig, angedrückte Pfefferkörner, Champignon- und Schalottenscheiben sowie einen Estragonzweig in eine Stielkasserolle geben und auf die Hälfte einkochen lassen. Danach durch ein feines Sieb in eine Schüssel mit rundem Boden passieren.

2. Die Herstellung erfolgt wie bei der Sauce hollandaise, allerdings wird das Eigelb nun nicht mit Weißwein, sondern mit dem Sud aufgeschlagen. Danach die Butter wie bei der Sauce hollandaise einrühren und die Sauce mit Salz, Pfeffer und Zitronensaft abschmecken.

3. Den restlichen Estragon und den Kerbel waschen, zupfen, verlesen und fein schneiden. Die Petersilie und den Schnittlauch ebenfalls waschen, zupfen, verlesen und in feine Streifen bzw. Röllchen schneiden. Die Kräuter zum Schluss in die Sauce einrühren und diese dann servieren.

Zu gegrilltem oder gebratenem Fleisch, Spargel, gekochtem Blumenkohl sowie Brokkoli oder zu gebratenem Fisch reichen.

Ergibt 1000 ml.

*** 30

Sauce Choron

Wie im **Basisrezept** (s. S. 152) beschrieben die **Sauce hollandaise** zubereiten. **2 EL gutes Tomatenmark** in eine kleine Schale geben. Gutes Tomatenmark erkennt man daran, dass es schön rot und nicht bräunlich ist. Das Mark mit 2 EL Sauce hollandaise verrühren und dann die Mischung wieder in die Schüssel mit der Sauce hollandaise einrühren. Diesen Vorgang nennt man angleichen. Ohne ihn könnten größere Klumpen in der Sauce hollandaise verbleiben, und das Tomatenmark würde sich nicht gut auflösen.

Ergibt 1000 ml.

■ **Diese schön fruchtig schmeckende Sauce passt gut zu gedünstetem Fisch, gekochtem Gemüse, wie Mangold, Spinat, Blumenkohl, oder zu hell gebratenem Hühnchen. Außerdem kann man diese Sauce zum Überbacken verwenden, beispielsweise für eine Minestrone, die damit besonders raffiniert schmeckt.**

Sauce Foyot

Die **Sauce béarnaise wie im Basisrezept beschrieben** zubereiten. **3 EL Bratensauce** in einem kleinen Topf erhitzen und langsam unter ständigem Rühren in die Sauce béarnaise laufen lassen.

Ergibt 1000 ml.

■ **Fälschlicherweise wird die Sauce Foyot oft mit der Sauce béarnaise verwechselt; sie enthält jedoch noch – anders als diese – Bratensauce oder Bratenextrakt. Die Sauce Foyot passt sehr gut zu großen Bratenstücken wie Roastbeefs und T-Bone-Steaks oder auch zu gebackenen Austern.**

 1 Zwiebel

 1 Lorbeerblatt

 2 Nelken

 60 g Butter

 30 g Mehl

 ¾ l Milch

 ¼ l Sahne

 1 Prise Salz

 1 Prise weißer Pfeffer

 1 Prise Muskatnuss, gerieben

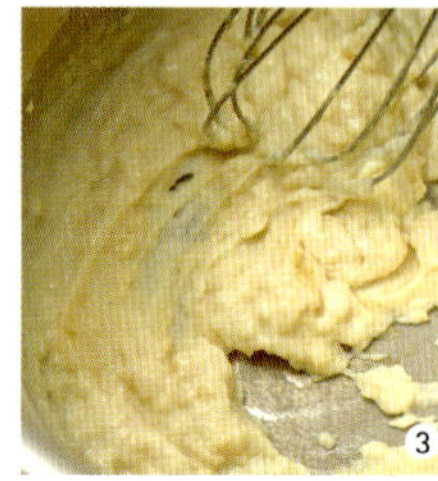

Béchamelsauce

1. Die geschälte Zwiebel mit 1 Lorbeerblatt und 2 Nelken spicken.

2. 60 g Butter im Topf zerlassen und das Mehl darin hell rösten.

3. Einen Teil der Milch in den Topf geben und sofort verrühren, damit sich die Mehlschwitze auflöst.

4. Mit der restlichen kalten Milch und der Sahne aufgießen und verrühren. Die gespickte Zwiebel in die Sauce geben.

5. Etwa 1 Minuten leise köcheln, dabei öfter umrühren. Mit Salz, weißem Pfeffer und Muskatnuss abschmecken.

6. Die Sauce zum Schluss durch ein feines Sieb passieren.

Mit Klarsichtfolie abdecken, damit die Sauce keine Haut ziehen kann. Für Lasagne oder Saucen verwenden.

Ergibt ca. 1000 ml.

■ Sie ist als Basissauce für weitere Saucen zu verstehen – allerdings mit die wichtigste Zutat für eine Lasagne und für weitere Gerichte zum Überbacken.

40

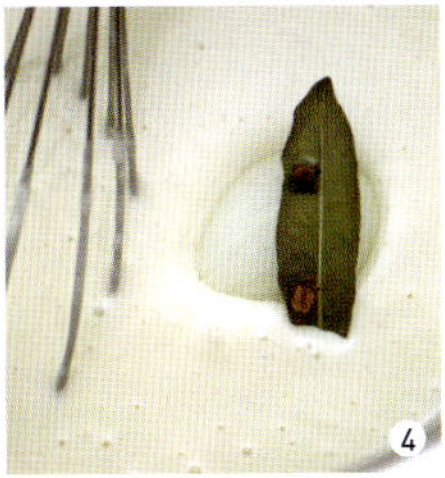

■ Dicke Béchamelsauce: Diese Sauce zum Binden in Suppen oder Saucen einrühren, bis die gewünschte Konsistenz erreicht ist. Kalte dicke Béchamelsauce kann auch zum Binden von Gemüse- oder Fleischkroketten genutzt werden.

■ Cremige Béchamelsauce: Sie dient als Basis für viele weiße Saucen, wie Senfsauce, für Lasagne zum Überbacken oder für Meerrettichsauce.

Küchendoktor: Diese Béchamelsauce ist zu dünn. Daher sollte man erneut einen kleinen Ansatz mit Butter und Mehl zubereiten und mit der Sauce aufgießen. Danach nochmals 10 Minuten köcheln.

Küchendoktor: Die klumpige Béchamelsauce noch einmal durch ein feines Sieb passieren und danach weiterverarbeiten.

Meerrettichsauce

500 ml Béchamelsauce zusammen mit **200 ml Sahne** aufkochen und mit einem Schneebesen glatt rühren. Danach vom Herd nehmen, **50 g geriebenen Meerrettich** zugeben und einrühren. Mit **1 EL Zucker**, **2 EL Obstessig**, **1 Prise Salz** und **1 Prise weißem Pfeffer** aus der Mühle abschmecken und servieren.

Ergibt ca. 800 ml.

■ Meerrettichsauce passt gut zu gekochtem Rindfleisch, beispielsweise Tafelspitz. Sie schmeckt aber auch zu gekochter Kalbszunge oder Kalbskopf sowie zu gekochten Kartoffeln oder Blumenkohl.

Senfsauce

500 ml Béchamelsauce zusammen mit **200 ml Sahne** aufkochen und mit einem Schneebesen glatt rühren. Danach vom Herd nehmen, **2 EL feinen, mittelscharfen Senf** zugeben und einrühren. Mit **1 Prise Salz** und **1 Prise weißem Pfeffer** aus der Mühle abschmecken und servieren.

Ergibt ca. 800 ml.

■ Diese Sauce zu gekochten Eiern, gekochtem Rindfleisch oder gedünstetem Seefisch servieren. Sie passt zu gekochten Eiern, zu pochiertem Schellfisch, zu geschmorten Zwiebeln und zu gekochtem Rindfleisch wie Tafelspitz.

- 3 EL Olivenöl
- 600 g gemischtes Hackfleisch
- 1 TL Salz,
  1 Prise schwarzer Pfeffer
- 1 Zwiebel
- 2 Karotten
- 1 Petersilienwurzel
- 1 Knoblauchzehe
- 2 EL Tomatenmark
- 800 g geschälte Tomaten
  aus der Dose
- ½ Bund Basilikum

Einfache Bolognese

1. Das Olivenöl in einem flachen Topf erhitzen und das Hackfleisch darin anbraten.

2. Das Hackfleisch salzen, pfeffern, umrühren und darauf achten, dass es nicht am Topfboden anbrennt.

3. Die Zwiebel, die Karotten und die Petersilienwurzel schälen und auf einer Reibe raspeln.

4. Das geraspelte Gemüse sowie die geschälte und fein gehackte Knoblauchzehe zum Hackfleisch geben und leicht anrösten.

5. Wenn sich etwas Bratensatz gebildet hat, das Fleisch beiseiteschieben.

6. Auf die freie Stelle das Tomatenmark geben und anrösten. Das nimmt dem Tomatenmark die Säure. Dann das Tomatenmark unter das Fleisch rühren.

7. Die Dosentomaten zum Fleisch geben und die Tomatenstücke mit dem Holzlöffel zerteilen.

8. Mit ½ l Wasser aufgießen und 45 Minuten leise köcheln.

9. Zum Schluss mit in Streifen geschnittenem Basilikum verfeinern.

Mit Spaghetti mischen und mit geriebenem Parmesan bestreut servieren.

Ergibt ca. 2000 ml.

60

■ Bolognese ist eine wichtige Zutat für Lasagne, schmeckt aber auch hervorragend zu Pastagerichten oder auch zu Gemüse-Hackfleisch-Aufläufen.

5

6

9

7

8

Suppen

Inhalt

1 Knoblauchzehe

9 EL natives Olivenöl extra

1 Salatgurke

2 rote Paprikaschoten

½ Zwiebel

¾ l Tomatensaft

1 Prise Salz,
1 Prise schwarzer Pfeffer

2 EL Rotweinessig

Gazpacho

1. Für das Knoblauchöl die Knoblauchzehe schälen, mit der Presse in 5 EL Olivenöl pressen und darin verrühren.

2. Die Salatgurke waschen und grob schälen. Die Paprikaschoten entkernen, waschen und vierteln. Die Zwiebel schälen und das gesamte Gemüse in 2 cm große Stücke schneiden.

3. Das Gemüse in einen Küchenmixer geben.

4. Mit dem Tomatensaft aufgießen.

5. Mit Salz und schwarzem Pfeffer aus der Mühle würzen. 2 EL Rotweinessig und 4 EL Olivenöl zugießen.

6. Nun für etwa 1 Minute im Küchenmixer fein pürieren.

7. In eine Schüssel gießen und diese für etwa 1 Stunde in den Kühlschrank stellen, damit die Suppe gut durchkühlen kann.

Kurz vor dem Anrichten etwas Knoblauchöl über die Suppe träufeln. In die Suppenschale ein hohes Gefäß mit Eiswürfeln stellen – so bleibt die Suppe auch am Tisch noch länger kalt.

70

■ **Im Sommer am besten überreife, weiche Tomaten anstelle von Tomatensaft verwenden.**

4

5

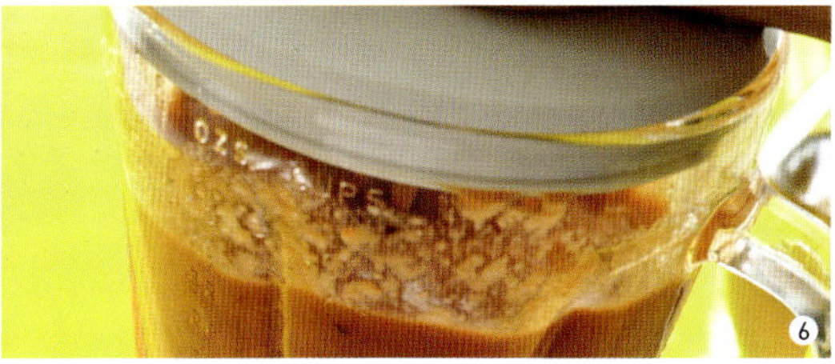
6

7

- 60 ml Olivenöl
- 2 EL Zucker
- 70 g Staudensellerie
- 140 g Karotten
- 150 g Zwiebeln
- 2 Knoblauchzehen
- 4 Nelken
- 1 Zitrone
- ½ TL weiße Pfefferkörner
- 1 Zweig Rosmarin
- 1 Zweig Thymian
- 1 Lorbeerblatt
- 1 EL Tomatenmark
- 1,2 kg Tomaten
- 1 TL Salz
- 750 ml Geflügelfond

Tomatensuppe mit Basilikumcroûtons

1. Das Olivenöl in eine großen Stielkasserolle gießen. Den Zucker zugeben und leicht rösten, danach das in kleine Würfel geschnittene Gemüse (s. S. 344) zugeben und 5 Minuten leicht anbraten. Den Knoblauch schälen, halbieren und zusammen mit den Nelken, 2 mit einem Sparschäler abgeschälten Zitronenschalenstreifen, zerdrückten Pfefferkörnern sowie Rosmarin, Thymian und Lorbeerblatt weitere 5 Minuten anschwitzen.

2. Jetzt das Tomatenmark zugeben und 1 Minute anrösten. Danach die gewaschenen und geviertelten Tomaten hinzufügen und sie mit Salz würzen.

3. Nun den Geflügelfond eingießen und einmal aufkochen lassen. Dann die Hitze auf mittlere Stufe reduzieren und 20 Minuten köcheln lassen.

4. Die Reste der Kräuterzweige herausnehmen und den Inhalt der Kasserolle 1 Minute lang mit dem Stabmixer pürieren.

5. Mit einer Kelle durch ein feines Sieb gießen und mit der Unterseite der Kelle fest durchdrücken, bis der Rückstand fast trocken ist. Das verleiht der Suppe Bindung und vor allem Geschmack. Die Suppe in einen vorgewärmten Teller geben und mit Basilikumcroûtons anrichten.

***60

■ **Für die Basilikumcroûtons 20 g Butter in einer beschichteten Pfanne zerlassen und 50 g in kleine Würfel geschnittene Weißbrotscheiben darin unter ständigem Rühren langsam goldbraun rösten. Vier in Streifen geschnittene Basilikumblätter zugeben, alles leicht salzen und vermischen. Sofort in eine Schüssel geben und beiseitestellen, damit die Würfel nicht nachbräunen!**

2

3

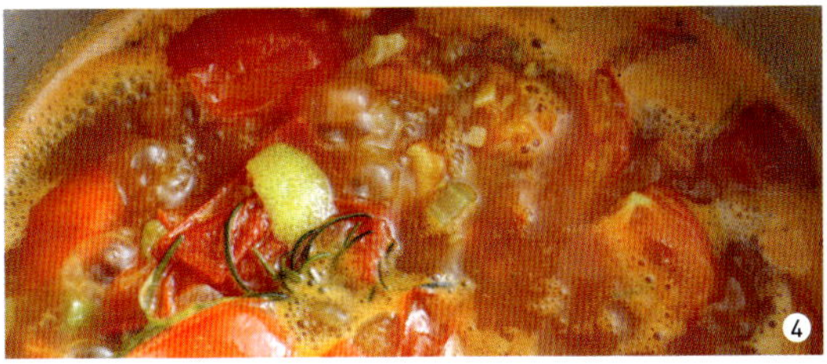
4

5

- 3 kleine Karotten
- 1 kleine Lauchstange
- 2 Stangen Staudensellerie
- ½ Zucchini
- 2 Lauchzwiebeln
- 8 Kirschtomaten
- 1 Knoblauchzehe
- 4 EL Olivenöl
- 1 Prise Salz, 1 Prise schwarzer Pfeffer
- ½ TL Fenchelsamen
- 1½ l Gemüsebrühe
- 1 EL geschnittener Basilikum
- 1 TL frischer Oregano
- 80 g Parmesan

Italienische Gemüsesuppe

1. Das Gemüse putzen, schälen, waschen und in ½ cm große Würfel schneiden. Die Kirschtomaten vierteln. Die Knoblauchzehe schälen und fein hacken.

2. Das Olivenöl in einem Topf erhitzen und den Knoblauch darin leicht anrösten. Die Lauchzwiebeln und den Lauch zugeben und leicht anschwitzen.

3. Nun das restliche Gemüse bis auf die Tomaten zugeben und ebenfalls ohne zu bräunen anschwitzen. Dabei salzen, pfeffern und mit zerstoßenen Fenchelsamen würzen.

4. Die Tomatenviertel hinzugeben und mit der Gemüsebrühe aufgießen. Sanft etwa 10 Minuten köcheln lassen.

5. Zum Schluss das geschnittene Basilikum und die Oreganoblätter in die Suppe geben und sofort servieren.

Über die Suppe je nach Geschmack noch etwas geriebenen Parmesan geben.

40

■ Wenn die Knoblauchzehe bereits einen grünen Strunk hat, diesen mit der Messerspitze herausnehmen, da er beim Kochen bitter und scharf wird.

2

3

4

5

 100 g Butter

 1 Ei und 1 Eigelb

 1 TL gehackte Petersilie

 1 Prise Salz

 1 Prise Muskatnuss

 60 g Instantmehl

 1EL Mehl

 2 l Hühnerbrühe

Hühnersuppe mit Butterklößchen und Muskat

1. Die Butter bei Zimmertemperatur schaumig aufschlagen. Danach Ei und Eigelb, Petersilie, Salz und geriebene Muskatnuss zugeben. Verschlagen, bis sich alle Zutaten verbunden haben.

2. Nun mit einem Teigschaber das Instantmehl einarbeiten und 10 Minuten ruhen lassen.

3. Mit zwei Kaffeelöffeln Klößchen formen, indem man die Löffel gegeneinander zieht.

4. Die Klößchen auf ein bemehltes Brett geben und für 30 Minuten im Kühlschrank ruhen lassen.

5. Die Hühnerbrühe aufkochen, die Klößchen hineingeben. Sanft weiterkochen, bis die Klößchen aufschwimmen. Danach bei geschlossenem Deckel 25 Minuten ziehen lassen.

In Suppentassen oder Schalen anrichten und mit Muskat bestreuen.

90

■ **Als Einlage können noch fein geschnittene, in Salzwasser abgekochte Wurzelgemüsestreifen und etwas Hühnerfleisch beigegeben werden.**

2

3

4

5

- 400 g Kartoffeln
- 100 g Lauch
- 50 g Petersilienwurzel
- ½ Knoblauchzehe
- 30 g Butter
- 1 Prise Salz
- 1 Prise weißer Pfeffer
- 1 Prise Muskatnuss, gerieben
- 1 l Geflügelfond
- ½ TL Majoran, getrocknet
- 200 ml Sahne
- 150 g Crème fraîche
- 1 EL Öl
- 30 g geräucherter Speck, in Streifen
- 2 Scheiben Toastbrot

Kartoffelsuppe mit Majoran

1. Die Kartoffeln schälen und in 1 cm große Würfel schneiden. Bis zur Verarbeitung ins kalte Wasser geben, damit sie nicht braun anlaufen. Den Lauch waschen, putzen, der Länge nach halbieren und in feine halbe Ringe schneiden (s. S. 350). Die Petersilienwurzel waschen, schälen und wie die Kartoffeln schneiden. Den Knoblauch, schälen und in dünne Scheiben schneiden. Die Butter in einem Topf aufschäumen lassen und Knoblauch, Lauch und Petersilienwurzel darin anschwitzen, ohne dass sie Farbe annehmen. Mit einer Prise Salz und Pfeffer würzen.

2. Dann die Kartoffeln zugeben, Muskatnuss darüberreiben und ebenfalls anschwitzen. Das Gemüse nicht bräunen, da die Suppe sonst grau werden würde.

3. Mit dem Geflügelfond aufgießen, den Majoran zugeben und aufkochen. Danach auf kleiner Hitze etwa 20 Minuten leise köcheln lassen.

4. Nun die Sahne und Crème fraîche in die Suppe geben. Noch einmal aufkochen und mit dem Stabmixer fein pürieren. Zum Schluss in einer Pfanne Öl erhitzen und die Speckstreifen darin kross anbraten. Die Rinde der Toastbrotscheiben abschneiden und in 1 cm große Würfel schneiden. Diese zum Speck geben und goldgelb rösten. Die Suppe in tiefen Tellern anrichten und die Speckcroûtons darüberstreuen.

45

■ **Kalte Lauch-Kartoffelsuppe: ½ l Kartoffelsuppe durch ein feines Sieb passieren. Danach 1 Lauchstange waschen, in Ringe schneiden, in 1 EL Olivenöl anschwitzen und in die Suppe geben. Die Suppe auskühlen lassen und auf einer Unterschale mit Eis servieren. Diese in Frankreich beliebte Sommersuppe heißt Vichyssoise.**

 2 Zwiebeln

 4 Bund Kerbel

 2 Eier

 40 g Butter

 750 ml Geflügelfond

 1 Prise Salz

 1 Prise Muskatnuss, gerieben

 400 ml Sahne

 100 g Crème fraîche

Kerbelcremesuppe

1. Die Zwiebeln schälen, halbieren und in feine halbe Ringe schneiden. Den Kerbel waschen, zupfen und verlesen. Die Blätter und die Stiele beiseitelegen. Die Eier 6 Minuten lang kochen, abschrecken und abschälen. Die Butter in einem Topf zerlassen und die Zwiebeln darin glasig anschwitzen. Nun die Kerbelstiele dazugeben und kurz zusammenfallen lassen.

2. Mit dem Geflügelfond aufgießen, mit Salz und Muskat würzen. Aufkochen und bei kleiner Flamme etwa 10 Minuten köcheln lassen.

3. Die Sahne und Crème fraîche zugeben und ganz kurz aufkochen.

4. Dann die Suppe durch ein feines Sieb gießen und mit der Unterseite einer Kelle gut durchpressen.

5. Einige Kerbelblätter zum Garnieren beiseitelegen. Die restlichen Blätter in einen Mixer geben, die Suppe darübergießen und 1 Minute mixen.

6. Mit einer Prise Salz abschmecken. Mit viel Schaum, den restlichen Kerbelblättern und 2 Eivierteln servieren.

■ **Wer es noch gebundener mag, kann das Rezept durch 100 g mehlig kochenden Kartoffeln ergänzen. Diese in 1 cm große Würfel schneiden und vor den Kerbelstielen zur Suppe geben.**

45

Grüne Spargelcremesuppe mit Minze

Von **350 g grünen Spargelstangen** das untere Drittel schälen und waschen. Danach die Spargelspitzen mit einer Länge von etwa 3 cm abschneiden und beiseitelegen. Die Spargelstangen in 1 cm lange Stücke schneiden. **60 g mehlig kochende Kartoffeln** schälen und in ½ cm große Würfel schneiden. **1 Schalotte** der Länge nach halbieren und in dünne Scheiben schneiden. In einem Topf **20 g Butter** aufschäumen lassen. Die Schalotten und Kartoffeln hinzugeben und kurz anschwitzen. Die Spargelstücke hinzugeben und ebenfalls anschwitzen, mit **1 Prise Salz**, **1 Prise weißem Pfeffer aus der Mühle** und **1 Prise Muskatnuss** würzen. Mit **¾ l Geflügelfond** aufgießen und etwa 10 Minuten köcheln lassen. Die Spargelspitzen 5 Minuten in Salzwasser kochen und dann unter kaltem Wasser abschrecken. Die Suppe mit **200 ml Sahne** aufgießen, kurz aufkochen und mit einem Pürierstab mixen. **2 EL geschlagene Sahne** in die Suppe geben und diese nicht mehr kochen lassen. Die Blätter von **einem Zweig frischer Minze** in feine Streifen schneiden und in die Suppe streuen. Die Spargelspitzen in **10 g Butter** erwärmen und als Einlage in die Suppen geben.

Champignoncremesuppe

1 Schalotte schälen und in kleine Würfel schneiden. **150 g mehlig kochende Kartoffeln** schälen und in ½ cm kleine Würfel schneiden. **300 g Champignons** putzen (s. S. 360) und in feine Scheiben schneiden. **½ Knoblauchzehe** schälen und ebenfalls in feine Scheiben schneiden. **20 g Butter** in einem Topf aufschäumen lassen. Schalotten, Knoblauch und Kartoffeln hinzugeben und anschwitzen. Nach etwa 1 Minute die Champignons hinzufügen und mit **1 Prise Salz**, **1 Prise schwarzem Pfeffer aus der Mühle** und **1 Prise frisch geriebener Muskatnuss** würzen. Mit dem Saft einer **½ Zitrone** beträufeln, damit die Pilze beim Kochen nicht zu sehr nachdunkeln. Anschließend mit **¾ l Geflügelfond** aufgießen und etwa 10 Minuten köcheln lassen. **200 ml Sahne** zugießen und mit einem Pürierstab fein mixen. Die Suppe nicht passieren. **2 EL geschlagene Sahne** hinzugeben und die Suppe nicht mehr kochen. In vorgewärmte Teller verteilen und servieren.

- 1,6 kg Speisekürbis
- ½ Bund Dill
- 15 g Ingwer
- 1 Knoblauchzehe
- 80 g Karotten
- 150 g rote Paprikaschote
- 30 g Staudensellerie
- 80 g Zwiebeln
- 40 g Butter
- ½ TL Salz
- 1 Prise Muskatnuss, gerieben
- 3 Nelken
- 1 Lorbeerblatt
- 1 TL Tomatenketchup
- ½ TL Curry
- 1½ TL Paprikapulver, edelsüß
- 1 l Geflügelfond
- 200 ml Sahne
- 100 g Crème fraîche

Kürbisrahmsuppe mit Käse-croûtons auf amerikanische Art

1. Den Deckel (am besten von einem Muskatkürbis oder Hokkaido-Kürbis) ca. 3 cm breit abschneiden. Die Kerne mit einem Suppenlöffel herauskratzen. Den Dill waschen, zupfen und verlesen.

2. Mit einem Kugelausstecher das Fruchtfleisch im Kürbis und im Deckel ausstechen, ohne die Schale zu beschädigen. 1 cm Wandstärke stehen lassen. Das ergibt rund 1 kg Fruchtfleisch.

3. Den Ingwer und Knoblauch schälen und in feine Scheiben schneiden. Das Gemüse waschen, schälen und zusammen mit den Zwiebeln in 1 cm Würfel schneiden. In einen Suppentopf die Butter schmelzen und den Knoblauch zusammen mit den Zwiebeln glasig schwitzen. Dann das Gemüse und den Ingwer zugeben und weitere 5 Minuten anschwitzen.

4. Das Kürbisfleisch hinzufügen. Salzen und mit Muskatnuss würzen, außerdem Nelken und Lorbeerblatt zufügen. Etwa 10 Minuten bei mittlerer Hitze anschwitzen, bis der Kürbis anfängt, leicht auseinanderzufallen.

5. In der Mitte des Topfes Ketchup, Currypulver und Paprikapulver 1 Minute leicht rösten, danach erst untermischen. Das intensiviert den Geschmack.

6. Mit dem Geflügelfond aufgießen, aufkochen und 15 Minuten bei mittlerer Hitze leise köcheln lassen. Die Sahne und Crème fraîche zugeben und nochmals aufkochen.

60

■ Käsecroûtons: Halbes Baguette in ½ cm dicke Scheiben schneiden, mit 60 g geriebenem alten Gouda bestreuen und bei 200 °C Oberhitze 5 Minuten im Ofen überbacken.

7. Dann mit dem Stabmixer 1 Minute fein pürieren und durch ein feines Sieb gießen. Die Rückstände mit der Unterseite einer Kelle im Sieb ausdrücken, bis diese trocken sind.

Die Suppe in den ausgehöhlten Kürbis geben, mit fein geschnittenem Dill bestreuen und zusammen mit den Käsecroûtons (siehe Tipp) servieren.

- 100 g Zwiebeln
- 3 Schalotten
- 80 g Karotten
- 80 g Stangensellerie
- 3 Knoblauchzehen
- 10 schwarze Pfefferkörner
- 1,2 kg Hummer
- 3 EL Olivenöl
- 50 g Butter
- 2 Zweige Thymian
- 1 Zweig Rosmarin
- 2 Lorbeerblätter
- 4 geschälte Tomaten aus der Dose
- 15 g Rundkornreis
- 50 ml trockener Wermut, 50 ml Cognac
- 150 ml Weißwein
- 1 l Krustentierfond
- 400 ml Sahne
- 2 Basilikumblätter
- 1 Prise Salz
- 1 Prise Cayennepfeffer

Hummer-Bisque

1. Zwiebeln, Schalotten, Karotten und Sellerie in ½ cm große Würfel schneiden. Den Knoblauch in der Schale andrücken. Die Pfefferkörner mit einem Messer zerdrücken. Den Hummer auslösen (s. S. 480) und das Fleisch aufbewahren. Das Olivenöl in einem breiten Topf erhitzen, die Hummerkarkassen (Schalen) hinzugeben und etwa 5 Minuten anrösten. Danach die Butter beigeben und die Karkassen weiter rösten, um ihren Geschmack zu lösen.

2. Dann das geschnittene Gemüse, den Knoblauch, die Pfefferkörner und die grob geschnittenen Kräuter hinzugeben und glasig anschwitzen. Dabei immer wieder den Röstsatz am Topfboden mit einem Schieber lösen, damit er nicht anbrennt und die Suppe bitter werden lässt.

3. Die geschälten Tomaten hinzugeben, zerdrücken und ebenfalls anrösten. Den Reis beigeben, mit Wermut und Cognac ablöschen, den Weißwein zugießen und weitere 5 Minuten kochen lassen, damit der Alkohol verkocht.

4. Nun mit Krustentierfond (s. S. 142) aufgießen und 20 Minuten langsam köcheln lassen.

5. Mit Sahne aufgießen, die Basilikumblätter hinzufügen und 1 Minute langsam köcheln lassen. Die Suppe mit einem Stabmixer vorsichtig auf kleinster Stufe verrühren – dies verhilft der Suppe zu einem intensiveren Geschmack. Anschließend mit einer Kelle durch ein feines Sieb in einen anderen Topf gießen und die Karkassen gut ausdrücken. Noch einmal

***70

■ Diese Suppe verdankt ihren Namen den salzigen, geriebenen Biskuits, mit denen sie früher gebunden wurden. Die Hummer-Bisque schmeckt noch besser, wenn man sie mit den Karkassen vom rohen Hummer ansetzt.

aufkochen und mit Salz und Cayennepfeffer abschmecken. Die Suppe in tiefen Tellern servieren und die ausgelösten Hummerstücke, etwa 30 g pro Person, darin platzieren.

- 300 g kleiner Knurrhahn
- 300 g kleine Rotbarbe
- 500 g kleiner Rotbarsch
- 500 g Seeteufel
- 130 g Fenchelknolle
- 150 g Karotten
- 200 g Staudensellerie
- 1 Zweig Rosmarin
- 3 Zweige Thymian
- 3 Lorbeerblätter
- 1 TL Fenchelsamen
- 1 TL schwarze Pfefferkörner
- 100 ml natives Olivenöl extra
- 5 Knoblauchzehen
- 10 Safranfäden
- 1 EL Tomatenmark
- 100 ml trockener Wermut
- 350 ml Weißwein
- 1½ l Wasser
- 1 TL grobes Meersalz

Fondansatz für die Bouillabaisse

1. Die Fische ausnehmen, waschen, schuppen, filetieren und die kleinen Gräten mit einer Fischzange ziehen, abdecken und im Kühlschrank für die Bouillabaise zurückstellen. Die Kiemen aus den Fischköpfen entfernen und zusammen mit den anderen Gräten unter fließendem Wasser waschen, bis keine Blutreste mehr vorhanden sind. Danach die Fischgräten und Köpfe gut abtropfen lassen.

2. Das Gemüse schälen und in 1 cm kleine Würfel schneiden. Die Kräuter grob schneiden und Fenchelsamen wie auch Pfefferkörner mit der flachen Seite eines Messer zerdrücken. Die Fischgräten zusammen mit Gemüse, Kräutern, 2 EL Olivenöl, zerdrückten Knoblauchzehen und Safranfäden etwa 2 Stunden abgedeckt marinieren lassen.

3. Das restliche Olivenöl in einem Topf mit großem Durchmesser erhitzen und die marinierten Fischgräten mit der übrigen Marinadenmischung darin scharf anbraten.

4. Nach 5 Minuten das Tomatenmark zugeben und den trockenen Wermut, den Weißwein und das Wasser zugießen. Mit Salz würzen. Nun die Temperatur auf mittlere Hitze reduzieren und das Ganze 20 Minuten köcheln lassen. Zwischendurch mit einer Kelle den Schaum abschöpfen.

5. Den Fond zuerst durch ein grobes Sieb passieren und die Fischgräten gut ausdrücken.

6. Dann noch einmal durch ein feines Sieb passieren. Den Fond beiseitestellen und später für die Bouillabaisse verwenden.

Ergibt 1600 ml.

160

■ **Dazu gehört Sauce Rouille (s. S. 52)**

2

3

4

5

6

- 200 g rote Paprikaschote
- 200 g grüne Paprikaschote
- 200 g Karotten
- 200 g Fenchelknolle
- 200 g Lauch
- filetierte Fischfilets vom Fond
- ½ TL Salz
- 3 Zweige Thymian
- 4 EL natives Olivenöl extra
- 1 g Safranfäden
- 2 Knoblauchzehen
- 1 Prise schwarzer Pfeffer
- 50 ml trockener Wermut
- 100 ml Weißwein
- 1½ l Fond für Bouillabaisse
- ½ Bund Basilikum
- 350 g Sauce Rouille (s. S. 52)

Bouillabaisse

1. Die rote und grüne Paprika und die Karotten waschen, schälen und in feine Julienne-Streifen (s. S. 344) schneiden. Den Fenchel und Lauch ebenfalls waschen und in feine Streifen schneiden.

2. Die zurückgelegten Fischfilets mit Salz, Thymianblättern, 2 EL Olivenöl und der Hälfte der Safranfäden marinieren.

3. Das restliche Olivenöl in den Topf geben, mit dem geschälten und fein gewürfelten Knoblauch darin glasig anschwitzen. Dann das Gemüse hinzufügen und gleichfalls 5 Minuten anschwitzen. Den restlichen Safran zugeben und mit Salz und schwarzem Pfeffer würzen.

4. Sobald das Gemüse angeschwitzt ist, mit trockenem Wermut und Weißwein ablöschen und so lange einkochen, bis die gesamte Flüssigkeit verkocht ist. Mit dem fertigen Fond aufgießen und 10 Minuten leise köcheln lassen.

5. Nun die Fischfilets vorsichtig mit der Hand einlegen und noch einmal aufkochen. Den Basilikum waschen, verlesen, die Blätter in feine Streifen schneiden und dazugeben. Das Ganze mit Sauce Rouille servieren. Man kann auch einen Teil der Sauce direkt in die Suppe geben, um sie leicht zu binden und so sämiger zu gestalten.

160

■ **Kennen Sie die Bouillabaisse ganz anders? Es gibt etwa 280 verschiedene Variationen. Sie können dieses Gericht also ganz nach Ihrem Geschmack zubereiten und auch andere Fische, Krustentiere oder Muscheln verwenden.**

2

3

4

5

Nudeln

Inhalt

Pastasorten

Die Pasta der italienischen Küche ist legendär, auch wenn viele Länder regional unterschiedliche Nudelspezialitäten haben. Spaghetti, Tagliolini und Tortellini sind Nudeln verschiedener Form aus Hartweizengrieß. Reisnudeln und Vermicelli bestehen aus Reismehl und Wasser. Es gibt sie in verschiedenen Größen und Breiten. Glasnudeln werden auf Basis von Mungobohnenstärke und Wasser hergestellt. Sie sind dünn und fast transparent. In Korea gibt es eine Variante aus Süßkartoffelstärke.

Gemelli

Rigatoni

Farfalle

Riccioli

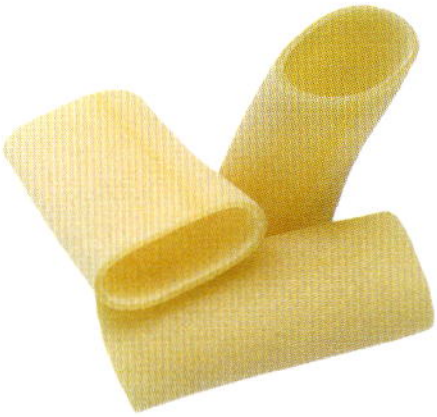

Cannaroni lisci

Trulli

Lasagneplatten

Lasagneplatten mit Durumweizen

Tagliatelle mit Eiern – frisch zubereitet

Suppennudeln

Dinosaurier-Pasta

Cavatappi oder Cellentani

Capellini

Penne

Mafaldine

Feine Reisnudeln

Spinattagliolini - frisch zubereitet

Spaghetti mit Sepiatinte gefärbt

Getrocknete Tagliatelle mit Ei

Tallarines

Vollkornspiralnudeln, Eliche oder Fusili

 400 g Mehl

 200 g Hartweizengrieß

 7 Eier

 1 Prise Salz

 3 EL natives Olivenöl extra

Nudelteig

1. Das Mehl und den Hartweizengrieß in einer Schüssel vermischen.

2. Die Eier dazugeben und salzen.

3. Die Eier mit etwas Mehl verquirlen.

4. Das Olivenöl dazugeben und mit den Eiern und dem restlichen Mehl vermischen.

5. Die Masse auf eine Arbeitsfläche geben und kräftig durchkneten.

6. So lange kneten, bis das Mehl vollkommen in den Teig eingearbeitet ist und der Teig eine feste Konsistenz hat. So kann der Teig mit der Nudelmaschine nach Belieben ausgerollt werden.

20

■ **Der Nudelteig kann nach Belieben mit Tomatenmark, Spinatpüree, Steinpilzmehl, feingehacktem Rosmarin oder Thymian und Trüffelpaste aromatisiert werden.**

4

5

6

1

2

3

4

5

Spinatnudelteig

1. **450 g Spinat** von den Strünken befreien und gut waschen. In reichlich Salzwasser 5 bis 8 Minuten weich kochen. Über einem Sieb abgießen, in kaltem Wasser auskühlen lassen und kräftig ausdrücken. Den trockenen Spinat im Mixer fein pürieren.

2. **6 Eier** trennen. Die Eigelbe zusammen mit **450 g Mehl**, **200 g Hartweizengrieß**, **2 EL Öl** und **1 Prise Salz** in eine Schüssel geben.

3. Den ausgekühlten pürierten Spinat zugeben.

4. Zu einem glatten Teig verkneten.

5. Je nach Teigbeschaffenheit noch etwas Mehl unterarbeiten. Den Spinatnudelteig in Klarsichtfolie wickeln und etwa 1 Stunde ruhen lassen.

Kochen von Pasta

1. In einem großen Topf reichlich Wasser zum Kochen bringen und gut salzen. Kein Öl in das Kochwasser geben, denn dann nimmt die Pasta die Sauce nicht mehr so gut auf.

2. Die Pasta ins kochende Wasser geben. Das Verhältnis von Wasser zu Pasta ist 5 : 1. Die Pasta nach Packungsanleitung bzw. nach persönlichem Geschmack gar kochen.

3. Die fertige Pasta in ein Sieb gießen und abtropfen lassen. Falls die Pasta sofort gegessen wird, nicht kalt abspülen, sondern direkt in die Sauce geben.

4. Wird die Pasta erst später verwendet, dann unter fließend kaltem Wasser abspülen. Ebenfalls gut abtropfen lassen.

5. In ein verschließbares Gefäß geben. Mit etwas Öl beträufeln und vermischen, so verklebt die Pasta nicht.

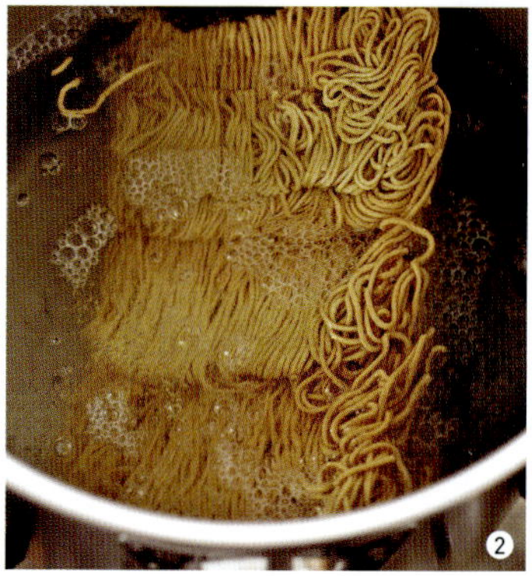

Kochen von asiatischen Eiernudeln

1. Asiatische Eiernudeln werden aus Weizenmehl und Eiern hergestellt und ähneln in ihrer Form feinen Spaghetti.

2. Die Eiernudeln in einen Topf mit reichlich kochendem Wasser geben. Nach Packungsanweisung kochen.

3. Die Eiernudeln beim Kochen mit einer Gabel auflockern, damit sie sich besser voneinander lösen.

4. In ein Sieb abgießen und mit kaltem Wasser abspülen.

5. Danach entweder sofort für das Gericht nach Wunsch verwenden oder mit etwas Öl vermischen und bis zur weiteren Verarbeitung in einer Schale zugedeckt im Kühlschrank aufbewahren.

Kochen von asiatischen Reisnudeln

1. Reisnudeln werden aus Reisgrieß gemacht und zu feinen Fäden ausgewalzt. Gekocht sind sie so zart, dass sie auf der Zunge zergehen.

2. Die Reisnudeln in reichlich kochendes Wasser geben. Nach Packungsanweisung kochen. Das ist wichtig, da jede Reisnudel eine unterschiedliche Beschaffenheit aufweist und somit eine andere Kochzeit erfordert.

3. Abgießen und sofort mit kaltem Wasser abspülen.

4. Gut abtropfen lassen und dann weiterverarbeiten. Falls die Reisnudeln aufbewahrt werden sollen, wie bei allen Nudeln mit etwas Öl vermischen, damit sie nicht aneinander kleben, und mit Klarsichtfolie abgedeckt kühl stellen.

350 g Mehl

7 Eier

50 ml Wasser

1 Prise Salz,
1 Prise Pfeffer

1 Prise Muskatnuss, gerieben

Spätzleteig

1. Das Mehl in eine Schüssel geben, in die Mitte eine Mulde drücken und die Eier, etwas Wasser, 1 Prise Salz, Pfeffer und frisch geriebene Muskatnuss hineingeben.

2. Die Eier mit dem Wasser verrühren und von der Mitte heraus nach und nach das Mehl einarbeiten.

3. Bei Bedarf noch etwas Wasser zugießen – der Teig sollte eine cremige Konsistenz haben.

4. Den Spätzleteig gut durchschlagen, dann 15 Minuten ruhen lassen, bis er Blasen wirft.

5. Den Spätzleteig mit einem Teigschaber durch ein Sieb drücken und direkt in kochendes Wasser streichen.

6. Die Spätzle im Wasser kurz kochen, bis sie an die Oberfläche steigen.

7. Die Spätzle mit einer Schaumkelle herausheben.

In einem Sieb abtropfen lassen und je nach Belieben als Beilage in Butter schwenken oder als Käsespätzle mit frisch geriebenem Käse lagenweise in eine Form schichten und im Ofen überbacken.

35

■ Anstelle des Wassers 50 g Spinat oder Kräuterpüree unter den Spätzleteig mischen. So werden die Spätzle wunderbar grün und sind als Beilage zu Fleisch und Geflügel eine Augenweide.

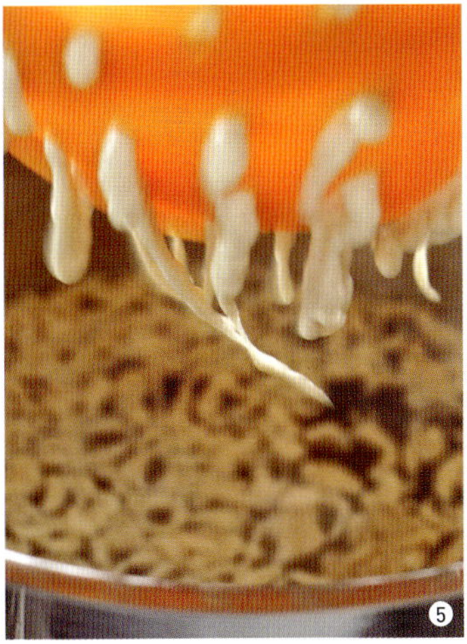
5
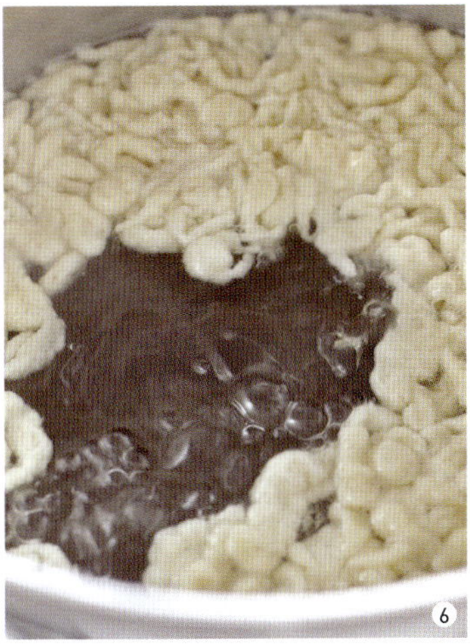
6

7

120 g Semmelbrösel

1 TL Paprikapulver edelsüß

2 EL natives Olivenöl extra

800 g gekochte Makkaroni oder Penne

100 g geriebener Gouda

100 g geriebener Cheddar

150 g Sahne

1 Prise schwarzer Pfeffer

1 TL Butter

Nudelauflauf mit Käse

1. Die Semmelbrösel mit dem Paprikapulver und dem Olivenöl vermischen.

2. Die Makkaroni in eine große Schüssel geben. Den geriebenen Käse sowie die flüssige Sahne darüber geben und mit schwarzem Pfeffer aus der Mühle würzen.

3. Die Nudeln mit dem Käse gut vermischen.

4. Die Nudeln in eine gebutterte Auflaufform geben.

5. Zum Schluss die Makkaroni mit den gewürzten Semmelbröseln bestreuen und für 30 Minuten in den auf 180 °C vorgeheizten Ofen geben.

Auf Teller verteilen und servieren.

40

■ **Für dieses Gericht können auch andere Käsesorten nach Geschmack verwendet werden, die allerdings beim Erhitzen zerlaufen sollen. Gruyère oder Raclettekäse schmeckt besonders würzig und schmilzt schön.**

3

4

5

- 8 Knoblauchzehen
- 1 Bund Petersilie
- 1 getrocknete Paprikaschote
- 3 Peperoncini oder Chilischoten
- 6 EL natives Olivenöl extra
- 500 g Pasta
- 1 Prise Salz

Spaghetti aglio olio

1. Den Knoblauch schälen und fein hacken. Die Petersilie waschen, verlesen und fein schneiden. Die Paprikaschote und die Chilischoten in Streifen schneiden.

2. Das Olivenöl in einem Topf erhitzen, den Knoblauch hinzugeben und goldgelb anschwitzen. Dann die Paprika- und Chilistreifen hinzugeben und anrösten, um den Chilischoten etwas an Schärfe zu nehmen.

3. In der Zwischenzeit die Pasta al dente kochen. Anschließend mit der Kochflüssigkeit den Saucenansatz ablöschen und salzen.

4. Nun die Spaghetti hineingeben und so lange kochen, bis sie die Flüssigkeit komplett aufgenommen haben.

5. Die Petersilie darüberstreuen und mit der Pasta vermischen. Auf Tellern anrichten.

30

■ Nach dem Schneiden der Chilischoten nicht die Augen berühren – vorher unbedingt die Hände waschen. Dieses Gericht schmeckt ebenfalls sehr gut mit dünner Pasta, wie Cappellini oder Spaghettini.

3

4

5

½ Bund Petersilie

½ Bund Basilikum

2 Knoblauchzehen

200 g Kirschtomaten

1 kg Miesmuscheln

5 EL natives Olivenöl extra

1 Prise Salz,
1 Prise schwarzer Pfeffer

150 ml Weißwein

500 g Spaghetti

Spaghetti mit Miesmuscheln

1. Die Petersilie und Basilikum waschen, die Blätter abzupfen und fein schneiden. Den Knoblauch schälen und fein hacken. Die Kirschtomaten waschen und halbieren. Die Miesmuscheln waschen und putzen (s. S. 480). Das Olivenöl in einem großen Topf erhitzen, Knoblauch hinzugeben und hell anschwitzen. Dann die Kirschtomaten zufügen, salzen und pfeffern und für eine weitere Minute anschwitzen.

2. Die gewaschenen und gut abgetropften Miesmuscheln hinzugeben und umrühren.

3. Mit Weißwein ablöschen. Die Muscheln weitere 2 bis 3 Minuten bei geschlossenem Deckel dünsten, bis sie sich öffnen.

4. Danach den Deckel abnehmen und die ungeöffneten Muscheln entfernen. Sie könnten möglicherweise nicht mehr für den Verzehr geeignet sein.

5. In der Zwischenzeit die Spaghetti al dente kochen, Basilikum und Petersilie hinzufügen und unterheben, nochmals salzen und pfeffern und dann die fertige Pasta mit etwas Olivenöl beträufeln. Abschließend die Pasta in tiefen Tellern servieren.

35

■ Kleine Miesmuscheln schmecken am besten. Man kann sie auch zusammen mit anderen Muscheln, wie Venusmuscheln, verwenden. Gibt man etwas gekochten Tintenfisch oder gebratene Calamaretti mit hinzu, erhält man Spaghetti Frutti di Mare!

3

4

5

- 600 g Nudelteig
- 100 g Mehl
- 100 g Sahne
- 50 g Butter
- 2 EL natives Olivenöl extra
- 1 Prise Salz
- 1 Prise Muskatnuss, gerieben
- 20 g weiße Trüffel

Tagliolini mit Trüffel

1. Den Nudelteig auf einer bemehlten Fläche mit einem Nudelholz etwa ½ cm dick ausrollen. Dabei wenden und immer wieder mit Mehl bestäuben.

2. Danach die äußeren Enden in die Mitte klappen, sodass ein Viereck entsteht. Wieder bemehlen und weiter gleichmäßig ausrollen.

3. Den Teig so dünn ausrollen, dass man beim Anheben die Hände durchschimmern sieht.

4. Nun die Enden von beiden Seiten immer wieder in die Mitte falten, bis ein etwa 5 cm großer Block entsteht. Zwischendurch den Teig gut bemehlen.

5. Den Nudelteig mit einem scharfen Messer in dünne Streifen schneiden.

6. Die Teigstreifen an der geschlossenen Seite mit einer Fleischgabel aufnehmen, hochziehen und schütteln. So werden die Nudeln voneinander getrennt.

7. Die Tagliolini in einen Topf mit reichlich kochendem Salzwasser geben und etwa 1 Minute kochen.

8. In der Zwischenzeit die Sahne in einem anderen Topf aufkochen. Butter und Olivenöl zugeben. Die gekochten Nudeln abseihen und zur Sauce geben. Mit Salz und Muskatnuss würzen und durchmischen. Nochmals kurz durchkochen, damit die Pasta die Sauce gut aufnimmt. Abschließend auf Tellern verteilen und die geputzte weiße Trüffel hauchdünn über die Pasta hobeln.

30

■ **Für dieses Rezept sollte man eine wirklich gute Butter wählen. Als Geschmacksverstärker kann man einige Tropfen weißes Trüffelöl in die Sahne geben. Man sollte jedoch sparsam damit umgehen, da es sehr intensiv schmeckt und den eigentlichen Trüffelgeschmack übertönen könnte.**

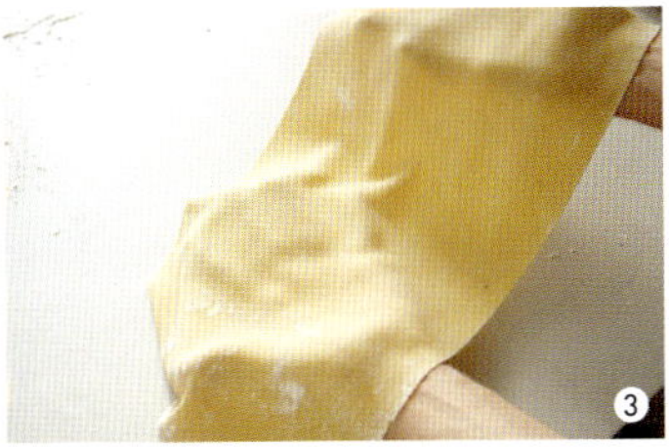
3

4

5

6

7

8

75 g Gouda

250 g Penne

½ l Béchamelsauce

750 g Bolognesesauce

1 Prise schwarzer Pfeffer

3 EL Olivenöl

Penne Bolognese

1. Den Gouda fein reiben. Die Penne (s. S. 188) al dente kochen. Danach abschrecken und abtropfen lassen. Den Boden der Auflaufform mit der Béchamelsauce (s. S. 156) ausfüllen, dann eine Schicht Penne daraufgeben und im Anschluss eine Schicht Bolognesesauce (s. S. 158) darauf verteilen.

2. Über der Bolognesesauce einen Teil der Béchamelsauce verteilen. Die Béchamelsauce lässt den Auflauf cremig und saftig schmecken.

3. Danach geriebenen Käse darüberstreuen und eine weitere Schicht Penne und Bolognesesauce anschließen.

4. Mit dem restlichen Käse bedecken und mit der Béchamelsauce übergießen. Dadurch schmilzt der Käse beim Backen besser und verbindet sich mit der Béchamelsauce.

5. Zum Schluss pfeffern, mit Olivenöl beträufeln und in dem auf 200 °C vorgeheizten Backofen mit Umluft etwa 20 Minuten lang backen. Den Auflauf herausnehmen und mit einem Vorleger auf dem Teller anrichten.

45

■ **Das Rezept gelingt auch mit anderen Arten von Pasta, wie Makkaroni, Fusilli, Farfalle oder Rigatoni. Bei schon gekochter Pasta sollte man 500 g verwenden.**

3

4

5

30 g Butter

1 l Béchamelsauce, dünn

250 g grüne Lasagneplatten

750 g Bolognesesauce

1 Stück Mozzarella

100 g geriebener Edamer

2 EL natives Olivenöl extra

Lasagne

1. Eine eckige Auflaufform mit der Butter ausstreichen und eine mittlere Schöpfkelle Béchamelsauce (s. S. 156) darin verteilen.

2. Mit einer Schicht aus grünen Lasagneplatten belegen und wieder eine Schöpfkelle Béchamelsauce darübergeben. So saugen sich die Platten voll, und die Lasagne wird schön cremig. Darauf eine Schicht Bolognesesauce (s. S. 158) verteilen.

3. Diesen Vorgang so oft wiederholen, bis die Auflaufform gefüllt ist und die obersten Lasagneblätter mit Béchamelsauce bedeckt sind

4. Den Mozzarella in kleine Würfel schneiden und zusammen mit dem geriebenen Edamer über die Lasagne streuen. Zum Schluss mit Olivenöl beträufeln und im auf 180 °C vorgeheizten Backofen etwa 50 Minuten backen. Falls die Lasagne an der Oberseite zu braun werden sollte, mit Alufolie abdecken und diese erst 5 Minuten vor Ende der Garzeit wieder entfernen. Die Lasagne in der Auflaufform servieren.

120

■ Hausgemachte grüne Lasagneplatten: Nudelplatten aus grünem Nudelteig (s. S. 188) ausrollen und schneiden. In diesem Fall weniger Béchamelsauce verwenden, da frische Nudelplatten nicht so viel Flüssigkeit aufnehmen und die Lasagne zu weich machen würden.

3

4

250 g Ricotta

3 Eier

1 EL Pesto

1 Prise Salz,
1 Prise schwarzer Pfeffer

1 Prise Muskatnuss, gerieben

500 g Nudelteig

100 g Butter

1 Bund Salbei

50 g Parmesan

Ravioli mit Ricotta-Spinat-Füllung und Salbeibutter

1. Den Ricotta in eine Schüssel fein reiben. 2 Eier trennen und die 2 Eigelb beifügen. Das Pesto zugeben, mit Salz, schwarzem Pfeffer und Muskatnuss würzen und alles zu einer glatten Füllung vermischen.

2. Den Nudelteig (s. S. 186) zubereiten und mit der Nudelmaschine mehrmals dünn ausrollen. Die Platten dabei vor dem erneuten Ausrollen immer wieder mit Mehl bestäuben und zusammenfalten. So erhält der Teig die gewünschte Konsistenz. Mit einem Kaffeelöffel haselnussgroße Portionen der Ricotta-Mischung mit etwa 5 cm Abstand auf die Teigplatte setzen.

3. Das dritte Ei mit einem 1 EL Wasser verquirlen und die Teigränder mit dem Ei dünn bestreichen. Die Füllung mit einer zweiten Teigplatte abdecken, die Ränder fest andrücken und mit der Rückseite eines entsprechend geformten Ausstechers fixieren.

4. Die Ravioli mit einem runden Ausstecher von etwa 6 cm Durchmesser ausstechen oder mit einem Teigrädchen oder einem glatten Messer ausschneiden und bis zur weiteren Verarbeitung auf ein mit Mehl bestäubtes Blech geben. Die fertigen Ravioli in kochendem Salzwasser etwa 4 bis 5 Minuten kochen und dann mit einer Schaumkelle vorsichtig

90

■ Restliche ungekochte Ravioli kann man auf einem Tablett ins Tiefkühlfach geben. Gefroren lassen sie sich später leicht vom Tablett lösen und in einem Behälter oder Gefrierbeutel einige Wochen tiefgekühlt aufbewahren. Beim Kochen der tiefgekühlten Ravioli gilt es zu beachten, dass sich die Kochzeit je nach Größe der Ravioli um etwa 1 bis 2 Minuten verlängert.

herausnehmen. In der Zwischenzeit die Butter in einer Pfanne erhitzen, bis sie goldgelb ist. Die Salbeiblätter abzupfen, hinzugeben und die Pfanne vom Feuer nehmen. Die Temperatur der Butter reicht aus, um die Salbeiblätter kross werden zu lassen. Die Butter leicht salzen. Die Ravioli auf Tellern anrichten, mit Salbeibutter begießen und mit Parmesanspänen garnieren.

- 250 g Geflügelhackfleisch
- 75 g roher Schinken
- ½ TL Salz, 1 Prise schwarzer Pfeffer
- 1 Zweig Rosmarin
- 1 Scheibe Weißbrot
- 100 ml Milch
- 80 g Zucchini
- 20 g Butter
- 1 Prise Muskatnuss, gerieben
- ½ Bund Petersilie
- 2 Eier
- 1 kg Nudelteig
- 500 ml einfache Tomatensauce
- 30 g Butter
- 50 g Parmesan
- ½ Bund Basilikum

1

2

Tortellini mit Fleischfüllung in Tomaten-Basilikum-Sauce mit Parmesanspänen

1. Das Geflügelhackfleisch und den rohen Schinken ohne Schwarte in Stücken geschnitten zusammen mit Salz, schwarzem Pfeffer und den abgezupften Rosmarinnadeln in eine Küchenmaschine geben und alles fein mixen.

2. Die Weißbrotscheibe in eine Schale geben und mit Milch übergießen, um sie aufzuweichen. In der Zwischenzeit die Zucchini waschen und in feine Würfel schneiden (s. S. 344). Die Butter in einer Pfanne zerlassen, die Zucchiniwürfel hineingeben, mit Salz, Pfeffer und Muskatnuss würzen. Die Würfel unter Rühren anschwitzen. Die Petersilie waschen, die Blätter abzupfen und fein schneiden. Zu den Zucchiniwürfeln geben und vermischen. Zuerst ein Ei zur Brotscheibe geben, dann das Fleisch und die Zucchiniwürfel hinzufügen. Alles gut vermischen, abschmecken und fertig ist die Pastafüllung!

3. Den Teig mit einer Nudelmaschine dünn (Stufe 2) ausrollen und die Nudelblätter mit Mehl bestäuben. Auf die ausgerollten Nudelbahnen jeweils einen Teelöffel Füllung geben.

4. Danach den Nudelteig mit einem Messer in 10 x 10 cm große Quadrate teilen. Das zweite Ei trennen und die Teigränder mit dem Eiweiß bestreichen.

*** 45

Küchendoktor: Sollten die Platten beim Ausrollen reißen, dann einfach etwas Nudelteig auf die gerissene Stelle geben und vorsichtig noch einmal durch die Nudelmaschine ausrollen. So repariert sich der Nudelteig selbst.

5. Die Nudelblätter zu Dreiecken zusammenklappen. Dabei die Ränder mit den Fingern gut zusammendrücken und verschließen, damit die Füllung nicht herauskocht.

6. Danach die Seiten des Dreiecks um den Daumen klappen und mit dem Daumen und Zeigefinger der anderen Hand zusammendrücken.

7. Den mit Daumen und Zeigefinger verbundenen Teil noch einmal zusammendrücken, damit er sich beim Kochen nicht löst, sondern die Form behält.

8. Die fertigen Tortellini, die wie kleine Bischofshüte aussehen, in reichlich Salzwasser etwa 8 Minuten köcheln lassen. Die Tomatensauce (s. S. 144) in einer Pfanne erwärmen. Die Tortellini mit einer Schaumkelle aus dem Wasser in die Sauce geben, die Butter in Stücken hinzufügen und schwenken. Auf Tellern anrichten und mit geraspeltem Parmesan und abgezupften Basilikumblättern bestreuen.

150 g Aubergine

150 g Zucchini

1 Prise Salz

½ rote Paprikaschote

½ grüne Paprikaschote

1 Ei

50 g Gruyère, geraspelt

80 g Weißbrot, gerieben

5 EL natives Olivenöl extra

10 Basilikumblätter

1 Prise schwarzer Pfeffer

10 Lasagneplatten

20 g Butter

300 ml Béchamelsauce

200 g Sahne

1 Mozzarella

Überbackene Cannelloni mit Grillgemüse und Mozzarella

1. Die Aubergine und Zucchini waschen und in 1 cm dicke Scheiben schneiden. Salzen und in einer beschichteten Grillpfanne von beiden Seiten etwa 3 Minuten grillen. Danach herausnehmen und in feine Würfel schneiden. Den roten und grünen Paprika putzen und ebenfalls würfeln.

2. Das gewürfelte Gemüse zusammen mit dem Ei, geriebenen Gruyère, geriebenen Weißbrot und 3 EL Olivenöl in eine Schüssel geben. Das Basilikum in feine Streifen schneiden und die Hälfte ebenfalls hinzugeben. Alles vermischen und mit Salz und Pfeffer abschmecken. Wasser in einem großen Topf zum Kochen bringen, salzen und die Lasagneplatten darin al dente kochen. Dann herausnehmen und in kaltem Wasser auskühlen lassen.

3. Die Nudelplatten in Quadrate schneiden, die Füllung darauf verteilen und mit einem Messer anheben und vorsichtig zusammenrollen. Die fertigen Rollen nebeneinander in eine mit Butter gefettete Auflaufform legen.

4. Die Béchamelsauce (s. S. 156) mit der Sahne verrühren und über die Cannelloni gießen. Den Mozzarella in Scheiben schneiden und auf den Cannelloni verteilen. Zum Schluss mit dem restlichen Olivenöl beträufeln und in dem auf 180°C vorgeheizten Backofen mit Umluft etwa 20 Minuten lang goldgelb backen. Herausnehmen, mit dem restlichen Basilikum bestreuen und in der Auflaufform servieren.

*** 80

■ Die Lasagneplatten gibt es getrocknet zu kaufen. Wenn man frischen Nudelteig verwendet, müssen die Nudelplatten nicht vorgekocht werden. Die Cannelloni können auch mit anderen Füllungen zubereitet werden, beispielsweise mit Spinat und Ricotta, Kalbfleisch, Lachs und Champignons.

3

4

 3 EL Pflanzenöl

 100 g geräucherter Bauchspeck

 600 g gekochte Spätzle

 ½ TL Salz,
1 Prise schwarzer Pfeffer

 2 Zwiebeln

 200 g geriebener Emmentaler

Käsespätzle mit Speckstreifen und Röstzwiebeln

1. 2 EL Pflanzenöl in einer Pfanne erhitzen und den in Streifen geschnittenen Speck darin leicht kross anbraten. Die Spätzle (s. S. 192) hinzufügen und mit Salz und schwarzem Pfeffer würzen. Etwa 10 Minuten sanft braten, dabei öfter schwenken.

2. Die Zwiebeln schälen, halbieren und in dünne Streifen schneiden. In einer zweiten Pfanne in 1 EL Pflanzenöl hellbraun kross braten. Auf Küchenpapier abtropfen lassen und leicht salzen.

3. Den geriebenen Käse zu den Spätzle geben und gut vermischen, bis der Käse geschmolzen ist.

Auf Teller verteilen und mit Röstzwiebeln garnieren. Dazu grünen Salat servieren oder auch nur ein frisch gezapftes Bier reichen.

***45**

■ In einer Auflaufform die Spätzle abwechselnd mit Käse einschichten, mit 200 ml kräftiger Geflügelsuppe übergießen und für 15 Minuten in den auf 190 °C erhitzten Ofen geben. In diesem Fall den Speck und die Zwiebeln erst kurz vor dem Servieren über die Spätzle geben.

2

3

- 200 g Krabben
- 1 Stück Ingwerwurzel
- 60 g Erbsen
- 2 Eier
- 15 Wan-Tan-Blätter
- 1 Stange Lauch
- 1½ l Gemüsebrühe
- 60 g Sojasprossen
- 2 Zweige Koriandergrün

Krabben-Wan-Tans in Gemüsebrühe

1. Die Krabben schälen und den Darm entfernen. Die Ingwerwurzel schälen und in feine Streifen schneiden. Die Erbsen, zur Not auch tiefgekühlt, zusammen mit den geschälten Krabben und Ingwerstreifen in eine Küchenmaschine geben. Die Eier trennen, ein Eiweiß zugeben und mixen. Die Masse danach in eine Schüssel geben.

2. Die Wan-Tan-Blätter auf der Arbeitsfläche oder einem Küchenbrett auslegen. In die Mitte der Blätter einen Teelöffel pürierte Krabbenmasse geben.

3. Die Ränder der Wan-Tan-Blätter mithilfe eines Pinsels mit dem restlichen Eiweiß bestreichen. Nun die Wan-Tan-Blätter so schließen, dass sie ein Dreieck bilden.

4. Die Lauchstange in feine Streifen schneiden (s. S. 350). Die Gemüsebrühe aufkochen, die Lauchstreifen und Sojasprossen hinzugeben. Anschließend die Wan-Tan-Taschen in die Gemüsebrühe legen und 1 bis 2 Minuten köcheln lassen. In tiefen Suppenschalen anrichten und mit Korianderblättern garnieren.

***
40

■ Die Krabben-Wan-Tans können statt in Gemüsebrühe gekocht auch in Öl frittiert werden. Man kann gleichfalls bereits geschälte Krabben oder Garnelen verwenden. Die frittierten Wan-Tans auf einem gemischten Salat mit Sojadressing anrichten.

2

3

4

2 Limetten

1 rote Chilischote

2 EL Sojasauce

2 EL Palmzucker

500 g Rinderlende

2 Zweige Koriandergrün

250 g chinesische Eiernudeln

6 EL Pflanzenöl

2 Sternanise

4 EL Hoisin-Sauce

Fried Noodles mit scharfem Rindfleisch

1. Die Limetten in Stücke schneiden und diese mit der Hand andrücken. Die Chilischote in feine Ringe schneiden, zusammen mit der Sojasauce und 1 EL Palmzucker zu den Limetten geben und gut vermischen.

2. Die Rinderlende mit einem scharfen Messer in dünne Streifen schneiden. Wasser in einem Topf zum Kochen bringen und die Rinderstreifen hineingeben. Nach nur 5 Sekunden wieder herausnehmen. Das Wasser muss nicht gewürzt sein, den Geschmack liefert die Limetten-Chili-Marinade.

3. Das Koriandergrün waschen und mitsamt den Stielen fein schneiden. Zusammen mit den gekochten Rinderstreifen in die Limetten-Chili-Marinade geben und darin vermischen.

4. Die Eiernudeln (s. S. 190) kochen und abschrecken. Das Pflanzenöl in einem hohen Wok erhitzen, den mit einem Messerrücken zerdrückten Sternanis zugeben und 1 EL Palmzucker hineinstreuen.

5. Die Hoisin-Sauce und 8 EL lauwarmes Wasser in einem Glas verrühren. Die gekochten Eiernudeln in die Pfanne geben, umrühren und die Sauce darübergeben. Etwa 3 Minuten langsam weitergaren, bis die Nudeln die Flüssigkeit aufgenommen haben. Dann auf Tellern anrichten und die marinierten Rinderstreifen in die Mitte geben.

40

■ Die Rinderlendenstreifen kann man auch in einer kräftigen Rinderbrühe garen. Diese lässt sich dann mit frischen asiatischen Kräutern und Sojasprossen gut als Suppe zum Gericht servieren.

3

4

5

- 250 g Brokkoli
- 1 grüne Paprikaschote
- 1 Knoblauchzehe
- 250 g Reisnudeln
- 2 große grüne Chilischoten
- 5 EL Pflanzenöl
- 2 EL Fischsauce
- 2 EL Sojasauce
- 1 EL Zucker
- 2 Eier
- 1 EL Sesamsamen

Reisnudeln mit Brokkoli und grünen Chilischoten

1. Den Brokkoli waschen und die Röschen mit einem kleinen Messer ablösen. Die grüne Paprikaschote waschen, entkernen und in dünne, 5 cm lange Streifen schneiden. Den Knoblauch schälen und fein würfeln.

2. Die Reisnudeln (s. S. 191) kochen, unter kaltem Wasser abschrecken und abtropfen lassen. Die Chilischoten in feine Ringe schneiden.

3. Einen großen Wok erhitzen. 3 EL Pflanzenöl zugeben und die rohen Brokkoliröschen darin etwa 5 Minuten lang braten. Dabei umrühren und mit der Fischsauce ablöschen. Danach herausnehmen und kurz beiseitestellen.

4. Das restliche Pflanzenöl in den Wok geben und zuerst den Knoblauch, dann die Reisnudeln und schließlich die grünen Paprikastreifen darin anbraten. Mit Sojasauce ablöschen und mit Zucker bestreuen.

5. Die gebratenen Brokkoliröschen wieder zugeben und alles vermischen. Die Eier in eine Schale aufschlagen und verquirlen. Am Rand in den Wok laufen lassen und einrühren. Zum Schluss die Chilischotenringe untermischen. In Schalen anrichten und vor dem Servieren mit Sesamsamen bestreuen.

40

■ **Zu diesem Gericht passen auch frische Kräuter, wie Schnittknoblauch, Thaibasilikum und Koriandergrün, oder frische Sojasprossen. Diese einfach über das fertige Gericht streuen und servieren.**

3

4

5

2 Tintenfische

250 g Kirschtomaten

1 Knoblauchzehe

1 weiße Zwiebel

5 EL natives Olivenöl extra

1 Prise Salz,
1 Prise schwarzer Pfeffer

500 g schwarze Tagliatelle

½ Bund Basilikum

Schwarze Tagliatelle mit Tintenfisch

1. Die Tintenfische waschen, putzen und abtrocknen. Die Körper in Streifen schneiden, die Köpfe ganz lassen.

2. Einen Topf mit Wasser aufsetzen und zum Kochen bringen. Die Kirschtomaten für 5 Sekunden hineingeben und dann sofort mit einer Schaumkelle in eiskaltes Wasser heben. Die Tomatenhaut mit einem kleinen Messer einritzen und abziehen. Den Knoblauch und die Zwiebel schälen und beides fein würfeln.

3. 3 EL Olivenöl in einer beschichteten Pfanne erhitzen und den Tintenfisch darin scharf anbraten. Danach die Zwiebel und den Knoblauch zugeben und weiter anbraten. Nun die geschälten Kirschtomaten hinzufügen und mit Salz und Pfeffer aus der Mühle würzen. Einen Topf mit Salzwasser aufsetzen und die schwarzen Tagliatelle darin etwa 2 Minuten kochen.

4. Die Basilikumblätter abzupfen, waschen, einige Blätter zum Garnieren aufbewahren und den Rest in feine Streifen schneiden. Die schwarzen Tagliatelle abseihen und in die Pfanne geben. Dann die Basilikumstreifen und das restliche Olivenöl hinzufügen. Alles kurz durchschwenken, auf 4 Teller verteilen und mit Basilikumblättern garnieren.

45

■ **Mit verschiedenfarbigen Kirschtomaten gelingt ein farbenfrohes Gericht.**

3

4

- 2 EL Öl
- 1 EL Butter
- 80 g gehackte Walnüsse
- etwas gehackter Knoblauch
- 100 g frischer Spinat
- 200 g Sahne
- 1 Prise schwarzer Pfeffer,
  1 Prise Salz
- 1 Prise Muskatnuss, gerieben
- 400 g Tagliatelle
- 120 g Gorgonzola

Tagliatelle in Gorgonzola-Walnuss-Sauce

1. In einer Pfanne das Öl, die Butter und die gehackten Walnüsse mit dem Knoblauch anschwitzen.

2. Die gezupften und gewaschenen Spinatblätter dazugeben und kurz mitschwitzen.

3. Die Sahne zugießen, unterrühren und alles leicht köcheln. Mit Pfeffer und Salz würzen und mit frisch geriebener Muskatnuss abschmecken.

4. Die in Salzwasser gekochten Tagliatelle in die Pfanne geben und gut mit der Sauce vermengen.

5. Kurz vor dem Servieren den in Würfel geschnittenen Gorgonzola einstreuen, leicht schmelzen lassen und sofort servieren.

*** 20

■ Wer es etwas milder mag, kann die Hälfte des Gorgonzolas durch Mascarpone ersetzten. So schmecken die Tagliatelle besonders cremig.

3

4

5

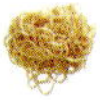 300 g gekochte Eiernudeln

 5 EL Pflanzenöl

 6 getrocknete Chilischoten

 2 Karotten

 200 g Brokkoli

 2 Hühnerbrüste, ohne Haut

 2 EL schwarze Bohnenpaste

 100 g Sojasprossen

Gebratene Eiernudeln mit Hühnerfleisch nach Shanghai-Art

1. Die Eiernudeln kochen (s. S. 190). In einem Wok das Pflanzenöl erhitzen und die getrockneten Chilischoten darin anrösten. Dadurch wird den Chilischoten einiges an Schärfe genommen.

2. Die geschälten Karotten der Länge nach halbieren und schräg in Streifen schneiden. Den Brokkoli in Röschen schneiden. Die Karotten und Brokkoliröschen in den Wok geben und 3 Minuten braten. Dabei öfter wenden.

3. Nun die in dünne Streifen geschnittene Hühnerbrust zufügen, mit der Bohnenpaste vermengen und weiterrühren.

4. Zum Schluss die gekochten Eiernudeln und die Sojasprossen in den Wok geben, unterrühren und weiterbraten.

Auf Teller verteilen und sofort servieren.

35

■ **Als Gemüse passen auch grüner Spargel, Paprikaschoten oder Chinakohl zu diesem Gericht.**

3

4

 300 g gekochte Reisnudeln

 1 EL Pflanzenöl

 1 TL rote Currypaste

 2 EL Sojasauce

 400 ml Kokosmilch

 100 g Kirschtomaten

 ½ Bund Koriandergrün

Reisnudeln in roter Currysauce mit Koriander

1. Die Reisnudeln kochen (s. S. 191). In einem Topf das Pflanzenöl erhitzen und die Currypaste darin leicht anrösten, bis sie sich aufgelöst hat.

2. Mit der Sojasauce ablöschen und verkochen lassen.

3. Mit 50 ml Kokosmilch aufgießen und ein paar Minuten köcheln lassen.

4. Die restliche Kokosmilch aufgießen. Die Kirschtomaten ganz hinzufügen und weitere 5 Minuten köcheln lassen.

5. Zum Schluss die gekochten Reisnudeln darin erwärmen und den grob gezupften Koriander hinzugeben.

In Suppentellern servieren.

20

■ **Hier kann man auch die gelbe und grüne Currysauce (s.S. 146) ausprobieren und noch kleine Maiskölbchen, Kaiserschoten, Wasserkastanien oder Bambussprossen beifügen.**

3

4

5

500 g Erdbeeren

10 Minzeblätter

½ TL grüne Pfefferkörner

3 EL Puderzucker

600 ml Mineralwasser

1 l Pflanzenöl

250 g Glasnudeln

Glasnudeln frittiert, in Erdbeergazpacho

1. Die Erdbeeren mit einem kleinen Messer von den Stielen befreien und kurz waschen. Danach halbieren und in einen hohen Mixer geben. Die abgezupften Minzeblätter sowie die grünen Pfefferkörner dazugeben.

2. Nun mit 2 EL Puderzucker süßen.

3. Mit dem kalten Mineralwasser aufgießen und fein mixen. Danach direkt in eine Schale geben und im Kühlschrank etwa 1 Stunde durchkühlen lassen. Der Erdbeergazpacho kann nach Belieben mit 2 cl Orangenlikör abgeschmeckt werden.

4. Das Öl in einem schmalen Topf mit etwa 20 cm Durchmesser auf 160 °C erhitzen. Die Glasnudeln mit einer Schere in vier Teile schneiden und nacheinander im Topf frittieren. Der Topf darf nur etwa zur Hälfte mit Öl gefüllt sein, da die Glasnudeln ihr Volumen verfünffachen.

5. Das Frittieren dauert nur wenige Sekunden. Die frittierten Glasnudeln auf Küchenpapier abtropfen lassen und noch warm mit dem restlichen Puderzucker bestäuben. Den Erdbeergazpacho in tiefe, vorgekühlte Teller schütten und die Glasnudeln dazugeben. Sofort servieren, damit sich die Glasnudeln nicht mit Flüssigkeit vollsaugen und der Knuspereffekt verloren geht.

120

■ **Anstelle von Erdbeeren kann man auch Wassermelone verwenden, die sich gut mit etwas Wodka abschmecken lässt.**

3
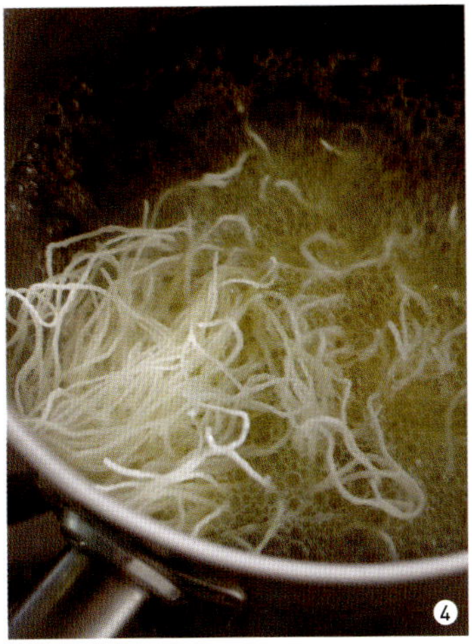
4
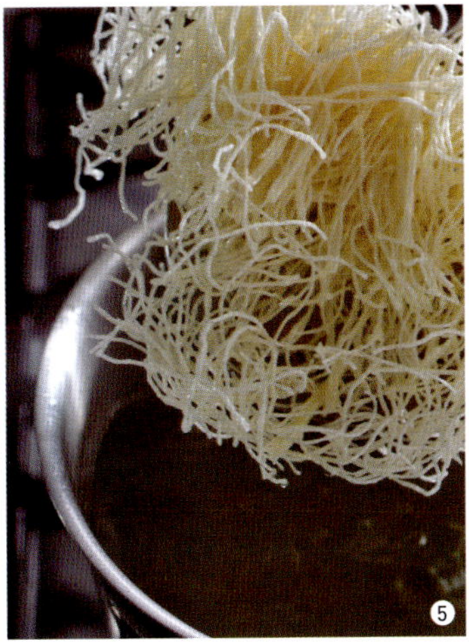
5

Reis

Inhalt

Reissorten

Reis ist in Asien ein wichtiges Grundnahrungsmittel. Es gibt Tausende von Sorten. Im Handel unterscheidet man zunächst nach Größe der Körner.

1. Langkornreis / Duftreis

Ist mindestens 6 mm lang. Er bleibt nach dem Kochen körnig. Reiskörner werden von einer unverdaulichen Hülle, der Spelze, umschlossen. Diese wird in speziellen Mühlen entfernt.

Duftreisarten sind aromatische Reissorten wie der indische Basmati oder Jasminreis.

2. Vollkornreis

Entspricht nicht etwa ganzen Reiskörnern. Vollkornreis wird nicht poliert, dadurch verfügt er noch über das silberne Schutzhäutchen und damit über mehr Vitamine und Spurenelemente. Er muss etwas länger als herkömmlicher Reis gegart werden.

3. Weißer Reis

Verliert durch Schleifen und Politur viele Nährstoffe. Damit die Körner schöner glänzen, werden sie mit Magnesiumsilikat oder einer Glukose-/Talkmischung behandelt.

4. Brauner Parboiled Reis

Wird wie der weiße behandelt, enthält aber Kleie und Keime.

5. Arborio-Reis

Ist weißer Rundkornreis. Die erstklassige Reissorte kann viel Wasser aufsaugen. Sie wird deshalb im Risotto eingesetzt.

6. Mittelkornreis

Ist 5–6 mm lang mit einer Dicke von 1,5 bis 2,5 mm. Er bleibt beim Kochen körnig, klebt beim Abkühlen jedoch zusammen.

7. Rundkornreis

Er ist kürzer als 5 mm, bleibt beim Kochen meist klebrig.

8. Schwarzer Naturreis

Das eigentliche Reiskorn ist weiß, nur die Haut unter der Spelze ist schwarz. Er muß ca. 45 Minuten gekocht werden.

9. Naturreis

Für ihn wird die Spelze, aber nicht die äußere Schicht des Reiskorns entfernt. Er kann grüne, unreife Körner enthalten und wird auch „brauner Reis" genannt. Sein Aroma ist eher nussartig.

1
2
8
7
9
3
4
6
5

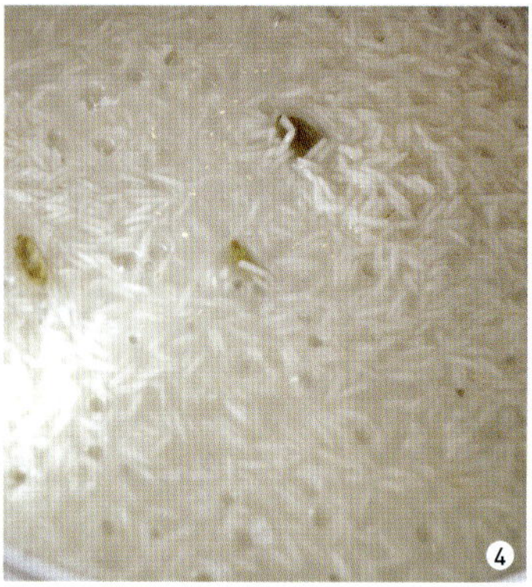

Kochen von Basmati- oder Duftreis

1. Den Reis in ein Sieb geben und unter fließend kaltem Wasser gut waschen und abtropfen lassen.

2. Für 2 Personen nimmt man 1 Tasse Reis und 1 ½ Tassen Wasser. Diese kalt in den Topf geben.

3. 2 bis 3 Kardamomkapseln heben den Reisgeschmack und verleihen dem Reis eine asiatische Note.

4. Den Reis unter Rühren aufkochen, dann den Topf mit dem Deckel verschließen. Die Herdplatte ausschalten und den Reis etwa 15 Minuten ausquellen lassen.

5. Den Reis mit einem Holzlöffel herausnehmen und zu asiatischen oder Currygerichten servieren (s. S. 240 Curryreis).

Kochen von Sushi-Reis

1. Für Sushi nimmt man japanischen Rundkornreis, der nicht poliert ist und somit beim Kochen wie Milchreis bindet.

2. Den Reis unter fließend kaltem Wasser gut waschen und abtropfen lassen.

3. Den Reis mit Wasser im Verhältnis 1 : 2 in einen Topf geben und unter ständigem Rühren langsam zum Kochen bringen.

4. Den Reis etwa 15 Minuten sanft kochen, dabei rühren, damit er nicht am Topfboden ansetzt.

5. Den Reis in eine Schale umfüllen und gut verteilen, damit er schnell auskühlen kann. Je nachdem ob Sie salziges oder süßes Sushi zubereiten wollen, den Reis noch mit Mirin (Reiswein) und Essig oder mit Ingwersirup und Zucker vermischen und auskühlen lassen.

 1 Tasse Langkornreis

 20 g Butter

 1 Lorbeerblatt

 2 Nelken

 1 kleine Zwiebel

 1 Prise Salz

Dünsten von Langkorn- und Vollkornreis

1. 1 Tasse Langkornreis in 20 g Butter anschwitzen.

2. Eine mit 1 Lorbeerblatt und 2 Nelken gespickte kleine Zwiebel zugeben und umrühren.

3. Mit 1 ½ Tassen Wasser aufgießen und umrühren, damit der Reis nicht anklebt.

4. Den Reis leicht salzen und umrühren.

5. Den Topf mit einem Deckel verschließen und die Temperatur auf die kleinste Stufe stellen. Den Reis etwa 15 Minuten dünsten. Danach den Reis mit einer Gabel auflockern. Beide Reissorten passen zu Geflügel, Fisch oder sind für Salate zu verwenden.

20

■ **Beim Reis sollte man besonders auf gute Qualität achten. Die Reiskörner sollten groß, an den Enden nicht abgebrochen und gleichmäßig geformt sein.**

3

4

5

Kochen von Vollkornreis

1. 2 EL Olivenöl in einem Topf erhitzen.

2. 1 Tasse Vollkornreis zugeben und leicht anschwitzen.

3. Da Vollkornreis länger dünsten muss, mit 2 ½ Tassen Wasser aufgießen.

4. Leicht salzen und umrühren, damit der Reis nicht am Boden anklebt.

5. Den Deckel auflegen, aber mit einem Kochlöffel einen Spalt lassen, und den Reis etwa 20 Minuten kochen. Gelegentlich umrühren.

6. Ist die Flüssigkeit verkocht, so sollte der Reis gar sein. Dieser Reis passt zu Gerichten mit würzigen Saucen.

Kochen von Langkornreis

1. Einen Topf mit reichlich Wasser zum Kochen bringen und salzen.

2. Den Langkornreis ins Wasser geben und umrühren. Auf 2 l Wasser nicht mehr als 300 g Reis geben.

3. Den Reis bei mittlerer Hitze etwa 15 Minuten kochen.

4. Den Reis in ein Sieb abgießen.

5. Unter fließend kaltem Wasser den Reis abspülen und in einer Schale zur weiteren Verarbeitung aufbewahren.

1. Gekochter Reis mit Kurkuma

1 TL Kurkuma und **1 TL Currypulver** in einen Topf mit **10 g zerlassener Butter** geben, verrühren und mit **1 Prise Salz** und **1 Prise schwarzem Pfeffer** aus der Mühle würzen. **400 g gekochten Reis** untermischen und erhitzen.

■ Den Curryreis zu indischen Currys, Gemüsegerichten oder Lammeintöpfen servieren.

2. Gekochter Reis mit Spinat

2 EL Rahmspinat (s. S. 362) in einen Topf mit **10 g zerlassener Butter** geben, verrühren und mit **1 Prise Salz** und **1 Prise schwarzem Pfeffer** aus der Mühle würzen. **400 g gekochten Reis** untermischen und erhitzen.

■ Spinatreis passt fast zu jedem Fischgericht, aber auch zu gebratener Poulardenbrust in Pilzsauce oder zu Kaninchen in Senfrahmsauce.

3. Gekochter Reis mit Tomate

1 EL Tomatenmark und **100 ml Tomatensaft** in einen Topf mit **10 g zerlassener Butter** geben, verrühren und mit **1 Prise Salz** und **1 Prise schwarzem Pfeffer aus der Mühle** würzen. **400 g gekochten Reis** untermischen und erhitzen.

4. Gekochter Reis mit Kräutern

½ Bund Schnittlauch und **½ Bund Petersilie** waschen, verlesen und fein schneiden. In einem Topf **10 g Butter** zerlassen, **400 g gekochten Reis** und die Kräuter zugeben und verrühren. Mit **1 Prise Salz** und **1 Prise schwarzem Pfeffer aus der Mühle** würzen und erhitzen.

■ Den Kräuterreis zu Hühnerfrikassee, Kalbsgeschnetzeltem, in Butter gebratenem Fisch oder anderen Gerichten mit viel Sauce servieren.

5. Gekochter Reis mit Paprika

1 EL Paprikapulver, edelsüß, in einen Topf mit **10 g zerlassener Butter** geben, verrühren und mit **1 Prise Salz** und **1 Prise schwarzem Pfeffer aus der Mühle** würzen. **400 g gekochten Reis** untermischen und erhitzen.

■ Der Paprikareis kann noch mit fein gewürfelten, in Butter angeschwitzten Paprikastücken verfeinert werden. Er passt gut zu kurz gebratenem Rindfleisch, gebratenem Hühnchen und ungarischen Gerichten.

1
2
3
4
5

- 300 g Sushi-Reis
- 380 ml Wasser
- 4 EL Reisessig
- 1 EL Zucker
- 1 Prise Salz
- 100 g Surimi
- 1 Gärtnergurke
- 4 Noriblätter
- 1 TL Wasabi
- 4 TL Mayonnaise
- 8 EL Sojasauce
- 2 EL eingelegte Ingwerscheiben

Nigiri-Sushi

1. Den Reis eine ½ Stunde in kaltem Wasser einlegen. Danach im Sieb abwaschen und gut abtropfen lassen. Mit dem Wasser in einen Topf geben und unter vorsichtigem Rühren zum Kochen bringen. Mit dem Deckel verschließen, den Herd abschalten und den Reis mit der Resthitze 15 Minuten garen lassen. Dann den Reis in eine breite Schüssel umfüllen und mit Reisessig begießen.

2. Mit Zucker und Salz bestreuen und mit einer Holzspachtel vorsichtig verrühren, damit die Reiskörner nicht beschädigt werden. Anschließend den Reis auskühlen lassen.

3. Das Surimi, ein in Japan beliebter Krabbenersatz aus reinem Fischeiweiß, der Länge nach halbieren. Die Gurke schälen, die Enden abschneiden und die Gurke vierteln. Zum Schluss das Kerngehäuse herausschneiden.

4. Ein Noriblatt auf eine Bambusmatte legen. Etwa 3 EL fertigen Sushi-Reis im unteren Drittel verteilen und eine Schicht Wasabi darübergeben.

5. Dann zwei Surimi-Hälften darauflegen und 1 TL Mayonnaise entlang der Surimi-Hälften verteilen.

60

■ Verwenden Sie Nishiki-Reis, eine Sorte von bester Qualität, die besonders weiß und aromatisch ist. Nigiri-Sushi lässt sich auch ohne Noriblätter zubereiten, sollte dann aber vor dem Schneiden in Sesamsamen oder Fischeiern gewendet werden. Diese Variante bezeichnet man als California Roll.

. Die Gurkenstücke auf die richtige ;röße zuschneiden und hinzufügen.

. Die Noriblätter am unteren Ende nheben, damit man den Reis gut um die 'üllung wickeln kann.

. Anhand der Bambusmatte eine Rolle ormen und leicht zusammendrücken, amit sie später nicht auseinanderfällt.

. Jede Reisrolle in 6 Scheiben teilen nd diese auf Tellern oder japanischem ;eschirr anrichten. Mit Sojasauce, Vasabi und ein wenig eingelegtem Ingver servieren.

750 g frische Erbsenschoten

2 rote Paprika

2 grüne Paprika

5 EL natives Olivenöl extra

1 kg Rundkornreis

200 ml Weißwein

1 Prise Salz,
1 Prise Pfeffer

1 Msp. Safran

2 kg Fisch und Meeresfrüchte

2 l Geflügelbrühe

Spanische Paella

1. Die Erbsenschoten durch Fingerdruck in der Mitte der Schote öffnen und die Erbsen herausstreifen.

2. In einer Paellapfanne in dem heißen Öl die gewürfelten Paprika anschwitzen, den Reis zugeben und mitschwitzen. Mit Weißwein ablöschen und mit Salz und Pfeffer würzen. Mit Safranpulver bestäuben.

3. Die gesäuberten, gewaschenen Fischstücke und Meeresfrüchte auf dem Reis verteilen.

4. Die Brühe angießen, die Erbsen zufügen und die Paella etwa 20 Minuten garen. In der Paellapfanne auf dem Tisch anrichten.

Diese Paella ist ausreichend für 6 bis 8 Personen.

■ **Hier am besten spanischen Rundkornreis verwenden. Der italienische Rundkornreis könnte das Gericht übermäßig binden und zu fest werden lassen. Als Einlage in der Paella können noch andere Meerestiere, Krustentiere und auch Hühnchen- oder Kaninchenfleisch verwendet werden.**

*** 45

3

4

 1 Schalotte

 ½ Knoblauchzehe

 80 g Butter

 1 EL Olivenöl

 250 g Risotto-Reis

 1 Prise Salz,
1 Prise schwarzer Pfeffer

 150 ml Weißwein

 750 ml Hühnerbrühe

 90 g Parmesan

 1 TL Petersilie

 1 EL Sahne, geschlagen

Parmesan-Risotto

1. Die Schalotte schälen und in feine Würfel schneiden, den Knoblauch ebenfalls schälen und fein hacken. 60 g Butter in dünne Scheiben schneiden und wieder in den Kühlschrank stellen. 20 g Butter und das Olivenöl in einer beschichteten Schwenkkasserolle aufschäumen lassen. Knoblauch und Schalotten hinzugeben und etwa 1 Minute glasig anschwitzen.

2. Den Risotto-Reis hinzugeben, kurz anschwitzen und mit Weißwein ablöschen. Salzen und pfeffern.

3. Den Weißwein verkochen lassen und dabei den Reis mit einem Kochlöffel umrühren.

4. Mit ausreichend heißer Brühe aufgießen, sodass der Risotto-Reis immer mit Flüssigkeit bedeckt ist. Anschließend sollte das Risotto nicht mehr mit einem Kochlöffel umgerührt, sondern nur noch geschwenkt werden, um eine cremigere Textur zu erzielen.

5. Das Risotto etwa 15 bis 18 Minuten kochen und zwischendurch immer wieder mit heißer Brühe aufgießen. Den Parmesan fein reiben, die restliche Butter aus dem Kühlschrank zugeben und in das Risotto schwenken. Zum Schluss die Petersilie fein schneiden, die geschlagene Sahne hinzufügen und unterschwenken. Das Risotto auf Tellern anrichten und als Beilage oder Hauptgang mit vielen Parmesanspänen servieren.

30

■ Die Zubereitung von Safran-Risotto erfolgt wie beim Risotto-Grundrezept, nur dass beim Anschwitzen von Schalotten und Knoblauch 1 g Safranfäden hinzugefügt wird. Das Safran-Risotto wird traditionell zu Ossobuco serviert. In diesem Fall kann das Olivenöl durch Ochsenmark ersetzt werden.

3

4

5

- 30 g Bauchspeck in Scheiben
- 250 g Tomaten
- 1 Knoblauchzehe
- 1 Schalotte
- 6 mittelgroße Artischocken
- 80 g Butter
- 4 EL Olivenöl
- 1 Prise Zucker
- 1 Prise Salz,
  1 Prise schwarzer Pfeffer
- 250 g Risotto-Reis
- 750 ml Hühnerbrühe
- 2 Zweige Rosmarin
- 90 g Parmesan
- 1 Zweig glatte Petersilie

Tomaten-Artischocken-Risotto

1. Den Speck in 1 cm dicke Streifen schneiden. Die Tomaten schälen (s. S. 346) und in 1 cm große Würfel schneiden. Den Knoblauch schälen und fein hacken. Die Schalotte schälen und in feine Würfel schneiden. Artischocken waschen und putzen (s. S. 356).

2. 20 g Butter und 2 EL Olivenöl in einer Schwenkkasserolle aufschäumen lassen, Schalotte und Knoblauch hinzugeben und etwa 1 Minute glasig anschwitzen. Tomatenwürfel hinzugeben, zuckern, salzen, pfeffern und etwa 2 Minute langsam dünsten.

3. Den Risotto-Reis hinzugeben, mit einem Holzlöffel umrühren und mit der heißen Brühe aufgießen, bis der Reis knapp bedeckt ist. Das Risotto sollte nun nur noch geschwenkt und nicht mehr gerührt werden (siehe Parmesan-Risotto (s. S. 246)). Das Risotto etwa 15 bis 18 Minuten köcheln und dabei immer wieder heiße Brühe nachgießen.

4. In der Zwischenzeit die Artischocken sechsteln. Das restliche Olivenöl in einer beschichteten Pfanne erhitzen, Artischocken und Rosmarin hinzugeben, salzen, pfeffern und etwa 5 Minuten langsam braten. Hin und wieder schwenken. Den Speck hinzugeben und so lange braten, bis er schön kross ist. Danach die Rosmarinzweige entfernen und die Artischocken mit den Kräutern in das Risotto geben. Zum Schluss den geriebenen Parmesan und die restliche Butter hineinschwenken. Parmesankäse und kalte Butter hinzugeben und unterschwenken. Danach auf Tellern anrichten und mit etwas Petersilie garnieren.

*** 60

■ Pilz-Risotto : 250 g Champignons putzen und je nach Größe vierteln oder sechsteln. 2 EL Pflanzenöl in einer beschichteten Pfanne erhitzen, die Champignons dazugeben und in 5 Minuten hellbraun anbraten. Salzen und pfeffern. ½ Knoblauchzehe schälen und fein hacken. ½ Bund Petersilie waschen, die Blätter abzupfen und fein schneiden. Zusammen mit dem Knoblauch zu den Pilzen geben. Mit dem Saft von ½ Zitrone beträufeln, durchschwenken und unter das Parmesanrisotto schwenken.

3

4

350 g Muskatkürbis

½ Zwiebel

4 EL natives Olivenöl extra

1 EL Butter

1 l Gemüsebrühe

200 g Vollkornreis

1 Limette

1 Prise Salz,
1 Prise schwarzer Pfeffer

1 Prise Muskatnuss

120 g geriebener Parmesan

Vollkornreis-Risotto mit Muskatkürbis und Limetten

1. Das Muskatkürbisfleisch in Würfel schneiden und mit der in Streifen geschnittenen Zwiebel in dem Öl und der Butter anschwitzen.

2. Etwas Brühe zugießen und köcheln lassen.

3. Den Vollkornreis und die in Scheiben geschnittene Limette zugeben und unterrühren. Mit Salz, Pfeffer und Muskatnuss würzen.

4. Etwas Brühe angießen und unter Rühren verkochen lassen. Auf diese Weise nach und nach etwas Brühe zugießen und verkochen lassen. Ab jetzt nicht mehr rühren nur schwenken.

5. Der Reis ist fertig, wenn er eine cremige Konsistenz, aber noch Biss hat. Den geriebenen Parmesan unterrühren.

Auf tiefe Teller verteilen und servieren.

45

■ **Die Limetten vor der Verarbeitung unter heißem Wasser gut abwaschen, damit das Risotto keinen unangenehmen Bittergeschmack erhält. Karotten und rote Paprikastücke ergänzen das Muskatkürbisaroma.**

3

4

5

 150 g Zwiebeln

 400 g Rindfleisch von der Keule

 4 EL Pflanzenöl

 1 getrocknete Paprikaschote

 1 Prise Salz,
1 Prise schwarzer Pfeffer

 3 EL Paprikapulver, edelsüß

 1 EL Tomatenmark

 300 g Langkornreis

 150 g Maiskörner

1

2

Ungarisches Paprikafleisch mit Mais

1. Die Zwiebeln schälen und halbieren und in dünne Streifen schneiden (s. S. 349). Das Fleisch zuerst in Scheiben, dann in Streifen schneiden. Das Pflanzenöl in einem Topf bei mittlerer Hitze erhitzen, die Zwiebeln hinzufügen und glasig anschwitzen. Die Paprikaschote im Ganzen dazugeben.

2. Das Fleisch hinzugeben, salzen und pfeffern, mit dem Paprikapulver bestreuen und leicht anrösten. Danach im Topf beiseiteschieben, das Tomatenmark dazugeben und ebenfalls leicht rösten, damit es seine Säure verliert.

3. Den Langkornreis ungekocht hinzugeben, gut vermischen und leicht anschwitzen.

4. Die Maiskörner in einem Sieb abtropfen lassen und zum Reis geben. Mit Wasser auffüllen, aufkochen und etwa 25 Minuten bei mittlerer Hitze mit Deckel garen lassen. Dabei zwischendurch umrühren und gegebenenfalls etwas Flüssigkeit nachgießen.

5. Das Gericht ist fertig, sobald die Flüssigkeit vollständig vom Reis aufgenommen wurde. Auf Tellern anrichten und mit Paprikapulver bestreuen.

***50

■ Als Wasserersatz eignet sich auch Rinderbrühe, mit der das Gericht noch geschmackvoller wird. Ferner können in Streifen geschnittene rote und gelbe Paprikaschoten hinzugefügt werden.

3

4

5

- 1 kg Lammfleisch von der Schulter
- 1 Prise Salz,
  1 Prise schwarzer Pfeffer
- 5 Knoblauchzehen
- 350 g Zwiebeln
- 50 ml Pflanzenöl
- 2 Zimtstangen
- 6 Sternanise
- ½ TL Currypulver
- 1 TL Kreuzkümmel, gemahlen
- 2 EL Tomatenmark
- 600 g geschälte Tomaten
  aus der Dose
- 250 g Basmatireis
- 1 g Safranfäden

Biryani-Reis mit Lammfleisch

1. Das Lammfleisch in 3 x 3 cm große Würfel schneiden, salzen und pfeffern. Den Knoblauch schälen und in feine Scheiben schneiden. Die Zwiebeln schälen und halbieren und in Streifen schneiden. Das Pflanzenöl in einem breiten Topf erhitzen. Knoblauch, Zimtstangen, Sternanis und Zwiebeln hinzugeben und 5 Minuten glasig anschwitzen. Mit Salz würzen.

2. Das Lammfleisch hinzugeben, anbraten und mit Currypulver und gemahlenem Kreuzkümmel bestäuben. 10 Minuten langsam weiterrösten und darauf achten, dass die Gewürze nicht zu stark anbraten – sie werden sonst bitter.

3. Nach 5 Minuten das Fleisch zur Seite schieben, das Tomatenmark in den Topf geben und kurz anbraten. Dann die geschälten Tomaten mit dem Saft hinzugeben, aufkochen und etwa 40 Minuten bei mittlerer Hitze mit Deckel garen lassen. Den Basmatireis dünsten (s. S. 236).

4. Mit einer Gabel prüfen, ob das Lammfleisch gar ist. Nun die Zimtstangen und den Sternanis aus dem Lammragout entfernen und aufbewahren, um den fertigen Teller zu dekorieren.

5. Die Safranfäden in 50 ml Wasser einweichen und um die Hälfte einkochen. Den Reis über das fertige Lammragout verteilen, den in Wasser eingeweichten Safran darüberträufeln und mit geschlossenem Deckel 5 Minuten erhitzen.

100

■ **Mit frisch geschnittener Minze bestreuen und mit Rahmjoghurt servieren. In indischen Restaurants wird dieses Gericht noch mit einigen Stücken Blattgold belegt.**

3

4

5

- 500 g Langkornreis
- 200 g Lauch (nur das Grün)
- 3 Eier
- 3 EL Sojasauce
- 1 TL Curry
- 3 EL Pflanzenöl

Gebratener Reis mit Lauch und Curry

1. Den Langkornreis dünsten (s. S. 236). Das Lauchgrün der Länge nach in Streifen schneiden.

2. In einer Schale die Eier mit Sojasauce und Currypulver verquirlen.

3. In einer Wokpfanne 3 EL Pflanzenöl erhitzen und die Lauchstreifen darin anbraten.

4. Den Reis dazugeben und zusammen mit dem Lauch anbraten. An den Rand schieben und in die Mitte die Eier geben.

5. Die Eier unter den Reis mischen und stocken lassen.

Auf Schalen verteilen und mit etwas Currypulver bestäuben.

25

■ Mit gedünstetem Basmati- oder Duftreis schmeckt dieses Gericht noch asiatischer. Als Gemüse kann man Spinat, Pak Choi, Lauchzwiebeln, Karottenstreifen und fein gehackte Fleisch- oder Geflügelreste unter den Reis mischen.

3

4

5

250 g Hähnchenkeule

1 Bund Koriander

100 g grüne Paprika

100 g rote Paprika

80 g Lauch

4 Knoblauchzehen

400 g Langkornreis

5 EL Pflanzenöl

1 EL Zucker

4 EL Sojasauce

2 EL brauner Reisessig

100 g gekochte Krabben

2 Eier

Gebratener Reis

1. Das Hähnchenfleisch mit einem Messer vom Knochen lösen und mitsamt der Haut in Streifen schneiden. Den Koriander waschen und grob schneiden. Die Paprika entkernen, waschen und vierteln. Den Lauch der Länge nach in dünne Streifen schneiden. Den Knoblauch schälen und in feine Scheiben schneiden. Den Langkornreis kochen (s. S. 239). Das Öl in einem beschichteten Wok erhitzen, die Hähnchenstreifen hinzugeben und anbraten. Sobald sie eine schöne braune Farbe angenommen haben, aus dem Wok nehmen, doch das Öl im Wok lassen.

2. Den Knoblauch in den Wok geben, goldgelb anbraten, die Paprika hinzufügen, alles vermischen und 2 bis 3 Minuten anschwitzen lassen.

3. Den Lauch und das Hähnchenfleisch hinzufügen, mit Zucker, Sojasauce und Reisessig würzen und gut mischen. Das Ganze unter ständigem Rühren 1 Minute anbraten.

4. Den Reis und die Krabben zugeben und 3 Minuten im Wok braten.

5. Die Eier in eine Schüssel aufschlagen und mit einer Gabel verrühren. Den Reis in der Pfanne an den Rand schieben. Die Eier in die Mulde in der Wokmitte geben und wie Rührei stocken lassen, dabei aber vorsichtig umrühren.

6. Den Koriander hinzufügen und gut mit dem Reis vermischen. Zum Schluss braunen Reisessig über den Reis träufeln. Das fertige Gericht auf Tellern anrichten und nochmals mit Koriander garnieren.

45

■ Statt Langkornreis kann man auch Basmatireis verwenden. Als Gemüse eignen sich ferner frische Sojasprossen, kleine Brokkoliröschen, Kaiserschoten, Minimais, Pak Choi und Chinakohl.

3

4

5

6

30 g Butter

10 grüne Kardamomkapseln

5 Nelken

50 g Rosinen

70 g Mandelblättchen

1 Zimtstange

1 TL Curry

½ TL Kurkuma

250 g Basmatireis

1 Prise Salz

600 ml Wasser

50 ml Sonnenblumenöl

100 ml Joghurt

1 Zweig Minze

Indischer Curry-Rosinen-Reis mit Kardamom

1. Die Butter in einem Topf bei mittlerer Temperatur aufschäumen lassen. Die Kardamomkapseln, Nelken, Rosinen, Mandelblättchen, Zimt, Curry und Kurkuma hinzugeben und unter ständigem Rühren rösten.

2. Nach etwa einer Minute den gewaschenen Basmatireis hinzufügen, salzen und kurz anschwitzen.

3. Mit Wasser aufgießen, aufkochen und 12 Minuten mit Deckel bei niedriger Flamme köcheln lassen.

4. Das Sonnenblumenöl in einem separatem Topf stark erhitzen und sofort über den fertigen Reis gießen. Der Reis muss dabei zischen! So nimmt er ein intensives Nussaroma an. Zum Schluss den Reis in einer Schale anrichten und mit Joghurt und Minzeblättern garnieren.

***30

■ **Dieser Reis schmeckt hervorragend zu indischen Currys, gebratenen Lammkoteletts oder gegrillten Fischsteaks.**

2

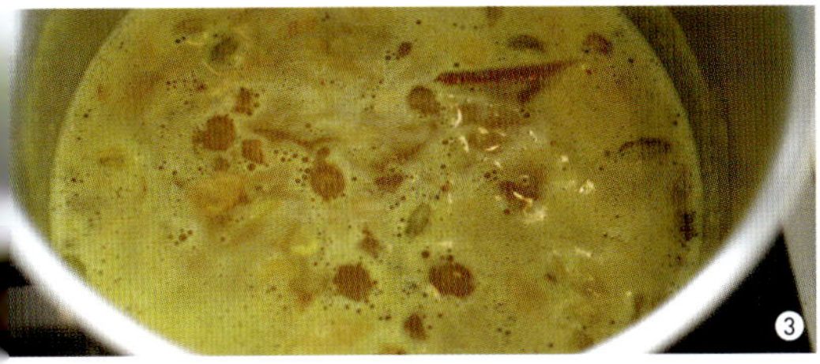
3

4

- 50 g geschälte Mandeln
- 1 Kaninchen (800 g)
- 1 Prise Salz, 1 TL schwarzer Pfeffer, grob geschrotet
- 4 EL Pflanzenöl
- 4 scharfe Chorizo-Würste
- 4 EL schwarze Bohnenpaste
- 220 g Langkornreis
- 800 ml Geflügelfond
- 30 g dunkle Schokoladenkuvertüre

Brauner Reis auf mexikanische Art

1. Die Mandeln im Mixer fein mixen. Das Kaninchenfleisch in Stücke schneiden, salzen und mit dem geschroteten Pfeffer bestreuen. Das Öl in einem Topf erhitzen, das Kaninchenfleisch hineinlegen und von beiden Seiten etwa 5 Minuten goldgelb anbraten.

2. Die Chorizo-Würste halbieren und dazugeben. Weitere 5 Minuten braten. Dann das Kaninchenfleisch mit den Mandelsplittern bestreuen, alles vermischen und weiter rösten, bis auch die Mandeln goldgelb sind.

3. Die Bohnenpaste über das Fleisch geben und dieses vorsichtig wenden. Weiter rösten und darauf achten, dass Mandeln und Bohnenpaste nicht zu dunkel werden – das würde dem Gericht eine bittere Note verleihen.

4. Den Langkornreis gleichmäßig über das Fleisch streuen, mit Kaninchen- oder Geflügelfond aufgießen.

5. Aufkochen und bei kleiner Hitze und geschlossenem Deckel etwa 25 Minuten köcheln lassen. Den fertigen Reis auf Tellern anrichten und mit grob gehackter Schokoladenkuvertüre bestreuen.

*** 80**

■ **Lassen Sie den Reis nach Verdunsten der Flüssigkeit noch ein wenig auf dem Herd stehen. So röstet der Reis leicht am Boden an und erhält einen intensiveren Geschmack.**

2

3
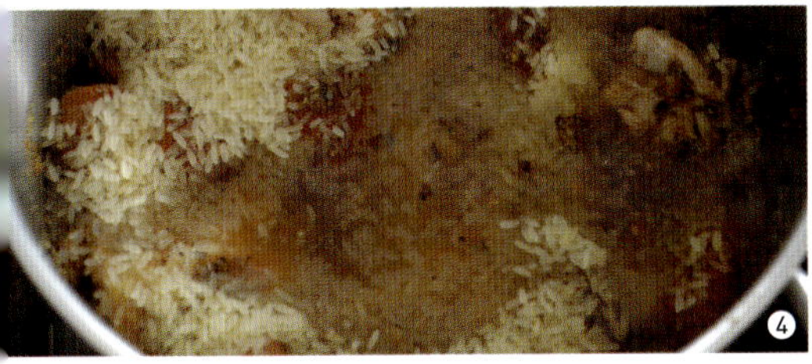
4
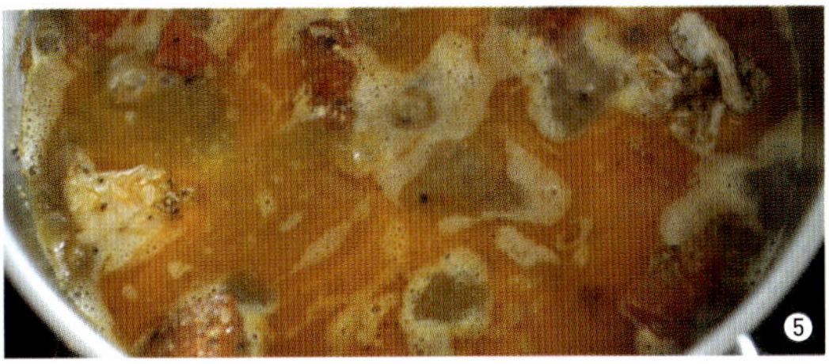
5

1 Orange

1 Zitrone

1 l Milch

4 EL Zucker

½ Zimtstange

220 g Milchreis

Milchreis mit Zimt

1. Die Zitrusfrüchte waschen. Mit einem Sparschäler je 1 Stück Orangen- und Zitronenschale dünn abschälen.

2. Die Milch in einen Topf gießen.

3. Den Zucker einstreuen.

4. Die Zimtstange sowie die Orangen- und Zitronenschale in die Milch geben.

5. Den Milchreis einstreuen und langsam zum Kochen bringen.

6. Den Milchreis ständig umrühren, damit er nicht anbrennt. Etwa 20 Minuten sanft köcheln lassen.

Vor dem Servieren die Zitrusfruchtschale und die Zimtstange entfernen.

30

■ **Milchreis schmeckt am besten lauwarm und mit einigen Butterflocken und Zimtzucker bestreut. Mit Aprikosenmarmelade oder Kirschkompott serviert, lässt er Kinderherzen höherschlagen.**

4

5

6

Getreide & Hülsenfrüchte

nhalt

Getreide & Hülsenfrüchte

Sowohl Getreide als auch Hülsenfrüchte sind wichtige Grundnahrungsmittel in weiten Teilen der Welt. In Europa und Amerika hingegen wurden sie ein wenig durch Mais und Kartoffeln verdrängt.

Kochzeittabelle

Produkt	Form	Methode	Temperatur	Zeit	Anmerkung
Couscous	1 Einheit	2,4 Einheiten Flüssigkeit	kochend übergießen	30 Minuten ziehen lassen	
Bulgur	1 Einheit	2 Einheiten Flüssigkeit	kochend übergießen	1 Stunde ziehen lassen	
Tellerlinsen	1 Einheit	4 Einheiten Wasser	mit kochendem Wasser übergießen	6-8 Minuten	1 Stunde in kaltem Wasser eingeweicht
Tellerlinsen	1 Einheit	5 Einheiten Wasser	mit kochendem Wasser übergießen	15 Minuten	ohne Einweichen
Berglinsen	1 Einheit	4 Einheiten Wasser	mit kochendem Wasser übergießen	10 Minuten	vorher unter Wasser waschen
Langkornreis	1 Einheit	4 Einheiten Wasser	mittlere Hitze	15-18 Minuten	kochen
Hirse	1 Einheit	2,5 Einheiten Wasser	kleine Hitze	35 Minuten ziehen lassen	mit Deckel dünsten
Quinoa	1 Einheit	2,2 Einheiten Wasser	kleine Hitze	20 Minuten	mit lauwarmen Wasser abwaschen
Weiße Bohnen	1 Einheit	3 Einheiten Wasser	kleine Hitze	1 Stunde	2 Stunden in kaltem Wasser einweichen
Borlottibohnen	1 Einheit	3 Einheiten Wasser	kleine Hitze	45 Minuten	2 Stunden in kaltem Wasser einweichen
Vollkornreis	1 Einheit	2,5 Einheiten Wasser	kleine Hitze	20-25 Minuten	mit Deckel dünsten
Azukibohnen	1 Einheit	3 Einheiten Wasser	kleine Hitze	25-30 Minuten	1 Stunde in kaltem Wasser einweichen
Kichererbsen	1 Einheit	3 Einheiten Wasser	mittlere Hitze	25-30 Minuten	2 Stunden in kaltem Wasser eingeweicht
Polenta	1 Einheit	2,8 Einheiten Flüssigkeit	aufkochen	10 Minuten	feste Polenta zum Grillen
Polenta	1 Einheit	3,5 Einheiten Flüssigkeit	aufkochen	30 Minuten	flüssige Polenta als Gericht

Couscous

Hirse

Bulgur

Quinoa

Polenta

Kichererbsen

Schwarze Bohnen

Azukibohnen

Rote Kidneybohnen

Wachtelbohnen

Tellerlinsen

Berglinsen oder Puylinsen

Zubereiten von Couscous

1. **250 g Couscous** mit **600 ml** kochender **Gemüsebrühe** übergießen. **Salzen** und mit **schwarzem Pfeffer** würzen.

2. Mit einigen **Safranfäden** bestreuen und unter das Couscous mischen. Etwa 30 Minuten quellen lassen.
Dabei öfter mischen.

3. Zum Schluss mit **2 EL Olivenöl** und **1 TL Butter** verfeinern und warm als Fleisch- oder Fischbeilage servieren. Kalt zu Salat verarbeiten.

Zubereiten von Bulgur

. **½ l Gemüsebrühe** mit **3 EL Olivenöl** um Kochen bringen.

:. **250 g Bulgur** in eine Schüssel geben ınd mit der heißen Gemüsebrühe begießen.

3. Gut verrühren und 1 bis 2 Stunden quellen lassen. Es hängt vom persönlichen Geschmack ab, ob man den Bulgur lieber knackig oder weich mag.

4. Den gequollenen Bulgur nun für Salate, als Beilage oder auch für Füllungen verwenden.

Kochen von Tellerlinsen

1. Auf dem linken Teelöffel sind gewöhnliche Tellerlinsen mit einer hellbraunen Farbe zu sehen, auf dem rechten die kleineren und dunkleren Berglinsen. Diese sind im Geschmack viel aromatischer.

2. **Eine Zwiebel** oder **Schalotte** spicken, d.h. **1 Lorbeerblatt** mit **2 Nelken** an der Zwiebel oder Schalotte fixieren.

3. Reichlich Wasser zum Kochen bringen und salzen. **1 Karotte**, **1 halbierte Knoblauchzehe** in der Schale und die gespickte Schalotte dazugeben und **500 g Tellerlinsen** einstreuen.

4. Das Wasser mit den Linsen wieder zum Kochen bringen und etwa 15 Minuten kochen. Die Garzeit hängt von der Größe der Linsen ab.

5. Die Linsen sind gar, wenn sie anfangen, an den Seiten leicht aufzuplatzen.

6. Die Tellerlinsen in ein Sieb abgießen und kurz mit kaltem Wasser abspülen. Abtropfen lassen und danach zu Salaten, Linsenplätzchen oder auch für Suppe verwenden.

1

2

3

4

5

Kochen von Berglinsen

. Reichlich Wasser zum Kochen ringen und **salzen**. **500 g Berglinsen** ı kaltem Wasser waschen und in das ochende Wasser geben.

. Das Wasser mit den Linsen wieder um Kochen bringen.

. Nun **1 Rosmarinzweig** und **1 Lorbeer-latt** dazugeben und die Linsen etwa 0 Minuten kochen.

4. In ein Sieb abgießen, mit kaltem Wasser abschrecken und kalt spülen.

5. Bis zur weiteren Verarbeitung im Kühlschrank aufbewahren. Die Linsen für Gerichte wie Salat verwenden oder auch als Linsengemüse zu Fisch servieren.

Kochen von Hirse

1. In einem Topf **1 EL Pflanzenöl** erhitzen und **250 g Hirse** darin anschwitzen.

2. Insgesamt **650 ml Wasser** verwenden. Nun mit ¼ der Menge aufgießen bis die Hirse leicht bedeckt ist.

3. Das Wasser fast vollständig verkochen lassen. Diesen Vorgang dreimal wiederholen, dann ist die Hirse gar. Das dauert insgesamt etwa 35 Minuten.

4. Zum Schluss noch **1 EL Butter** unter die Hirse mischen. Die Hirse als Beilage zu warmen Gerichten reichen, in Salaten oder zu Plätzchen verarbeiten.

Kochen von Quinoa / Inkareis

1. Quinoa ist sehr reich an Magnesium, Eisen und besonders an ungesättigten Fettsäuren.

2. **250 g Quinoa** unter fließendem Wasser waschen, ohne Fettzugabe in den Topf geben und unter ständigem Rühren trockenrösten.

3. Insgesamt **600 ml Wasser** verwenden. Dann mit etwas kaltem Wasser aufgießen. Das Quinoa muss knapp bedeckt sein.

4. **1 Sternanis** zugeben und etwa 20 Minuten sanft köcheln, dabei öfter umrühren.

5. Immer wieder mit etwas Wasser aufgießen, damit das Quinoa aufquellen kann.

6. Das Quinoa ist fertig, wenn die Körner leicht glasig sind und der weiße Punkt in der Mitte gut sichtbar ist.

- 2 reife Tomaten
- 1 große weiße Zwiebel
- ½ Bund Minzeblätter
- 1 EL gehackte Petersilie
- 300 g vorbereiteter Bulgur
- Saft von 1 Zitrone
- 1 Becher Joghurt
- 1 Prise Salz,
  1 Prise schwarzer Pfeffer
- 4 EL Olivenöl

Bulgur-Minz-Salat mit Joghurt und Tomaten

1. Die Tomaten in kleine Würfel schneiden, die Zwiebel ebenfalls klein würfeln.

2. Die Tomaten- und Zwiebelwürfel, die in Streifen geschnittene Minze sowie die Petersilie zusammen zum vorbereiteten Bulgur (s. S. 271) geben. Den Saft der Zitrone durch ein Sieb dazupressen.

3. Den Joghurt zum Salat geben.

4. Salzen, pfeffern und das Olivenöl zugeben.

5. Nun vorsichtig vermengen und am besten für 30 Minuten marinieren lassen Danach anrichten und mit Minzblättern dekorieren.

40

■ Dieses Rezept kann ebenfalls mit Couscous zubereitet werden. Frisch geschnittene Salatgurke und noch einige gekochte Kichererbsen untermischen. Zum Schluss mit einer Prise Curry und etwas fein gemahlenem Kreuzkümmel abschmecken. Kann dann auch als Beilage zu indischen Currys gereicht werden.

2

3

4

5

- 3 reife Tomaten
- 1 Zwiebel
- ½ Knoblauchzehe
- 2 Avocados
- 1 Prise Salz,
  1 Prise Pfeffer
- 1 Limette
- 3 EL Öl
- 1 EL Essig
- ½ Bund Minze
- 200 g vorbereiteter Couscous
- Schale Zwiebelsprossen

Couscoussalat auf Guacamole und Tomaten

1. Die Tomaten waschen, putzen und in kleine Würfel schneiden. Die Zwiebel schälen und klein schneiden, den Knoblauch schälen und fein hacken.

2. Das Avocadofleisch mit einem Löffel aus der Schale lösen.

3. Das Avocadofleisch mit Salz und Peffer würzen und den Saft der Limette darüber träufeln.

4. Alles mit einer Gabel zu einer homogenen Masse verrühren.

5. Die Tomaten- und Zwiebelwürfel sowie den Knoblauch in einer Schüssel mit einem Dressing aus Öl, Essig, Pfeffer und Salz anmachen. Reichlich klein geschnittene Minzblätter unterheben.

Den Tomatensalat in Tellern anrichten, darauf etwas Guacamole geben und mit einer Nocke Couscous krönen. Mit Zwiebelsprossen garniert servieren.

25

■ Die Avocados halbieren, durch leichtes Drehen die Hälften voneinander lösen und den Kern entfernen.

2

3

4

5

½ Bund Koriander

1 unbehandelte Orange

300 g gekochte Hirse

1 Ei

120 g Sahne

2 EL Semmelbrösel

1 Prise Salz

1 Prise weißer Pfeffer

2 EL Olivenöl

Hirsebuletten mit Koriander und Orangenschale

1. Den gewaschenen Koriander grob schneiden. Von der Orange mit dem Sparschäler 2 bis 3 Streifen abschälen und 1 Minute in kochendes Salzwasser geben. Abschrecken und in dünne Streifen schneiden.

2. Die gekochte Hirse (s. S. 274) in eine Schüssel füllen. Das Ei, die Sahne und die Semmelbrösel darübergeben.

3. Nun die Orangenstreifen sowie den Koriander zufügen. Mit Salz und weißen Pfeffer abschmecken.

4. Vorsichtig vermischen und mit feuchten Händen kleine Buletten formen. Diese immer gut zusammendrücken, damit sie beim Braten nicht auseinanderfallen.

5. In einer beschichteten Pfanne in etwas Olivenöl sanft von beiden Seiten goldgelb braten.

Auf Tellern anrichten und mit grünem Salat und Orangenfilets servieren.

35

■ **Gekochte Hirse kann durch Couscous oder Quinoa ersetzt werden. Die Orangenschalen fein reiben und noch etwas frischen Ingwer in die Masse mischen. Danach Buletten formen und wie oben zubereiten.**

2

3

4

5

Kochen von weißen Bohnen

1. **500 g weiße Bohnen** in einem Topf mit Wasser bedeckt einweichen – am besten über Nacht, ansonsten mindestens 2 Stunden. Dann das Wasser abseihen.

2. In einem Topf **1 Scheibe geräucherten Bauchspeck** und **1** angedrückte **Knoblauchzehe** in etwas **Öl** anschwitzen und die Bohnen dazugeben.

3. Die Bohnen etwas mitschwitzen, salzen und pfeffern. Mit Wasser bedeckt etwa 1 Stunde sanft köcheln.

Kochen von Wachtelbohnen

. **500 g Wachtelbohnen** in einem Topf ıit Wasser bedeckt einweichen – am esten über Nacht, mindestens aber Stunden. Dann das Wasser abseihen.

. In einem Topf etwas **Olivenöl** und **Rosmarinzweig** erhitzen und die bgetropften Bohnen dazugeben. Kurz nschwitzen, salzen und pfeffern.

. Die Bohnen mit 1,5 l Wasser oder **rühe** aufgießen – mit Brühe werden sie eschmackvoller. Etwa 45 Minuten sanft öcheln und darauf achten, dass die Bohen immer mit Wasser bedeckt sind.

10 scharfe Lammwürste

2 EL Pflanzenöl

1 Knoblauchzehe

2 Zwiebeln

2 Zweige Rosmarin

2 Lorbeerblätter

300 g weiße Bohnen

1 TL Tomatenmark

400 g geschälte Tomaten aus der Dose

1 Prise Salz,
1 Prise schwarzer Pfeffer

Bohnen-Tomaten-Eintopf mit kleinen scharfen Lammwürstchen

1. Die Lammwürstchen in einem Topf in Pflanzenöl von allen Seiten anbraten und den in Scheiben geschnittenen Knoblauch dazugeben.

2. Nachdem der Knoblauch angeröstet ist, die Würstchen herausnehmen und beiseitestellen. Die geschälten Zwiebeln halbieren, in Streifen schneiden und im Topf zusammen mit Rosmarin und Lorbeer glasig anschwitzen. Im Topf etwas beiseiteschieben.

3. Die über Nacht in Wasser eingeweichten Bohnen auf einem Sieb gut ablaufen lassen und in den Topf geben.

4. Das Tomatenmark und die Dosentomaten mit dem Saft hinzufügen und die Tomaten mit dem Kochlöffel zerdrücken. Mit Salz und schwarzem Pfeffer würzen.

5. Die Bohnen mit kaltem Wasser aufgießen, sodass sie gut bedeckt sind. Die Lammwürstchen wieder zugeben und zugedeckt 1 Stunde sanft köcheln. Öfter umrühren und gelegentlich mit Wasser aufgießen, damit die Bohnen immer leicht bedeckt sind und gut gar kochen können.

In Teller füllen und die Lammwürstchen au dem Bohneneintopf anrichten.

+ 12 Stunden Einweichzeit

*** 75

■ **2 angebratene Entenkeulen, 1 Stück Bauchspeck und einige Lammstücke mit den Bohnen schmoren, und fertig ist ein wunderbares Cassoulet!**

2

3

4

5

 500 g kleine schwarze Chilibohnen

 400 g geschälte Tomaten aus der Dose

 200 g Zwiebeln

 4 Knoblauchzehen

 3 getrocknete Paprikaschoten

 4 EL Pflanzenöl

 1 TL Salz,
1 Prise schwarzer Pfeffer

 2 EL brauner Zucker

 1 EL Tomatenmark

 2 Chipotle-Chilischoten in Adobo (Marinade)

 1 l Geflügelfond

Mexikanische Chilibohnen mit Chipotle-Chilischoten

1. Die Chilibohnen mindestens 2 Stunden in kaltem Wasser einweichen. Die Tomaten klein hacken. Die Zwiebeln schälen und in feine Würfel schneiden. Den Knoblauch schälen und fein hacken. Den Strunk aus den getrockneten Paprikaschoten entfernen und in dünne Streifen schneiden.

2. Das Pflanzenöl in einem Topf bei mittlerer Temperatur erhitzen, Zwiebeln und Knoblauch hinzufügen und glasig anschwitzen. Die Paprikaschoten hinzugeben, salzen, pfeffern und zuckern und weitere 5 Minuten anschwitzen.

3. Die Zwiebeln und Paprikaschoten auf eine Seite des Topfes schieben, das Tomatenmark auf die freie Stelle geben und anrösten, damit es an Säure verliert.

4. Die Bohnen abgießen und hinzufügen. Alles miteinander vermengen und 5 Minuten leicht rösten.

5. Die Chipotle-Chilischoten im Ganzen zu den Bohnen geben. Man kann sie auch wahlweise separat dazureichen, wenn man ein mildes Chili wünscht. Wer es besonders scharf mag, sollte die Chipotle-Chilischoten hacken und untermischen.

6. Die Tomaten hinzufügen, alles mit 1 l Geflügelfond aufgießen und bei mittlerer Hitze 1 ½ Stunden mit geschlossenem Deckel langsam köcheln lassen. Gelegentlich umrühren, damit die Bohnen nicht am Topfboden anhängen. Die Bohnen auf Tellern anrichten und mit einem Spiegelei servieren.

+ 2 Stunden Einweichzeit

120

■ **Die Bohnen am besten über Nacht einweichen – so behalten sie beim Kochen besser ihre Form. Das Gericht passt sehr gut zu gegrilltem Fleisch, wie Schweinesteaks, Spareribs und gebratenen Hähnchenkeulen. In Südamerika wird es mit Spiegeleiern und Speck bereits zum Frühstück serviert.**

2
3
4
5
6

500 g Wachtelbohnen

80 g Karotten

80 g Knollensellerie

2 Knoblauchzehen

80 g Zwiebeln

2 EL Olivenöl

4 Zweige Rosmarin

3 Lorbeerblätter

1 TL Fenchelsamen

1 EL Tomatenmark

200 ml Weißwein

1 Prise Salz,
1 Prise schwarzer Pfeffer

1 l Hühnerbrühe

2 Entenbrüste

Borlotti oder Wachtelbohnen-Ragout mit gebratener Entenbrust

1. Die Bohnen mindestens 2 Stunden einweichen. Die Karotten und den Sellerie schälen und in ½ cm dicke Würfel schneiden. Die Knoblauchzehen in der Schale andrücken, die Zwiebeln schälen und ebenfalls in Würfel schneiden. 2 EL Olivenöl in einem flachen Topf erhitzen, Zwiebeln, Karotten und Sellerie dazugeben und 10 Minuten langsam anschwitzen.

2. Die Rosmarinzweige, Lorbeerblätter, gehackten Fenchelsamen und angedrückten Knoblauchzehen dazugeben und leicht anrösten.

3. Das Gemüse auf eine Seite des Topfes schieben. Das Tomatenmark auf die freie Stelle geben und anrösten, damit es an Säure verliert. Mit Weißwein ablöschen und die Flüssigkeit verkochen lassen. Di Bohnen zum Abtropfen in ein Sieb geben

4. Nun die Bohnen hinzufügen und weitere 2 Minuten anrösten. Salzen und pfeffern, mit Hühnerbrühe aufgießen und 50 Minuten langsam köcheln lassen. Dabei gelegentlich umrühren, damit die Bohnen nicht am Topfboden anbraten. Beim Umrühren ist Vorsicht geboten, um die Bohnen nicht zu zerdrücken. Gegebenenfalls Wasser nachgießen. Die Entenbrüste zubereiten (s. S. 534).

+ 2 Stunden Einweichzeit

80

■ **Fenchelsamen lassen sich leichter hacken, wenn man sie zuvor mit Öl beträufelt – dann springen sie nicht weg! Das Wachtelbohnen-Ragout passt ebenfalls gut zu Bratwürsten oder gefüllten Schweinefüßen**

2

3

4

- 500 g Kichererbsen
- 220 g Zwiebeln
- 200 g Auberginen
- 3 Knoblauchzehen
- 200 g Tomaten
- 5 EL Sonnenblumenöl
- 1 EL Anissamen
- 6 Kardamomkapseln
- 8 Nelken
- 1 Zimtstange
- 1 Prise Salz,
  1 Prise schwarzer Pfeffer
- 1 TL Korianderkörner, gemahlen
- 1 TL Kurkuma
- 1 l Wasser oder Gemüsebrühe
- 200 ml Rahmjoghurt
- 1 Messerspitze Zimt, gemahlen
- Einige Spritzer Zitronensaft
- 2 Zweige Minze

+ 2 Stunden Einweichzeit

100

Indisches Kichererbsen-Curry mit Zimtjoghurt und Minze

1. Die Kichererbsen mindestens 2 Stunden in kaltem Wasser einweichen. Die Zwiebeln halbieren und in Streifen schneiden. Die Aubergine in 2 cm große Würfel schneiden. Den Knoblauch schälen und gleichfalls in Streifen schneiden. Die abgezogenen Tomaten vierteln (s. S. 347). Das Öl in einem Topf bei mittlerer Temperatur erhitzen, den Knoblauch hinzugeben und gelbbraun anschwitzen. Die Anissamen, Kardamomkapseln, Nelken und Zimtstange hinzufügen und für ein intensiveres Aroma mit anrösten.

2. Die Zwiebeln hinzugeben, glasig anschwitzen und auf eine Seite des Topfes schieben. Die Auberginenwürfel auf die freie Stelle geben. Alles salzen und pfeffern und 5 Minuten anbraten.

3. Mit gemahlenem Koriander und Kurkuma bestäuben und 5 Minuten anschwitzen, bis Zwiebeln und Auberginen leicht verkocht sind. Die eingeweichten Kichererbsen zum Abtropfen in ein Sieb gießen.

4. Die Kichererbsen hinzugeben und kurz mit anschwitzen. Danach die geviertelten Tomaten zugeben und mit Wasser oder Gemüsebrühe aufgießen.

5. Die Kichererbsen müssen immer mit Flüssigkeit bedeckt sein und 70 Minuten bei mittlerer Temperatur im Topf mit Deckel köcheln. Zum Schluss den Joghurt mit dem Zimt, Zitronensaft und der in Streifen geschnittenen Minze vermischen und über die angerichteten Kichererbsen geben.

■ **Die Kichererbsen möglichst am Vortag, also über Nacht, in Wasser einweichen. Dann werden sie beim Kochen schneller weich. Das Gericht kann auch zu gebratenem Fleisch oder frittierten Eiern gereicht werden.**

2

3

4

5

- 500 g kleine Linsen
- 75 g Karotten
- 75 g Sellerie
- 50 g geräucherter Bauchspeck
- 85 g Lauch
- 2 Schalotten
- 2 Knoblauchzehen
- 20 g Butter
- 6 EL Olivenöl
- 1 Zweig Rosmarin
- 2 Lorbeerblätter
- 1 Prise Salz,
  1 Prise schwarzer Pfeffer
- 1 EL Tomatenmark
- 2 Nelken
- 200 ml Rotwein
- 1 l Geflügelfond
- 1 Bund Petersilie
- 2 EL scharfer Senf
- ½ TL Zitronenschale
- ½ TL Orangenschale
- 1 TL Balsamicoessig
- 8 Salsiccias

50

Italienisches Linsengemüse mit Salsiccias

1. Die Linsen in kochendes Salzwasser geben und einmal aufkochen lassen. Dann in ein Sieb schütten, unter fließend kaltem Wasser abkühlen und abtropfen lassen.

2. Die Karotten, den Sellerie, Speck, Lauch und die Schalotten in feine Würfel schneiden. Die Knoblauchzehen mit der Schale andrücken. Die Butter und 4 EL Öl in einem Topf bei mittlerer Temperatur erhitzen. Schalotten und Speck hinzugeben und etwa 2 Minuten anschwitzen. Sellerie, Lauch, Karotten, Knoblauch, Rosmarin und Lorbeerblätter hinzugeben, salzen und pfeffern und 5 Minuten glasig anschwitzen.

3. Das Gemüse auf eine Seite des Topfe schieben. Das Tomatenmark auf die frei Stelle geben und kurz anschwitzen, dam es an Säure verliert. Danach alles vermi schen und kurz weiterrösten.

4. Die abgetropften Linsen und die Nelken hinzugeben und 2 bis 3 Minuten anschwitzen.

5. Mit Rotwein ablöschen und so lange kochen, bis die Flüssigkeit verkocht ist. Dabei öfter umrühren.

6. Mit Geflügelfond aufgießen und dara achten, dass die Linsen mit Flüssigkeit bedeckt sind.

■ Die Linsen lassen sich auch mit folgenden Zutaten abschmecken: frischem Majoran, frisch geriebener Muskatnuss, geschlagener Sahne, fein gehackten Sardellenfilets, fein gehackten Kapern oder Essiggurkenwasser.

Das mit Küchengarn gebundene
etersiliensträußchen hinzugeben.
e Linsen aufkochen und 20 Minuten
ngsam köcheln lassen. Dabei vorsichtig
nrühren.

Zum Schluss mit Senf, geriebener Zi-
onen- und Orangenschale sowie einem
chuss Balsamicoessig abschmecken.

Das restliche Öl in einer beschich-
ten Pfanne bei mittlerer Temperatur
hitzen und die Salsiccias von beiden
eiten etwa 5 Minuten braten. Die Linsen
uf Tellern anrichten, die gebratenen
ürste darauf verteilen und mit ein we-
g Bratensaft begießen.

- 1 Karotte
- 2 Stangen Staudensellerie
- 1 Lauch
- 1 Zwiebel
- 2 EL Öl
- 1 EL Butter
- 1 EL Tomatenmark
- 250 g Berglinsen
- 150 ml Weißwein
- ½ l Brühe
- 1 Prise Salz, 1 Prise schwarzer Pfeffer
- ½ TL getrockneter Majoran
- 2 EL Essig
- 2 TL Dijonsenf
- 2 Zweige Petersilie, zum Garnieren

1

Saures Linsengemüse

1. Die Karotte, den Staudensellerie und den Lauch putzen, waschen und in feine Würfel schneiden. Die Zwiebel schälen und ebenfalls würfeln.

2. Das Gemüse in heißem Öl und Butter anschwitzen, dann das Tomatenmark zugeben und unterrühren.

3. Die gewaschenen Linsen zum Gemüse geben und mitschwitzen.

4. Das Linsengemüse mit Weißwein ablöschen und aufkochen lassen, die Brühe zugießen und etwa 20 Minuten köcheln.

5. Zum Schluss mit Salz und Pfeffer abschmecken, den Majoran unterrühren. Mit Essig und Senf würzen.

Mit Petersilie und einigen Sellerieblättern bestreut servieren.

40

■ **Dieses Gericht ist eine hervorragende Beilage zu gebratenem Fisch, zu Tauben im Ganzen gebratem oder einfach nur mit einigen krossen Speckstreifen servieren. Die Linsen können noch zusätzlich mit feingehackten Sardellenfilets, Kapern, Essiggürkchen und noch etwas geschlagener Sahne verfeinert werden.**

2

3

4

5

Kochen von Polenta

1. ¼ l **Wasser** und ½ l **Milch** in einen Topf geben und zum Kochen bringen.

2. **1 EL Butter** sowie **Salz** und **1 Prise Muskatnuss** zugeben.

3. In die kochende Flüssigkeit **180 g Maisgrieß** einrühren und die Temperatur auf die Hälfte reduzieren.

4. Unter ständigem Rühren weiterkochen.

5. Nach 30-45 Minuten wird die Polenta zähflüssig. Dabei kräftig rühren, damit sie nicht im Topf anbrennt.

6. Die Polenta auf ein mit Backpapier ausgelegtes Blech geben und den Topf gut auskratzen.

7. Die Polenta verteilen und etwa 2 cm dick glatt streichen.

8. Mit Backpapier bedecken, damit die Polenta nicht austrocknet, und auskühlen lassen. Danach kann die Polenta in Stücke geschnitten zum Grillen oder zum Überbacken verwendet werden.

6

7

8

- 300 g gekochte Polenta
- 3 EL Olivenöl
- 300 g Gorgonzola
- 300 g kleine Strauchtomaten
- 1 Prise Salz,
  1 Prise schwarzer Pfeffer
- 1 Zweig frischer Oregano

Gegrillte Polenta mit Tomaten und Gorgonzola

1. Die kalte Polenta in 15 x 8 cm große Rechtecke schneiden. Von beiden Seiten mit Olivenöl bestreichen.

2. Die Polentastücke in einer Grillpfanne von beiden Seiten braten.

3. In der Zwischenzeit den Gorgonzola in kleine Stücke zerteilen.

4. Den Strunk der Strauchtomaten herausschneiden und die Tomaten je nach Größe vierteln. Die Polentascheiben in eine mit Öl ausgestrichene flache Auflaufform geben und mit Tomaten sowie Gorgonzolastücken belegen. Vorsichtig salzen und kräftig pfeffern.

Im Ofen unter dem Grill überbacken – je nach Stärke etwa 3 bis 5 Minuten. Mit frischen Oreganoblättern bestreut servieren.

25

■ Die gegrillte Polenta schmeckt ebenfalls sehr lecker, wenn diese mit angeschwitzem Blattspinat und Gorgonzolakäse überbacken wird. Eine weitere leckere Kombination sind gegrillte Auberginen mit etwas eingekochter Tomatensauce und Mozzarella. Zum Schluss mit Basilikum garnieren.

2

3

4

Kartoffeln

Inhalt

Kartoffelsorten

Kartoffeln gibt es in zahlreichen Sorten für jeden denkbaren Zweck - von Pommes frites über Suppen bis zu Gratins und Salaten. Auch wenn Farben und Formen differieren, sollte man Kartoffeln vermeiden, die sich weich anfassen oder durch Erntemaschinen „verletzt" wurden. Ihre Haut sollte sauber und glatt und nicht zu trocken sein.

Insgesamt gibt es rund 3000 Kartoffelsorten. Auf unsere Märkte gelangen immerhin noch 100 bis 150 Sorten. Eingeteilt werden sie nach Reifezeitpunkt. Zum Verzehr müssen Kartoffeln stets gegart werden und sind sehr vielseitig. Man kann sie kochen, pürieren, dämpfen, backen, frittieren oder sogar in der Mikrowelle garen.

Für die Küche ist deshalb eine weitere Unterteilung wichtig: mehligkochende Sorten wie Bintje sind sehr stärkehaltig. Sie eignen sich am besten für Suppen, Eintöpfe, Pürees, Kartoffelpuffer oder Klöße.

Vorwiegend festkochende Sorten wie BF 15 sind recht trocken. Sie eignen sich für Pellkartoffeln, Bratkartoffeln und Pommes frites.
Festkochende Sorten wie Ballerina sind fest, aber feucht. Sie sind gut geeignet für Pellkartoffeln, Bratkartoffeln und Kartoffelsalate.

Kartoffeln aus dem Supermarkt sollte man aus ihrer Plastikhülle entfernen. Sonst schimmeln und faulen sie schnell. Am besten lagern Kartoffeln in einer Holzkiste oder einem Korb in kühler, dunkler und trockener Umgebung.

Kochzeittabelle

Produkt	Form	Methode	Temperatur	Zeit	Anmerkung
Kartoffeln	im Ganzen	Topf	sieden	20 Minuten	
Kartoffeln	in Vierteln	Topf	sieden	12-14 Minuten	
Kartoffeln	Pommes frites	Topf	frittieren 180 °C	3 Minuten	vorher vorkochen ode vorfrittieren
Kartoffeln, roh	in Scheiben	Pfanne	kleine bis mittlere Hitze	15-20 Minuten	
Kartoffeln, gekocht	in Scheiben	Pfanne	mittlere Hitze	8-10 Minuten	
Süßkartoffeln	im Ganzen	Topf	mittlere Hitze	25 Minuten	
Süßkartoffeln	in Scheiben	Pfanne	mittlere Hitze	20 Minuten	

Kennebec

Charlotte

Monalisa

BF 15

Bintje

Agria

Schwarze Asparges

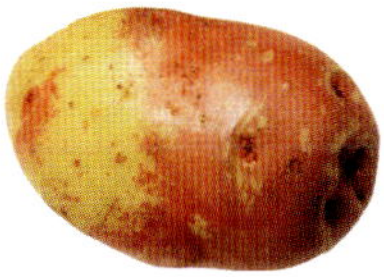

King Edward

Red

Roseval

Süßkartoffel

Vitelotte

Schnittarten für Kartoffeln

Dünne Kartoffelscheiben verarbeitet man zu Kartoffelgratin oder Bäckerinkartoffeln. Diese werden wie Kartoffelgratin in eine feuerfeste Form geschichtet, mit angeschwitzten Zwiebelscheiben belegt und mit Brühe angegossen. Auch die Garung erfolgt wie beim Kartoffelgratin.

Tournierte Kartoffeln sind Kartoffeln, die in eine bestimmte Form geschnitten (tourniert) wurden. So erhalten sie eine gleichmäßige Größe und können zu Petersilienkartoffeln oder Schmorkartoffeln verarbeitet werden.

Soufflé-Kartoffeln sind etwa 1 mm dünne Kartoffelscheiben, die zu Chips verarbeitet werden. Frittiert man sie erst in 140 °C heißem Fett und dann noch einmal bei 180 °C, gehen sie wie ein Soufflé auf. Diesem Umstand verdanken sie ihren Namen. Soufflé-Kartoffeln passen gut zu gebratenem Fleisch und Geflügel.

Für **Würfelkartoffeln** 1 cm große Würfel schneiden, kurz in kochendes Salzwasser geben, unter kaltem Wasser abschrecken und abtropfen lassen. In einer Pfanne mit reichlich Öl goldgelb braten. Dann das Öl abgießen, die Würfel in etwas Butter nachbraten und salzen. Sie schmecken gut auf Feldsalat, zu gebratenen Steaks, Kalbsnierenröschen oder Leber.

Lyoner Kartoffeln bestehen aus etwa 3 mm dünnen Scheiben und werden roh wie Bratkartoffeln zubereitet, also in einer beschichteten Pfanne mit Öl von allen Seiten langsam und gleichmäßig gebraten und zum Schluss mit Zwiebelwürfeln vermischt.

Pommes frites sind etwa 6 cm lang und haben rund ½ cm Kantenlänge. So sieht die klassische „Fritte" aus.

reichholzkartoffeln – ihr Name verweist auf
'e Form und Größe. Sie werden wie Pommes
tes zubereitet und können gut als knuspri-
Zutat über Salate gegeben werden. Früher
ren Streichholzkartoffeln eine klassische
ilage zum Pariser Pfeffersteak; sie lassen sich
erdings schlecht mit der Gabel essen!

Strohkartoffeln sind noch feiner als Streichholzkartoffeln. Sie werden wie Pommes frites goldgelb gebacken und meistens zum Garnieren über große Braten oder andere Fleischstücke gegeben. Versuchen Sie sie auch einmal zusammen mit Karotten, Sellerie oder Lauch!

Brückenpfeiler-Kartoffeln sind etwa 8 cm lang und haben rund 2 cm Kantenlänge. Zunächst 2 Minuten in Salzwasser garen, dann kalt abschrecken und auf ein Blech geben. Mit Butterschmalz bestreichen und 20 Minuten im Ofen gleichmäßig backen. Kurz vor Ende der Garzeit mit etwas Kalbssauce bestreichen. Die Brückenpfeiler-Kartoffeln dienen als Beilage zu Braten, gebratenem Geflügel oder T-Bone-Steaks.

riser Kartoffeln sind klein und rund und
rden mit einem speziellen Ausstecher ge-
mt. Sie werden gekocht und zu Salzkartoffeln
rarbeitet oder in einer Pfanne unter ständigem
hwenken goldgelb gebraten.

e Reste der ausgestochenen Kartoffeln zu
ippe oder Kartoffelplätzchen verarbeiten.

Kartoffelecken sind kleine Kartoffeln oder Frühjahrskartoffeln, die nicht geschält, nur gut gewaschen und der Länge nach in Sechstel geschnitten werden. Diese in eine Auflaufform geben, salzen, pfeffern und mit Olivenöl beträufeln. Im Ofen bei 200 °C etwa 20 Minuten goldgelb backen. Man kann sie auch mit einigen in der Schale angedrückten Knoblauchzehen mischen und gemeinsam backen. So erhalten die Kartoffelecken einen französischen Einschlag! Sie schmecken gut zu gebratenem Hühnchen.

Kochen von Gnocchi

1. Kartoffelgnocchi in kochendes Salzwasser geben.

2. Etwa 1 Minute leise köcheln lassen.

3. Dabei mit einer Schaumkelle vorsichtig umrühren und die am Boden haftenden Gnocchi lösen.

4. Vorsichtig in ein Sieb abgießen.

5. Sofort mit kaltem Wasser so lange abspülen, bis die Gnocchi kalt sind. Danach gut abtropfen lassen und nach Belieben weiterverwenden.

Kochen von Pellkartoffeln

Mittelgroße mehligkochende Kartof- ln gut waschen, in einen Topf mit reich- :h kaltem Wasser geben und salzen.

1 TL Kümmel ins Wasser geben und ım Kochen bringen.

3. Die Kartoffeln je nach Größe etwa 25 Minuten kochen.

4. Durch Hineinstechen mit einer Gabel prüfen, ob die Kartoffeln gar sind. Das ist auch daran erkennbar, dass sich die Schalen bereits leicht von den Kartoffeln lösen.

Kochen von Süßkartoffeln

1. Die Süßkartoffeln waschen und in einem Topf mit Wasser bedecken. Salzen, 2 bis 3 Nelken zugeben und zum Kochen bringen.

2. Die Süßkartoffeln etwa 30 Minuten kochen und durch Hineinstechen einer Gabel prüfen, ob die Kartoffeln weich sind.

3. Die Süßkartoffeln abgießen und im Topf noch 10 Minuten ausdampfen lassen.

4. Danach vorschichtig schälen und braune Stellen mit dem Messer entfernen. Abdecken und bis zur weiteren Verarbeitung kühl stellen.

1

2

Kümmelkartoffeln

Für die Zubereitung **800 g** kleine **artoffeln** mit goldgelber Schale wäh-n. Diese gut waschen und mit einer ürste alle Erdreste entfernen. Die Kar-ffeln halbieren und in eine Schüssel eben. Mit **1 TL Salz, 1 Prise schwarzem feffer, 1 TL Kümmel** und **3 EL Pflan-enöl** vermischen.

Die Kartoffeln in einen beschichteten äter geben und im Ofen bei 180 °C etwa 35 Minuten goldgelb backen. Dabei öfter wenden, damit sie nicht anbacken. Kurz vor Ende der Garzeit **20 g Butter** hinzugeben und nochmals nachbraten. Die Kümmelkartoffeln zu Schweinebraten servieren oder nur mit Buttermilch als leichtes Abendessen reichen.

■ **Für das Rezept eignen sich am besten die Kartoffelsorten La Ratte, Sieglinde oder Nicola.**

 500 g Pellkartoffeln

 2 l Pflanzenöl zum Frittieren

 3 ungeschälte Knoblauchzehen

 1 TL Salz

Frittierte Kartoffeln

1. Die gekochten Kartoffeln (s. S. 307) pellen und in 2 cm große Stücke schneiden.

2. Das Öl in einen großen Topf geben, auf 160 °C erhitzen und den Knoblauch mit Schale darin frittieren.

3. Die Kartoffelstücke in das heiße Öl geben und etwa 3 Minuten goldgelb frittieren. Mit einer Schaumkelle die Kartoffeln herausheben.

4. Auf ein Küchenpapier zum Abtropfen geben und mit Salz bestreuen. Auf Tellern anrichten und mit scharfer Tomatensauce – Salsa Brava – zum Dippen servieren.

25

■ **Schmeckt gut als kleine Tapa zu Wein und Bier.**

3

4

- 4 große Kartoffeln
- 1 TL Kümmel
- 1 Prise Salz
- 20 g Butter
- 400 g Quark, 20% Fett
- 1 Bund gemischte Kräuter
- 1 Lauchzwiebel
- 1 Prise schwarzer Pfeffer
- 3 EL Olivenöl
- Saft von ½ Zitrone

Folienkartoffeln mit frischem Kräuterquark

1. Die Kartoffeln waschen und mit Kümmel im Salzwasser 10 Minuten kochen. Danach die Kartoffeln abgießen und etwas ausdampfen lassen.

2. Eine Alufolie in Stücke teilen und diese mithilfe eines Pinsels mit Butter bestreichen. Salzen und mit etwas Kümmel bestreuen.

3. Jede Kartoffel in eine Folie wickeln und dann für 50 Minuten in den auf 200 °C vorgeheizten Ofen geben. Gelegentlich die Kartoffeln drehen.

4. In der Zwischenzeit den Quark mit den verlesenen und fein geschnittenen Kräutern, den Lauchzwiebelwürfeln, Salz, schwarzem Pfeffer sowie dem Olivenöl vermischen. Mit dem Zitronensaft abschmecken.

Den Quark über die ausgepackten und halb eingeschnittenen Kartoffeln geben.

70

■ Diese Kartoffeln schmecken ebenfalls, wenn sie anstatt im Ofen auf dem Grill zubereitet werden. Dabei die Kartoffeln aber öfters wenden.

2

3

4

250 g Sahne

¼ l Milch

1 ½ TL Salz,
1 Prise schwarzer Pfeffer

1 Prise Muskatnuss,
frisch gerieben

2 Knoblauchzehen

850 g Kartoffeln

10 g Butter

1

Kartoffelgratin

1. In einem Topf die Sahne und Milch aufkochen und mit Salz, Pfeffer und frisch geriebener Muskatnuss würzen. Die in der Schale angedrückten Knoblauchzehen zugeben und 10 Minuten ziehen lassen. Danach durch ein feines Sieb passieren.

2. Die Kartoffeln in 1 mm dünne Scheiben schneiden oder auch durch einen Gemüsehobel bzw. eine Mandoline reiben. Eine Auflaufform mit Butter ausstreichen.

3. Die Kartoffeln schichtweise in die Auflaufform legen und mit der aufgekochten Sahne-Milch-Mischung übergießen.

4. Die Butter gleichmäßig über das Gratin verteilen.

5. Die Auflaufform mit Alufolie abdecke und mit einer Messerspitze kleine Löche in die Folie stechen. Das Gratin im auf 190 °C vorgeheizten Backofen bei Umluft etwa 20 Minuten backen. Die Alufolie während der letzten 10 Minuten abnehmen, damit sich das Gratin goldgelb färb Man kann auch Käse, beispielsweise Gruyère oder Raclettekäse verwenden.

40

■ Für ein Kartoffel-Lauch-Gratin **200 g Lauchstreifen** (s. S. 350) in **20 g Butter** anschwitzen. Die Auflaufform mit Butter ausstreichen und als Erstes den Lauch hineingeben. Die weitere Zubereitung erfolgt wie beim Kartoffelgratin.

2

3

4

5

 800 g mehlige Kartoffeln

 150 g Mehl (Typ 405)

 120 g Hartweizengrieß

 1 Ei

 1 Prise Salz

 1 Prise Muskatnuss

 1 EL Öl

1

Kartoffelgnocchi

1. Die Kartoffeln kochen, auskühlen lassen und auf einer Reibe fein reiben.

2. Die geriebenen Kartoffeln auf einer Arbeitsfläche ausbreiten. Mit dem Mehl und dem Hartweizengrieß bestreuen. Das Ei zu den Kartoffeln geben, mit Salz und frisch geriebener Muskatnuss würzen.

3. Mit den Händen die Kartoffeln zu einem Teig verkneten.

4. Den Teig in 200 g große Stücke teilen bemehlen und zu 1 cm dicken Rollen ausrollen. Mit einem Messer 1 cm große Stücke abschneiden.

Die Gnocchi in Salzwasser kochen und in kaltem Wasser auskühlen lassen. Abtropfen und mit etwas Öl beträufeln. Bis zur weiteren Verarbeitung im Kühlschrank aufbewahren.

40

■ **Die Gnocchi kann man entweder mit den Zinken einer Gabel noch leicht andrücken oder man dreht sie mit den Händen zu Schupfnudeln ab.**

2

3

4

- 500 g Kartoffelgnocchi
- 200 g Kirschtomaten
- 2 Knoblauchzehen
- 3 EL Olivenöl
- 1 Prise Salz,
  1 Prise schwarzer Pfeffer
- 1 Prise Zucker
- ½ Bund Rucola

Kartoffelgnocchi mit Kirschtomaten und Rucola

1. Die Gnocchi in reichlich Salzwasser kochen (s. S. 306). Die Kirschtomaten halbieren, den Knoblauch schälen und in dünne Scheiben schneiden.

2. In einer Pfanne die Knoblauchscheiben in dem Olivenöl anbraten.

3. Die Kirschtomaten zugeben, salzen, pfeffern und mit etwas Zucker bestreuen. 2 bis 3 Minuten in der Pfanne schwenken, bis sie etwas weich werden.

4. Nun die gekochten Kartoffelgnocchi hinzugeben und mit den Tomaten vermischen.

5. Den geputzten und gewaschenen Rucola zu den Gnocchi geben.

6. Die Pfanne schwenken, bis der Ruco leicht zusammengefallen ist.

Sofort auf Teller verteilen und servieren. Mit einigen frischen Rucolablättern garnieren.

25

■ Schmeckt auch mit gelben oder großen Tomatenstücken. Mit frischem Basilikum oder Babyspinat vermischen.

4

5

6

- 400 g Kartoffelgnocchi
- 350 g Magerjoghurt
- 2 TL Tandoori-Gewürzmischung
- Saft von ½ Zitrone
- 1 Prise Salz,
  1 Prise schwarzer Pfeffer
- ¼ l Milch
- 1 EL Butter
- 100 g geriebener Fetakäse
- 3 Zweige Koriander, zum Garnieren

Überbackene Gnocchi in Tandoori-Joghurt-Sauce

1. Die Gnocchi kochen (s. S. 316). Den Joghurt in ein hohes Gefäß geben und das Tandooripulver darüberstreuen.

2. Den Zitronensaft dazugeben.

3. Salzen und mit schwarzem Pfeffer aus der Mühle würzen.

4. Mit der Milch aufgießen und mit einer Gabel gut verrühren.

5. Die Gnocchi in eine gebutterte Auflaufform geben, flach darin verteilen und die Tandoorisauce über die Gnocchi gießen, bis diese mit der Sauce bedeckt sind.

6. Mit dem geriebenen Fetakäse gleichmäßig bestreuen und in den vorgeheizte Ofen geben.

7. Bei 180 °C etwa 25 Minuten backen. Die Gnocchi sind fertig, wenn der Käse eine goldgelbe Farbe bekommen hat.

In der Auflaufform servieren und mit Korianderblättern garnieren.

35

■ Anstelle von Tandoori-Gewürzmischung kann ebenfalls Curry oder Garam Masala verwendet werden.

3

4

5

6

7

 400 g Gnocchiteig

 1 Prise Salz

 2 EL Butter

 ½ Bund Salbei

 100 g scharfe Salami

 1 Prise schwarzer Pfeffer

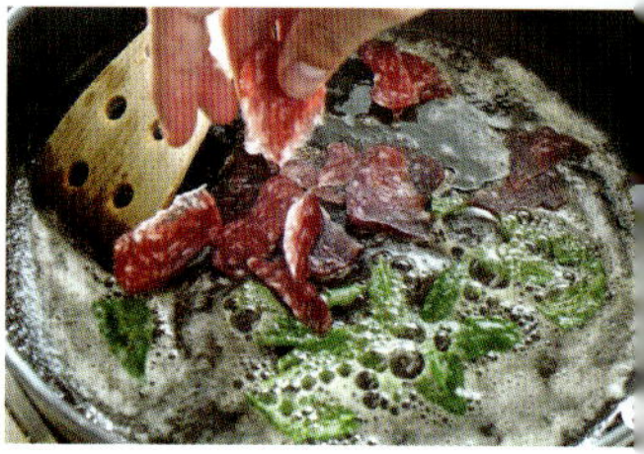

Kartoffel-Schupfnudeln mit Salbei und Salami

1. Aus dem Gnocchiteig kleine Schupfnudeln formen und in Salzwasser kochen, bis sie oben schwimmen.

2. Die Butter in einer Pfanne aufschäumen lassen und die gezupften Salbeiblätter hineingeben.

3. Die Salami in Scheiben schneiden, zugeben und leicht anbraten, damit sie ihren Geschmack entwickeln kann.

4. Die abgetropften Schupfnudeln in die Pfanne geben und verrühren.

5. Weitere 5 Minuten rösten, mit Salz und schwarzem Pfeffer aus der Mühle würzen.

Auf Tellern anrichten und servieren.

■ **Dieses Gericht kann auch mit Gnocchi oder gekauften Schupfnudeln gekocht werden. Als weitere Zutat kann Sauerkraut und Speck hinzugefügt werden.**

35

4

5

1½ kg Kartoffeln

3 l Pflanzenöl

1 TL Salz

Pommes frites

1. Die Kartoffeln schälen und zu großen Würfeln schneiden. Die Ecken entfernen, um die Seiten zu begradigen.

2. Die Kartoffelwürfel in 1 cm dicke Streifen schneiden und gründlich in kaltem Wasser waschen, damit die Stärke abfließen kann. So werden die Pommes frites richtig knusprig.

3. Die Kartoffelstreifen vor dem Frittieren mit einem Küchentuch abtrocknen. Bei feuchten Kartoffelstreifen würde das Öl übersprudeln und spritzen.

4. Die Pommes frites in Pflanzenöl bei 140 °C etwa 1 Minute vorfrittieren, ohne dass sie Farbe annehmen.

5. Die vorfrittierten Pommes frites mit einer Schaumkelle aus dem Topf heben und zum Auskühlen auf ein Blech geben.

6. Dann die Pommes frites ein zweites Mal bei 180 °C knusprig backen, bis sie goldgelb sind.

7. Die Pommes frites aus dem Öl heben und zum Abtropfen auf ein Küchenpapie legen. Mit Salz bestreuen und auf einem Teller als Beilage servieren.

30

■ **Die original Pommes frites werden in Belgien und Frankreich noch heute in Rindertalg oder Pferdefett frittiert, dann in vorgewärmten Stoffservietten getrocknet und auf warmen Silbertabletts angerichte**

2
3
4
5
6
7

1. Rösti

800 g mehligkochende Kartoffeln schälen, grob in eine Schüssel reiben und mit **1 Prise Salz** sowie **1 Prise schwarzem Pfeffer aus der Mühle** würzen. Dann mit den Händen das überschüssige Wasser aus der Kartoffelmasse drücken. **2 EL Pflanzenöl** in einer beschichteten Pfanne erhitzen. Die Kartoffelmasse hineingeben, etwa 10 Minuten anbraten und gelegentlich umrühren. Die Kartoffelmasse glatt streichen und zu einer Rösti formen. Am Rand der Pfanne noch **2 EL Pflanzenöl** hinzugeben und weitere 10 Minuten anbraten. Die Rösti auf einen Teller stürzen und mit der gebratenen Seite nach oben zurück in die Pfanne zurückgleiten lassen. Weitere 10 Minuten anbraten, bis sie goldbraun ist. Auf einen Teller stürzen, wie einen Kuchen anschneiden und auf Tellern anrichten.

■ **Zu gebratener Ente, Räucherlachs, gebeizten Lachs oder frischem Tatar servieren.**

2. Grillkartoffeln

600 g festkochende Kartoffeln schälen, der Länge nach halbieren, achteln und 2 Minuten in Salzwasser kochen. **4 Knoblauchzehen** in der Schale andrücken. Die Kartoffeln und den Knoblauch in eine Auflaufform geben und mit **1 Prise Salz** und **1 Prise schwarzem Pfeffer aus der Mühle** würzen. Im auf 200 °C vorgeheizten Backofen etwa 20 Minuten backen. 5 Minuten vor Ende der Garzeit die Nadeln von **1 Rosmarinzweig** abzupfen und erst jetzt hinzugeben, damit sie nicht verbrennen.

■ **Die Grillkartoffeln in der Auflaufform zu Schnitzeln, Steaks, Burgern oder Seezunge in Butter servieren.**

3. Kartoffelpuffer

500 g mehligkochende Kartoffeln schälen und zusammen mit **½ Knoblauchzeh** mit einer Raspel fein in eine Schüssel reiben. **1 Ei** und **3 EL Mehl** hinzufügen und **½ TL getrockneten Majoran** aus de Hand hineinreiben. Mit **1 Prise Salz** und **1 Prise schwarzem Pfeffer aus der Mühle** würzen und alles miteinander zu einem Teig vermischen. **4 EL Pflanzenöl** in einer Pfanne erhitzen. Die Kartoffelmasse mit einer kleinen Schöpfkelle in die Pfanne geben und zu kleinen Puffern formen. Von jeder Seite mindestens 3 Minuten anbraten, bis sie goldgelb sin

■ **Zu gebratener Ente, Räucherlachs, gebeizten Lachs oder frischem Tatar servieren. In der Variante ohne Majoran und Knoblauch mit Apfelmus reichen.**

1
2
3

 800 g Pellkartoffeln

 60 g Zwiebel

 ½ Bund Petersilie

 3 EL Pflanzenöl

 1 Prise Salz,
1 Prise schwarzer Pfeffer

 20 g Butter

Röstkartoffeln

1. Die Pellkartoffeln kochen (s. S. 307), mit einem Messer pellen und in ½ cm dünne Scheiben schneiden. Die Zwiebel schälen und in kleine Würfel schneiden. Die Petersilie waschen, zupfen und in feine Streifen schneiden.

2. Das Öl in einer beschichteten Pfanne erhitzen und die Kartoffelscheiben hineingeben.

3. Mit Salz und Pfeffer würzen. Bei mittlerer Hitze etwa 10 Minuten braten und öfter schwenken, ohne die Kartoffeln zu sehr zu beschädigen.

4. Sobald die Kartoffelscheiben goldbraun und schön knusprig sind, mit der Butter nachbraten. Das verhilft ihnen zu mehr Geschmack.

5. Nun die Zwiebelwürfel zugeben und noch 1 Minute braten und schwenken.

6. Zum Schluss die fein geschnittene Petersilie hinzugeben, noch einmal durchschwenken und sofort servieren. Die Röstkartoffeln passen zu Schnitzeln, Rostbraten, Rahmspinat mit Spiegelei und schmecken auch überbacken mit kräftigem Käse.

45

■ **Röstkartoffeln gelingen noch schmackhafter, wenn man sie in Gänseschmalz brät und mit Kümmel, Speckstreifen oder Schnittlauch abschmeckt.**

2

3

6

4

5

- 750 g mehligkochende Kartoffeln
- 1 Bund Schnittlauch
- 1 Ei
- 1 EL Crème fraîche
- 1 Prise Muskatnuss, frisch gerieben
- 20 g Butter
- 1 Prise Salz
- 5 EL Speisestärke
- 40 g Mehl
- 1 EL Pflanzenöl

Macairekartoffeln

1. Die Kartoffeln schälen, 20 Minuten in Salzwasser kochen und danach durch eine Kartoffelpresse drücken. Den Schnittlauch waschen, verlesen und mit einem scharfen Messer in feine Röllchen schneiden.

2. In der Mitte der Kartoffelmasse eine kleine Mulde formen. Das Ei trennen und das Eigelb mit Crème fraîche, geriebener Muskatnuss, Schnittlauch, Butter, Salz und Speisestärke in die Mulde geben.

3. Mit den Händen vermischen und eine längliche Rolle formen. Zwischendurch mit Mehl bestäuben, damit die Masse nicht an den Händen haften bleibt.

4. Die Rolle mit einem bemehlten Messer in 1 ½ cm dicke Scheiben schneiden.

5. Die Scheiben kurz in Mehl wenden und in der Hand zu gleichmäßigen Plätzchen formen.

6. Das Öl mit Küchenkrepp in einer beschichteten Pfanne verteilen und die Kartoffelplätzchen etwa 3 Minuten von jeder Seite anbraten.

45

■ **Der Kartoffelmasse können kross ausgebratene Speckwürfel beigefügt werden. Die Macairekartoffeln passen gut zu gebratenem Rehrücken, Rehkeule oder Kalbsmedaillons mit Rahmsauce.**

2
3
4
5
6

 1 Knoblauchzehe

 600 g festkochende Kartoffeln

 2 Stück Ingwer

 3 EL Pflanzenöl

 ½ TL Kurkuma

 1 TL Fenchelsamen

 1 Prise Muskatnuss, frisch gerieben

 1 Prise Salz

 20 Safranfäden

 400 ml Kokosmilch

 1 Zweig Minze

Indische Safrankartoffeln in Kokosmilch

1. Den Knoblauch schälen und fein hacken. Die Kartoffeln schälen, in 3 cm große Würfel schneiden und in kaltem Wasser aufbewahren, damit sie nicht braun werden. Den Ingwer schälen und in feine Streifen schneiden. Das Pflanzenöl in einem hohen Topf erhitzen und Knoblauch, Ingwer, Kurkuma und Fenchelsamen hinzugeben und kurz anschwitzen.

2. Die Kartoffelwürfel hinzugeben, mit Muskatnuss würzen, salzen und etwa 1 Minute anschwitzen.

3. Dann erst die Safranfäden beifügen und kurz anschwitzen.

4. Mit Kokosmilch aufgießen und bei geschlossenem Deckel etwa 20 Minuten langsam köcheln lassen. Zwischendurch umrühren und gegebenenfalls etwas Wasser angießen, damit die Kartoffeln nicht ankleben. Zum Schluss die Kartoffeln in einer Schale anrichten und mit Minzeblättern bestreuen.

40

■ **Anstatt der verschiedenen Gewürze kann man auch die indische Gewürzmischung Garam Masala verwenden. Sie enthält viele Aromen und ist leicht zu handhaben. Die Kartoffeln können wahlweise zur Hälfte durch gekochte Kichererbsen ersetzt werden und schmecken in dieser Variante gut mit frischen Zwiebelsprossen.**

2

3

4

- 500 g Süßkartoffeln
- 100 g gekochter Basmatireis
- 1 Eigelb
- 2 EL Mehl
- ½ TL gemahlener Kreuzkümmel
- ½ Bund Koriander
- 1 Prise schwarzer Pfeffer, 1 Prise Salz
- 4 EL Semmelbrösel
- 1 l Pflanzenöl zum Frittieren

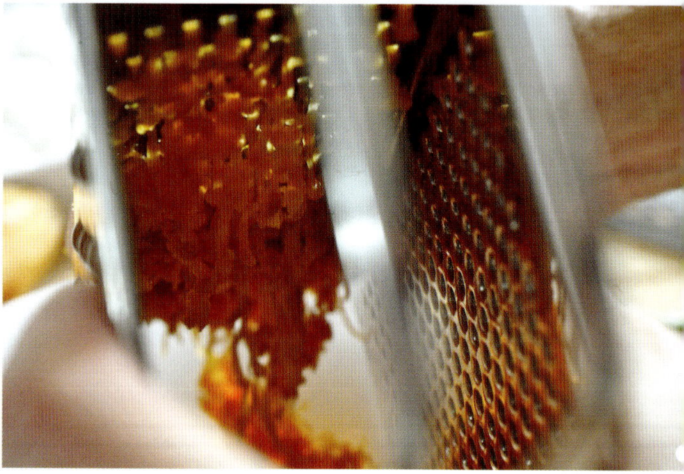

Süßkartoffelbällchen in Basmatireis frittiert

1. Die Süßkartoffeln kochen (s. S. 308), ausdampfen und auf einer Reibe fein reiben und in eine Schüssel geben. Den Basmatireis kochen (s. S. 234) und auskühlen.

2. Das Eigelb, das Mehl und den Kreuzkümmel zu den Süßkartoffeln geben. Den Koriander waschen, verlesen und mit den Stielen fein schneiden. Mit Pfeffer und Salz zu der Masse geben.

3. Die Semmelbrösel zufügen und zu einem Teig verarbeiten. Je nach Bedarf noch mehr Semmelbrösel zugeben, sodass eine homogene Masse entsteht.

4. Mit angefeuchteten Händen aus dem Kartoffelteig kleine Bällchen formen.

5. Die Kartoffelbällchen im gekochten Reis wälzen und in auf 180 °C erhitztem Öl knusprig frittieren. Mit einem Schaumlöffel herausheben und auf Küchenpapier abtropfen lassen.

Die Süßkartoffelbällchen passen gut zu Hühnergeschnetzeltem mit Gemüse.

*** 30

■ **Die Süßkartoffelbällchen als kleinern Snack zum Wein reichen. Dazu einen pikanten Joghurtdipp servieren.**

2

3

4

5

 1 kg mehligkochende Kartoffeln

 1 EL Salz

 150 g Butter

 300 ml Vollmilch

 1 Prise Muskatnuss

Hausgemachtes Kartoffelpüree

1. Die Kartoffeln schälen und halbieren. Einen Topf mit Salzwasser aufsetzen und mit den Kartoffeln zum Kochen bringen. Etwa 25 Minuten kochen, bis die Kartoffeln ganz weich sind.

2. Das Wasser abschütten und die Kartoffeln wieder in den Topf geben. Noch so lange auf dem Herd erhitzen, bis die letzte Flüssigkeit verkocht ist und die Kartoffeln sehr mehlig werden.

3. Die weichen Kartoffeln mit dem Holzlöffel zerdrücken.

4. So lange mit dem Holzlöffel bearbeiten, bis eine fast glatte Masse entstanden ist.

5. Die kalte, in Scheiben geschnittene Butter hinzugeben und mit dem Holzlöffel einarbeiten.

6. Die Butter muss vollständig von dem Püree aufgenommen werden.

7. Die Milch aufkochen und nach und nach in das Püree rühren.

8. Zum Schluss noch mit frisch gerieben Muskatnuss und Salz abschmecken.

9. Wichtig ist, dass man keinen Schneebesen zur Bearbeitung nimmt, denn dadurch wird das Püree zäh.

40

■ **Statt mit Butter kann man das Kartoffelpüree auch mit Olivenöl verfeinern — dann abe unbedingt ein gutes natives Olivenöl nehmen**

5

6

9

7

8

 500 g Kartoffeln

 1 Bund Schnittlauch

 1 EL Essig

 1 l Béchamelsauce

Schwedische Schnittlauchkartoffeln

1. Die Kartoffeln mit einem Sparschäler schälen und im Ganzen 25 Minuten gar kochen.

2. Den Schnittlauch waschen, trockenschütteln und mit einem Messer in feine Röllchen schneiden.

3. Die gekochten Kartoffeln mit etwas Essig beträufeln.

4. Die heiße Béchamelsauce (s. S. 156) über die Kartoffeln gießen.

5. Zum Schluss mit dem Schnittlauch bestreuen und auf einer Platte anrichten

■ Am besten gelbfleischige Kartoffeln von kleiner Größe verwenden. Anstelle von Schnittlauch kann auch Kerbel oder Dill unt die Kartoffeln gemischt werden. Als Beilage zu gekochtem Fisch oder Hackbraten.

40

2

3

4

5

Gemüse

nalt

Gemüsesorten

Früher war die Auswahl von Gemüse einfach: Knackig und gut gereift sollte es sein. Leider wirken heute alle Gemüse knackig, manchmal sogar wochen- oder monatelang. Leider steht dieses Merkmal nicht mehr für Geschmack. Austrocknung ist der natürliche Feind jedes Gemüse. Gemüsesorten mit zu trockenen Stengeln oder Blättern sollte man meiden. Ansonsten gilt: Gemüse sollte in Zitronenwasser gewaschen werden. Das entfernt Pestizide und Fungizide etwas besser.

Karotten

Lauch

Fenchel

Zucchini

Spinat

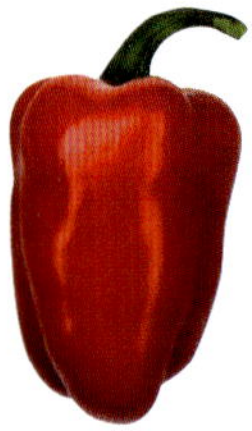

Paprika

Tomaten

Artischocken

Auberginen

Erbsen

Dicke Bohnen oder Saubohnen

Bohnen

Knoblauch

Brokkoli

Kohl

Spargel

Gurken

Champignons

Morcheln

Pfifferlinge

Steinpilz

Schnittarten Gemüse

Bâtonnets: Breite Streifen, etwa 1 cm breit und 5 cm lang – aber dünn geschnitten –, sind als Einlage für Saucen oder auch zum Mitdünsten bei Fischgerichten gedacht.

Julienne: Feine Gemüsestreifen mit etwa 1 mm Kantenlänge und 5 bis 7 cm Länge eignen sich für Kartoffelgerichte, zum Mitdünsten bei Fisch oder als Einlage für Suppen und Saucen.

Brunoise: Feine, etwa 1 mm große Würfel dienen für Salatsaucen, als Einlage in Fischsaucen, für Gerichte mit Bohnen, Linsen und Ragouts oder können zusammen mit ganzem Gemüse geschmort werden.

Kleine Würfel mit etwa ½ cm Kantenlänge eignen sich für Suppen und Eintöpfe und garen in etwa 15 Minuten.

Mittelgroße Würfel mit etwa 1 cm Kantenlänge bieten sich für Saucenansätze an, die nicht zu lange gekocht werden. Ratatouille kann ebenso in dieser Größe geschnitten werden wie rustikale Eintöpfe und Suppen.

Grobe Würfel mit 2 bis 3 cm Kantenlänge werden zusammen mit Braten und Ragouts geschmort oder als Röstgemüse zu braunen Saucen gegeben.

Suppengemüse ist Gemüse, das nur geviertelt oder gedrittelt wird. Gibt man es zu Suppen oder Fonds, die lange garen müssen, verkocht das Gemüse nicht so schnell.

Mirepoix, klein: Das Gemüse in mittelgroße Würfel schneiden. Die Knoblauchzehen mitsamt der Schale halbieren. Von Zwiebeln und/oder Schalotten jeweils die Hälfte des übrigen Wurzelgemüses – Staudensellerie, Karotten, Knollensellerie oder Petersilienwurzel – verwenden. Kleines Mirepoix oder Röstgemüse wird für Krustentier- und Geflügelsaucenansätze verwendet.

Mirepoix, groß: Das Gemüse schälen und in grobe, rund 3 cm große Stücke bzw. Würfel schneiden. Die Knoblauchzehen mitsamt der Schale halbieren. Hier gilt das gleiche Mengenverhältnis. Das große Mirepoix dient jedoc für Fleischsaucenansätze, Gemüsebrühen oder zum Marinieren von Wildfleisch.

‹ochzeittabelle

rodukt	Form	Methode	Temperatur	Zeit
rtischocken	im Ganzen	in Wasser	sieden	35 Minuten
rtischocken	in Scheiben	Pfanne	mittlere Hitze	8 Minuten
rtischocken	in Vierteln	Pfanne	mittlere Hitze	12 Minuten
ubergine	in Scheiben	Grillpfanne	starke Hitze	10 Minuten
ubergine	große Würfel	Pfanne	mittlere Hitze	8 Minuten
lumenkohl	im Ganzen	in Wasser	sieden	25 Minuten
lumenkohl	in Röschen	Pfanne	mittlere Hitze	15 Minuten
rokkoli	in Röschen	Pfanne	mittlere Hitze	15 Minuten
rokkoli	im Ganzen	in Wasser	sieden	20 Minuten
hampignons	in Scheiben	Pfanne	starke Hitze	4 Minuten
cke Bohnen	im Ganzen	in Wasser	sieden	2 Minuten
rbsen	ausgelöst	in Wasser	sieden	2 Minuten
rbsenschoten	im Ganzen	Pfanne	mittlere Hitze	1 Minute
enchel	im Ganzen	Ofen	180 °C	50 Minuten
enchel	Bâtonnets	Pfanne	mittlere Hitze	2 Minuten
enchel	kleine Würfel	Pfanne	mittlere Hitze	1 Minute
rüne Bohnen	im Ganzen	in Wasser	sieden	2 Minuten
urke	in Scheiben	Pfanne	mittlere Hitze	6 Minuten
urke	im Ganzen	Ofen	160 °C	20 Minuten
arotte	Julienne	in Wasser	sieden	10 Sekunden
arotte	in Scheiben	Pfanne	mittlere Hitze	6 Minuten
arotte	kleine Würfel	in Wasser	sieden	5 Sekunden
ohl	in Vierteln	Ofen	160 °C	45 Minuten
ohl	gehobelt	Topf mit Deckel	mittlere Hitze	35 Minuten
ohl	gehobelt	Pfanne	starke Hitze	10 Minuten
auch	Julienne	Pfanne	mittlere Hitze	1 Minute
auch	in Scheiben	Pfanne	mittlere Hitze	2 Minuten
auch	für Suppengemüse	in Wasser	sieden	20 Minuten
angold	Blatt	Pfanne	mittlere Hitze	5 Minuten
angold	Stängel	Pfanne	mittlere Hitze	8 Minuten
orcheln	im Ganzen	Pfanne	mittlere Hitze	6 Minuten
aprika	Bâtonnets	Pfanne	mittlere Hitze	10 Minuten
aprika	kleine Würfel	Pfanne	mittlere Hitze	3 Minuten
fifferlinge	im Ganzen	Pfanne	starke Hitze	3 Minuten
pargel, grün	im Ganzen	in Wasser	sieden	6 Minuten
pargel, grün	in Stücken	Pfanne	mittlere Hitze	5 Minuten
pargel, weiß	in Stücken	Pfanne	mittlere Hitze	8 Minuten
pargel, weiß	im Ganzen	in Wasser	sieden	10 Minuten
pinat	im Ganzen	Pfanne	mittlere Hitze	5 Minuten
teinpilz	in Scheiben	Pfanne	starke Hitze	5 Minuten
omate	im Ganzen	Ofen	160 °C	25 Minuten
omate	kleine Würfel	Pfanne	mittlere Hitze	1 Minute
ucchini	in Scheiben	Pfanne	mittlere Hitze	6 Minuten
ucchini	Julienne	in Wasser	sieden	10 Sekunden
ucchini	Bâtonnets	in Wasser	sieden	15 Sekunden
ucchini	kleine Würfel	Pfanne	mittlere Hitze	15 Sekunden

Tomaten schälen und entkernen auf die schnelle Art

1. Den Strunk der Tomaten mit einem spitzen Messer herausschneiden.

2. Die Tomaten vierteln.

3. Das Kerngehäuse mit einem Messer herausschneiden und die restlichen Kerne herauskratzen.

4. Mit einem scharfen Messer das Fruchtfleisch von der Haut schneiden. Dabei das Messer leicht schräg nach unten halten, damit alles Fruchtfleisch von der Haut gelöst wird.

5. Die Tomatenviertel nun in kleine Würfel schneiden. Diese für Saucen, Salate oder Füllungen verwenden. Die Tomatenviertel können im Ganzen auch zum Belegen von Fischfilets dienen oder mit Kräuterquark oder Olivenpaste gefüllt werden.

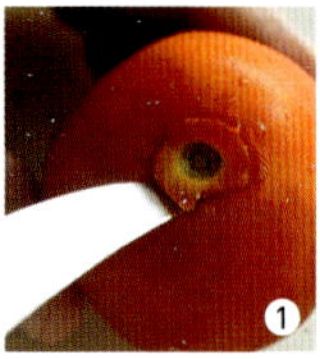

Tomaten schälen und entkernen auf die richtige Art

. Mit einem spitzen Messer den Strunk us den Tomaten schneiden. Die Tomatenaut kreuzweise einritzen. Wasser zum ochen bringen und die Tomaten für 5 bis 0 Sekunden hineingeben.

. Wenn die Haut anfängt, sich zu lösen, ann die Tomaten herausnehmen.

. Sofort in eine Schale mit Eiswasser geben, damit der Garprozess unterbrochen wird.

4. Mit einem kleinen Messer die Haut vorsichtig abziehen.

5. Dann vierteln, das Kerngehäuse mit einem Messer herausschneiden und das Fruchtfleisch nach Bedarf weiterverarbeiten.

Tomaten entkernen

. Aus den Tomaten die Kerne herauschneiden, denn diese machen Salate der Saucen wässrig. Das Fruchtfleisch ann in Würfel oder Streifen schneiden nd als Belag für Bruschetta, für Pastaerichte oder für Salate verarbeiten.

ie Kerne für Saucenansätze oder Suppen erwenden.

Zwiebeln in Würfel schneiden

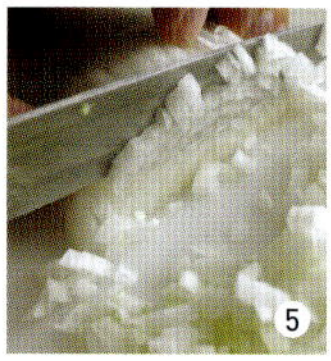

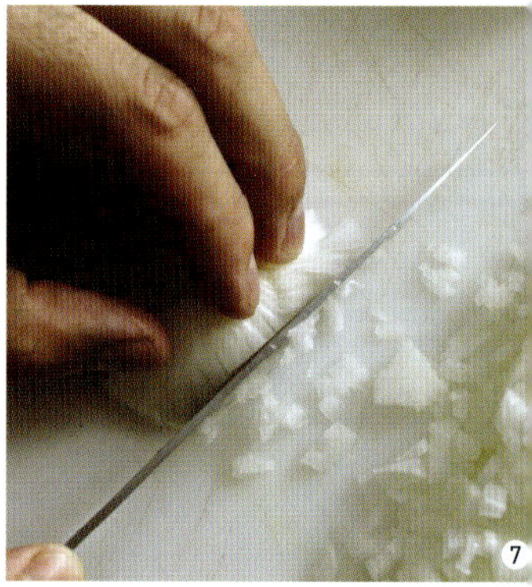

1. Die geschälte Zwiebel der Länge nach halbieren.

2. Mit einem scharfen Messer die Zwiebelhälfte der Länge nach in Scheiben schneiden. Am Strunk sollten die Scheiben aber noch zusammenhängen, damit die Zwiebel nicht auseinander fällt.

3. Quer zu den Scheiben die Zwiebelhälfte im unteren Drittel bis fast zum Ende einschneiden.

4. Noch einmal im oberen Drittel der Zwiebelhälfte einschneiden.

5. Jetzt die Zwiebelhälfte in feine Würfel schneiden. Durch das vorherige zweimalige Einschneiden enstehen so feine Würfelchen.

6. Übrig bleibt der Strunk, der die Streifen zusammengehalten hat.

7. Noch möglichst viel vom Strunk abschneiden, um zu viel Abfall zu vermeiden.

Frühlingszwiebeln mit Grün vorbereiten

1. Je nach Größe der Zwiebeln besteht ein Bund aus drei bis fünf Zwiebeln.

2. Das Ziebelgrün im oberen Drittel abschneiden. Diesen Teil nicht verwenden.

3. Den Wurzelansatz abschneiden.

4. Den verbleibenden grünen Teil, der später verarbeitet wird, am Zwiebelansatz abschneiden.

5. Die äußere Zwiebelhaut abziehen.

6. Die schlechten Stielansätze abschneiden.

7. Den grünen Teil nun in feine Scheiben schneiden und für Suppen oder als Garnitur für Salate verwenden.

8. Der weiße Teil eignet sich am besten für eine rohe Verarbeitung, da junge Zwiebeln noch nicht so scharf, aber dennoch sehr aromatisch sind.

Zwiebeln – stumpfe Messer vermeiden

. Hier sieht man, dass die Zwiebel mehr edrückt als geschnitten wird und dass ıan keine feinen Schnitte setzen kann.

. Die Zwiebel zerfällt förmlich beim chneiden, und die Gefahr sich zu chneiden, ist noch viel größer als mit inem scharfen Messer.

. Das kommt dabei heraus, wenn man ıit einem stumpfen Messer schneidet: ehr unregelmäßige, matschige Würfel nd viel zu viel Abfall.

. Links mit einem stumpfen Messer eschnitten: Die Kanten sind glasig, die wiebel wurde gedrückt und ist wahrcheinlich bitter. Rechts mit einem scharen Messer geschnitten: Glatter Anschnitt nd der Saft ist noch in der Zwiebel.

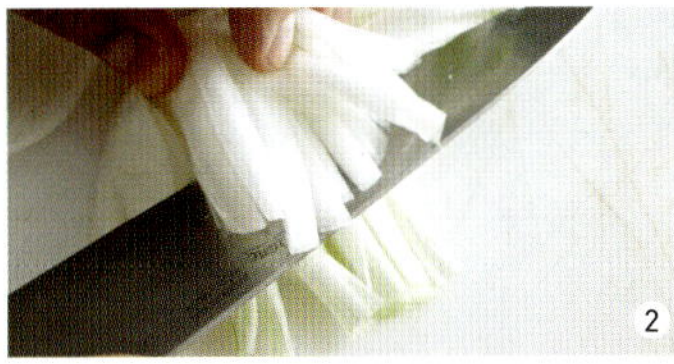

Zwiebeln in Streifen schneiden

. Die Zwiebel der Länge nach halbieren.

. Den Strunk und die Spitze der Zwiebel eicht schräg nach innen abschneiden.

. Die Zwiebelhälfte der Länge nach in ünne Streifen schneiden. Diese sind deal für Schmorgerichte, denn in dieser orm verkochen sie besser und geben en Saucen eine gute Bindung.

Lauch vorbereiten und waschen

1. Den Wurzelansatz etwa 1 cm dick abschneiden.

2. Die Stangen in der oberen Hälfte durchschneiden.

3. Das äußere Blatt vom Lauch abziehen.

4. Durch das Zusammendrücken der Lauchstange kann man feststellen, ob der Lauch frisch ist – tritt Saft aus der Schnittstelle, ist der Lauch sehr frisch, ansonsten ist er trocken und holzig.

5. Vom grünen Teil des Lauchs die äußeren Blätter abschälen und nur die hellgelben verwenden.

6. Den weißen und hellgrünen Teil der Lauchstange unter fließendem Wasser waschen, damit aller Schmutz herausgewaschen wird.

7. Die hellgrünen Teile der Lauchstange ebenfalls gut unter fließend kaltem Wasser auswaschen.

Jungen Lauch vorbereiten und waschen

1. Von dem jungen Lauch die oberen grünen Blätter abschneiden.

2. Den Wurzelansatz abschneiden und das erste Lauchblatt abziehen, da es meistens welk ist.

3 Unter fließendem Wasser gut waschen, da an den Blättern meistens noch Erde haftet.

4. Nach dem Waschen gut abtropfen lassen und verarbeiten oder in einen Behälter legen, abdecken und im Kühlschrank aufbewahren.

Mangold – Blätter und Strunk trennen

Den Stielansatz vom Mangold
schneiden.

Den Strunk von den Blättern heraus-
neiden.

Die Blätter grob zerschneiden und
e Blattspinat zubereiten.

Die Stiele in 5 x 1 cm große Stifte
neiden. Diese entweder dünsten oder
ch in Suppen verarbeiten.

Spinat waschen und verlesen

Den Blattspinat in reichlich Wasser gut
d öfer waschen. Gelbe und welke Blätter
tfernen.

Die Spinatblätter vom Strunk befreien
d den Spinat bis zur weiteren Verarbei-
ng in einer Schüssel mit einem feuch-
 Tuch abdecken.

Kürbis in Würfel schneiden

1. Den Kürbis halbieren, die Kürbiskerne mit einem Löffel herauskratzen und beiseitestellen.

2. Den Kürbis vierteln und in kleinere Segmente schneiden. Die Schale mit einem Messer abschälen.

3. Den inneren Teil des Kürbisses mit einem Messer dünn abschneiden.

4. Die Stücke in noch dünnere Segmente schneiden. Diese eignen sich zum Panieren oder Backen im Backteig.

5. Die Kürbissegmente in 1 x 1 cm groß Würfel schneiden. Diese für Suppen, Eintöpfe oder auch Gratins verwenden.

6. Die Kürbiskerne im Ofen bei 160 °C etwa 30 Minuten rösten – mit Salz bestreuen und anstatt Chips knabbern!

Zuchini zum Füllen vorbereiten

1. Die Enden und Spitzen der Zucchini abschneiden.

2. Zum Füllen die Zucchini in 3 cm große Stücke schneiden.

3. Die Zucchini mit einem kleinen Löffel aushöhlen.

4. Die Zucchinistücke bis auf einen 1 cm hohen Boden aushöhlen. Mit Fleisch, Käse oder Bolognese füllen.

arotten vorbereiten

Beide Enden der Karotten mit einem sser abschneiden.

Die Karotten mit dem Sparschäler vom nittansatz der Länge nach schälen. nn in Scheiben schneiden, raspeln oder Suppengemüse verwenden.

alatgurken schälen und entkernen

Die Salatgurke waschen und vom Stiel Spitze mit einem Sparschäler schälen.

Die Salatgurken halbieren und dann weder in Scheiben schneiden und für ate verarbeiten oder mit einem Kaffee-el das Kerngehäuse herausschaben.

Die Gurken können mit Fleisch oder Fisch gefüllt werden oder nur als Gemüse in Butter mit Kräutern gedünstet werden.

Breite Bohnen

1. Die Stiele und die Spitzen der Bohnen mit einem Messer abschneiden.

2. Druckstellen oder braune Stellen mit einem kleinen Messer entfernen.

3. Die Bohnen in 2 mm dünne, schräge Streifen schneiden und für feines Bohnengemüse oder Schnibbelbohnen mit Dill verwenden.

4. Eine weitere Zubereitungsart: Die Bohnen in 5 cm große Stücke schneiden. In Salzwasser kochen und mit Zwiebeln und Speck anbraten.

Stauden- oder Bleichsellerie

1. Den Strunk und die Stielspitzen etwa 1 cm breit abschneiden.

2. Die Staudenselleriebblätter unter fließendem Wasser gut waschen.

3. Die Staude in äußere, mittlere und Herzblätter aufteilen. Die Herzblätter in 8 cm lange Stücke schneiden. Mit verschiedenen Dips reichen oder zu Salaten geben.

4. Von den mittleren Blättern im unteren Teil der Stauden die Fäden herausziehen.

5. Danach die Blätter schräg in dünne Scheiben schneiden. Für Fleisch- und Gemüsegerichte verwenden.

6. Bei den äußeren Blättern die braunen Stellen mit einem Messer herausschneiden.

7. Dann in 5 cm große Stücke schneiden und diese für Gemüse- oder Fleischbrühen verwenden.

Fenchelknollen vorbereiten

Die Fenchelknollen unter fließendem
asser gut waschen.

Den Bodenansatz des Fenchels
schneiden.

Die äußere Fenchelschicht mit
aunen Stellen ablösen.

Die braunen Stielansätze 1 cm
eit abschneiden.

Noch einmal unter fließendem Was-
r die restlichen braunen Stellen und
runreinigungen entfernen.

Die vorbereitete Knolle ist schneeweiß
d kann nun für verschiedene Gerichte
iterverarbeitet werden. Das Fenchel-
ün in Wasser aufbewahren oder sofort
Saucen oder Suppen schneiden. Die
geschnittenen Stielansätze für Brühen
er Fonds verwenden.

Fenchelknolle in Würfel oder Streifen schneiden

Die Fenchelknolle vom Stielansatz
g nach unten halbieren.

In Segmente schneiden und diese bra-
 oder mit anderem Gemüse schmoren.

In sehr dünne Scheiben schneiden
d diese roh als Salat in Öl und Zitro-
nsaft marinieren.

In Würfel schneiden und zum Düns-
 für Suppen oder auch als Beigabe zu
müsegerichten verwenden.

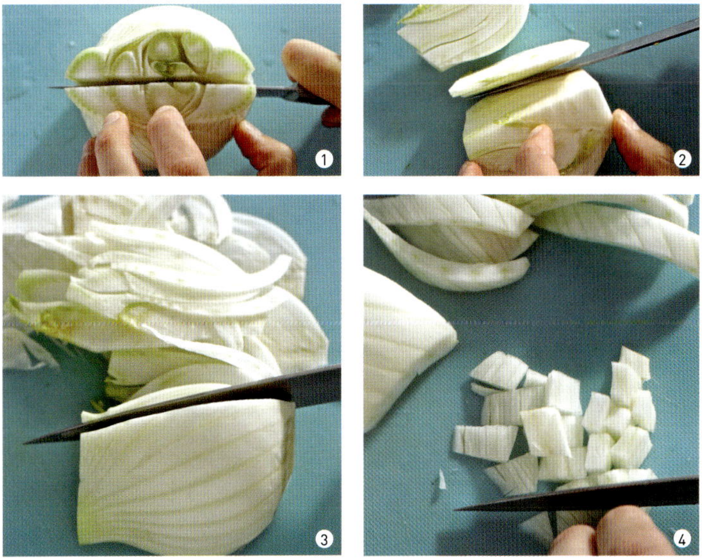

Artischocken vorbereiten

1. Den Artischockenstiel bis auf 3 cm abschneiden. Etwa zwei Drittel vom oberen Teil der Artischocke abschneiden.

2. Die äußeren grünen Blätter so weit abschälen, bis der hellgrüne Teil zum Vorschein kommt.

3. Nun den Stiel und die restlichen dunkelgrünen Teile mit einem kleinen Messer abschälen.

4. Mit einem Ausstecher oder einem kleinen Löffel das sogenannte Artischockenheu – den faserigen Kern – herauskratzen.

5. Die vorbereiteten Artischockenböden in Zitronenwasser aufbewahren, damit sie nicht braun anlaufen.

Artischockenböden roh marinieren

1. Die Artischockenböden in feine Scheiben schneiden.

2. In einer Schüssel Zitronensaft, Salz, gemahlene Fenchelsamen und gutes Olivenöl verrühren und die Artischockenscheiben darin etwa 10 Minuten marinieren.

rtischocken im Ganzen kochen

Den Stiel am Boden abtrennen und
: obere Hälfte mit einem Sägemesser
schneiden.

Auf die Anschnittfläche eine Zitronen-
heibe geben und mit einem Küchengarn
ieren.

Für diese Zubereitungsart sollten die
tischocken etwas größer sein, erst
nn lohnt sich diese Kochart.

Im Wasser mit etwas Weißwein,
efferkörnern, Lorbeerblatt und Salz
wa 35 Minuten kochen — lauwarm mit
äutersauce servieren.

1

2

3

4

rtischocken braten

Die Artischockenböden in kleine
gmente schneiden.

In einer Pfanne Olivenöl erhitzen,
ioblauchzehen in der Schale und Thymian
wie die Artischockenstücke zugeben.

Salzen und pfeffern und goldgelb
sten und zum Salat oder zu Fischge-
:hten servieren.

1

2

3

Auberginen in Scheiben schneiden

1. Die Aubergine waschen. Den Stielansatz mit einem Messer abschneiden.

2. Braune Spitzen oder auch andere Druckstellen abschneiden.

3. Die Aubergine der Länge nach in dünne Scheiben schneiden und in eine Schale legen.

4. Die letzte Scheibe flach auf das Brett legen und dann noch einmal durchschneiden. Auberginenscheiben eignen sich zum Grillen oder zum Panieren in Kräuter-Käse-Panade.

'aprikaschoten entkernen

Die Paprikaschote waschen und vom
·unk zur Spitze der Länge nach halbieren.

Die Schote auseinanderbrechen.

Den grünen Strunk aus der einen
lfte herausdrehen und die Paprika-
hote vierteln.

Mit einem Messer die weißen Häute
rausschneiden und die Paprikaviertel
ch Wunsch verarbeiten.

'aprikaschoten zum Füllen vorbereiten

Den grünen Strunk einer Spitzpaprika
gelförmig herausschneiden.

Die Kerne und die weißen Häute mit
ıem Messer soweit herausschneiden, wie
an mit dem Messer in die Paprika kommt.
ınach waschen und weiterverarbeiten.

Champignons

1. Den Stiel mit Erdresten abschneiden.

2. Den Pilzkopf mit Küchenpapier abreiben und vorsichtig säubern.

3. Die sauberen Champignons in eine trockene Schale legen.

4. Für Saucen oder Omeletts die Pilze mit einem langen Messer in dünne Scheiben schneiden.

5. Die Lamellen der Pilze müssen hellbraun und die Champignonköpfe fest geschlossen sein – so schmecken sie am besten.

6. Für marinierte Vorspeisen, eine Pilzpfanne oder auch Pilzgulasch die Champignonköpfe vierteln.

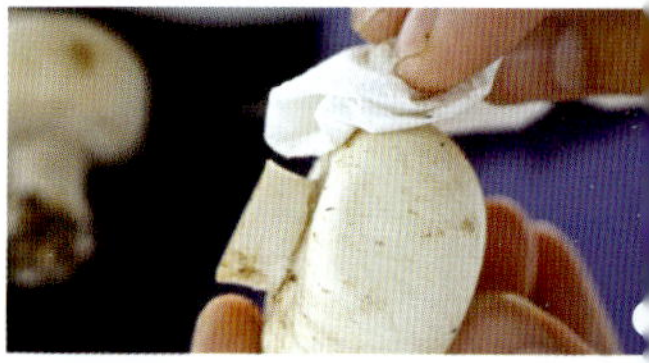

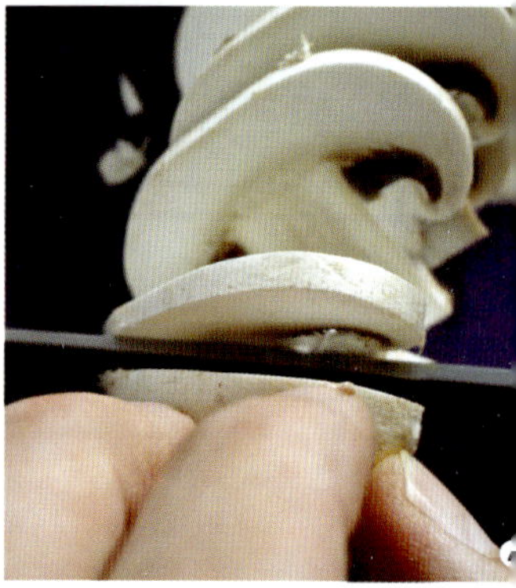

\usterpilze

Den Stiel der Austernpilze flach ab-
:hneiden.

Austernpilze nie schneiden, sondern
ımer mit der Hand entlang der Lamel-
n in die gewünschte Größe zupfen.

Die Austernpilzstücke kühl lagern und
öglichst schnell verarbeiten.

Austernpilze im Ganzen können gegrillt
ler auch wie Schnitzel paniert werden.

;hiitake-Pilze

Die getrockneten Shiitake-Pilze mit
altem Wasser übergießen.

. Die Shiitake-Pilze für 2 Stunden in
altem Wasser einweichen. Je nach Grö-
e etwas kürzer.

3. Die Stiele der Shiitake-Pilze abschnei-
den, da diese immer hart bleiben. Die Köpfe
in Scheiben schneiden und für Füllungen
und asiatische Gerichte verwenden.

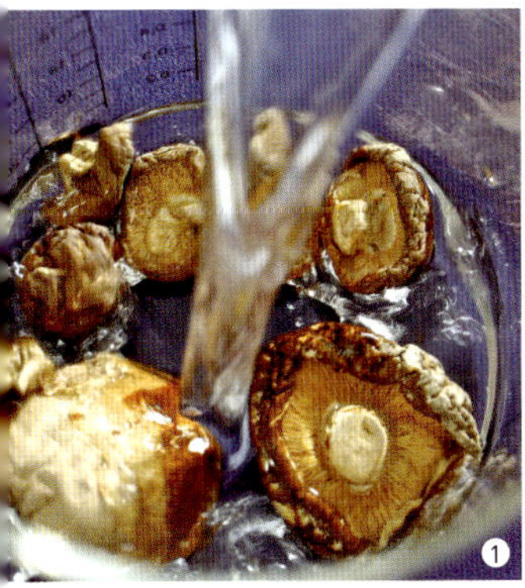

2 Schalotten

500 g Blattspinat

40 g Butter

1 Prise Salz,
1 Prise schwarzer Pfeffer

1 Prise Muskatnuss,
frisch gerieben

1 Knoblauchzehe

Blattspinat gedünstet

1. Die Schalotten schälen und in feine Würfel schneiden. Den Blattspinat putzen und die Stiele entfernen (siehe Seite 351). Die Butter in einem Topf zum Schmelzen bringen, die Schalotten hinzugeben und kurz anschwitzen.

2. Den Blattspinat hinzufügen, salzen, pfeffern und mit frisch geriebener Muskatnuss würzen. Etwa 3 Minuten dünsten, bis die Flüssigkeit verkocht ist.

3. Die geschälte Knoblauchzehe auf ein Gabel spießen und den Blattspinat dami umrühren, damit er ein leichtes, nicht zu kräftiges Knoblaucharoma erhält. Den Blattspinat als Beilage zu gekochtem Tafelspitz, gebratener Seezunge oder anderen Salzwasserfischen reichen.

30

■ **Rahmspinat:** 100 ml flüssige Sahne zu 500 g Blattspinat gießen und einmal aufkochen lassen. Mit einem Pürierstab fein mixe Den Rahmspinat zu Bratkartoffeln mit Spiegelei, gekochtem Tafelspitz oder gebratenen Kalbsmedaillons servieren oder auch mit einer Folienkartoffel zu Roastbeef reichen.

2

3

- 350 g Mehl
- 2 TL Backpulver
- 3 Eier
- 400 ml Bier
- 150 ml Pflanzenöl
- ½ TL Salz
- 3 Zucchini
- 4 Zweige Thymian
- 200 ml Joghurt
- ½ Zitrone
- 1 Prise Salz, 1 Prise schwarzer Pfeffer
- 2 l Erdnussöl

Zucchini im Thymianbackteig mit Joghurtsauce

1. Das Mehl in eine Schüssel geben und mit dem Backpulver vermischen. Die Eier trennen und das Eigelb zugeben. Das Bier langsam einlaufen lassen und alles mit einem Schneebesen zu einem glatten Teig verrühren. Danach das Pflanzenöl einrühren, damit der Teig schön knusprig wird. Das Eiweiß mit Salz zu einem halbsteifen Schnee schlagen und unter den Teig heben.

2. Die Zucchini waschen und in 1 cm dicke Scheiben schneiden. Die Thymianblätter vom Zweig abzupfen und zusammen mit den Zucchinischeiben in den Teig geben. Den Joghurt in einer Schale mit dem Saft einer ½ Zitrone, Salz und Pfeffer abschmecken und glatt rühren.

3. Das Erdnussöl in einem breiten Topf auf 160 °C erhitzen und die Zucchinischeiben im Backteig von beiden Seiten goldgelb backen. Dann auf einem Küchenkrepp abtropfen lassen und leicht salzen. Die Zucchinischeiben mit dem Joghurt-Dip auf eine Platte geben und servieren.

***40

■ Der Backteig kann ebenfalls mit Weißwein oder Mineralwasser zubereite[n] werden. Im Teig mitgebackene Basilikum- oder Salbeiblätter sorgen für eine[n] köstlichen Snack zum Aperitif.

2

3

 250 g gemischtes Hackfleisch

 150 g Schafskäse

 1 Ei

 2 EL Semmelbrösel

 3 Lauchzwiebeln

 1 EL Basilikumstreifen

 ½ TL Salz,
1 Prise schwarzer Pfeffer

 1 TL getrockneter Oregano

 2 große Auberginen

 4 EL Olivenöl

 ½ l Tomatensaft

 1 EL Zucker

Gefüllte Auberginen mit Schafskäse und Oregano

1. Hackfleisch zusammen mit dem grob zerdrückten Schafskäse, dem Ei, den Semmelbröseln und den in Ringe geschnittenen Lauchzwiebeln, den Basilikumstreifen, Salz, schwarzem Pfeffer und Oregano in eine große Schüssel geben.

2. Die Füllung mit den Händen vermischen. Dabei aber nicht kneten, da man später noch die Käsestücke gut erkennen soll.

3. Den Stiel der Auberginen abschneiden. Die Auberginen der Länge nach halbieren und außen etwas die Rundung abschneiden, damit die Auberginenhälften besser stehen können und nicht umkippen.

4. Mit einem Teelöffel das Innere der Auberginen herauskratzen.

5. Die Auberginenhälften in eine mit Olivenöl ausgestrichene Auflaufform geben und mit der Hackmasse füllen. In den auf 180 °C vorgeheizten Backofen geben und etwa 45 Minuten garen. Zwischendurch immer wieder mit Wasser ablöschen und mit dem entstandenen Saft begießen. Den Tomatensaft mit Zucker, Salz und schwarzem Pfeffer vermischen und damit aufgießen. Weitere 15 Minuten garen.

Jeweils eine halbe Aubergine mit Sauce auf Tellern anrichten.

80

■ **Mit derselben Füllung auch Zucchini, Paprikaschoten oder Salatgurken füllen und schmoren.**

2

3

4

5

1 Knoblauchzehe

4 EL natives Olivenöl extra

1 Prise Salz,
1 Prise schwarzer Pfeffer

450 g Tomaten

1 Zweig Rosmarin

125 g Mozzarella

2 Scheiben Toastbrot

Tomatengratin mit Rosmarin und Mozzarella

1. Eine Auflaufform mit der Knoblauchzehe ausreiben, mit 1 EL Olivenöl beträufeln, salzen und pfeffern.

2. Die Tomaten schälen (siehe Seite 347) und in ½ cm dicke Scheiben schneiden. Diese schichtweise in die Auflaufform geben, salzen und pfeffern.

3. Die Rosmarinnadeln vom Zweig abzupfen und fein schneiden. Den Mozzarella halbieren und in Scheiben schneiden. Die Ränder der Toastscheiben abschneiden und das Brot fein reiben oder mixen. Den Mozzarella gleichmäßig zwischen den Tomatenscheiben verteilen und alles mit Rosmarin bestreuen.

4. Den Gratin mit dem geriebenen Weißbrot bestreuen und mit dem restlichen Olivenöl beträufeln. Die Auflaufform etwa 30 Minuten in den auf 190 °C vorgeheizten Backofen geben. Das Tomatengratin ist fertig, sobald der Käse goldgelb glänzt, und wird in der Auflaufform serviert.

*** 50

■ Das Tomatengratin passt sehr gut zu gebratenem Kalbsschnitzel, Stubenküken oder gegrillter Hühnchenbrust. Es kann auch mit geröstetem Knoblauchbrot und grünem Salat als Hauptgang serviert werden. Dafür sollte man die Mengenangaben verdoppeln.

2

3

4

- 40 g gekochter Schinken
- 1 junge Zwiebel
- 20 g Butter
- 150 g Erbsenschoten
- 450 g Erbsen
- 1 Prise Salz
- 1 Prise Zucker
- 1 Prise weißer Pfeffer
- 150 ml Geflügelfond
- ½ Kopfsalat
- 2 Zweige Minze
- 20 g kalte Butter

Erbsenschoten mit Kopfsalat gedünstet und Schinkenstreifen

1. Den gekochten Schinken der Länge nach in dünne Streifen und die Zwiebel in kleine Würfel schneiden. Die Butter in einem Topf aufschäumen lassen, den gekochten Schinken und die Zwiebel hinzugeben und anschwitzen.

2. Die Erbsenschoten putzen, den Stielansatz abziehen und die Schoten zweimal quer durchschneiden. Mit den Erbsen zum Schinken geben, vermischen, salzen, zuckern und mit weißem Pfeffer abschmecken.

3. Mit dem Geflügelfond aufgießen, mit einem Deckel verschließen und etwa 5 Minuten dünsten.

4. Den Kopfsalat waschen und in Strei fen schneiden. Die Minze ebenfalls in feine Streifen schneiden. Beides zu den Erbsen geben und die kalte Butter unte mischen. Abschmecken und in Schalen servieren.

40

■ **Am besten schmecken frische Erbsen. Für 450 g geschälte Erbsen benötigt man mindestens die doppelte Menge an Erbse schoten. Das Gericht lässt sich gut als Bei lage zu Geflügel, wie Taube oder Poularde und zu Kalbsbraten reichen.**

2

3

4

2 Schalotten

1 Bund Petersilie

1 Knoblauchzehe

600 g Bohnenkerne

40 g Butter

1 Prise Salz,
1 Prise schwarzer Pfeffer

1 Prise Muskatnuss,
frisch gerieben

Grüne Bohnenkerne mit Knoblauch und Zwiebeln

1. Die Schalotten schälen und in feine Würfel schneiden. Die Petersilie waschen, zupfen und fein schneiden. Den Knoblauch schälen und ebenfalls fein würfeln. Wasser in einem Topf zum Kochen bringen, die Bohnenkerne hineingeben und 1 Minute kochen. Die Kerne in ein Sieb geben und unter fließendem Wasser auskühlen lassen.

2. Die weiße Schale der Bohnenkerne mit den Fingern entfernen. Sehr kleine Bohnenkerne können auch ungeschält zubereitet werden.

3. Die Butter in einer Pfanne aufschäumen lassen, Schalotten und Knoblauch hinzugeben und glasig anschwitzen.

4. Die geschälten Bohnen hinzugeben, salzen, pfeffern und mit Muskatnuss würzen.

5. Weitere 2 bis 3 Minuten anschwitzen Dann die Petersilie hinzugeben, vermischen und auf Tellern anrichten.

60

■ **Für 600 g Bohnenkerne benötigt man 3 kg frische Saubohnen. Das Gericht lässt sich auch mit Wachsbohnen, breiten Bohnen oder einer Mischung aus verschiedenen Bohnensorten zubereiten. Zunächst sollte man aber die Bohnen mit Biss in Salzwasser kochen.**

2

3

4

5

 2 rote Paprikaschoten

 1 grüne Paprikaschote

 3 junge Zwiebeln

 500 g Kartoffeln

 2 Knoblauchzehen

 Schale von 1 Zitrone

 ½ TL Kümmel

 3 EL Pflanzenöl

 2 TL Paprikapulver, edelsüß

 1 Prise Salz,
1 Prise schwarzer Pfeffer

 1,2 l Gemüsebrühe

Gemüsegulasch

1. Die roten und grünen Paprikaschoten halbieren, entkernen und putzen. Danach in etwa 2 cm große Stücke schneiden. Die jungen Zwiebeln schälen, halbieren und grob würfeln. Die Kartoffeln schälen, in 2 cm große Stücke schneiden und in kaltem Wasser bedeckt aufbewahren, damit die Kartoffeln nicht braun werden. Die Knoblauchzehen schälen und zusammen mit der Zitronenschale fein hacken. Den Kümmel mit etwas Öl beträufeln und dann hacken.

2. Das Öl in einer Stielkasserolle erhitzen und die Zwiebel darin anschwitzen. Danach die Kartoffelstücke in ein Sieb gießen und gut abtropfen lassen. Zu den Zwiebeln geben und 5 Minuten langsam anschwitzen.

3. Den Knoblauch, Zitronenschale, Kümmel und Paprikapulver über die Kartoffeln und Zwiebeln geben und leicht anschwitzen.

4. Nun die roten und grünen Paprikawü fel zugeben, salzen, pfeffern und einige Minuten bei mittlerer Hitze anschwitzen.

5. Mit der Gemüsebrühe aufgießen und etwa 25 Minuten langsam köcheln lassen, dabei gelegentlich umrühren. Zum Schluss in tiefe Teller anrichten und mit Graubrot servieren.

55

■ Anstelle von grünen und roten Paprikaschoten können auch Zucchini und ganze Cocktailtomaten verwendet werden.

2

3

4

5

 2 Lauchzwiebeln

 2 Zweige Petersilie

 400 g Blutreizker

 1 Knoblauchzehe

 3 EL Pflanzenöl

 1 Prise schwarzer Pfeffer,
½ TL Salz

 ½ TL Kümmel

 4 Scheiben dunkles Landbrot

Gebratene Reizker auf Knoblauch-Kümmel-Brot

1. Die Lauchzwiebeln putzen, waschen und in Ringe schneiden. Die Petersilie waschen, trockenschütteln und fein schneiden.

2. Die Pilze putzen, die Stiele abschneiden und die Pilze kopfüber in eine Pfanne setzen.

3. Den Knoblauch schälen und klein schneiden. Das Öl zu den Pilzen gießen und diese sanft schmoren.

4. Die Lauchzwiebeln, den Knoblauch und die Petersilie darüberstreuen und mit Pfeffer und Salz würzen. Den Kümmel mit etwas Öl hacken und dazugebe

Die Pilze mit etwas Öl aus der Pfanne a den Brotscheiben anrichten.

20

■ **Da Reizker nicht immer erhältlich sind, können hier auch Champignonscheiben, Austernpilze, Shiitake-Pilze oder Kräuterseitlinge gebraten werden.**

3

4

 600 g Pfifferlinge

 2 Schalotten

 40 g Butter

 1 Prise Salz,
1 Prise schwarzer Pfeffer

 1 Prise Muskatnuss,
frisch gerieben

 ½ Bund Petersilie

 200 g Sahne

 2 EL Crème fraîche

 ½ Zitrone

Pilzragout mit Muskat und Petersilie

1. Die Pfifferlinge mit einem kleinen Messer von grobem Schmutz und Erdresten befreien und nur kurz in kaltem Wasser waschen, damit sie sich nicht vollsaugen. Sofort zum Abtropfen auf ein Küchentuch geben.

2. Die großen Pfifferlinge in ½ cm dünne Scheiben schneiden, die kleinen Pfifferlinge ganz belassen. Die Schalotten schälen und fein würfeln.

3. Die Butter in einem breiten Topf zerlassen und die Schalotten unter Rühren mit einem Holzlöffel glasig andünsten.

4. Die Pfifferlinge zugeben, mit Salz, Pfeffer und frisch geriebener Muskatnuss würzen und 2 bis 3 Minuten anschwitzen. In der Zwischenzeit die Petersilie waschen, zupfen und fein schneiden.

5. Nun die Sahne und die Crème fraîch zugeben und etwa 5 Minuten langsam köcheln. Zum Schluss mit dem Saft eine ½ Zitrone abschmecken, die fein geschnittene Petersilie untermischen und servieren.

40

■ Andere Waldpilze wie Steinpilze, Maronenröhrlinge, Birkenpilze, Hexenröhrling oder Morcheln lassen sich auf dieselbe Ar zubereiten. Man kann die Pilze auch nach Geschmack mischen und mit Semmelknödeln als Hauptgericht servieren.

2

3

4

5

 1 mittelgroße gekochte Rote Bete

 2 Eier

 300 g Ricotta

 1 Prise Salz,
1 Prise schwarzer Pfeffer

 1 Packung Frühlingsrollen-Teig

 2 l Pflanzenöl zum Frittieren

Frittierte Rote-Bete-Ricotta-Taschen

1. Die gekochte und geschälte Rote Bete fein reiben.

2. Eier trennen und Eigelb zusammen mit dem Ricotta, Salz und schwarzem Pfeffer zu der Roten Bete geben. Das Eiweiß aufbewahren.

3. Nun die Zutaten gut vermischen und abschmecken.

4. Den Frühlingsrollenteig flach auf eine Arbeitsfläche legen und die rechte Ecke zur Mitte klappen. Den äußeren Rand mit Eiweiß bestreichen.

5. Nun die linke Ecke zur Mitte klapper und über die rechte Ecke legen. Leicht andrücken, damit die Seiten zusammen kleben.

6. Die entstandene Öffnung etwas anheben und mit 2 TL Füllung füllen.

7. Die Füllung noch etwas in die Ecken drücken und den oberen Teil mit Eiweiß bestreichen.

»

55

■ **Grundsätzlich können diese Taschen nach Belieben gefüllt werden. Allerdings darf die Füllung nicht zu feucht oder gar flüssig sein, da die Taschen beim Frittiere aufplatzen würden.**

3

4

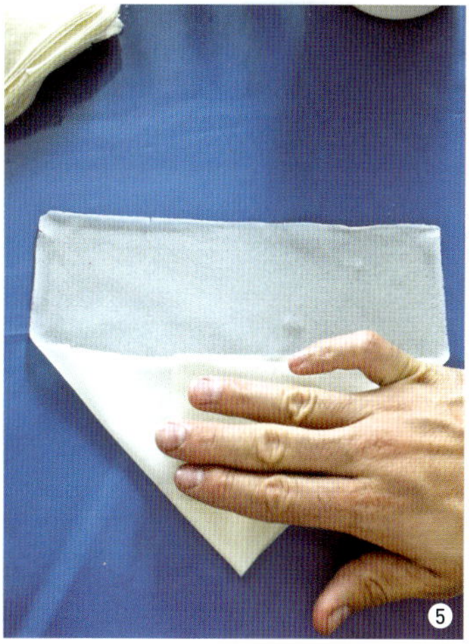
5

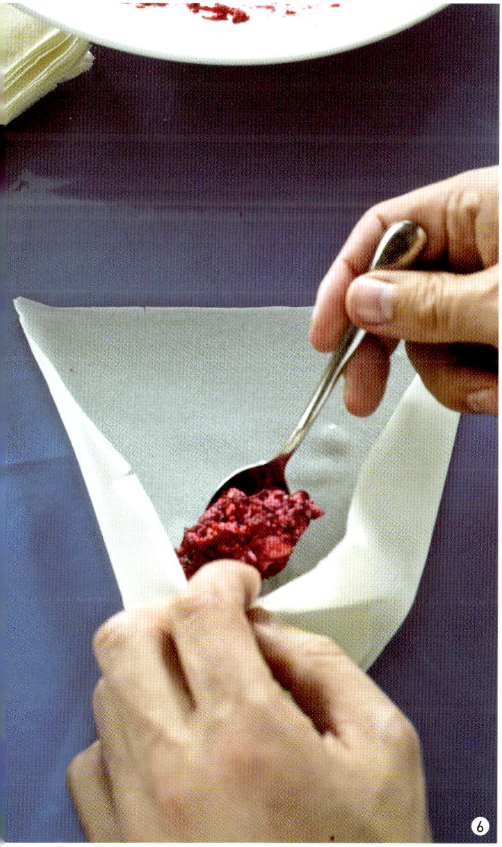
6

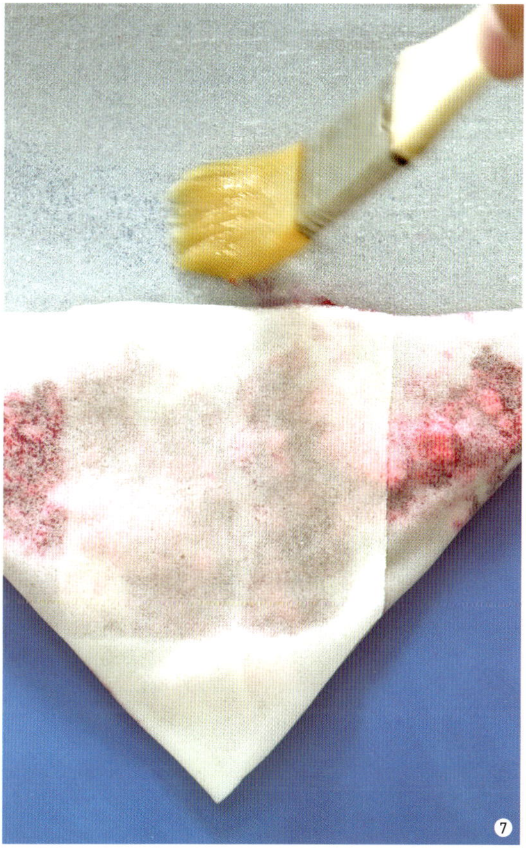
7

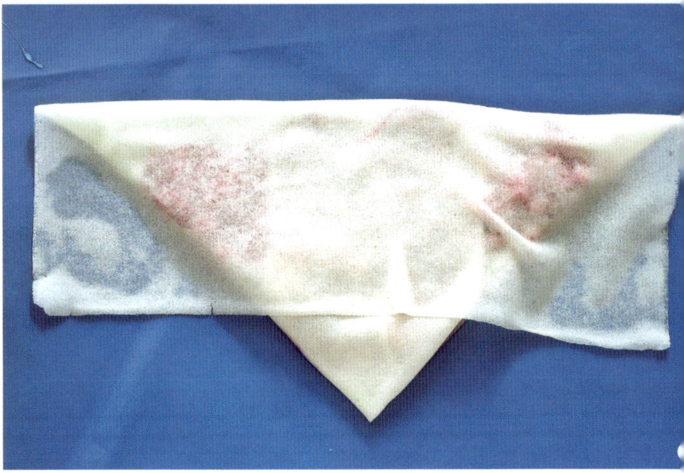

8. Die obere Hälfte nun nach unten klappen.

9. Die Tasche wenden und die überstehenden Ecken mit Eiweiß bestreichen.

10. Die Enden umklappen und die Tasche gut verschließen, damit später beim Frittieren die Füllung nicht austreten kann und im Öl verbrennt.

11. Das Öl in einem Topf auf 160 °C erhitzen und die Taschen darin 3 Minuten frittieren. Auf Küchenpapier kurz abtropfen lassen.

Als kleinen Snack zum Wein servieren.

■ Die Taschen können auch gut auf Vorra[t] vorbereitet und im Tiefkühlfach für den gewünschten Anlass aufbewahrt werden.

9

10

11

- 180 g Karotten
- 80 g Staudensellerie
- 60 g Schalotten
- 600 g Kürbis
- 1 Stück Ingwer
- 30 g Butter
- 20 ml Olivenöl
- 1 Prise Salz,
  1 Prise schwarzer Pfeffer
- 1 EL Paprikapulver, edelsüß
- 1 Prise Curry
- 40 g Tomatenketchup
- 1 Lorbeerblatt
- 200 ml Geflügelfond
- 250 g Sahne
- 250 ml Milch
- 1 Prise Muskatnuss,
  frisch gerieben
- 80 g Fontina-Käse

Kürbisgratin mit Fontina-Käse und Paprika

1. Die Karotten, Sellerie und Schalotten in ½ cm große Würfel schneiden, den Kürbis in 2 cm große Würfel (s. S. 352). Den Ingwer schälen und fein reiben.

2. Die Butter und das Olivenöl in einem breiten Topf aufschäumen lassen. Zuerst die Schalotten hinzugeben und glasig anschwitzen, dann mit den Sellerie- und Karottenwürfeln ebenso verfahren. Nun die Kürbiswürfel zugeben, mit Salz, Pfeffer, geriebenem Ingwer, Paprikapulver und Curry würzen und 5 Minuten leicht rösten.

3. Die gesamte Mischung an den Topfrand schieben und das Tomatenketchup auf die freie Stelle geben. Etwas rösten und danach mit dem Rest vermischen.

4. Das Lorbeerblatt zugeben und den Geflügelfond eingießen. Etwa 5 Minuten leicht köcheln lassen und dabei umrühren. Danach mit Sahne und Milch aufgießen und aufkochen. Weitere 5 Minuten leicht köcheln lassen.

5. Das Lorbeerblatt herausnehmen. D Kürbis mit frisch geriebener Muskatnu abschmecken und gleichmäßig in einer Auflaufform verteilen. Den Käse fein re ben und über das Kürbisgratin streuen Die Auflaufform im auf 190 °C vorgehei ten Backofen bei Umluft etwa 15 Minut backen. Darauf achten, dass der Käse nicht zu braun wird, und gegebenenfall mit Alufolie abdecken.

70

■ **Das Gratin kann auch als Hauptgang serviert werden. In diesem Fall reichen d genannten Mengen für 2 Personen. Für d Zubereitung Muskatkürbis oder Hokkaid Kürbis verwenden, die besonders aromatisch sind.**

2

3

4

5

1 El Butter

1 kleine Zwiebel

½ mittelgroßer Blumenkohl

1 Prise Salz,
1 Prise schwarzer Pfeffer

1 Prise Muskatnuss

¼ l Gemüse- oder Geflügelbrühe

400 g Sahne

Aufgeschäumtes Blumenkohlpüree

1. Die Butter in einem Topf schmelzen lassen. Die geschälte Zwiebel in Streifen schneiden und darin glasig anschwitzen. Den Blumenkohl zuerst in Röschen schneiden und danach die Röschen in Scheiben schneiden – vorher natürlich gut waschen.

2. Den Blumenkohl etwa 3 Minuten sanft anschwitzen. Dabei mit Salz, schwarzem Pfeffer und frisch geriebener Muskatnuss würzen. Mit der Brühe aufgießen, zudecken und 10 Minuten dünsten.

3. Die Sahne zugießen und aufkochen lassen. Weitere 5 Minuten ohne Deckel köcheln lassen.

4. In einen Mixer geben und fein pürieren. Noch einmal abschmecken.

5. In einen Siphon zu drei Vierteln einfü len und verschließen. Eine Kapsel Stick stoff in den Siphon drehen und einige M leicht schütteln.

Als Beilage in eine Schale sprühen und sofort servieren – wunderbar leicht un locker!

40

■ **Zu gebratenem Geflügel oder Fisch servieren. Gut auch über gekochten Kartoffel**

2

3

4

5

- 1 Zwiebel
- 700 g Blumenkohl
- ½ Bund Koriandergrün
- 6 EL Pflanzenöl
- 1 TL Kreuzkümmel
- 6 Sternanise
- 1 Prise Salz,
  1 Prise schwarzer Pfeffer
- 150 ml Wasser
- 180 g Kirschtomaten

Ayurvedischer Blumenkohl mit Tomaten und Kreuzkümmel

1. Die Zwiebel schälen und in feine Würfel schneiden. Den Blumenkohl in kleine Röschen zerteilen. Das Koriandergrün waschen und grob schneiden.

2. 4 EL Pflanzenöl in einer Stielkasserolle erhitzen. Den Kreuzkümmel und den Sternanis darin leicht anrösten, um den Gewürzgeschmack zu verstärken. Allerdings nicht zu lange rösten, da die Gewürze sonst verbrennen und bitter werden oder aber an Geschmack verlieren.

3. Den Blumenkohl hinzugeben, salzen und pfeffern. Etwa 5 Minuten langsam anbraten, dann mit Wasser ablöschen und weitere 5 Minuten bei geschlossenem Deckel dünsten, bis die Flüssigkei verkocht ist.

4. Danach die gewaschenen Kirschtomaten im Ganzen hinzufügen und 5 Minuten langsam braten. Das restliche Öl in einer separaten Pfanne erhitzen u die Zwiebeln darin goldgelb braten. Der Blumenkohl auf Tellern anrichten und c Zwiebeln zusammen mit dem Koriande darübergeben.

■ Dazu noch eine leichte kalte Joghurt-Zimtsauce reichen. Anstelle des Blumenkohls wahlweise auch Brokkoli, Kohlrabi oder Karotten beigeben. So schmeckt da Gemüse einmal ganz anders und besonders würzig.

* * * 40

2

3

4

 600 g Karotten

 3 EL Olivenöl

 1 Prise Salz

 1 ½ EL Zucker

 1 Prise schwarzer Pfeffer

 2 EL Balsamicoessig

Glasierte Karottenstücke

1. Die Karotten schälen, der Länge nach halbieren und in 1 cm breite Streifen schneiden.

2. Das Olivenöl in einer Pfanne erhitzen. Die Karotten hinzugeben, salzen, zuckern, pfeffern und etwa 15 Minuten unter ständigem Rühren langsam braten. Dabei röstet der Zucker leicht. Wird die Pfanne zu heiß, kann man ruhig mit etwas Wasser ablöschen.

3. Zum Schluss mit dem Balsamicoessig ablöschen. Er gleicht den Zucker aus und verleiht den Karotten eine süßsaure Note.

*** 25

■ **Die Karotten können auch kalt mit gerösteten Pinienkernen und fein geschnittene Basilikum als Antipasto serviert werden. Schmecken gut als Beilage zu Kalbsbraten, gebratenem Hühnchen oder zu gegrillten Lammkoteletts.**

Wichtig ist, dass die Karotten nicht zu heiss gebraten werden, da sonst der Zucker zu dunkel werden würde.

 600 g Karotten

 30 g Butter

 1 Prise Zucker

 1 Prise weißer Pfeffer

 200 ml Vichy-Mineralwasser

Karotten auf Vichy-Art

1. Die Karotten schälen und in dünne Scheiben schneiden. Am besten eignen sich junge Karotten mit Grün, die frisch und süßlich schmecken.

2. Die Butter in einem Topf aufschäumen lassen, die Karottenscheiben dazugeben, zuckern, pfeffern und kurz anschwitzen. Mit Mineralwasser aufgießen, bis die Karotten mit Flüssigkeit bedeckt sind, und dann aufkochen lassen.

3. Die Karotten bei geschlossenem Deckel etwa 10 Minuten dünsten, bis die Flüssigkeit fast vollständig verdunstet ist. Zwischendurch umrühren, damit die Karotten gleichmäßig garen.

25

■ Vichy-Mineralwasser ersetzt hier das Salzwasser. Wer die Karotten etwas salziger mag, kann nach Belieben Salz zugeben. Wichtig ist, dass man Karotten mit Grün verwendet, denn diese sind jung und schmecken sehr zart. Als Beilage zu kleinen Kalbsschnitzeln und Gebratenem.

2

3

- 200 g Mehl
- 140 g Butter
- ½ TL Salz
- 4 Eier
- 1 EL Wasser
- 250 g Lauchstangen
- 100 g Bauchspeck, in Scheiben
- 1 Prise schwarzer Pfeffer
- 150 g Sahne
- 1 Prise Muskatnuss, frisch gerieben
- 200 g Gruyère, geraspelt

+ 30 Minuten Ruhezeit

45

Quiche Lorraine mit Lauch

1. Das Mehl auf eine Arbeitsfläche sieben. 100 g kalte Butter und das Salz mit den Händen unter das Mehl arbeiten. Danach 1 Ei und das Wasser dazugeben und schnell zu einem glatten Teig kneten, damit die Butter nicht zu warm wird und der Teig beim Backen keine Bläschen wirft. In Klarsichtfolie schlagen und eine halbe Stunde im Kühlschrank ruhen lassen. Dann den Teig auf eine bemehlte Fläche geben und mit einem Nudelholz etwa 3 mm gleichmäßig dünn ausrollen. Zwischendurch mit Mehl bestäuben, damit der Teig nicht an der Arbeitsfläche kleben bleibt.

2. Die ovale Backform auf den ausgerollten Teig geben, um zu prüfen, ob der Teig groß genug ist.

3. Die Backform mit 10 g Butter ausstreichen und den auf das Nudelholz gewickelten Teig in die Form abrollen – so reißt er nicht ein.

4. Den Teig am Rand andrücken und die überstehenden Reste abschneiden. Danach mit einer Gabel in den Teig stechen, damit er beim Backen keine große Blasen wirft und gleichmäßig backt. Die Form bis zur weiteren Verarbeitung in den Kühlschrank stellen.

5. Die Lauchstangen putzen, das äußer Blatt entfernen und die Stangen in Ring schneiden. Unter fließendem Wasser waschen und gut abtropfen lassen. Die Speckscheiben in feine Streifen schneiden. Die restliche Butter in einer Pfanne aufschäumen lassen, die Speckstreifen darin kurz anschwitzen und die Lauchringe zugeben. Mit Salz und Pfeffer abschmecken und etwa 5 Minuten lang

■ Anstelle von Lauch kann man auch Champignons oder Austernpilze verwenden. Mit Ratatouille oder Fenchel-Paprika Gemüse schmeckt die Quiche ebenfalls sehr gut.

ıschwitzen, bis der Lauch zusammen-
:fallen und die Flüssigkeit verkocht ist.

Die Sahne mit den restlichen Eiern,
ılz, Pfeffer und frisch geriebener Mus-
ıtnuss in einem Gefäß verquirlen. Den
äse fein reiben und beiseitestellen.

Nun die ovale Backform aus dem
ühlschrank nehmen und die Lauch-
peck-Füllung darin verteilen.

Den geriebenen Käse über der
üllung verteilen und mit der Sahne-
-Mischung übergießen. Im auf 180 °C
ırgeheizten Ofen 15 bis 20 Minuten ba-
ken. Danach kurz ruhen lassen, portio-
eren und auf Tellern anrichten.

Weißer Spargel gekocht

500 g weiße Spargelstangen von der Spitze abwärts gleichmäßig schälen und am unteren Ende etwa 1 cm abschneiden. **2 l Wasser** in einem großen Topf zum Kochen bringen und **1 EL Salz**, **1 ½ EL Zucker** sowie den **Saft einer ½ Zitrone** hinzugeben. Den Spargel in das kochende Wasser geben und je nach Größe und Dicke des Spargels etwa 6 bis 8 Minuten kochen. **40 g Butter** in einer Pfanne zum Schmelzen bringen. Den Spargel aus dem Wasser nehmen, in der Pfanne vorsichtig durchschwenken und mit geschnittener Petersilie servieren.

■ **Das Spargel-Kochwasser kann als Spargelbrühe aus Tassen getrunken oder als Grundlage für Spargelsuppe aufbewahrt werden.**

Grüner Spargel gekocht

Bei **500 g grünen Spargelstangen** die untere Hälfte schälen und etwa 1 cm am unteren Ende abschneiden. **2 l Wasser** mit **1 ½ EL Salz** versehen in einem großen Topf zum Kochen bringen. Den Spargel hinzugeben und je nach Größe und Dicke des Spargels etwa 5 Minuten kochen. Mit einem Messerstich am Ende der Spargelstange kann man prüfen, ob sie bereits weich ist. **2 Weißbrotscheiben** in einer Küchenmaschine zerkleinern. **50 g Butter** in einem separaten Topf aufschäumen und die Weißbrotbrösel dazugeben, langsam anrösten und dabei ständig umrühren, damit sie nicht zu dunkel werden. Dann den Spargel auf Teller geben und mit den gerösteten Weißbrotbröseln anrichten.

Weißer Spargel gebraten

500 g weiße Spargelstangen von der Spitze abwärts gleichmäßig schälen und am unteren Ende etwa 1 cm abschneider Die Stangen mit Schrägschnitten in 5 cm große Stücke teilen. **2 EL Sonnenblumenöl** in einer Pfanne erhitzen, den Spargel hinzugeben, mit **1 Prise Salz**, **1 Prise schwarzem Pfeffer aus der Mühle** und **1 EL Zucker** würzen und leicht anbraten. **2 Orangen** waschen. Einen Streifen der Schale mit einem Sparschäler abziehen, mit einem scharfen Messer in sehr dünn Streifen schneiden und über die Spargelstücke geben. Die Orangen auspressen und das Fruchtfleisch mit einem feinen Sieb aus dem Saft sieben. Die Spargelstücke mit dem Orangensaft ablöschen und etwa 6 bis 8 Minuten garen. Das Gericht ist fertig, wenn der Orangensaft eingekocht und der Spargel goldgelb ist.

■ **Diese Beilage passt sehr gut zu gebratener Entenbrust, gebratenem Lachsfilet oder Kalbsmedaillons mit Sauce hollandaise.**

300 g Zwiebeln

2 EL Zucker

100 ml Wasser

60 g geräucherter Speck in Streifen

3 EL Pflanzenöl

2 Lorbeerblätter

3 Nelken

1 Knoblauchzehe

10 schwarze Pfefferkörner im Ganzen

5 Wacholderbeeren

150 ml Weißwein

800 g frisches Sauerkraut

750 ml Geflügelfond

½ TL Salz

½ Kartoffel

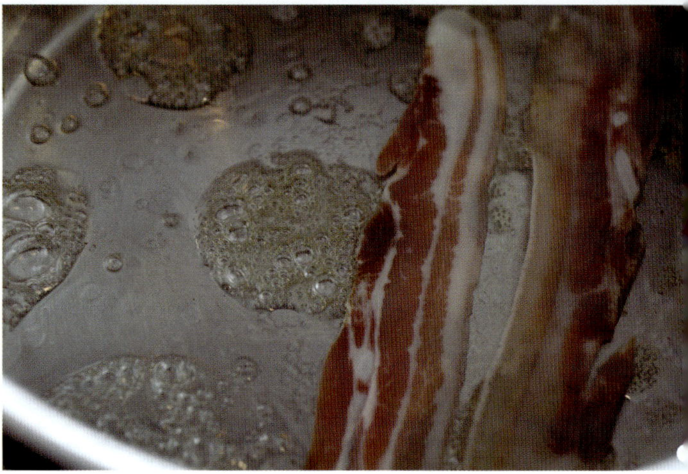

Sauerkraut

1. Die Zwiebeln schälen, halbieren und in dünne Streifen schneiden. Den Zucker in einem Topf mit dem Wasser aufkochen und so lange erhitzen, bis er sich verfärbt und hellgelb karamellisiert.

2. Die Speckstreifen in den Karamell legen, mit dem Pflanzenöl begießen und leicht anbraten. Die Speckscheiben nach einigen Minuten wenden. Nun die Zwiebeln hinzufügen.

3. Dann Lorbeerblätter, Nelken, Knoblauch, Pfefferkörner und Wacholderbeeren hinzugeben und 10 Minuten glasig anschwitzen.

4. Sobald die Zwiebeln glasig sind, mit Weißwein ablöschen und diesen fast vollständig verkochen lassen. Mögliche Bratensatz mit einem Holzlöffel lösen.

5. Das Sauerkraut hinzugeben, verteile mit Geflügelfond aufgießen und salzen. Bei mittlerer Temperatur mit Deckel etwa 40 Minuten leise köcheln lassen. 5 Minuten vor Ende der Garzeit die ½ Kartoffel fein reiben und unter das Sauerkraut mischen. Die Kartoffelstärke binc das Sauerkraut, sodass es zum Schluss schön glänzt. Die Pfefferkörner herausnehmen und servieren.

70

■ Sauerkraut passt gut zu gekochten Rippchen und Bratwurst. Je nach Verwendungszweck kann man statt Öl auch Gäns oder Schweineschmalz hinzugeben. Pack man die Gewürze in ein kleines Säckchen, lassen sie sich später einfacher aus dem Sauerkraut nehmen.

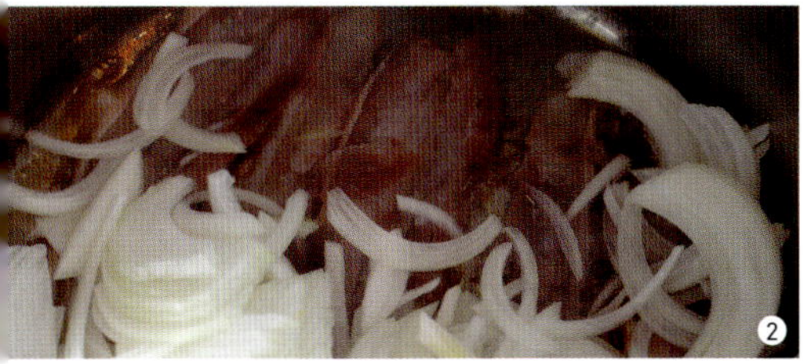
2

3

4
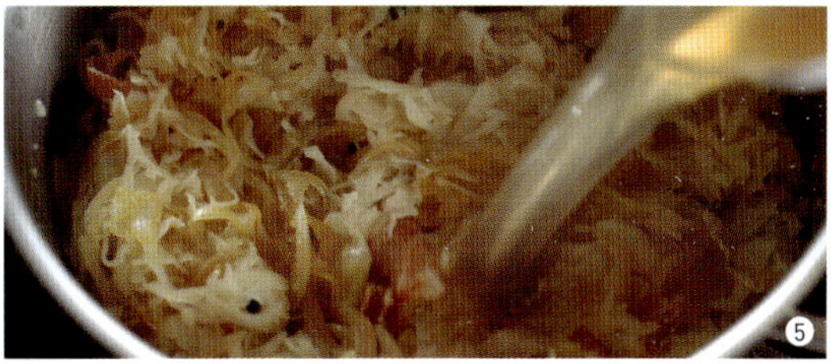
5

300 g Aubergine

300 g Zucchini

100 g Zwiebel

2 grüne Paprikaschoten

1 rote Paprikaschote

220 g Fenchelknolle

4 Knoblauchzehen

½ TL Fenchelsamen

5 EL Olivenöl

3 Zweige Thymian

3 Zweige Rosmarin

1 Prise Salz

1 Lorbeerblatt

1 Prise schwarzer Pfeffer

400 g geschälte Tomaten aus der Dose

1 Zweig Basilikum

Ratatouille

1. Das gesamte Gemüse in 2 cm große Würfel schneiden. Den Knoblauch schälen und fein hacken. Die Fenchelsamen mit etwas Olivenöl beträufeln und gleichfalls fein hacken. Die Thymianblätter und Rosmarinnadeln von den Zweigen abzupfen. Das restliche Olivenöl in einem großen Topf erhitzen. Die Auberginen dazugeben, salzen und etwa 5 Minuten anrösten.

2. Die Auberginen auf eine Seite des Topfes schieben. Den Knoblauch auf die freie Stelle geben und gelbbraun anschwitzen.

3. Das restliche Gemüse ebenfalls auf die freie Stelle geben und etwa 2 Minuten anschwitzen.

4. Danach das Lorbeerblatt, den Thym an, die grob geschnittenen Rosmarinnadeln und die gehackten Fenchelsamen hinzugeben, alles miteinander vermengen, salzen und pfeffern und weitere 5 Minuten anschwitzen.

5. In der Mitte des Topfes etwas Platz machen, die geschälten Tomaten mit de Saft hinzugeben und weitere 15 Minuter langsam garen. Dabei öfter umrühren, damit das Gemüse nicht anbrät. Gegebenenfalls immer wieder mit etwas Wass ablöschen. Zum Schluss mit Basilikumblättern garnieren.

50

■ **Das Gemüse kann nach Geschmack auch in anderen Mengenverhältnissen zusammengestellt werden. Wenn man da Gemüse in ½ cm kleine Würfel schneidet, können von dieser Ratatouille mit großen Löffeln Nocken abgestochen und dekorat angerichtet werden.**

2

3

4

5

Pflanzliche Proteine

halt

Pflanzliche Proteine

Wer kein Interesse an vegetarischer Ernährung hat, wird sich mit pflanzlichen Proteinen bislang wenig beschäftigt haben. Die wichtigsten Grundzutaten sind Tofu, Sojamilch, Seitan, Tempeh und Yuba. Klingt fremdartig? Die Namen stammen meist aus Asien.

Tempeh

Tempeh stammt vermutlich aus Indonesien. Er wird aus fermentierten Sojabohnen erzeugt, es gibt jedoch auch Varianten aus Kidneybohnen oder Erdnüssen. Sein Geschmack ist sehr streng. Graue oder schwarze Flecken sind unbedenklich. Vorsicht jedoch bei Tempeh, der rosa, gelbe oder blaue Flecken aufweist und vielleicht sogar faul riecht. Dann wurde er nicht korrekt fermentiert.

Seitan

Seitan ist Weizengluten. Es wird aus Wasser und glutenreichem Weizenmehl hergestellt und stammt ursprünglich aus der chinesischen Küche. In Teilen Asiens ist es ein beliebter Fleischersatz. Schließlich ähnelt seine Konsistenz der von Fleisch.

Yuba-Taschen

Yuba ist ein nussig schmeckender Fleischersatz aus Japan. Sie stammt von der Haut erhitzter Sojabohnenmilch. Trotz strengeren Geschmacks wird sie im Wesentlichen wie Kuhmilch eingesetzt. Sie ist Grundlage für Tofu.

Miso

Miso ist eine Würzpaste aus fermentierten Sojabohnen. Dunkle Misos sind sehr salzig, helle wesentlich süßer.

Tofu

fu ist ein Quark aus Sojamilch. Er hat nur ganz wenig Eigenge-
hmack und kann deshalb mit verschiedensten Zutaten gemischt
rden. Es gibt ihn auch mit Kräutern oder geräuchert.

100 g Blattspinat

80 g Tofu

1 l Wasser

1 Kombualge, getrocknet

1 EL Misopaste

1 EL Sesamöl

Misosuppe mit Spinat und Tofu

1. Den Blattspinat waschen und die Blätter verlesen. Mit einem Messer in ½ cm breite Streifen schneiden. Den möglichst weichen und frischen Tofu in 1 cm große Würfel schneiden und bis zur weiteren Verarbeitung beiseitestellen.

2. Das Wasser zusammen mit dem Algenblatt und der Misopaste in einen Topf geben und etwa 10 Minuten langsam köcheln.

3. Das ausgekochte Algenblatt herausnehmen.

4. Nun die Spinatstreifen und Tofuwürfel hinzugeben und noch einmal aufkochen lassen. Danach die Suppe in Schalen anrichten und gegebenenfalls mit etwas Sesamöl beträufeln.

30

■ **Der hohe Glutaminsäuregehalt der Misopaste verstärkt den Geschmack und verschafft der Suppe die nötige Würze.**

3

4

- 1 rote Paprikaschote
- 200 g Joghurt
- 1 Prise Salz,
  1 Prise schwarzer Pfeffer
- ½ Zitrone
- 1 TL Misopaste
- 70 g Zucker
- 100 ml Rotweinessig
- 400 g Tempeh
- 1 l Erdnussöl

Tempeh frittiert mit verschiedenen Dips

1. Die rote Paprikaschote vierteln, entkernen und in einer Küchenmaschine fein mixen.

2. Den Joghurt in eine Schale geben. Mit Salz, Pfeffer, dem Saft der ½ Zitrone und der Misopaste verrühren und bis zur weiteren Verarbeitung abgedeckt in den Kühlschrank stellen. Den Zucker mit dem Rotweinessig in einen kleinen Topf geben und aufkochen.

3. Danach die gemixte Paprikaschote beifügen und etwa 15 Minuten langsam köcheln, bis eine pastöse Sauce entsteht. Auskühlen lassen und in eine Schale füllen.

4. Das Tempeh in 4 cm große Würfel schneiden und im auf 170 °C erhitzten Erdnussöl etwa 3 Minuten frittieren. Da Tempeh erhält so einen kräftigen, nussigen Geschmack.

5. Danach das Tempeh mit einer Schaumkelle aus dem Öl nehmen und auf einem Küchenkrepp abtropfen lassen. In kleine Schalen verteilen und zusammen mit dem Joghurt- und Paprikadip als Vorspeise servieren.

■ **Frittiertes Tempeh schmeckt ebenfalls gu auf einem Sojasprossen-Karotten-Salat ode roh mit verschiedenen kräftigen Saucen**

40

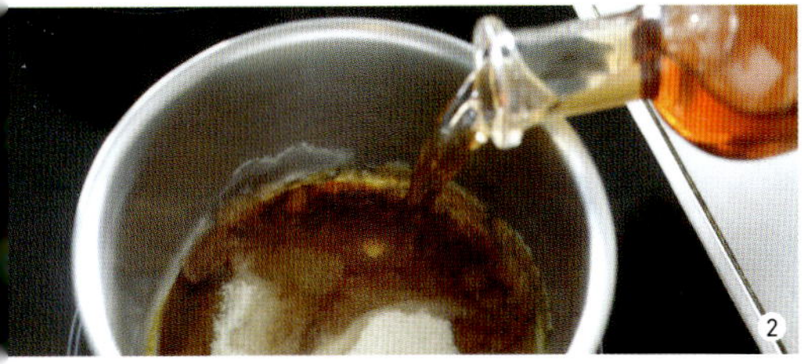
2

3

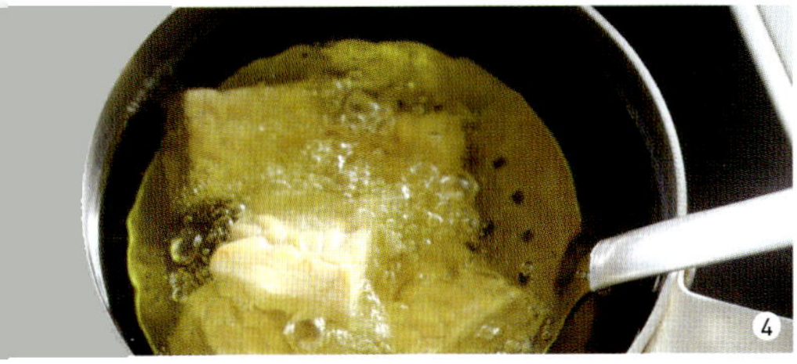
4

5

250 g rote Kirschtomaten

50 g gelbe Kirschtomaten

500 g Tofu

½ Bund Thai-Basilikum

150 g Maiskölbchen

2 EL Erdnussöl

1 EL brauner Zucker

1 TL rote Currypaste

600 ml Kokosmilch

3 EL Sojasauce

Tofu in scharfer Currysauce mit Thai-Basilikum und Maiskölbchen

1. Die Kirschtomaten waschen. Den Tofu in 3 cm große Würfel schneiden. Das Thai-Basilikum waschen und die Blätter abzupfen. Die Maiskölbchen waschen und zweimal schräg durchschneiden.

2. Das Öl in einem Topf erhitzen. Den Zucker und die rote Currypaste kurz anschwitzen und mit Kokosmilch ablöschen. Danach mit Sojasauce abschmecken und 3 Minuten köcheln lassen.

3. Die Tofuwürfel, Kirschtomaten und Maiskölbchen zugeben und weitere 3 Minuten unter Rühren langsam köcheln lassen.

4. Zum Schluss fast alle Basilikumblätter ungeschnitten untermischen. Das Curry in Schalen anrichten und mit den restlichen Basilikumblättern garnieren.

25

■ Wer fruchtiges Curry mag, kann klein gewürfelte frische Ananas oder Mango beimischen. Statt Thai-Basilikum bietet sich auch Koriander an. Bohnen und Auberginen eignen sich ebenfalls als Zutaten

2

3

4

- 400 g Tofu
- 2 Knoblauchzehen
- 10 Sardellen
- 500 g Blumenkohl
- 3 EL Öl
- 1 Prise Salz, 1 Prise schwarzer Pfeffer
- 500 g gekochte Maisfusilli
- 2 EL grob geschnittene Blattpetersilie

Maisfusilli mit Blumenkohl und Sardellen

1. Den Tofu in Würfel schneiden, die Knoblauchzehen schälen und in Scheiben schneiden. Die Sardellen aus dem Öl nehmen und abtropfen lassen. Den Blumenkohl waschen und in Röschen teilen.

2. In dem Öl den Tofu, den Knoblauch, die Sardellen und die Blumenkohlröschen anschwitzen.

3. Mit Salz und Pfeffer aus der Mühle würzen und unter Rühren so lange schwitzen, bis die Sardellen cremig zerfallen sind.

4. Die Maisfusilli dazugeben und mit dem Tofu-Gemüse vermischen.

5. Alles gut vermengen und nochmals erhitzen, bis die Nudeln heiß sind.

Mit geschnittener Blattpetersilie auf Tellern anrichten.

30

■ Schmeckt ebenfalls sehr lecker mit geräuchertem Tofu oder auch mit angeröstete Seitan. Blumenkohl kann mit Brokkoli oder Romanesco gemischt werden, somit wird das Gericht bunter und der Brokkoli schmeckt noch etwas würziger. Mit anderen Pastasorten, wie Penne, Farfalle oder Rigatoni schmeckt das Gericht auch sehr gut.

2

3

4

5

 1 rote Chilischote

 1 Bund Minze

 200 g Chinakohl

 4 EL Fischsauce

 4 EL süße Sojasauce (Ketjap Manis)

 12 frittierte Yuba-Taschen

Gefüllte Yuba-Taschen mit Chinakohl und süßer Sojasauce

1. Die rote Chilischote in feine Ringe schneiden. Die Minze waschen, die Blätter abzupfen und in feine Streifen schneiden. Den Chinakohl waschen, abtropfen lassen und ebenfalls in feine Streifen schneiden.

2. Die Fischsauce in eine Schüssel geben. Erst die Chili hinzufügen, dann die Chinakohlstreifen untermischen. Etwa 5 Minuten marinieren lassen.

3. Nun die Minze und 2 EL süße Sojasauce darübergeben und noch einmal durchmischen.

4. Die frittierten Yuba-Taschen vorsicht aufklappen und mit dem Chinakohlsalat füllen. Danach auf Tellern anrichten unc mit etwas süßer Sojasauce beträufeln. A Vorspeise mit gekühltem Bier servieren

30

■ **Frittierte Yuba-Taschen gibt es in jedem gut sortierten Asia-Laden. Yuba ist die getrocknete Haut erhitzter Sojabohnenmil und sehr proteinreich. Sie schmeckt cremi nussig und süßlich, wenn man sie frittiert.**

2

3

4

- ½ TL Kümmel
- 4 ½ EL Öl
- 500 g Seitan
- 1 Knoblauchzehe
- 1 TL Majoran
- 1 Prise Salz,
  1 Prise schwarzer Pfeffer
- 3 Zwiebeln
- 500 g mehlige Kartoffeln
- 2 EL Paprikapulver, edelsüß
- 1 l Gemüsebrühe
- 1 TL Schnittlauch, in Röllchen

Vegetarisches Gulasch mit Kartoffeln und Paprika

1. Den Kümmel mit etwas Öl mit einem Messer fein hacken. Durch das Öl springt der Kümmel beim Hacken nicht vom Brett.

2. Den Seitan in Würfel schneiden und mit gehacktem Knoblauch, Kümmel, Majoran, Pfeffer und Salz 10 Minuten marinieren.

3. Die Zwiebeln schälen, in Streifen schneiden, in 4 EL Öl anschwitzen und die geschälten, gewürfelten Kartoffeln dazugeben.

4. Das Paprikapulver darüberstäuben und gut verrühren.

5. Die marinierten Seitanwürfel zu der Kartoffeln geben und vermischen.

6. Die Brühe angießen und alles etwa 30 Minuten köcheln lassen.

Zum Schluss auf Tellern anrichten und mit Schnittlauch bestreuen.

■ Es ist sehr schmackhaft, unter das Gulasch noch weiteres Gemüse wie rote und gelbe Parikaschoten, Zucchini und Tomatenstücke zu mischen. So schmeckt es fruchtiger und frischer. In diesem Fall ist das Seitan ein geschmackvoller Ersatz für Rind- oder Schweinefleisch. Wer das Gulasch pikanter mag, ersetzt die Hälfte des Paprikapulvers durch scharfes Paprikapulver.

50

2

3

4

5

6

 ½ TL rote Currypaste

 2 EL Austernsauce

 250 g Seitan

 250 g grüner Spargel

 500 g Brokkoli

 3 EL Öl

Brokkoli mit Spargel und Seitan

1. Die Currypaste in ein Schälchen geben und mit der Austernsauce zu einer Marinade verrühren.

2. Den Seitan in fingerdicke Streifen schneiden. Den Spargel waschen, die Enden abscheiden und den Spargel in 5 cm lange Stücke schneiden. Den Brokkoli putzen, waschen und in kleine Röschen schneiden.

3. Die Seitanstreifen in der Marinade etwa 15 Minuten marinieren.

4. Das Öl in einer Pfanne erhitzen und zuerst den Brokkoli darin anschwitzen. Dann die Spargelstücke dazugeben unc mitschwitzen.

5. Zum Schluss die marinierten Seitan streifen dazugeben und in der Pfanne g durchschwenken.

In Schälchen anrichten.

30

■ Hierzu schmecken auch andere Gemüse wie Mangold, Sojasprossen, Lauch und Lauchzwiebeln sowie verschiedene asiatische Kräuter. Thai-Basilikum und Koriander harmonieren besonders gut. Desweiteren können auch verschiedene Reissorte unter dieses Gericht gemischt werden.

3

4

5

Süßwasser-fische

halt

Süßwasserfische

Wer erstklassigen Fisch möchte, sucht sich beim Händler ein ganzes Exemplar aus. Der wird es vor Ort ausnehmen, schuppen und filetieren. Den Fisch nach Möglichkeit in den nächsten zwei Stunden, zumindest aber am selben Tag verzehren. Sonst oxydiert er und wird fad. Fisch kann tiefgefroren werden. Allerdings führt Tieffrieren in den weitaus meisten Fällen zu einem schmeckbaren Verlust an Aroma.

Karpfen: Er lebt in Kanälen, Seen und Teichen. Oft schmeckt sein Fleisch etwas modrig. Tipp: Den geschuppten und ausgenommenen Karpfen ein bis zwei Stunden in Wasser mit etwas Essig einlegen. Dann schmeckt er besser. Das Wasser muss mehrfach gewechselt werden. Auch die Schuppen sind schwer zu entfernen: Den Fisch kurz in kochendes Wasser tauchen, dann fällt das Entfernen der Schuppen leichter. Am Karpfen kann fast alles genossen werden. Auch Zunge, Lippen und Wangen gelten als schmackhaft.

Tilapia ist eine Buntbarschart. Tilapia stammt in aller Regel aus Fischfarmen. Die Qualität seines Fleisches ist je nach Zuchtbedingungen stark wechselhaft. Hierzulande findet man in den Geschäften nur filetierte Ware.

Lachs: Eine Lachsart, der Ouananiche, ist in Seen und Flüssen zu Hause. Er ist kleiner als andere Lachse und kann wie eine Forelle zubereitet werden.

Forelle: Forellen leben sowohl in Seen und Flüssen als auch im Meer. Zu den Forellen gehören die Lachsforellen, die Regenbogenforelle, der Seesaibling, de Bachsaibling, der amerikanische Seesaibling und die Äsche. Die Arten unterscheiden sich in Größe und Aroma. Fore len aus klarem Wasser schmecken am besten. Stimmt die Wasserqualität nich bekommen sie einen leicht brackigen Geschmack. Diese Fische müssen nich geschuppt werden. Auch das Filetieren ist einfach.

Waller ist ein regional verbreiteter Nam für den Wels. Welse werden mit Netzen gefangen oder geangelt. Er wird meist gebraten oder gebacken.

Kochzeittabelle

Produkt	Form	Methode	Temperatur	Zeit	Anmerkung
Forelle	250 – 300 g	Pfanne	mittlere Hitze	10–14 Minuten	
Hecht	250 g	Ofen	160 °C	20–25 Minuten	
Karpfen	200 g	Pfanne	mittlere Hitze	8 Minuten	
Lachssteak	200 g	Pfanne	mittlere Hitze	6 Minuten	
Lachs (tiefgekühlt)	200 g	Ofen	85°C	45 Minuten	
Tilapia	160 g	Pfanne	mittlere Hitze	6 Minuten	
Waller	ca. 150 g	Topf	mittlere Hitze	8–10 Minuten	im Wurzelsud
Zanderfilet	300 g	Pfanne	mittlere Hitze	8–10 Minuten	auf der geschuppten Haut braten

Karpfen

Tilapia

Lachs

Forelle

Äsche

Zander

Aal

Hecht

Wels / Waller

Säubern und Schuppen von Fischen

Den Fisch am besten bereits beim Fischhändler ausnehmen lassen und die Kiemen herausschneiden lassen. Ansonsten auf dieselbe Art ausnehmen wie den Seewolf (s. S. 442).

Mit einer scharfen Küchenschere die Brustflossen abschneiden.

Nun die Afterflosse mit der Schere abschneide

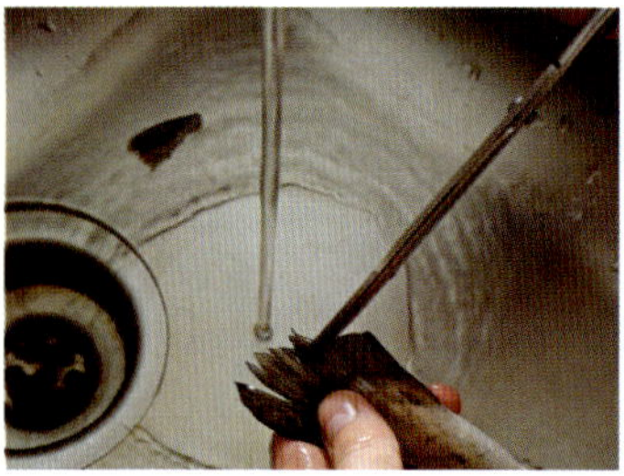

Die Schwanzflosse um die Hälfte stutzen, da diese beim Braten sonst verbrennen würde.

Mit einem kleinen Küchenmesser den Fisch gut schuppen.

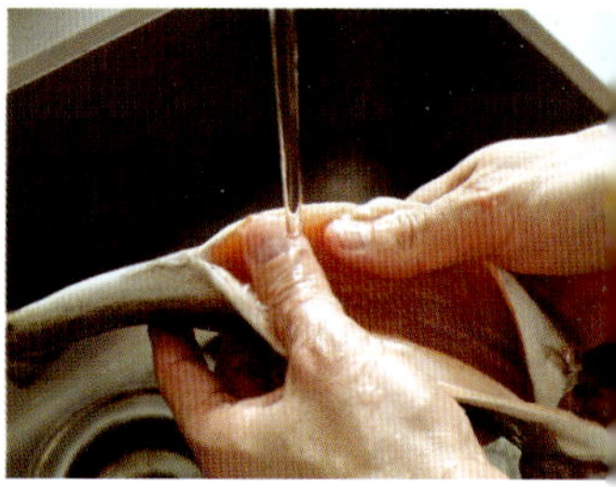

Unter fließendem Wasser gut auswaschen und von Blut und anderen Häutchen befreien

Unter fließendem Wasser fliegen die Schuppen nicht so sehr in der Küche herum, sondern werden vom Wasser gleich weggespült.

Mit der Hand das Wasser abstreifen.

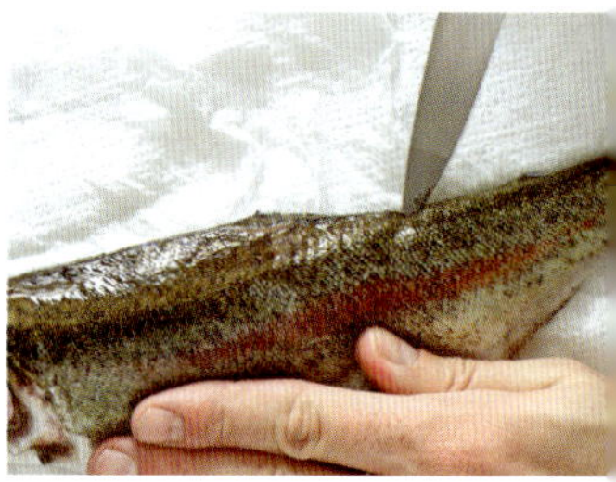

Danach auf Küchenpapier legen und am Rückgrat die Haut vom Kopf bis zur Schwanzflosse leicht anritzen. Dann reißt die Haut beim Braten nicht unregelmäßig und beim späteren Filetieren kommt man leichter mit dem Fischmesser unter das Fleisch.

iletieren von Fischen

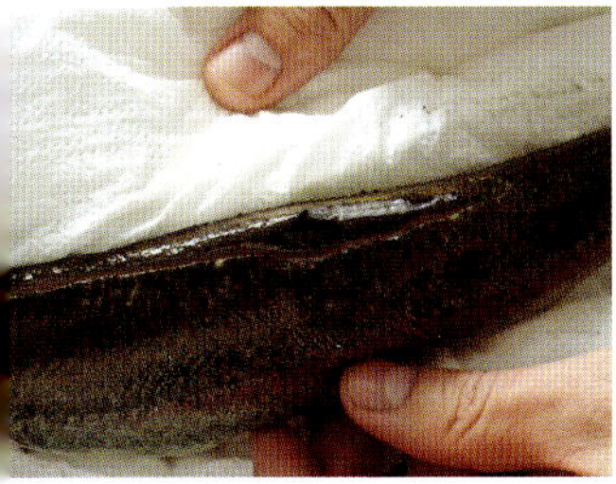

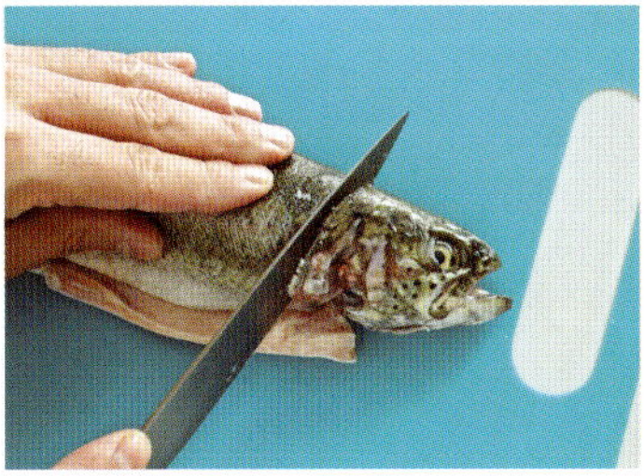

n Fisch zum Filetieren auf ein Brett legen. Mit em Messer schräg am Kopf bis zur Mittelgrä- einschneiden.

Danach das Messer in Richtung Schwanzflosse drehen und einschneiden.

Nun mit dem Messer an der Rückengräte entlang das Filet abschneiden. Dabei darauf achten, dass das obere Filet immer auf Spannung ist, so geht es leichter.

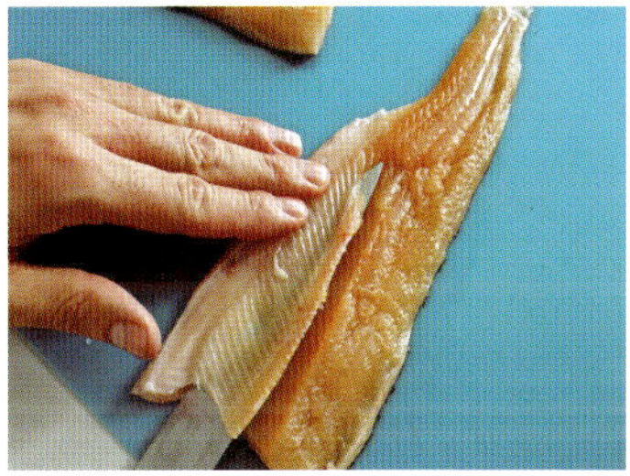

s Filet bis zur Schwanzflosse mit dem Mes- r ablösen. Danach den Fisch drehen und s untere Filet ebenfalls ablösen.

Die Bauchgräten ablösen, ohne zu viel Fleisch abzuschneiden, und die Abschnitte beiseite geben.

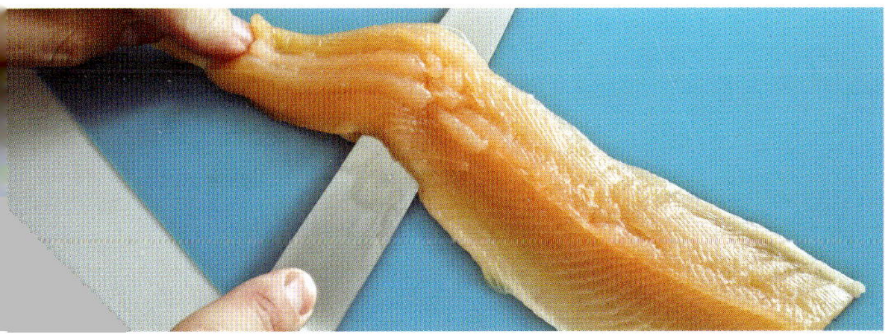

n das Filet von der Haut ablösen, dabei mit r linken Hand die Haut halten und mit der deren das Fischfilet mit dem Messer ablösen.

Danach die kleinen Gräten mit der Fischzange herausziehen und weiter verarbeiten.

Aus den Abschnitten kann später ein Fischfond zubereitet werden. Von Süßwasserfischen wird er allerdings manchmal leicht trüb und schmeckt nicht so ergiebig wie von Salzwasserfischen.

- 4 Forellen (250 g pro Person)
- 1 Prise Salz
- 50 g Mehl
- 4 EL Pflanzenöl
- 80 g Butter
- 1 Bund Petersilie
- 1 Zitrone

35

Forelle „Müllerin“

1. Forellen ausnehmen und schuppen, waschen und trocknen (s. S. 424). Danach von innen und außen salzen und mit etwas Mehl bestäuben.

2. Das Öl in einer ovalen Pfanne erhitzen, Forellen hineinlegen und von beiden Seiten etwa 5 bis 7 Minuten anbraten. Nachdem die Forelle von beiden Seiten eine goldgelbe Farbe angenommen hat, das Öl mit einem Esslöffel aus der Pfan ne entfernen.

3. Nun die Butter sowie die gewaschen gezupfte und feingeschnittene Petersili zu den Forellen geben und damit nachbraten. Zum Schluss noch mit dem Saft der Zitrone ablöschen und servieren. Dazu Petersilienkartoffeln reichen.

- 4 Forellen (250 g pro Person)
- 1 Prise Salz
- 50 g Mehl
- 4 EL Pflanzenöl
- 80 Butter
- 60 g Mandelblättchen
- 1 Zitrone

35

Forelle mit Mandelbutter

1. Forellen ausnehmen und schuppen, waschen und trocknen (s. S. 424). Von innen und außen salzen und mit etwas Mehl bestäuben.

2. Das Öl in einer ovalen Pfanne erhitzen, Forellen hineinlegen und von beiden Seiten etwa 5 bis 7 Minuten anbraten. Nachdem die Forelle von beiden Seiten eine goldgelbe Farbe angenommen hat, das Öl mit einem Esslöffel aus der Pfanne entfernen.

3. Nun die Butter sowie die Mandelblät chen zu den Forellen geben und damit nachbraten. Die Mandeln sollten goldge werden, danach noch mit dem Saft der Zitrone ablöschen und servieren. Dazu Petersilienkartoffeln reichen.

4 Wallerfilets à 140 –160 g

80 g Lauch

80 g Karotten

¼ Knollensellerie

¾ l Wasser

3 EL Salz

3 EL Weißwein- oder Apfelessig

1 Zwiebel

1 Lorbeerblatt

1 Nelke

150 ml Fischfond

50 g kalte Butter

½ Bund Schnittlauch

½ Stange Meerrettich

Waller im Wurzelsud

1. Die gehäuteten Wallerfilets mit einem Messer zuschneiden und halbieren. Den Lauch, die Karotten und den Knollensellerie in feine Streifen schneiden (s. S. 354). Das Wasser mit 2 EL Salz und dem Essig in einen Topf geben. Die Zwiebel mit dem Lorbeerblatt und der Nelke spicken und ebenfalls zugeben. Aufkochen und 5 Minuten köcheln lassen. Den Waller in den Sud geben, vom Feuer nehmen und 8 bis 10 Minuten ziehen lassen. In der Zwischenzeit die Gemüsestreifen in Salzwasser etwa 1 Minute abkochen und in kaltem Wasser abschrecken.

2. Den Fischfond mit 200 ml Sud in eine Stielkasserolle passieren und 5 Minuten einkochen. Danach die kalte Butter mit einem Pürierstab untermischen, um de Sud leicht zu binden. Den Schnittlauch verlesen und in feine Röllchen schneide

3. Die abgekochten Gemüsestreifen in den gebundenen Sud geben. Die Waller filets in den Sud heben und noch einma aufkochen. Danach in tiefe Teller verteilen und mit den Schnittlauchröllchen u dem fein geriebenen, frischen Meerrettich bestreuen. Als Beilage Gemüsereis oder Petersilienkartoffeln servieren.

■ **Kabeljaufilets lassen sich auf dieselbe Art zubereiten, allerdings sollte man die Garzeit auf 8 Minuten erhöhen und 1 TL groben Senf in den Sud geben, um ihn noch geschmackvoller zu gestalten.**

✻✻✻ 45

4 Wallerfilets à 140-160 g

1 Zitrone

1 Prise Salz,
1 Prise weißer Pfeffer

1 TL Paprikapulver, edelsüß

1 EL natives Olivenöl extra

750 ml Paprikarahmsauce (s. S. 150)

2 EL Sahne, geschlagen

Valler in Paprikasauce

Die gehäuteten Wallerfilets mit
nem Messer zuschneiden und in 2 cm
oße Streifen teilen. In eine Schale ge-
n und mit dem Saft 1 Zitrone beträu-
n. Mit Salz, Pfeffer und Paprikapulver
ürzen. Danach das Olivenöl darüber-
ben und vermischen. Etwa 10 Minuten
arinieren lassen.

Die Paprikarahmsauce in eine Stiel-
sserolle geben und aufkochen. Die
arinierten Wallerstreifen hineingeben
d langsam etwa 3 Minuten erhitzen,
er nicht mehr kochen, da sie sonst
h werden. Zum Schluss die geschla-
ne Sahne zugeben, alles verrühren
d in Tellern anrichten. Als Beilage
etersilienkartoffeln oder gedünsteten
eis servieren.

■ **Mit Karpfen zubereitet nennt man dieses in Ungarn und Österreich sehr beliebte Gericht Pörkölt.**

20

1 Bund Dill

3 Salatgurken

800 g Lachsfilet ohne Haut

½ Stange Meerrettich

1 Zitrone

60 g Butter

1 Prise Salz,
1 Prise weißer Pfeffer

1 Prise Zucker

200 ml Fischfond

100 g Sahne

100 g Crème fraîche

2 EL Sahne, geschlagen

Lachssteaks mit Meerrettichbutter und Dillgurkengemüse

1. Den Dill waschen, abzupfen und beiseitestellen. Die Gurken schälen, der Länge nach halbieren und das Kerngehäuse mit einem kleinen Löffel ausschaben. Danach die Gurken schräg in 1 cm dicke Scheiben schneiden.

2. Den Lachs säubern, mögliche Gräten mit einer Grätenzange entfernen und das Filet in vier gleich große Stücke schneiden. Mit frisch geriebenem Meerrettich und dem Saft einer ½ Zitrone 10 Minuten marinieren. Die andere Zitronenhälfte in dünne Scheiben schneiden.

3. 20 g Butter in einem breiten Topf zerlassen und die Gurkenscheiben hineingeben. Mit Salz, weißem Pfeffer und Zucker würzen, kurz anschwitzen und mit Fischfond ablösen. Etwa 5 Minuten dünsten, bis de Fischfond auf die Hälfte eingekocht ist.

4. Danach die Sahne und die Crème fraîche hinzugeben und 1 Minute köchel lassen. Zum Schluss den Dill fein schne den und mit der geschlagenen Sahne zu den Gurken geben.

5. In der Zwischenzeit die restliche Butter in einer beschichteten Pfanne zerlassen. Die marinierten Lachsstücke beidseitig salzen und in die Pfanne geben. Von beiden Seiten etwa 3 Minute langsam braten und immer wieder mit der Butter begießen. Das Gurkengemüs auf Tellern anrichten, ein Lachsstück daraufgeben und mit den Zitronenschei ben garnieren.

■ Für die Lachsstücke kann man eine Meerrettichkruste aus 60 g schaumig geschlagener Butter, 2 Eigelb, 2 EL geriebenem Meerrettich und 80 g geriebenem Weißbrot zubereiten. Die Zutaten vermischen und mit Salz und Pfeffer abschmecken. Auf die rohen Lachsstücke geben und diese in eine gebutterte Auflaufform legen. Mit 100 ml Weißwein angießen und 15 Minuten bei 170 °C goldgelb backen.

50

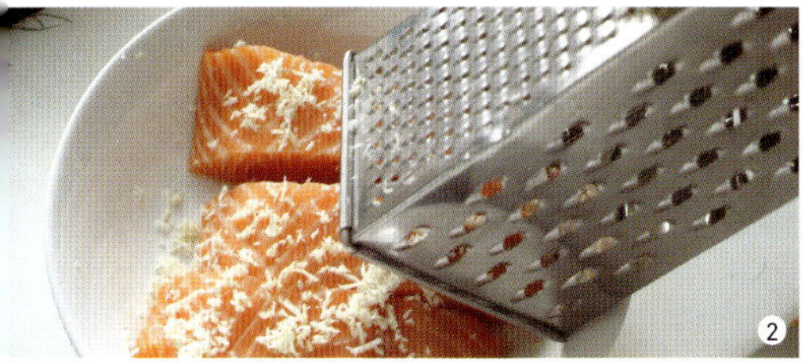
2

3

4

5

 4 EL Salz

 3 Lorbeerblätter

 1 TL Anissamen

 1 EL schwarze Pfefferkörner

 1 EL Wacholderbeeren

 1 TL Fenchelsamen

 5 EL Zucker

 1 Bund Dill

 1 Zitrone

 1 Orange

 1 kg Lachs

 12 Stück Reibekuchen
(s. S. 326)

Gebeizter Lachs auf Reibekuchen

1. Das Salz, die Lorbeerblätter, Anissamen, Pfefferkörner, Wacholderbeeren und Fenchelsamen in der Küchenmaschine fein mixen. Danach die Kräutermischung in eine Schüssel geben, den Zucker hinzufügen und miteinander vermengen.

2. Den Dill waschen und grob schneiden. Die Schale der Zitrone und Orange mit einem Sparschäler abschalen und diese in feine Streifen schneiden. Den Lachs mit der geputzten Haut nach unten in eine Auflaufform geben. Den Dill mit der Orangen- und Zitronenschale daraufgeben und gleichmäßig verteilen.

3. Danach mit der Salz-Zucker-Gewür Mischung bestreuen und leicht andrücken. Mit Klarsichtfolie bedecken und im Kühlschrank insgesamt 24 Stunden marinieren.

4. Den Lachs nach den ersten 12 Stunden wenden und weitere 12 Stunden mi Folie bedeckt in den Kühlschrank stelle Danach herausnehmen, die Marinade abstreichen und den gebeizten Lachs mit einem langen scharfen Messer in dünne, schräge Scheiben schneiden. Diese auf den fertigen Reibekuchen geben und mit Dillspitzen und Zitronenschnitzel dekorieren.

+ 24 Stunden Marinierzeit

*** 10

■ **Als Dip Crème fraîche mit etwas Zitronensaft anrühren oder eine Senf-Dill-Sauce dazu servieren.**

2 Karpfenfilets

1 Prise Salz,
1 Prise schwarzer Pfeffer

2 Zitronen

2 Eier

100 g Mehl

500 g Semmelbrösel

4 EL Öl

60 g Butter

Karpfen in Panade gebacken

1. Die Karpfenfilets schuppen und mit einem Küchenkrepp säubern. Die Gräten vorsichtig mit einer Grätenzange herausziehen und den Fisch dabei mit der freien Hand festhalten.

2. Die Filets in 3 cm breite Streifen schneiden und mit den Fingern prüfen, ob noch Gräten vorhanden sind. Gegebenenfalls noch einmal zur Grätenzange greifen.

3. Die Karpfenstreifen salzen, pfeffern und mit einer halbierten Zitrone auf beiden Seiten einreiben. Die andere Zitrone in kleine Ecken schneiden und zum Garnieren aufbewahren.

4. Die Eier in einem Teller verquirlen. Die Karpfenstreifen zuerst in Mehl wenden, dann durch das Ei ziehen und zum Schluss in den Semmelbröseln wender Die Panade leicht andrücken.

5. Das Öl und die Butter in einer große Pfanne schmelzen lassen und die Karpfenschnitzel darin von beiden Seiten et 8 Minuten goldgelb braten. Danach zum Abtropfen kurz auf Küchenkrepp geben

Dieses Gericht schmeckt gut mit Kartofel-Gemüse-Salat.

90

■ Dies ist ein typisch tschechisches Weihnachtsessen, das auch mit Kabeljau, Zander oder Forelle zubereitet werden kann. Bei großen Karpfen die Haut mit einem scharfen, langen Messer abtrennen, dam das Gericht nicht zu fettig gerät. Am best 1 bis 1½ kg schwere Karpfen verarbeiten

2

3

4

5

150 g Butter

2 EL gehackter Dill

1 EL gehackte Petersilie

1 Eigelb

1 Prise Salz,
1 Prise weißer Pfeffer

2 EL Semmelbrösel

4 Lachstranchen ohne Haut à 200 g

100 ml trockener Weißwein

4 Zitronenscheiben

85 °C Lachs

1. In einer Schale die Butter schaumig schlagen. Den Dill und die Petersilie waschen, zupfen und fein schneiden sowie das Ei trennen und das Eigelb untermengen. Mit Salz und weißem Pfeffer abschmecken. Die Semmelbrösel vorsichtig untermischen und abschmecken.

2. Die abgetrockneten und gesäuberten Lachstranchen salzen, in eine gebutterte Auflaufform geben und mit der Kräuterbutter bestreichen.

3. Mit etwas Weißwein angießen. Die Zitrone in Scheiben schneiden und 1 Zitronenscheibe zu jeder Tranche geb

4. Den Lachs im vorgeheizten Ofen bei 85 °C etwa 45 Minuten garen. Herausnehmen und mit Weißbrot oder Rei servieren. Das Garen bei so geringer Temperatur macht das Fischfleisch wu derbar zart, und die Kräuterbutter mac es zusätzlich saftig.

60

■ **Kräuter durch 1 TL fein geriebenen Ingwer und 1 Bund fein gehackten Koriar der ersetzen und in die Butter geben. Ein weitere frische Varianter für Lachs. Danach wie beschrieben zubereiteten.**

2

3

4

- 250 ml Rotwein
- 100 ml roten Portwein
- 1 Prise Zucker
- 150 g Sahne
- 1 Prise Salz,
  1 Prise schwarzer Pfeffer
- 100 g Butter
- 400 g Blattspinat
- 1 Prise Muskatnuss,
  frisch gerieben
- 4 Tilapiafilets à 140–160g
- ½ Zitrone
- 2 EL Pflanzenöl
- 4 Zweige Zitronenthymian

Pochierter Tilapia mit Rotweinbuttersauce

1. Den Rotwein, den Portwein und den Zucker in eine Stielkasserolle geben und auf ⅙ des Volumens einkochen.

2. Danach 50 g Sahne hinzugießen und noch einmal aufkochen lassen. Mit Salz und Pfeffer würzen.

3. 60 g Butter in dünnen Scheiben in die Rotweinreduktion einschwenken, um sie zu binden. Die Sauce beiseitestellen.

4. Den gewaschenen und verlesenen Blattspinat gut abtropfen lassen. 20 g Butter in einer Pfanne aufschäumen lassen, den Blattspinat zugeben und zusammenfallen lassen. Salzen, pfeffern und mit Muskatnuss abschmecken. Danach die restliche Sahne zugießen und 2 Minuten leise einköcheln lassen.

5. Die Tilapiafilets mit dem Saft einer ½ Zitrone beträufeln und von beiden Seiten salzen. Die restliche Butter und das Öl in einer beschichteten Pfanne erhitzen. Die Filets hineinlegen und jeweils einen Zweig Zitronenthymian darübergeben. Hin und wieder mit der Butter begießen und langsam 3 Minute von jeder Seite hell braten. Den Spinat i die Mitte des Tellers geben, das gebrate ne Tilapiafilet daraufsetzen und mit der Rotweinbuttersauce servieren.

40

■ **Für eine geschmackvolle Rotweinbuttersauce unbedingt guten Rotwein verwende Alternativ kann man das Rezept mit Steinbutt, Petersfisch, Glattbutt oder Zander sta Tilapia und mit Lauch oder Mangold anstelle von Spinat zubereiten.**

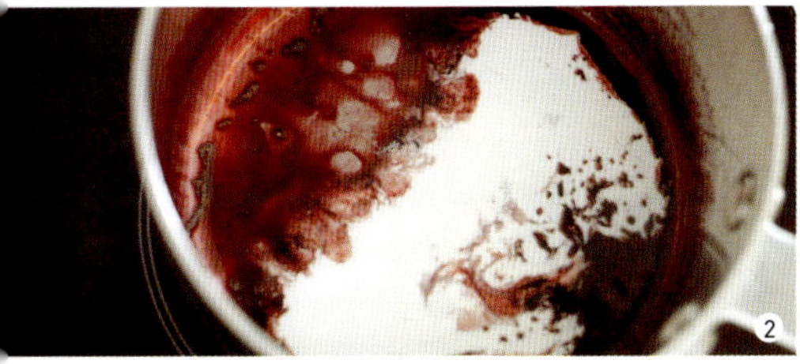
2

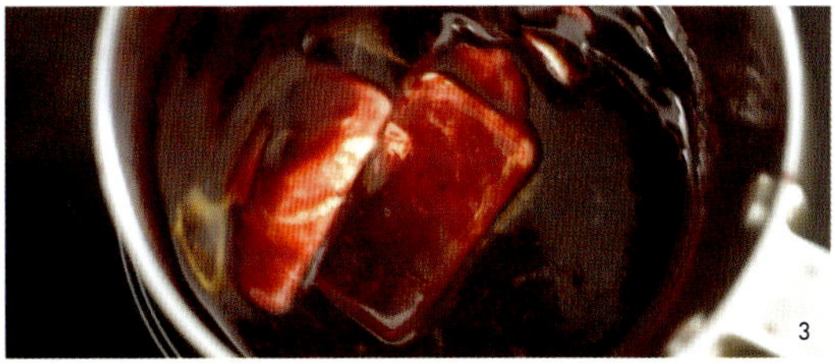
3

4

5

Salzwasser-
fische

halt

Fischarten

Fisch muss frisch sein. Dennoch sind Fische beim Kauf auf dem Markt manchmal 14 Tage alt, wenn sie nicht aus küstennahem Fang stammen. Große Fischkutter bleiben eine Woche oder länger auf See. Dann kommt die Ware zum Fischmarkt, wo sie vom Großhändler gekauft wird. Der verkauft sie seinerseits an kleine Fischhändler.

Generell sollten Fische stets glänzende, gewölbte Augen aufweisen. Ihr Fleisch muss sich fest anfassen und ihre Kiemen rötlich bis rot schimmern. Wer beim Fischhändler kauft, sollte die Meerestiere dort ausnehmen, schuppen und filetieren lassen. Ideal ist es, sie innerhalb der nächsten zwei Stunden, zumindest aber am selben Tag zu verzehren. Sonst oxidiert der Fisch und wird fad.

Kochzeittabelle

Produkt	Form	Methode	Temperatur	Zeit	Anmerkung
Schollenfilets	120 bis 140 g	Pfanne	mittlere Hitze	4 Minuten	
Seewolf	600 bis 800 g	Pfanne	mittlere Hitze	16-18 Minuten	braten
Glattbutt	Portion von 150 g	Ofen	160°C	12 Minuten	pochieren
Steinbutt	Stücke von 200 g	Pfanne	Mittlere Hitze	10 Minuten	braten
Seezunge	500 g	Pfanne	Mittlere Hitze	10 Minuten	braten
Dorade in Salzkruste	600 bis 800	Ofen	230°	35 Minuten	backen
Thunfisch	200 g	Grillpfanne	starke Hitze	4 Minuten	grillen
Seeteufel	Medaillons à 50 g	Pfanne	starke Hitze	3 Minuten	schnell braten
Seehecht	Stücke von 150 g	Kochtopf	kleine Hitze	10 Minuten	im Kochsud oder Gewürzmilch garen
Sardinen	500 g	Topf	starke Hitze	2 Minuten	in Öl frittieren
Seelachs	Stücke von 200 g	Pfanne	mittlere Hitze	12 Minuten	braten oder im Backteig 5 Minuten frittiere

Sardine

Seeteufel

Petersfisch

Seezunge

Dorade

Wolfsbarsch (Loup)

Steinbutt

Seehecht

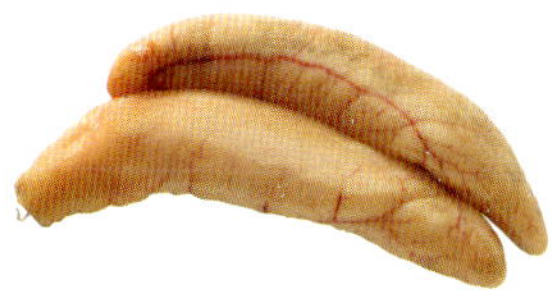

Seehechtrogen

Thunfisch

Rotbarsch

Knurrhahn (Suppenfische)

Ausnehmen und Vorbereiten eines Seewolfs

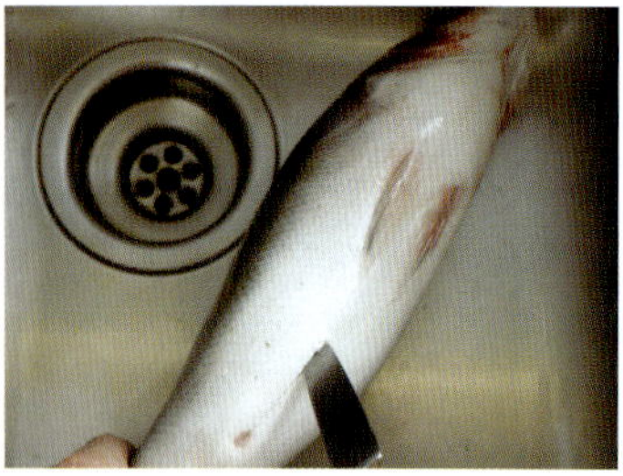

Den Bauch vom After bis zu den Kiemen behutsam aufschneiden, um die Organe nicht zu beschädigen.

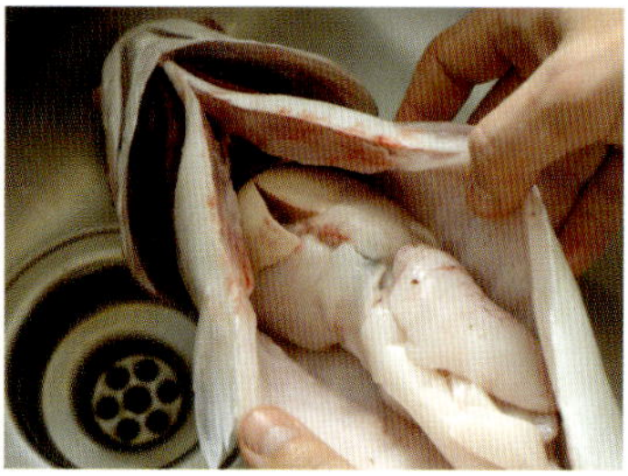

Die Innereien vorsichtig herausnehmen.

Danach den Fisch unter fließendem Wasser gut auswaschen.

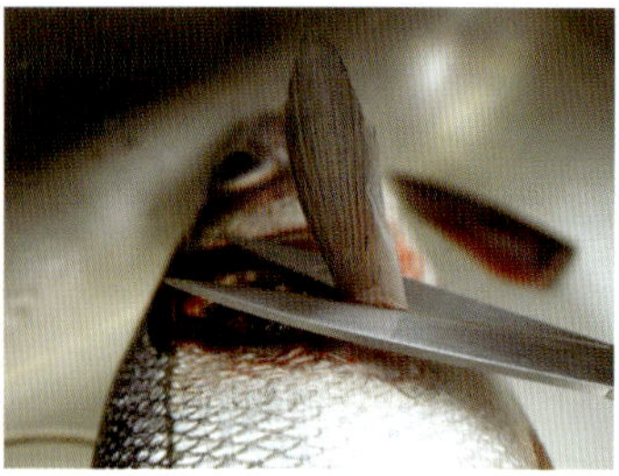

Alle Flossen mit der Schere abschneiden, um sich bei der Weiterverarbeitung nicht daran zu verletzen.

Die Rückenflosse ist besonders spitz und gefährlich.

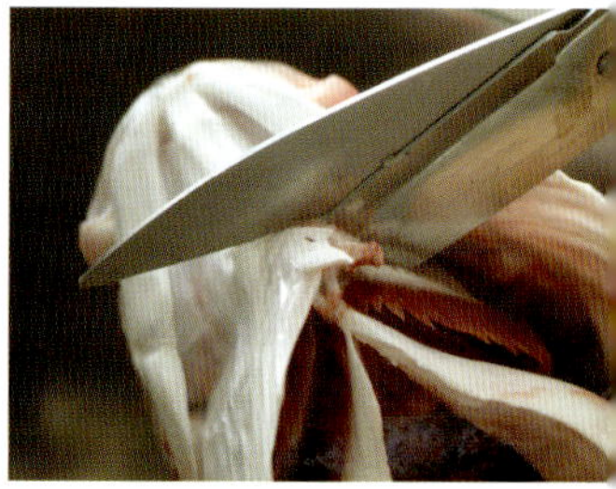

Die Kiemen zuerst an den Seiten mit einer Schere lösen.

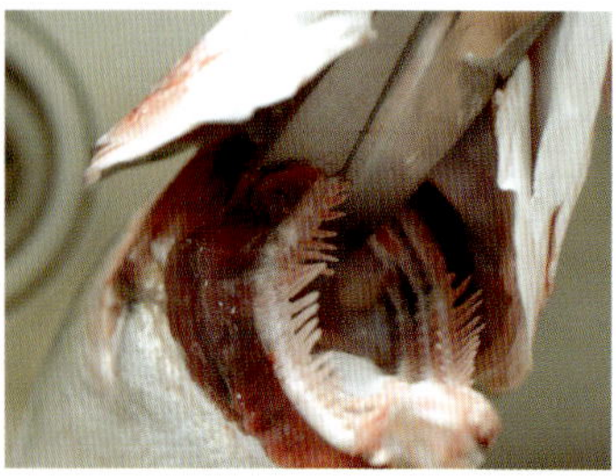

Dann an der Innenseite lösen und herausschneiden. Den Fisch noch einmal gründlich auswaschen.

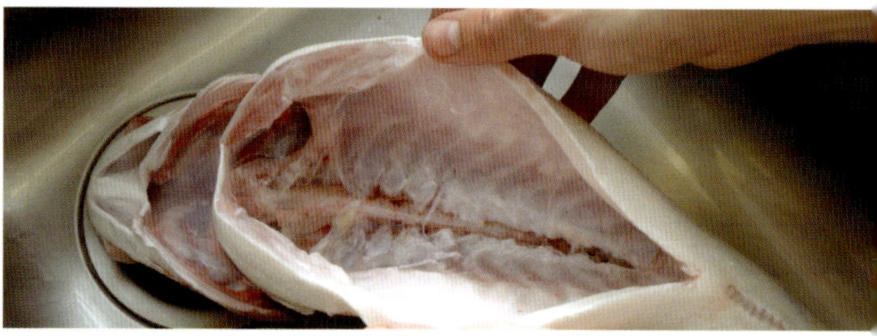

Unter fließendem Wasser zuerst mit einem Messer an der Unterseite des Rückgrats anritzen und die letzen Blutreste mit einem kleinen Löffel entfernen bzw. auswaschen. Das Ergebnis ist ein vollständig ausgenommener und sauberer Seewolf.

An den prallen Augen erkennt man, dass ein Fisch sehr frisch ist. Frisch kann man ihn im Kühlschrank auf Krepppapier und abgedeckt mit Klarsichtfolie 3 bis 4 Tage aufbewahren. Vorher aber wie hier beschrieben ausnehmen.

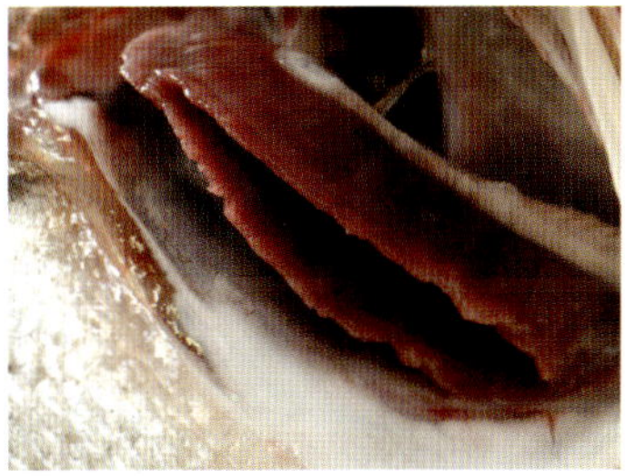

Die Kiemen müssen blutrot und möglichst schleimfrei sein. Durch Riechen kann man schnell feststellen, ob ein Fisch frisch ist! Er riecht frisch nach Meer oder relativ neutral.

Küchendoktor: Innereien und Kiemen bilden die ersten Gerüche. Durch Entfernen verlängert man die Haltbarkeit des Fisches!

ei der Aufbewahrung der Fische ist es wich-, sie zunächst auszunehmen und nicht in asser zu lagern. Am besten Küchenkrepp in den Aufbewahrungsbehälter legen und diesen mit Klarsichtfolie abdecken. Im Kühlschrank bei 4 °C aufbewahren.

Steinbutt vorbereiten

1. Den Steinbutt waschen, die Innereien von der Bauchseite aus entnehmen und den Fisch trocknen.

2. Die Schwanz-, Bauch- und Rückenflossen mit einer Küchenschere entfernen.

3. Mit einem scharfen Messer oberhalb des Rückgrats entlangschneiden.

4. Dann einen Schnitt unterhalb des Rückgrats ausführen. Den Steinbutt umdrehen und diesen Vorgang noch einmal wiederholen.

5. Danach die Filets mit einem Sägemesser entlang der Mittelgräte abschneiden.

6. Den Kopf samt Mittelgräte für Fischfond verwenden. Die Steinbuttfilets werden im Ganzen mit Gräten gebraten – so bleiben sie schmackhafter und saftiger.

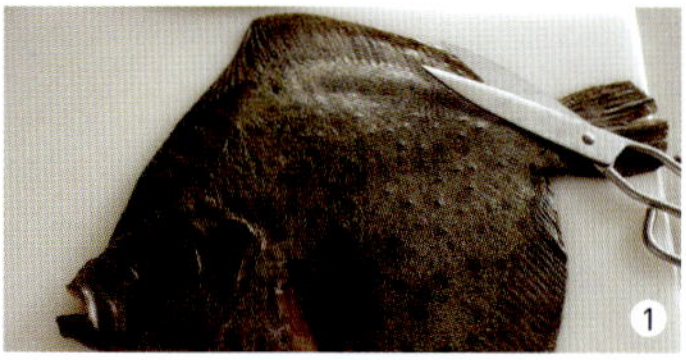

;eezunge vorbereiten

Die Haut in der Mitte der Schwanzflos- mit einem Messer einritzen und leicht schaben, um sie fassen zu können.

Die Haut mit einem Krepppapier grei- ı, damit sie nicht aus den Händen gleitet.

Nur die dunkle Haut bis über den Kopf ziehen. Die weiße Haut schuppen und ı Fisch belassen.

Den Flossensaum mit einer Küchen- here abschneiden.

Einen Schnitt an der Bauchseite rchführen und die Innereien und ɹtreste entfernen.

Die fertige Seezunge unter fließendem ısser waschen, mit einem Küchentuch tro- en tupfen und bis zur weiteren Verarbeitung gedeckt im Kühlschrank aufbewahren. tweder im Ganzen braten oder mit einem esser die Filets auslösen.

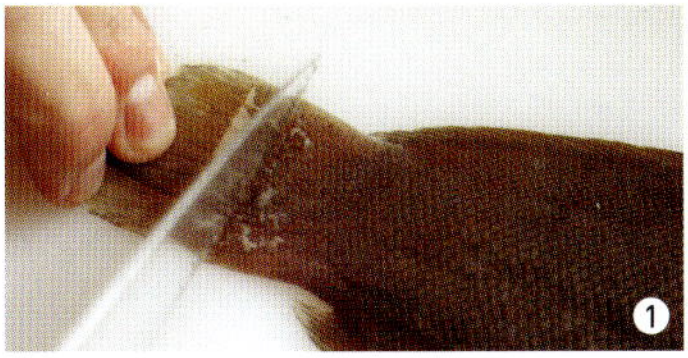

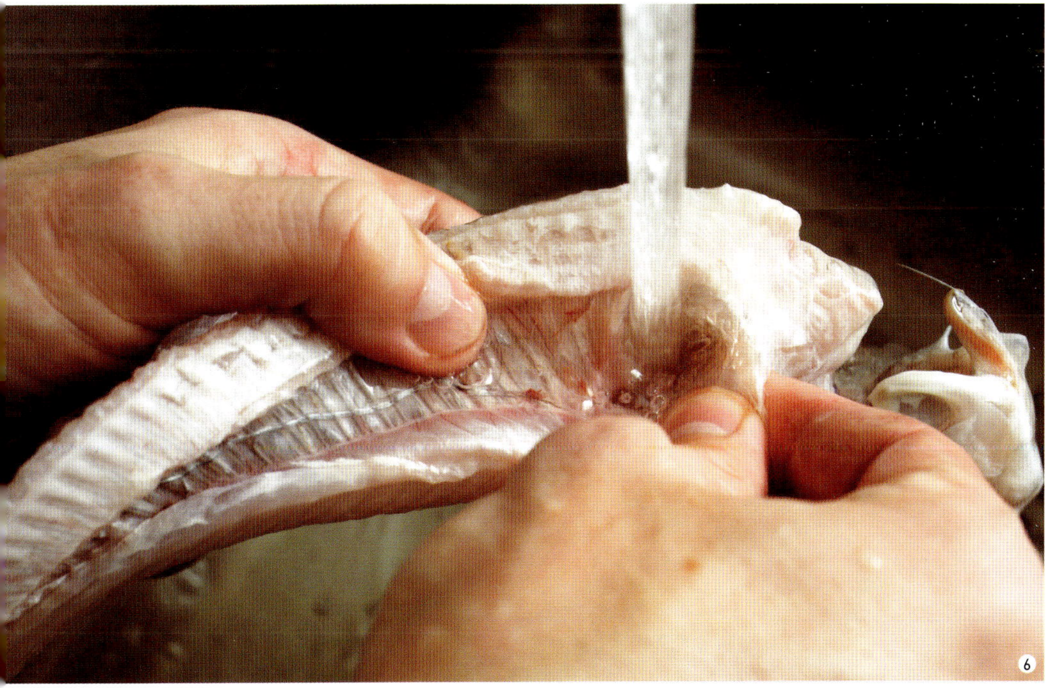

- 1 Seewolf (2 kg)
- 350 g Shrimps
- ½ Bund Dill
- 3 Eier
- 2 EL Sahne
- 1 TL Salz
- 150 g Crème fraîche
- 1 Prise Cayennepfeffer
- ½ Zitrone
- 3 EL Mehl
- 750 g Blätterteig
- 500 ml Krustentierrahmsauce (s. S. 143)

Seewolf im Blätterteig gebacken

1. Den Seewolf ausnehmen, waschen und abtrocknen. Die Shrimps schälen und nach Entfernen des Darms kalt stellen. Den Dill waschen, zupfen und fein schneiden. 2 Eier trennen und das Eigelb mit der Sahne vermischen. Die Ei-Sahne-Mischung und das Eiweiß kalt stellen. Den Fisch mit einem scharfen, langen, schmalen Messer am Rückgrat beginnend aufschneiden und die Schwanzflosse abtrennen. Den Fisch umdrehen und auf der anderen Seite ebenso verfahren, sodass die Filets nur noch am Kopf verbunden sind. Das gesamte Rückgrat mit der Schere entfernen und die Gräten am Bauch eng wegschneiden. Die restlichen Gräten mit einer Grätenzange entfernen.

2. Die Haut mit einem Messer vom Filet abtrennen. Dazu die Klinge schräg nach unten in Richtung Haut ansetzen und diese vom Schwanzende aus in langen Zügen vom Filet abtrennen. Mit der anderen Hand die Haut ergreifen und leicht spanne Den Seewolf anschließend kalt stellen.

3. Die Shrimps mit 1 Ei und einem ½ TL Salz in der Küchenmaschine 1 Minute mixen und in eine Schüssel geben.

4. Den geschnittenen Dill, die Crème fraîche und den Cayennepfeffer zu den Shrimps geben. Alles mit dem Saft einer ½ Zitrone vermischen und im Kühlschran bis zur weiteren Verarbeitung kalt stellen.

5. Den Seewolf unter vorsichtigem Wender auf beiden Seiten mit Salz würzen. Nun die Shrimps-Mischung auf das untere Filet stre chen, das obere Filet darauflegen und leicht andrücken, um Hohlräume zu vermeiden.

»

■ Nehmen Sie sich Zeit für die Vorbereitungen, vor allem beim Entgräten. Das Rezept gelingt auch mit tiefgekühltem Blätterteig.

*** 150

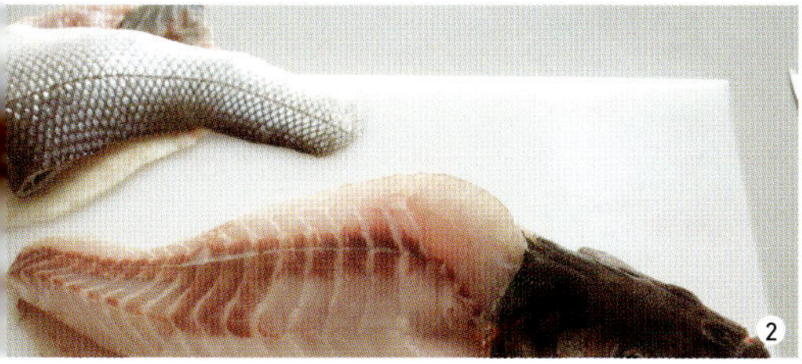
2

3

4

5

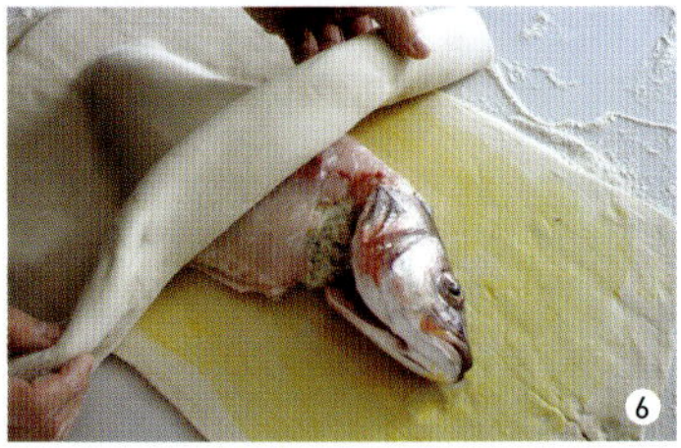

6. Die Arbeitsfläche mit Mehl bestäuben, den Blätterteig halbieren und jeweils ½ cm dick ausrollen. Einen Teil des Blätterteigs mit etwas Ei-Sahne-Mischung bepinseln, damit der Blätterteigdeckel besser schließt. Den gefüllten Fisch vorsichtig auf den Blätterteig legen und mit der zweiten Blätterteighälfte abdecken.

7. Den Teig am Rand andrücken, damit er gut zusammenklebt. Mit einem Messer die Form eines Fisches ausschneiden und den übrigen Teig beiseitelegen. Den Teigfisch mit der Ei-Sahne-Mischung bestreichen.

8. Nun den Teigfisch auf ein mit Backpapier ausgelegtes Blech geben und mit einem Messerrücken ein Flossenmuster in den Blätterteigrand drücken.

9. Mit einem runden Gegenstand, z.B. einem Grappaglas, Schuppen nachahmen. Mit einem Streifen Blätterteig den Kopf abgrenzen und gleichfalls mit der Ei-Sahne-Mischung bepinseln.

10. Am Kopf ein kleines Loch stechen, damit die eingeschlossene Luft den Teig beim Backen nicht reißen lässt.

11. In den auf 180 °C vorgeheizten Backofen geben und etwa 40 Minuten backen. Nach einigen Minuten den Kopf, den Schwanz und den Rand mit Alufolie abdecken, damit der Blätterteig an den Stellen ohne Fisch nicht zu dunkel gerät. Nach 20 Minuten die Temperatur auf 160 °C reduzieren.

12. Den gebackenen Seewolf aus dem Ofen nehmen und mit einem scharfen Sägemesser in 3 cm große Stücke schneiden. In der Zwischenzeit die aufgekochte Krustentierrahmsauce auf Tellern anrichten und jeweils eine Scheibe Seewolf im Blätterteig vorsichtig darauf platzieren.

■ **Das Rezept eignet sich gut für besondere Anlässe. Die Füllungen können variieren und beispielsweise entweder nur aus Spinat und Gemüse oder aus Hummer und Trüffeln bestehen. Hier sind der Kreativität keine Grenzen gesetzt! Als Getränk einen gut gekühlten Jahrgangschampagner dazu reichen.**

10

11

12

 300 g Lachsfilet

 1 Prise Salz

 60 g Sahne

 1 Ei

 ½ Zitrone

 1 Prise Cayennepfeffer

 40 ml trockener Wermut

 8 Mangoldblätter

 600 g Glattbuttfilets

 20 g Butter

 3 EL natives Olivenöl extra

 2 EL Pesto (s. S. 60)

 400 ml einfache Tomatensauce (s. S. 144)

Glattbutt im Mangoldblatt gedämpft auf Tomatensauce mit Pesto-Öl

1. Das Lachsfilet ohne Haut in 2 cm große Stücke schneiden und in eine Küchenmaschine geben. 3 Eiswürfel zerstoßen und hinzufügen. Salzen und die Sahne zugießen. Das Ei trennen und das Eiweiß dazugeben.

2. Etwa 1 Minuten fein mixen. Danach mit dem Saft einer ½ Zitrone, dem Cayennepfeffer und etwas trockenem Wermut abschmecken. Die Masse mit einer Gummispachtel durch ein feines Sieb in eine Schüssel streichen und abgedeckt im Kühlschrank bis zur weiteren Verarbeitung kalt stellen.

3. Einen Topf mit Wasser zum Kochen bringen, salzen und die Mangoldblätter darin nur 15 Sekunden kochen. Danach in eine Schüssel mit Wasser und Eiswü feln geben und auskühlen lassen, soda der Garprozess gestoppt wird. Wieder herausnehmen und zum Abtropfen auf einem Küchentuch ausbreiten.

4. Zwei Mangoldblätter übereinanderle gen und mit 1 EL Lachsfarce bestreiche Die Glattbuttfilets in vier gleich große Portionen schneiden, salzen und in die Mitte der Mangoldblätter legen. Deren Seiten einschlagen und wie ein Päckche zusammenrollen.

50

■ Den Strunk des Mangoldblatts dünn abschneiden, damit sich das Blatt besser einrollen lässt. In Mangold gewickelt schmecken auch andere Fischarten, wie Steinbutt, Lachs, Petersfisch oder Zander

Eine Auflaufform mit Butter ausstrei-
en und mit dem restlichen Wermut
gießen. Die Oberseite der Päckchen
t etwas Butter bestreichen und salzen.
n Ofen auf 160 °C vorheizen. Das
venöl mit dem Pesto verrühren, und
Tomatensauce in einer Stielkasserol-
erhitzen.

Die Auflaufform mit Butterpapier
decken und im Ofen etwa 12 Minuten
ren. Die Tomatensauce auf dem Teller
rteilen. Die Mangoldpäckchen halbie-
n und mit der Schnittfläche nach oben
f die Tomatensauce geben. Mit dem
sto-Öl beträufeln und servieren.

- 2 Steinbutte à etwa 800 g
- 1 Prise Salz,
  1 Prise weißer Pfeffer
- 30 g Mehl
- 4 EL Pflanzenöl
- 60 g Butter
- ½ Bund Petersilie
- ½ Zitrone

Steinbuttfilet an der Gräte gebraten

1. Den Steinbutt entlang der Gräte filetieren (s. S. 444). Die Steinbuttfilets von beiden Seiten salzen, pfeffern und mit etwas Mehl bestäuben. Das überschüssige Mehl abklopfen. Das Öl in einer großen, ovalen Pfanne (Fischpfanne) erhitzen, den Steinbutt auf der dunklen Hautseite anbraten und immer wieder mit dem Bratenöl übergießen. Nach 5 Minuten wenden und weitere 5 Minuten braten lassen.

2. Dann das Öl mit einem Löffel aus der Pfanne nehmen, die Butter hinzufügen und den Steinbutt bei schwacher Hitze 2 Minuten braten. Darauf achten, dass die Butter nicht zu dunkel wird.

3. Die dunkle Haut des Steinbutts noch in der Pfanne abziehen – nach dem Braten lässt sich die Haut leicht vom Filet lösen. Etwas nachsalzen.

4. Die Petersilie waschen, zupfen, fein schneiden und mit dem Saft einer ½ Zitrone hinzugeben. Den Steinbutt immer wieder mit der Butter aus der leicht schräg gestellten Pfanne übergießen. Das Steinbuttfilet auf einen Teller geben und mit der Petersilienbutter begießen. Dazu passt gut Kartoffelpüree (s. S. 336

***50

■ **Alternativ 300 g Steinbuttfilet pro Perso zubereiten. Kräutermischungen, beispiels weise aus Estragon, Basilikum und Schnit lauch können die Petersilie ersetzen.**

2

3

4

½ Bund Salbei

1 Bund Petersilie

500 g kleine Kartoffeln, festkochend

4 Seezungen

1 Prise Salz

1 Zitrone

4 EL Mehl

8 EL Sonnenblumenöl

100 g Butter

Seezunge in Salbeibutter

1. Den Salbei waschen, zupfen und die Blätter beiseitestellen. Die Petersilie ebenfalls waschen, zupfen und fein schneiden. Die Kartoffeln schälen und in Salzwasser kochen. Den Fisch beidseitig am Rückgrat der Länge nach einschneiden, damit sich die Gräten später besser herauslösen lassen. Mit Salz würzen und mit Zitronensaft beträufeln. Mit Mehl bestäuben und abklopfen. Eine ovale Pfanne bei mittlerer Hitze erhitzen, das Sonnenblumenöl dazugeben und den Fisch mit der weißen Hautseite nach unten 5 Minuten goldgelb braten. Dann wenden und weitere 5 Minuten braten. Das Öl mit einem Löffel entfernen und 80 g Butter zugeben und aufschäumen lassen.

2. Den Fisch mit der Butter nachbraten und hin und wieder damit übergießen. Die Kartoffeln abgießen. Die restliche Butter und die Petersilie zu den Kartoffeln geben und vermischen, mit Salz abschmecken.

3. Die Salbeiblätter zugeben und die Seezunge weiter mit der Butter begießen, bis die Salbeiblätter knusprig sind. Die gekochten Kartoffeln mit der geschnittenen Petersilie vermischen und auf Tellern anrichten. Die Seezunge im Ganzen auf den Teller geben und mit de Salbeibutter übergießen.

60

■ Bei gebratener Seezunge lassen sich d Filets mit einem Löffel vorsichtig von der Gräte lösen. Dazu frischen Blattspinat od Weißweinsauce servieren.

2

3

- 2 Stück Seezunge
- 1 Prise Salz
- 200 g weißes Fischfilet
- 50 g Sahne
- 1 Prise Cayennepfeffer
- ½ Bund Petersilie
- 10 Basilikumblätter
- 2 Zweige Estragon
- ½ Bund Schnittlauch
- 300 g Kartoffeln
- 150 ml Butter, geklärt (s. S. 34)

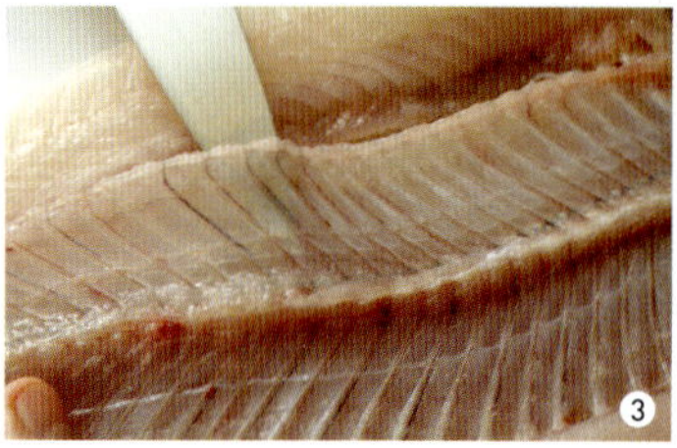
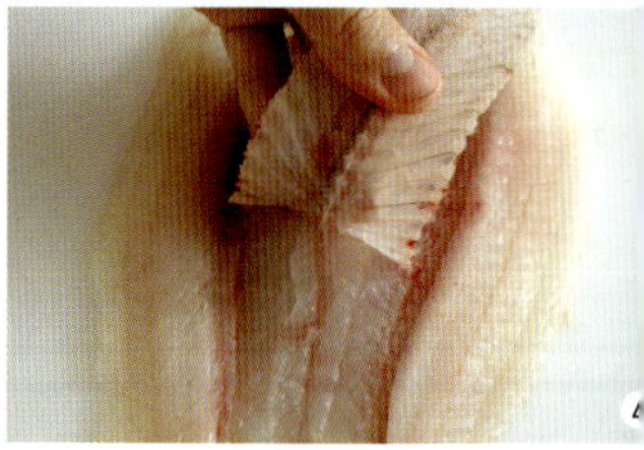

Gefüllte Seezunge mit Kartoffelschuppen

1. Die vorbereiteten Seezungen (s. S. 444) mit einem scharfen flexiblen Messer am Rückgrat entlang einschneiden. Die Filets langsam ablösen, bis die Mittelgräte gut sichtbar ist, die Filets aber noch an der Seezunge hängen.

2. Nun die Mittelgräte vom Fischschwanz an mit einer Küchenschere von den äußeren Enden trennen.

3. Mit dem Messer unter der Mittelgräte entlangschneiden, um diese zu lösen.

4. Die nur noch an einer Stelle anhängende Mittelgräte vom Fischschwanz aus nach oben biegen und mit einem leichten Ruck herausziehen. Die Seezunge von außen wie von innen mit Salz würzen.

5. Das weiße Fischfilet in Würfel schneiden und 5 Minuten ins Gefrierfac stellen. Die angefrorenen Würfel in den Mixer geben, die Sahne zugießen und so lange mixen, bis eine feine Konsister erreicht wird. Mit Salz und Cayennepfef fer würzen. Die Kräuter waschen, zupfen, fein schneiden und untermischen. Die offene Seezunge mit der Kräuterfarce bestreichen.

6. Die Filets zuklappen und so die Seezunge in ihre ursprüngliche Form bringe

7. Die Kartoffeln schälen und in hauchdünne Scheiben schneiden. Drei Scheiben übereinanderlegen und 2 cm große Kreise ausstechen.

■ Für die Kräutermischung können auch Brunnenkresse oder Dill verwendet werden Die ungefüllte Seezunge lässt sich außerdem wie ein Schnitzel in Semmelbröseln panieren und in Butterschmalz goldgelb ausbacken. Dann Kräuter- oder Tomatenbutter in die Bauchhöhle geben und schmelzen lassen.

Die Kartoffelscheiben schuppenartig f der Seezunge anordnen und großzü- g mit der geklärten Butter bestreichen. ıschließend salzen.

Die Seezunge 3 Minuten ins Gefrier- ch stellen, damit die Butter fest wird und ch die Seezunge in die Pfanne setzen sst, ohne dass die Kartoffelschuppen rrutschen. Eine beschichtete Pfanne bei ittlerer Hitze aufstellen und den Fisch it den Schuppen nach unten langsam aten. Die Pfanne ab und zu neigen und n Bratensatz mit einem Löffel über die ezunge gießen. Nach 5 Minuten vorsich- g wenden und weitere 5 Minuten braten.

2 kg ungereinigtes Meersalz

1 Dorade à etwa 1 kg, ungeschuppt

1 Fenchelscheibe

1 Limettenscheibe

10 weiße Pfefferkörner

1 Zweig Rosmarin

etwas Fenchelgrün

1

2

Dorade in der Salzkruste gebacken

1. Das ungereinigte Meersalz mit etwas Wasser anfeuchten und vermischen.

2. Die vorbereitete, aber ungeschuppte Dorade mit der Fenchelscheibe, der Limettenscheibe, den weißen Pfefferkörnern, dem Rosmarinzweig und dem Fenchelgrün füllen und die Bauchdecke wieder zusammendrücken, damit vom Salzteig kein Salz in das Innere des Fisches eindringen kann.

3. Auf das mit Backpapier belegte Backblech zuerst eine etwa 1 cm dicke Schicht Salz legen. Darauf die Dorade setzen und mit dem restlichen Salz bedecken.

4. Das Salz um den Fisch andrücken und eine Fischform bilden.

5. Den Fisch in den auf 230 °C vorgeheizten Backofen geben und etwa 35 Minuten garen. Danach die Salzkruste aufklopfen und den Fisch von der Salzkruste befreien

6. Mit einem Löffel und einem Messer d Haut des Fisches abziehen – vorher die Haut am Rückgrat entlang einschneiden

7. Die Fischfilets vorsichtig ablösen. Darauf achten, dass der Fisch nicht mit der Salzkruste in Berührung kommt! Die Filets auf einem Teller wieder zusammensetzen und mit einer Tomatenvinaigrette beträufeln. Dazu frisches Brot oder auch Rosmarinkartoffeln reichen.

50

■ Aus Tomatenwürfeln, Olivenöl, Zitronensaft, Fenchelgrün, Salz und Pfeffer eine leichte Vinaigrette zubereiten und diese über die Fischfilets geben.

4

5

6

7

- ½ Lauchstange
- 5 Champignons
- 40 g Butter
- 4 Doradenfilets ohne Haut à 180 g
- 1 Prise Salz
- 1 Prise weißer Pfeffer
- 40 ml trockener Wermut
- 150 ml guter Weißwein
- 1 TL Basilikumblätter

Gedünstete Doradenfilets in Weißwein mit Champignons

1. Den Lauch der Länge nach halbieren und in dünne Streifen schneiden. Die Champignons putzen und in dünne Scheiben schneiden. Beides in einer Pfanne in 2 EL schäumender Butter anschwitzen und etwas salzen.

2. Die Doradenfilets mit einem Küchenpapier abtrocknen und mit Salz und weißem Pfeffer würzen. In die Pfanne auf das Gemüse geben.

3. Nun mit dem Wermut rundherum ablöschen. Mit dem Weißwein aufgießen und die Hitze auf ein Drittel reduzieren.

4. Mit Basilikumblättern bestreuen und mit einem Deckel verschließen. Etwa 5 Minuten dünsten. Danach noch etwas kalte Butter einschwenken.

Zusammen mit Kartoffeln oder Reis servieren.

30

■ Anstelle der Doradenfilets auch Seewolf-, Steinbutt- oder Heilbuttfilets verwenden und mit Weißwein- oder Buttersauce servieren.

2

3

4

3 Eier

300 g Mehl (Typ 405)

1 TL Backpulver

1 TL Salz

360 ml Bier

600 g Seelachsfilet

1 Prise weißer Pfeffer

Saft von ½ Zitrone

2 l Pflanzenöl zum Frittieren

Fisch im Backteig

1. Die Eier trennen und das Eiweiß kalt stellen. Das Mehl mit dem Eigelb, dem Backpulver und 1 Prise Salz in eine Schale geben.

2. Das Bier nach und nach einrühren, bis der Teig glatt ist.

3. Etwas Pflanzenöl einrühren – das macht den Teig schön knusprig. Nun das Eiweiß mit 1 Prise Salz halbsteif schlagen und vorsichtig unter den Teig heben.

4. Das Seelachsfilet in 40 g große Stüc schneiden, salzen, pfeffern, mit Zitrone saft beträufeln und die Stücke vorsichti durch den Backteig ziehen.

5. Die Seelachsstücke in das 160 °C heiße Öl geben, etwa 5 Minuten im Öl schwimmend backen und dabei wenden. Auf einem Küchenpapier abtropfen lassen.

Am besten mit Pommes frites oder Karto felsalat und Zitronenecken servieren.

■ **Um Fettspritzer zu vermeiden, nimmt man zum Frittieren am besten einen hohen Topf.**

*** 35

2

3

4

5

250 g Sardinen

2 EL Mehl

2 l Pflanzenöl zum Frittieren

½ TL Salz

1 Zitrone

Frittierte Sardinen

1. Die Sardinen unter fließendem Wasser putzen. Den Kopf langsam nach oben abbrechen und damit auch die Innereien herausziehen.

2. Die Bauchhöhle mit dem Daumen öffnen und gut auswaschen. Zusätzlich kann man nach Entfernen des Kopfes das Rückgrat lösen und vollständig herausziehen.

3. Die Sardinen bzw. Sardinenfilets in ein Sieb legen, abtrocknen und mit Mehl bestäuben.

4. Dann das Sieb über dem Spülbecke schwenken, um überschüssiges Mehl z entfernen.

5. Das Öl in einem breiten Topf auf 170 °C erhitzen. Ganze Sardinen 2 Minuten frittieren, Sardinenfilets nur 1 Minute. Dan herausnehmen, auf einem Küchenpapie abtropfen lassen und mit einer Zitroner ecke als Snack zum Bier servieren.

15

■ **Sardinen italienischer Art bedeutet, sie kalt mit Balsamicoessig und Olivenöl zu marinieren und mit Weißbrot zu servieren**

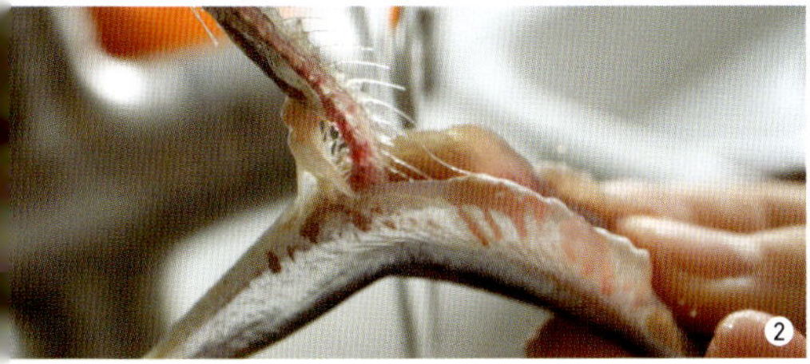
2

3

4

5

- 1 Aubergine
- 1 Prise Salz
- 6 EL natives Olivenöl extra
- 1 TL Tandoori-Pulver
- 2 rote Zwiebeln
- 3 geschälte Tomaten
- 10 Basilikumblätter
- 1 Stück Ingwer
- 4 Limetten
- 1 Prise schwarzer Pfeffer
- 800 g Thunfischfilet

Thunfischsteak

1. Die Aubergine in 1 cm dicke Scheiben schneiden, salzen und in einer Pfanne mit 2 EL Olivenöl von beiden Seiten braten. Das Tandoori-Pulver mit 2 EL Olivenöl in einer Schale verrühren und leicht salzen.

2. Die Zwiebeln schälen und würfeln. Die geschälten Tomaten entkernen (s. S. 346) und ebenfalls würfeln. Die Basilikumblätter in feine Streifen schneiden, den Ingwer schälen und fein reiben. Zusammen mit dem Saft von 2 Limetten in einer Schale vermischen und salzen und pfeffern.

3. Das Thunfischfilet in 3 cm dicke Steaks schneiden, mit dem restlichen Olivenöl einreiben und salzen. Die übrigen Limetten halbieren.

4. Die Thunfischsteaks in einer beschichteten Grillpfanne von jeder Seite etwa 2 Minuten grillen. Die Tomaten-Zwiebel-Sauce auf dem Teller verteilen und die gebratenen Auberginenscheibe wie auch die Thunfischsteaks darauflegen. Mit dem Tandoori-Öl und den Lime tenhälften garnieren und servieren.

40

■ **Der Thunfisch bleibt länger frisch, wen er erst kurz vor dem Verarbeiten in Schei ben geschnitten wird.**

2

3

4

 600 g Thunfischfilet

 1 TL geröstetes Sesamöl

 80 g schwarze Sesamsamen

 80 g weiße Sesamsamen

 1 Zitrone

 3 TL Chiliöl

 3 TL Sojasauce

Thunfischstäbchen in Sesampanade

1. Das Thunfischfilet trocknen, von Sehnen befreien und in 1 cm dicke Scheiben schneiden.

2. Die Scheiben in 2 cm dicke Streifen schneiden.

3. Die Thunfischstäbchen mit geröstetem Sesamöl beträufeln und darin wenden.

4. Die Thunfischstücke in den auf einem Tablett vermischten schwarzen und weißen Sesamsamen wenden, sodass der Sesam an allen Seiten haften bleibt.

5. In einer beschichteten Pfanne ohne Zugabe von Öl von allen Seiten etwa 1 Minute braten. Der Thunfisch soll noc einen leicht rohen Kern haben. Mag ma den Fisch nicht roh, dann die Garzeit verdoppeln.

Auf Tellern mit in Scheiben geschnittene Zitronenscheiben anrichten, mit etwas Chiliöl beträufeln und mit Sojasauce ser vieren. Als Beilage gekochten Reis oder auch gedünsteten Blattspinat reichen.

15

■ Zusätzlich können zu den Sesamsamen noch gehackte Fenchelsamen, Koriander- körner oder einige Sechuanpfefferkörner gemischt werden. So werden die Thun- fischstäbchen würziger und aromatischer

3

4

5

2 Schalotten

750 g bunte Kirschtomaten

1 EL Kapern

1 Knoblauchzehe

½ Bund Basilikum

1½ kg Seeteufel

1 Zweig Thymian

30 g Butter

2 EL natives Olivenöl extra

1 Prise Salz

1 TL Zucker

1 Prise schwarzer Pfeffer

500 ml Fischfond

2 EL Sonnenblumenöl

1 Prise Meersalz

1 EL grober Senf

50

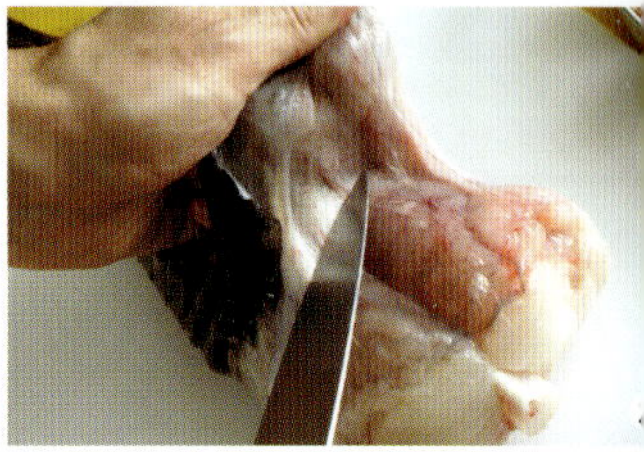

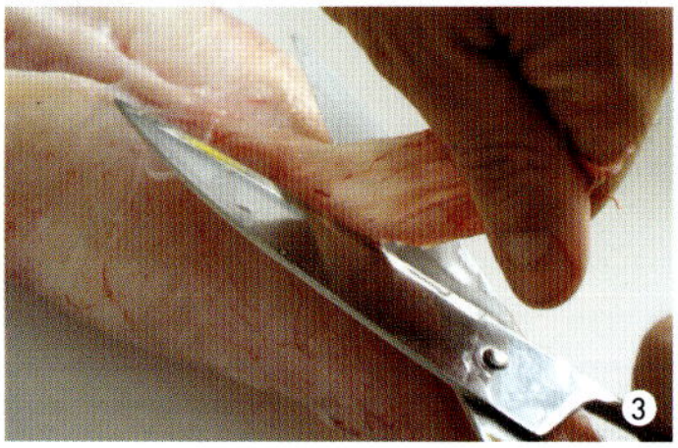

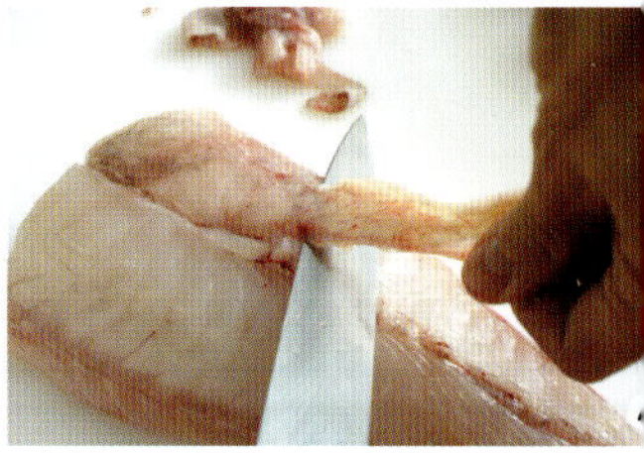

Seeteufelmedaillons auf Tomatenragout mit Kapern

1. Die Schalotten schälen und fein würfeln. Die Kirschtomaten waschen und häuten. Die Kapern grob hacken. Den Knoblauch schälen und fein würfeln. Das Basilikum waschen, zupfen, verlesen und in feine Streifen schneiden.

2. Den Seeteufel vorbereiten: Zuerst die Haut entfernen, das heißt, mit der linken Hand spannen und mit einer Messerspitze abschneiden. Die letzten 10 cm Haut einfach abziehen.

3. Die Rücken- und Bauchflossen mit der Schere abschneiden.

4. Die oberste Hautschicht mit einem scharfen Messer ebenso vorsichtig ablösen wie blutige Hautschichten. Den Fisch in 3 cm dicke Scheiben schneiden.

5. Die Seeteufelscheiben mit Thymianblättern bestreuen.

6. 10 g Butter mit dem Olivenöl in einem Topf bei mittlerer Hitze zerlassen und den Knoblauch mit den Schalotten glasig anschwitzen. Die Kirschtomaten zugeben und mit normalem Salz, Zucker und schwarzem Pfeffer aus der Mühle würzen. Die Temperatur auf schwache Hitze reduzieren. Den Fischfond dazugießen und 7 Minuten köcheln lassen.

■ **Mit der Tomatenmischung wird das Ragout nicht nur bunter – die verschiedenen Tomaten sorgen auch für Geschmacksvariationen.**

Das Sonnenblumenöl in eine Pfanne
ben und den Seeteufel bei mittlerer
s starker Hitze von beiden Seiten 2 bis
Minuten anbraten. Mit Meersalz
ürzen.

Die Kapern, das Basilikum, den Senf
d 20 g Butter zu den Tomaten geben
d den Topf leicht schwenken. Das fer-
e Tomatenragout auf Tellern verteilen
d die gebratenen Seeteufelmedaillons
raufsetzen.

1,2 kg Seehecht

600 g gedünsteter Reis (s. S. 236)

2 EL Sonnenblumenöl

1 TL Paprikapulver, scharf

2 l Milch

4 Schalotten

5 Knoblauchzehen

1 EL Salz

3 Lorbeerblätter

3 Zweige Thymian

3 Chilischoten, getrocknet

5 Nelken

10 Wacholderbeeren

1 TL Fenchelsamen

½ TL weiße Pfefferkörner

4 TL Paprikaöl

Seehecht in gewürzter Milch gegart

1. Den Seehecht wie einen Rundfisch (s. S. 444) vorbereiten und ausnehmen. Danach die Rücken-, Bauch- und Brustflossen abschneiden.

2. Die inneren Häute der Bauchhöhle herausschneiden und gut waschen, um Blutreste zu entfernen. Danach den Seehecht schuppen und nochmals waschen.

3. In 4 cm dicke Tranchen schneiden und beiseitestellen. Den gedünsteten Reis zubereiten. Das Sonnenblumenöl mit dem scharfen Paprikapulver verrühren.

4. Die Milch in einen breiten Topf geben. Die Schalotten in Ringe schneiden, die Knoblauchzehen mit der Schale andrücken und das Salz mit allen Gewürzen und Kräutern beigeben. Einmal aufkochen und die Hitze reduzieren.

5. Die Seehechtstücke in die Milch geben und etwa 10 Minuten ziehen lassen. Den Reis auf Tellern anrichten, und die Seehechtstücke direkt aus der gewürzten Milch auf den Reis geben. Zum Schluss mit etwas scharfem Paprikaöl beträufeln und servieren.

■ Kleine Wittlinge und kleine Seehechte können auch im Ganzen in der Milch gekocht und so schmackhaft zubereitet werden.

45

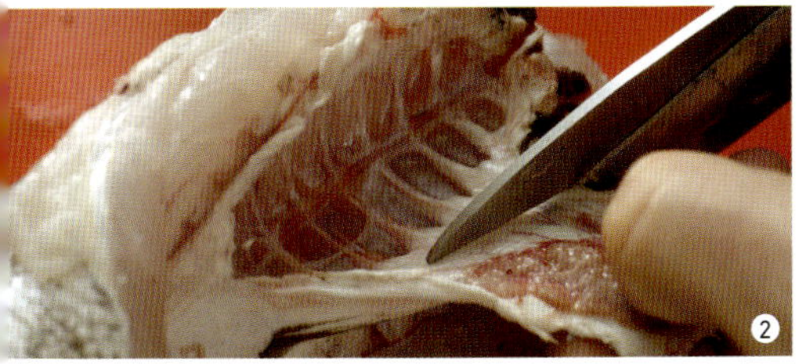
2

3

4
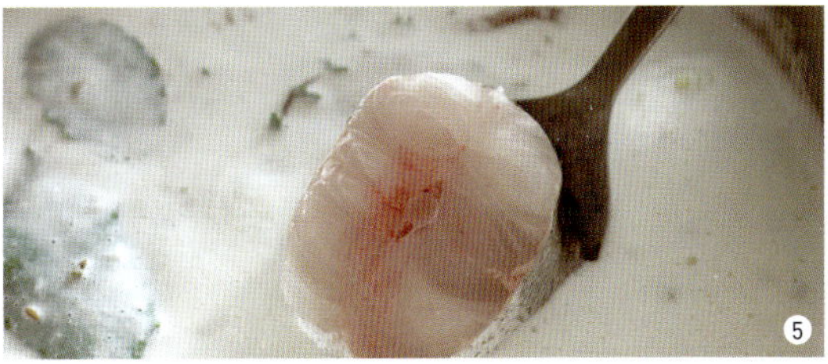
5

Krusten-
tiere &
Schalen-
tiere

halt

Schalen- und Krustentiere

Ob Hummer oder Languste – Krustentiere sollte man lebend für den Verzehr am selben Tag kaufen. Die vermeintlich edlen Krustentiere wie Hummer oder Langusten sind tiefgefroren wenig schmackhaft. Vermeiden sollte man beim Händler vorgekochte Krustentiere. Solchen Tieren sieht man kaum noch an, wie lange sie im Vivarium gelebt haben. Ob der Händler die richtige Garzeit eingehalten hat, weiß der Käufer erst recht nicht. Zwei weitere Grundregeln machen den Kauf von Hummern und Langusten ein wenig einfacher: Genau wie bei den Fischen fallen Krustentiere aus tropischen Gewässern oft weniger fein aus als ihre Vettern aus kalten Nordmeeren. Und genau wie bei Geflügel, Rind, Schwein oder Wild schmecken weibliche Tiere besser als ihre männlichen Artgenossen. Wer Gewissensbisse hat, einen Hummer lebend in den Kochtopf zu geben, kann das Tier einige Stunden im Kühlschrank ruhen lassen: Danach ist der Hummer benom men und befindet sich fast im Tiefschl

Auch Muscheln sollten lebend gekauft werden. Vorsicht ist bei allen Muschel geboten, die sich leicht und ohne Wide stand öffnen lassen. Venusmuscheln n einem feuchten Handtuch fest umwickeln, damit sie nicht aufgehen.

Kochzeittabelle

Produkt	Form	Methode	Temperatur	Zeit	Anmerkung
Flusskrebse	1 kg	Kochtopf	sieden	3 Minuten	
Shrimps	mittelgroß ohne Schale	Pfanne	mittlere Hitze	2 Minuten	
Hummer	550 g	Kochtopf	kleine Hitze	10 Minuten	ins kochende Wasse geben, um den Hummer zu töten, danac ziehen lassen und somit garen
Austern	Belon 00 oder Fines de Claire	Ofen	220°C	2–3 Minuten	mit Sauce überback
Oktopus	ca. 600 g	Kochtopf	mittlere Hitze	40 Minuten	
Miesmuscheln		Kochtopf	starke Hitze	3–5 Minuten	je nach Größe
Schwertmuscheln		Ofen	220°C	8 Minuten	überbacken
Jakobsmuscheln	nur Nüsschen	Pfanne	starke Hitze	1–2 Minuten	schmecken auch rol gut oder nur von ein Seite angebraten
Sepia	ca. 150 g	Grillpfanne	starke Hitze	4–6 Minuten	

Garnelen

Hummer

Langusten

Scampi, Langustinos, Kaisergranat

Miesmuscheln

Jakobsmuscheln

Austern

Venusmuschel

Flusskrebs

Sepia

Calamar

Oktopus

Putzen von Miesmuscheln

1. Die Muscheln unter kaltem Wasser gründlich waschen.

2. Die Verunreinigungen an der Außenseite ebenso mit der Hand entfernen wie den „Bart", der sich nach ein wenig Hin- und Herziehen leichter lösen lässt.

3. Offene Muscheln beim Putzen aussortieren, da sie nicht mehr leben und unbrauchbar sind.

Öffnen von Austern

1. Die Austern unter kaltem Wasser waschen und mit einer Bürste reinigen. Nicht in Wasser legen, sofern es sich nicht um Meerwasser handelt!

2. Die Auster so in ein Küchentuch legen, dass der hintere Teil herausschaut. Mit dem Tuch wird verhindert, dass die Auster beim Öffnen verrutscht. Die Spitze des Austernmessers in die winzige hintere Öffnung stecken und durch Hin- und Herbewegen in die Auster einführen.

3. Nun die Auster durch eine Drehbewegung knacken. Den Muskel an der oberen Schale mit dem Messer lösen und die Auster vorsichtig öffnen, damit kein Austernwasser herausfließt. Die um den Austernbart möglicherweise vorhandenen Schalenreste mit einem in Salzwasser getauchten kleinen Pinsel entfernen.

Öffnen von Schwert-/Stabmuscheln

Die Schwertmuscheln unter kaltem sser gründlich waschen.

Zum Öffnen der Schale ein kleines sser am oberen Ende ansetzen.

Die Schalen leicht auseinanderdrü- en. Mit dem Messer vorsichtig an der terseite der Muschel entlangschnei- n und dabei den Muskel lösen.

Angebrochene Muscheln aussortieren.

1

2

3

4

Hummer ausbrechen

1. Zuerst die Scheren nach innen drehen und so vom Körper trennen.

2. Dann den Schwanz vom Körper abbrechen.

3. Den Hummer umdrehen, am Rücken festhalten und den Kopf nach oben wegbrechen.

4. Nun die Leber mit einem kleinen Löffel herausnehmen und einfach so essen oder zu Hummersauce, -suppe oder -butter verarbeiten. Den Kopf weiter ausbrechen, den Magen entfernen und entsorgen.

5. Auch aus dem Schwanz die grüne Leber mit dem Löffel entfernen. Mit beiden Händen auf den Panzer drücken, um ihn so durchzubrechen.

6. Den Panzer mit beiden Händen ause nanderbrechen, das Fleisch bleibt dabe unversehrt.

7. Die Gelenke der Scheren mit der Hand abbrechen.

8. Auch die Gelenke enthalten Fleisch. Daher den Teil, an dem die Zange saß, mit dem Messerrücken aufklopfen.

9. Den unteren Teil mit einer Küchenschere seitlich aufschneiden.

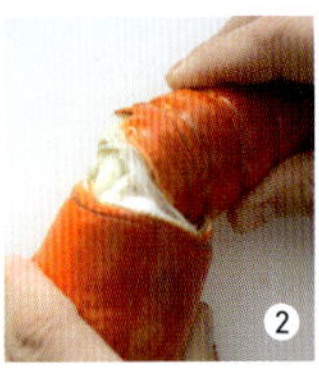

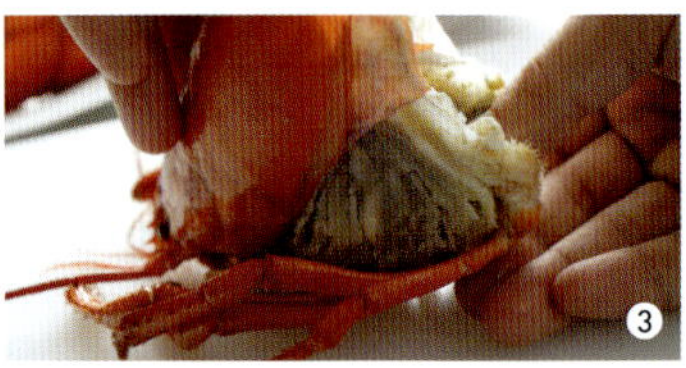

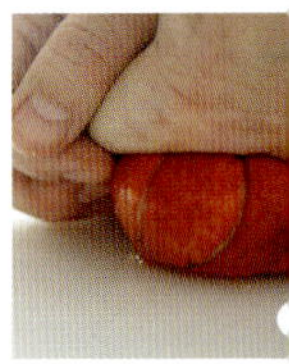

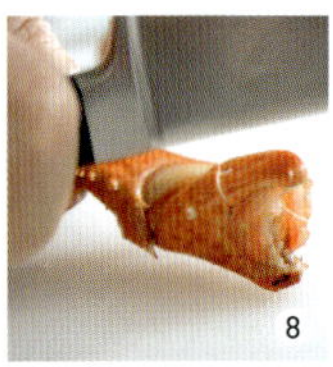

. Nun mit den Daumen aufklappen d das Fleisch herausholen. Mit der ınd von den weißen Eiweißresten freien, aber nicht unter Wasser wahen.

. Die Schere auf das Brett klopfen, mit sich das Fleisch innen löst. Den ɜinen Teil der Zange einmal nach unten ücken und dann einmal nach oben.

. Dann die Zange vorsichtig abziehen, dass beide Sehnen herauskommen.

13. Jetzt mit dem Messerrücken die Unterseite der Schere knacken, dann von der Oberseite genauso verfahren.

14. Nun an der Seite daraufschlagen, sodass der vordere Teil sich löst.

15. Die Hummerschalen für Suppen, Saucen oder Fonds verarbeiten. Der Hummer ist nun vollständig ausgebrochen.

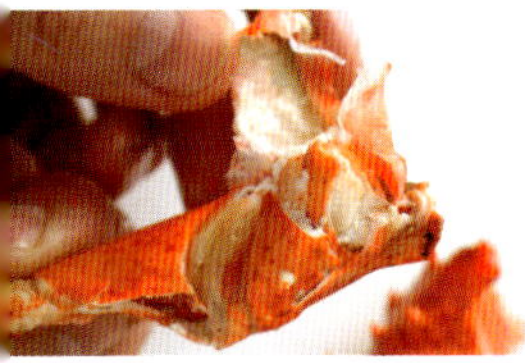
10

11

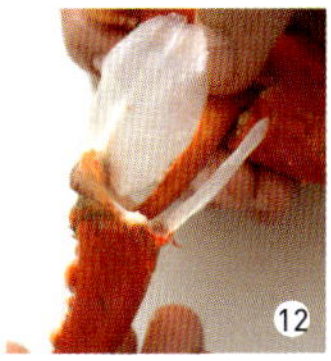
12

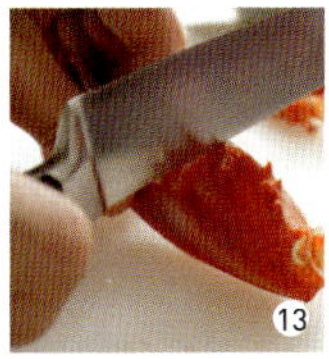
13

14

15

Shrimps schälen

1. Den Kopf vom Körper abdrehen. Die Shrimpsköpfe eignen sich wie die Schalen gut zur Zubereitung von Suppen, Fonds und Saucen.

2. Nun einfach die Schale lösen. Das letzte Stück am Schwanz belassen, wenn die Shrimps im Ganzen gebraten werden. Zur Verarbeitung für Sauce oder Ragout sollte die Schale jedoch restlos entfernt werden.

3. Den Rücken der Länge nach mit einem Messer leicht einschneiden.

4. Den freigelegten Darm mit der Messerspitze erfassen.

5. Den Darm am Stück herausziehen. Je frischer die Shrimps, desto leichter lässt sich der Darm entfernen.

6. Am Farbmuster der Shrimps kann man erkennen, dass sie besonders frisc sind. Nach einiger Zeit verbleicht die Farbe und die Schale ist nur noch grau.

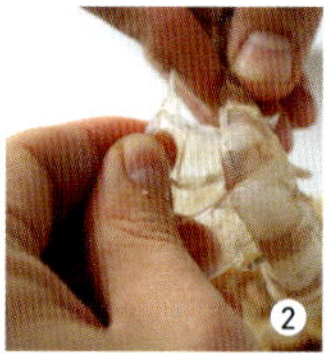

6

Auftauen von Krusten- und Schalentieren

1. Geschälte Garnelen am besten bei Zimmertemperatur in einer Schale auftauen. Das Tauwasser abgießen, die Garnelen zum Abtrocknen auf ein Küchenkrepp geben und danach weiterverarbeiten. Tiefgekühlte Krustentiere können ebenfalls in einem Beutel verschlossen in kaltem Wasser schonend und schnell aufgetaut werden. Nicht direkt in Wasser legen, da sie sonst schnell auslaugen.

2. Die tiefgekühlte Garnele rechts ist mit einer Eisschicht überzogen, die Gefrierbrand verhindern soll. Die tiefgekühlte Garnele links weist bereits Gefrierbrand auf, der zwar nicht gesundheitsschädlich ist, jedoch die Garnele geschmackloser und zäher macht.

3. Eine dunkle Verfärbung am Kopf zeigt an, dass diese Garnele nicht mehr sehr frisch ist.

4. Ungeschälte Garnelen am besten allmählich über 2 Stunden auftauen lassen, indem man sie auf eine Platte oder ein Backblech nebeneinanderlegt.

5. Ungeschälte Garnelen können zum schnelleren Auftauen auch direkt in kaltes Wasser gelegt werden. Der Panzer schützt das eiweißreiche Fleisch vor dem Auslaugen.

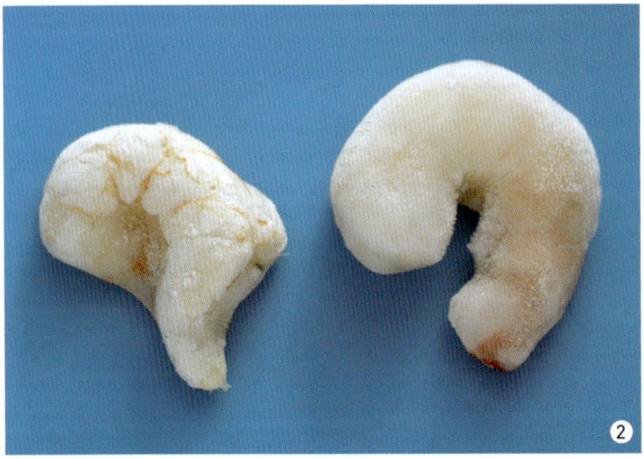

4

5

1 kleine Ananas

500 g Crevetten, gekocht

300 ml Cocktailsauce

4 Orangenscheiben

4 Staudenselleriebätter

Crevettencocktail mit Cocktailsauce

1. Die Ananas mit einem Messer schälen.

2. Die Ananas der Länge nach vierteln und den Strunk ebenso herausschneiden wie die braunen „Augen" (s. S. 654).

3. Die Ananas in ½ cm große Würfel schneiden, um sie auf eine ähnliche Größe wie die Crevetten zu bringen.

4. Die Crevetten zusammen mit der Ananas in eine Schüssel geben, die Cocktai sauce hinzufügen und alles vermengen Den Cocktail in kleinen Schalen servier und mit einer Scheibe Orange und Selle rieblättern garnieren.

30

■ Das Messer und das Schneidebrett sorgfältig abspülen, da sich daran haftende Aromen von Gemüse, Zwiebeln oder Knoblauch auf die Frucht übertragen.

Der Crevettencocktail schmeckt auch mit gekochten Spargelstücken (weiß und grün) gedünsteten Champignons oder reifen Pfirsichstücken. Idealerweise legt man die Cocktailschale zuerst mit fein geschnittenen Salatblättern aus und serviert ein Glas Champagner zum Cocktail.

3

4

- 500 g Shrimps, geschält
- 1 Ei
- 1 EL Sojasauce
- 2 EL Sesamsamen, ungeschält
- 1 EL schwarze Sesamsamen
- 1 TL Szechuanpfeffer
- ½ Bund Brunnenkresse
- 4 EL Soja-Vinaigrette (s. S. 63)

Gebratene Shrimps im Sesammantel

1. Die geschälten Shrimps entdarmen (s. S. 482). Das Ei trennen und das Eiweiß mit der Sojasauce in einer Schale verquirlen.

2. Die Shrimps etwa 10 Minuten in der Eiweiß-Soja-Mischung marinieren.

3. Die Sesamsamen mit dem Szechuanpfeffer in einer Schüssel vermengen und die Shrimps in dieser Mischung wenden.

4. Das Öl in einer beschichteten Pfanne erhitzen und die Shrimps nebeneinande liegend etwa 2 Minuten von beiden Seite braten. Zum Schluss die Brunnenkresseblätter waschen, abtropfen und auf Tellern verteilen. Dann die Shrimps auf die Teller geben, und zum Schluss mit Soja-Vinaigrette beträufeln.

35

■ **Shrimps mit Gewürzkruste schmecken auch auf Rucola-, Tomaten- oder mariniertem Spargelsalat.**

3

4

- 8 Knoblauchzehen
- ½ Bund Petersilie
- 2 Chilischoten, getrocknet
- 1 kg rohe Garnelen
- 150 ml natives Olivenöl extra
- ½ TL grobes Meersalz
- einige Tropfen Zitronensaft

Knoblauch-Garnelen

1. Den Knoblauch schälen und in feine Scheiben schneiden. Die Petersilie waschen, verlesen und fein schneiden. Die Chilischote leicht andrücken. Die Garnelen ausbrechen.

2. Das Öl in einer Pfanne auf mittlerer Hitze erhitzen, die Chilischote und den Knoblauch dazugeben und leicht anschwitzen.

3. Nach etwa 1 Minute die Garnelen hi zufügen und 2 weitere Minuten anbrate Zum Schluss die Petersilie beigeben. M Salz und ein paar Tropfen Zitronensaft abschmecken.

Mit frischem Weißbrot oder Reis servierer

25

■ Unter die Knoblauchgarnelen gehackte Spaghetti und einige Würfel Tomaten mischen. Einige Löffel Kochwasser dazugeben, so bindet sich das Öl besser an der Pasta.

2

3

- 4 Maiskolben
- 4 Hummer
- 2 EL grobes Meersalz
- 1 Prise Cayennepfeffer
- 100 g Butter
- 1 TL feines Meersalz

Gekochter Hummer mit Mais und zerlassener Butter

1. Die Maiskolben aus den Blättern schälen, die Maisfäden entfernen und den Strunk abschneiden. Wasser in einem für 4 Maiskolben ausreichend großen Topf zum Kochen bringen, aber nicht salzen – die Maiskörner könnten hart werden.

2. Den Mais in das kochende Wasser geben und 8 Minuten köcheln lassen.

3. Die Gummiringe an den Hummerscheren mit einem Messer entfernen. Einen zweiten Topf mit 5 l Wasser aufsetzen und zum Kochen bringen. Das Wasser mit Meersalz und Cayennepfeffer würzen.

4. Die Hummer schnell mit dem Kopf zuerst in das kochende Wasser geben und einmal aufkochen. Dann den Herd ausschalten und die Hummer 10 Minut ziehen lassen.

5. Die Butter zerlassen. Die Hummer direkt aus dem Wasser auf Tellern vert len. Jeweils einen Maiskolben dazuleg mit der zerlassenen Butter beträufeln und mit feinem Meersalz bestreuen. Dazu ungedingt eine Hummerzange zu Aufbrechen servieren.

40

■ Kanadischer Hummer ist nicht allzu te er. Mit einem Idealgewicht von 500 g biet er eine gute Fleischausbeute bzw. Portio

2

3

4

5

100 g Weißbrot

300 g Krabbenfleisch

½ Bund Koriandergrün

2 EL Crème fraîche

3 Eier

1 Prise Salz

1 Prise schwarzer Pfeffer

2 EL Pflanzenöl

Knusprige Crabcakes

1. Den Weißbrotrand abschneiden und das Brot in der Küchenmaschine fein mixen. Das Krabbenfleisch in eine Schüssel geben und mit einer Gabel zerdrücken, damit es sich nachher mit den weiteren Zutaten besser vermischen lässt.

2. Den Koriander waschen und fein schneiden. Die Crème fraîche zum Krabbenfleisch geben. Zwei Eier trennen und die zwei Eigelb sowie das übrige ganze Ei beigeben, salzen und pfeffern und mit dem Koriander vermengen.

3. Dann die Hälfte des geriebenen Weißbrots hinzufügen und untermischen. 15 Minuten zugedeckt in den Kühlschra stellen, da sich die kalte Masse besser verarbeiten lässt.

4. Die Masse mit einem Esslöffel abst chen und mit feuchten Händen die Cak formen. In den restlichen Weißbrotbröseln wenden.

5. Das Öl in einer beschichteten Pfanr erhitzen. Die Cakes von beiden Seiten 2 bis 3 Minuten ausbacken, bis sie eine goldgelbe Farbe annehmen. Vorsichtig wenden. Abschließend auf Tellern anri ten und mit einem Dip servieren.

■ Dip-Empfehlung: 200 g Ketchup in eine Schüssel geben, 1 TL fein geriebenen Ingwer hinzufügen und einige Tropfen Tabascosauce untermischen.
Anstelle von Krabbenfleisch kann man die Cakes auch mit rohen, gehackten Shrimp oder mit Resten anderer gekochter Krustentiere zubereiten.

45

2

3

4

5

- 2 kg Flusskrebse, lebendig
- 3 Karotten
- 3 Frühlingszwiebeln
- 3 Schalotten
- 2 Stangen Lauch
- 4 Stangen Staudensellerie
- 1 Knoblauchzehe
- 1 Bund Dill
- 5 Nelken
- 1 TL schwarze Pfefferkörner
- 3 Lorbeerblätter
- 1 Chilischote, getrocknet
- ½ l Weißwein
- 2 EL grobes Meersalz
- 150 g Mayonnaise (s. S. 50)

Flusskrebse im Dillsud

1. Zunächst prüfen, ob sich die Flusskrebse noch bewegen, andernfalls aussortieren. Die Karotten, jungen Zwiebeln und Schalotten schälen. Die Lauchstangen halbieren und waschen. Den Staudensellerie und die anderen Gemüse in ½ cm große Stücke schneiden. Die Knoblauchzehe in der Schale andrücken. Den Dill waschen und grob schneiden.

2. 5 Liter Wasser in einem großen Topf mit Nelken, Pfefferkörnern, Lorbeerblättern, Chilischote, Weißwein und Meersalz aufkochen. Danach das Gemüse und den Dill hinzufügen und 3 Minuten köcheln.

3. Die Hälfte der Krebse in den kochenden Sud geben. Mit dem Deckel verschließen und sofort zum Kochen bringen. Die Krebse nach dem Aufkoch mit einer großen Schaumkelle herausnehmen, dann die zweite Hälfte ebenfa abkochen. Die Schwänze ausbrechen und die fertigen Flusskrebse mit etwa Mayonnaise auf einem Teller servieren Dazu frisches, leicht getoastetes Weißbrot reichen.

40

■ Die Flusskrebse einfach in einer großen Schale auf den Tisch stellen, um nach Belieben zuzugreifen. Die Flusskrebse in den Sommermonaten mit frischem Weißwein und Cocktailsauc genießen.

2

3

 1 Schalote

 5 EL Rotweinessig

 1 EL Wasser

 24 Austern

Austern auf Eis

1. Die Schalotte schälen und fein würfeln. Den Rotweinessig mit dem Wasser und der Schalotte in eine Schüssel geben und verrühren.

2. Die Austern mit einem Austernmesser knacken.

3. Die Austern öffnen und auf einer Platte mit zerstoßenem Eis servieren. Die Sauce in einer kleinen Schüssel auf die Platte setzen.

■ Mit dekorativ auf dem Eis drapierten Seetang schmecken die Austern gleich nach Meer! Dazu in kleine Stücke geschnittenes Schwarzbrot mit Butter auf einem kleinen Teller servieren. Hier we den Belon-Austern der Größe 00 servier eine sehr schmackhafte Flachaustern-sorte, die auch in der kleineren Variante gereicht werden kann. Felsenaustern, w Fines de Claires, Portugaise, Sylter Spe al oder die amerikanische Blue Point, si roh ebenfalls echte Leckerbissen.

30

24 Austern

2 Stangen Lauch

10 g Butter

1 Prise Salz,
1 Prise schwarzer Pfeffer

1 Prise Muskatnuss,
frisch gerieben

200 ml Sauce hollandaise

1 kg grobes Meersalz

ustern überbacken

Die Austern öffnen (s. S. 480), aus der hale lösen und in ein Sieb geben. Die sternschalen säubern und für etwa 3 bis ⁄inuten zum Trocknen in den vorgeheizten ckofen geben. Die Lauchstangen waschen d schräg in feine Streifen schneiden.

Die Butter in einem Topf aufschäumen ssen, die Lauchstreifen hinzugeben, t Salz, Pfeffer und frischer Muskatnuss ̇rzen und anschwitzen. Mit 100 ml Was- r ablöschen und 2 bis 3 Minuten köcheln ssen, bis die Lauchstreifen weich sind d die Flüssigkeit verkocht ist. Den uch in die trockenen Austernschalen jen und die Austern darauf platzieren.

3. Die Sauce hollandaise zubereiten (s. S. 152) und über die Austern gießen. Dann im auf 220 °C vorgeheizten Backofen bei Oberhitze 2 bis 3 Minuten überbacken. Wegen der kurzen Backzeit aufpassen, dass die Austern nicht zu dunkel überbacken. Danach auf einen Teller mit grobem Meersalz setzen und servieren.

■ **Herausgelöste Austern können auch wie Backfisch im Bierteig gebacken, mit Tartarsauce gereicht oder im Speckmantel gebraten auf Sauerkraut serviert werden.**

45

- 1 kg Oktopus
- 2 EL grobes Meersalz
- 1 Zitrone
- 1 Zweig Thymian
- ¼ l Weißwein
- 1 TL Paprikapulver, edelsüß
- ¼ EL Cayennepfeffer
- 4 EL natives Olivenöl extra

Gekochter Oktopus mit lauwarmer Vinaigrette

1. Den Oktopus gründlich waschen. Den Kopf umstülpen, die Innereien herausziehen und mit einem Messer abschneiden.

2. Danach gut ausspülen und von Hautresten befreien.

3. Das untere Kopfende des Oktopus zusammendrücken, um den Schnabel ergreifen und entfernen zu können.

4. Das Wasser in einem hohen Topf zum Kochen bringen und den Oktopus mit Salz, einer Zitronenscheibe, Thymianzweig und Weißwein ins Wasser geben.

5. Etwa 40 Minuten kochen lassen. Ein Stück Oktopus abschneiden und pro bieren, ob er gar ist. Den Saft einer ½ Zitrone mit dem Paprikapulver und de Cayennepfeffer in eine Schüssel geben und mit Olivenöl und 1 EL Kochflüssigk des Oktopus vermengen. Den Oktopus herausnehmen, abtropfen lassen und in Stücke schneiden. Auf Tellern anrichten und mit der Chili-Vinaigrette beträufeln

70

■ **In Spanien wird gekochter Oktopus oft auf gekochten Kartoffelscheiben serviert. Er lässt sich auch gut mit frischer Knoblauchsauce oder auf Bohnensalat (s. S. 88) anrichten. Je nach Größe des Oktopus schwankt auch die Garzeit, weshalb man ihn unbedingt kosten sollte. Zäher Oktopus ist ungenießbar und kann auch nicht durch Mitkochen von Korken vermieden werden!**

2

3

4

5

 3 Schalotten

 60 g Staudensellerie

 1 Stange Lauch

 1 Knoblauchzehe

 30 g Butter

 2 Lorbeerblätter

 1 Zweig Thymian

 1 Prise Salz,
1 Prise schwarzer Pfeffer

 2 kg Miesmuscheln
(500 g pro Person)

 150 ml Weißwein

 ½ Bund Petersilie

Miesmuscheln in Weißwein gekocht

1. Die Schalotten schälen und in feine Streifen schneiden. Den Sellerie und Lauch in feine Streifen schneiden. Die Knoblauchzehe in der Schale andrücken. Die Butter in einem Topf zum Schmelzen bringen. Zuerst Knoblauch und Schalotten hinzugeben, dann Lorbeerblätter, Thymian, Staudensellerie und Lauch und alles kurz anschwitzen. Mit Salz und Pfeffer würzen.

2. Die gewaschenen und geputzten Muscheln (s. S. 480) hinzugeben, mit de Gemüse vermischen, mit Weißwein abl schen und bei geschlossenem Deckel 3 bis 5 Minuten köcheln lassen, bis sich d Muscheln öffnen. Die Petersilie wasche zupfen und die Blätter fein schneiden. Über die Muscheln streuen, alles durch schwenken und servieren.

30

■ **Mit einer leeren Muschel als Zange können die Muscheln ohne Besteck verzehrt werden.**

2

2 Tomaten

2 Schalotten

5 Basilikumblätter

1 Bund Petersilie

1 Prise Salz,
1 Prise schwarzer Pfeffer

3 EL Rotweinessig

8 EL Olivenöl

2 kg Miesmuscheln, gekocht (s. S. 504)

Miesmuscheln in Kräutermarinade kalt serviert

1. Die Tomaten schälen, vierteln, entkernen und in feine Würfel schneiden (s. S. 346). Die Schalotten schälen und fein würfeln. Die Basilikumblätter fein schneiden. Die Petersilie waschen, zupfen und ebenfalls fein schneiden. Alles zusammen in eine Schale geben.

2. Nun salzen, pfeffern, mit Rotweinessig aufgießen, Olivenöl hinzugeben und vermengen.

3. Das Fleisch aus den gekochten Muscheln herauslösen. Für dieses Rezept die Muscheln jedoch mit der Marinade vermengen, mit Klarsichtfolie abdecken und eine ½ Stunde durchziehe lassen. Dann die Muscheln auf Tellern servieren und getoastete Weißbrotschei ben dazu reichen.

60

■ **Auf diese Art schmecken Herzmuscheln, Neuseeländische Miesmuscheln (auch grüne Muscheln genannt), Venusmuscheln oder gekochte Meeresschnecken besonders gut. Wichtig ist, sie nicht direkt aus dem Kühlschrank, sondern bei Zimmertemperatur zu servieren!**

2

3

 3 Scheiben Weißbrot

 ½ Bund Petersilie

 3 Zweige Thymian

 1 kg Schwertmuscheln

 2 EL Sojasauce

 3 EL natives Olivenöl extra

Schwertmuscheln mit Kräutern und Sojasauce

1. Den Rand der Weißbrotscheiben abschneiden und das Brot grob würfeln. Die Petersilie waschen und zupfen, genau wie die Thymianblätter. Alles in die Küchenmaschine geben und fein mixen.

2. Die Schwertmuscheln waschen, mit einem Messer öffnen und in eine Auflaufform nebeneinanderlegen. Die Schwertmuscheln zuerst mit Sojasauce beträufeln.

3. Die Kräuter-Brot-Mischung über die Muscheln geben und mit Olivenöl beträufeln. Die Schwertmuscheln im au 220 °C vorgeheizten Backofen bei Ober- hitze etwa 10 Minuten überbacken. In d Auflaufform servieren.

35

■ Folgende Muschelarten können auf dieselbe Art zubereitet werden:
1. Meerdatteln (länglich und sehr wohlschmeckend) 2. Neuseeländische Miesmu scheln (sehr groß, mit grünem Rand und zartem Fleisch ausgestattet) 3. Venusmuscheln (lecker nussig)

2

3

8 Jakobsmuscheln

8 Streifen geräucherter Bauchspeck

1 EL Pflanzenöl

1 Prise Salz,
1 Prise schwarzer Pfeffer

8 EL grobes Meersalz

Jakobsmuscheln im Speckmantel gebraten

1. Das Fleisch aus den Jakobsmuscheln lösen. Die untere Schale reinigen und von Muschelresten befreien. Abtrocknen und bis zum Anrichten beiseitestellen.

2. Die Speckstreifen auf einer Arbeitsfläche auslegen. Das weiße Muschelfleisch an einem Ende platzieren und in den Speck einrollen.

3. Das Pflanzenöl in einer Pfanne erhitzen, die Muscheln im Speckmantel hineinlegen und etwas pfeffern, aber nicht salzen, da der Speck bereits für einen würzigen Geschmack sorgt.

4. Die Muscheln etwa 1 Minute auf beiden Seiten anbraten, bis der Speck knusprig ist.

5. Das orangefarbene Muschelfleisch i einer separaten Pfanne mit einem Hauc Öl von beiden Seiten kurz und scharf anbraten. Leicht salzen und pfeffern. Das Meersalz auf kleine Teller streuen und die Schalen so darauf platzieren, dass sie fest sitzen und das gebratene Muschelfleisch darauf anrichten.

30

■ Dieses Gericht dient zwar als Vorspeise, doch können Jakobsmuscheln auch ohne Speckmantel gebraten und mit Spargelsal oder in Kürbisrahmsuppe serviert werden

5

- 2 Knoblauchzehen
- 1 Bund Petersilie
- 8 Sepien
- 1 Prise Salz,
  1 Prise schwarzer Pfeffer
- 1 Zweig Rosmarin
- 1 Prise Chiliflocken
- 4 EL nativesOlivenöl extra
- 300 g Rahmjoghurt
- 1 Zitrone

Gegrillte Sepia

1. Den Knoblauch schälen und fein würfeln. Die Petersilie waschen, zupfen und fein schneiden. Die Sepia gründlich waschen und nach Entfernen der Innereien auf einem Küchenpapier gut abtrocknen. Mit der glatten Seite nach oben auf eine Arbeitsplatte legen und der Breite nach leicht anritzen.

2. Mit der angeritzten Seite nach oben in eine Auflaufform geben, innen salzen, pfeffern und mit der Petersilie sowie der Hälfte des Knoblauchs füllen. Dann wenden.

3. Die Rosmarinnadeln abzupfen und mit den Chiliflocken über der Sepia verteilen. Noch einmal salzen, pfeffern, mit 2 EL Olivenöl beträufeln und anschließend 15 Minuten marinieren lassen. Die Sepia kann wahlweise auch schon einen Tag vorher mariniert werden.

4. Eine beschichtete Grillpfanne erhitzen und die Sepia zuerst auf der angeritzten Seite braten, dann wenden. Insgesamt 2 bis 3 Minuten von jeder Seite grillen.

5. Den Joghurt, den gehackten Knoblauch und das restliche Olivenöl in eine Schüssel geben, salzen, pfeffern und vermischen. Die Zitrone in Scheiben schneiden und mit der Sepia auf Tellern anrichten. Mit Joghurt-Dip servieren.

45

■ Das Gericht gelingt auch mit frischen Calamares. Auf dem Holzkohlegrill zubereitet schmecken Sepien und Calamares noch besser. Dazu passen eine Tomaten-Vinaigrette (s. S. 63) und frisches Weißbrot

2

3

4

5

Geflügel

halt

Geflügel

Früher nahmen die Geflügelhändler ihre Ware direkt vor den Kunden aus. Anhand von Füßen, Schnabel oder der Größe des Magens konnten Kenner viel über das Leben des Geflügels erfahren. Käfighühner haben keine Krallen. Geflügel, das täglich mit Brei ernährt wird, entwickelt keinen großen, kräftigen Magen. Im Supermarkt gibt es wenig zuverlässige Qualitätszeichen. Unter Plastik sieht Geflügel meist identisch aus. Nur manchmal erkennt man Flecken auf der Haut, wenn die Ware durch zu viele Hände gegangen ist.

Bratzeittabelle

Produkt	Form	Methode	Temperatur	Zeit
Hähnchen	1,2 kg	Ofen	200 °C	45 Minuten
Hähnchenkeule	120 g	Ofen	160 °C	25 Minuten
Ente	1,6 kg	Ofen	160 °C	90 Minuten
Gans (ca. 5 kg)	ca. 4 bis 5 kg	Ofen	150-160 °C	150 - 180 Minuten
Gänsebrust	300 g	Ofen	160 °C	70 Minuten
Gänsekeule	250 g	Ofen	160 °C	100 Minuten
Hühnerbrust	180 bis 200 g	Pfanne	mittlere Hitze	10 Minuten
Truthahn	ca. 8 kg	Ofen	150 °C	300 Minuten
Entenbrust	200 bis 250 g	Pfanne	mittlere Hitze	10 Minuten
Taube	300 g	Ofen	210 °C	25 Minuten
Stubenküken	450 g	Ofen	180 °C	25 Minuten
Fasan	800 g bis 1 kg	Ofen	180 °C	40 Minuten
Wachtel	120 g	Ofen	190 °C	20 Minuten
Suppenhuhn	1,3 kg	Topf	sieden	50 Minuten

Stubenküken

Truthahn

Taube

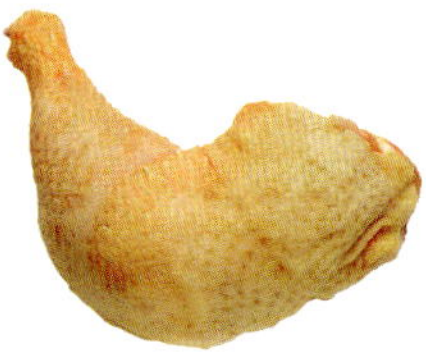

Hühnerschenkel

Entenbrust

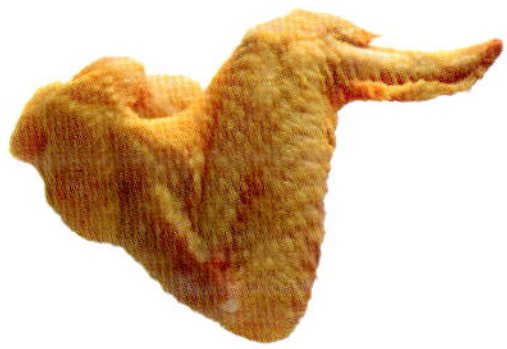

Hühnchenflügel

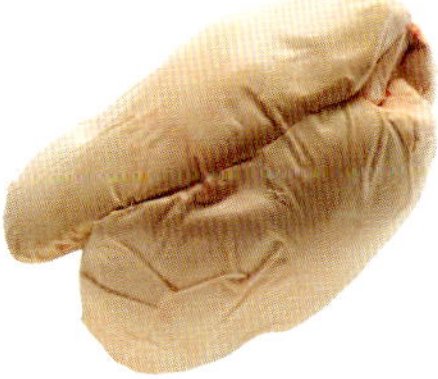

Foie gras

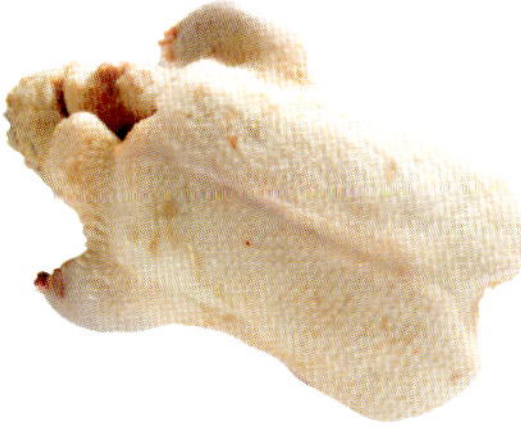

Ente

Huhn

Zerteilung eines Geflügels

1. Die Fußgelenke mit einem Messer entfernen. Das Geflügel mit den Keulen nach vorn auf eine saubere Arbeitsfläche legen.

2. Die Keulen vom Körper wegklappen und mit dem Messer bis zum Knochen abschneiden.

3. Die Keulen aus dem Gelenk brechen und das Geflügel umdrehen.

4. Die daumengroßen Filets herauslösen und die Keulen abschneiden.

5. Um den Flügel herum mit etwa 3 cm Abstand zur Brust einschneiden und das Fleisch zur Flügelspitze hin abschaben, um den Knochen freizulegen. Dann den Flügel mit der Rückseite des Messers durchtrennen.

6. Nun die Haut an der Brust vorsichtig nach oben schieben, um sie nicht zu beschädigen, und den freige-

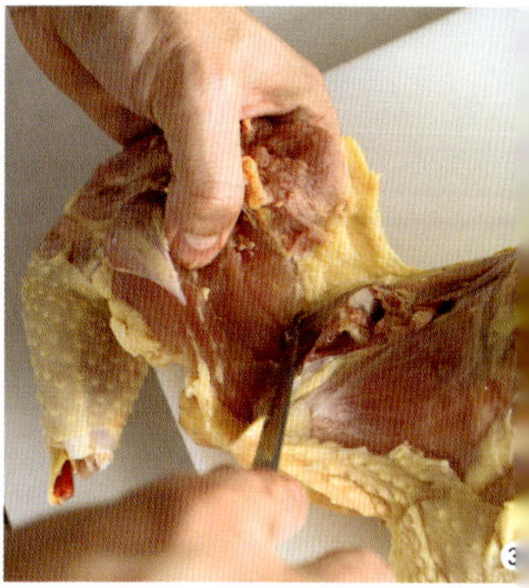

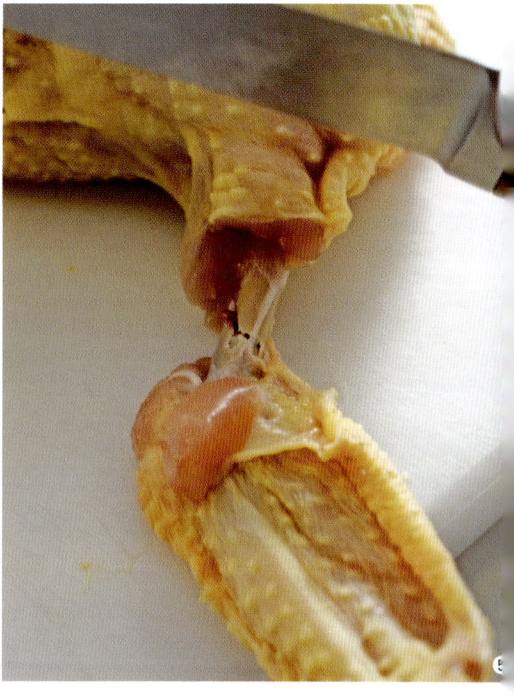

ten Gabelknochen mit der Messer-
tze lösen.

Den Gabelknochen vorsichtig her-
sziehen. So lässt sich das Brustfilet
sser herausschneiden. Andernfalls
isste man um den Gabelknochen her-
ıschneiden, was Übung erfordert.

8. Am Brustknochen entlang von der Bauchhöhle bis zum Hals, wo der Gabelknochen entfernt wurde, einschneiden.

9. Mit der Hand das Brustfilet wegklappen und so abschneiden, dass der Flügelknochen am Filet hängt.

10. Die ausgelösten Brustfilets, Keulen und Flügel weiterverarbeiten, das Knochengerüst zur Zubereitung von Suppen oder Saucen verwenden.

■ **Leber und Niere können separat verarbeitet werden, beispielsweise als Vorspeise mit einem Feldsalat.**

6

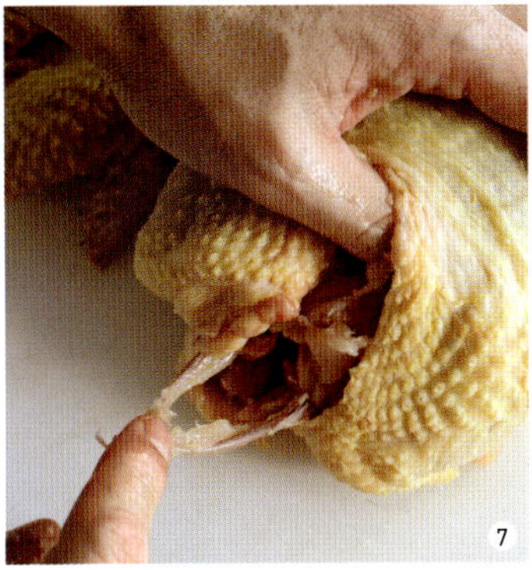
7

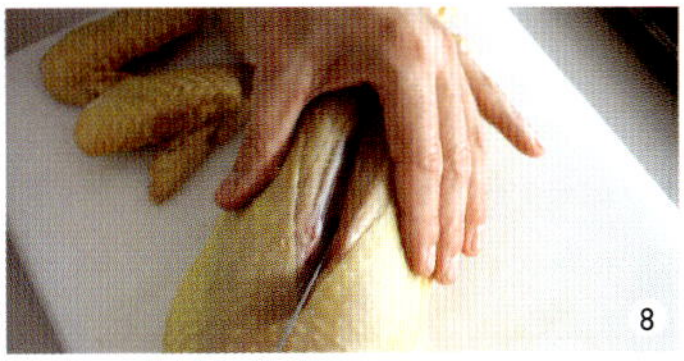
8

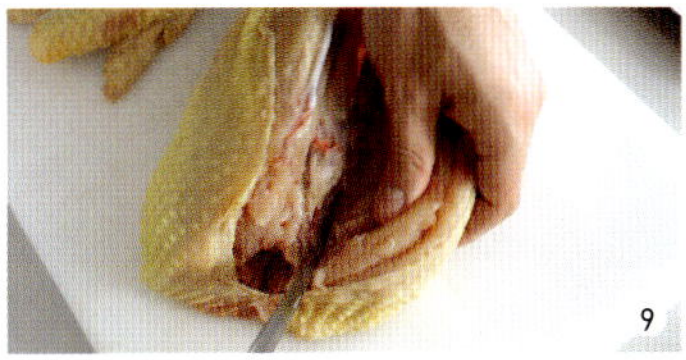
9

10

 2 kg Geflügelknochen
 3 EL Pflanzenöl
 250 g Zwiebeln
 100 g Schalotten
 150 g Karotten
 150 g Staudensellerie
 1 Knoblauchknolle
 1 TL weiße Pfefferkörner
 5 Nelken
 ½ Bund Petersilie
 2 Zweige Rosmarin
 3 Zweige Thymian
 5 Lorbeerblätter
 1 TL grobes Meersalz
 1 EL Tomatenmark
 100 ml weißer Portwein
 200 ml Weißwein
 3 l Wasser

Braune Geflügelsauce

1. Die Geflügelknochen mit einem großen Hackmesser oder einer Küchenschere in walnussgroße Stücke schneiden. Das Öl in einem breiten Topf erhitzen und die Knochen etwa 20 Minuten goldgelb anrösten. Öfter umrühren.

2. Die Zwiebeln, Schalotten und Karotten schälen und ebenso in ½ cm große Stücke schneiden (s. S. 344) wie den Staudensellerie und mitrösten.

3. Die Knoblauchknolle quer halbieren und mit dem Gemüse zu den Knochen geben. Weitere 10 Minuten rösten und umrühren, damit der Bratensatz nicht zu dunkel wird oder gar anbrennt. Die Pfefferkörner und Nelken mit der flachen Seite eines großen Messers andrücken. Die Petersilie waschen und zupfen. Die Stiele mit Rosmarin, Thymian, Knoblauch und den restlichen Gewürzen zum Saucenansatz geben und auf mittlerer Hitze weiter rösten.

4. Den Saucenansatz an den Rand schieben und das Tomatenmark auf die freie Stelle geben. Etwas anrösten, um die Säure zu mildern und eine übermäßige Rotfärbung der Sauce zu verhindern. Danach mit dem Saucenansatz vermischen und kurz weiterrösten.

5. Erst mit dem Portwein ablöschen, dann mit dem Weißwein.

6. Den Bratensatz vom Topfboden abkratzen. Er löst sich später beim Kochen in der Sauce auf und sorgt für ein Röstaroma.

180

■ Als Geflügelknochen dienen Flügel, Hals mit Haut oder Gerippe. Wichtig ist, dass Geflügelhaut an den Knochen hängt, die der Sauce beim Ausbraten Geschmack verleiht. Richtig ausgekocht, geliert sie und erhält einen vollen Geschmack, der auch durch Aufgießen mit Geflügelfond verstärkt werden kann. Die braune Sauce zu Geflügelgerichten reichen. Sie kann auch gut auf Vorrat eingefroren werden.

Danach mit kaltem Wasser auffüllen,
s die Knochen etwa 1 cm bedeckt sind.
angsam zum Kochen bringen.

. Nach dem Aufkochen den Schaum
nd das Fett von der Oberfläche abschöp-
n und die Sauce etwa 2 Stunden leise
öcheln lassen. 20 Minuten vor Ende der
ochzeit die Petersilienblätter in die Sau-
e geben und weiter auskochen.

Nun die Sauce zweimal durchsieben.
uerst die Knochen in einem groben Sieb
erausfiltern und das Gemüse leicht
usdrücken. Dann durch ein feines Sieb
assieren. Die Sauce abschließend noch
nmal aufkochen. Den Schaum wieder
bschöpfen und eventuell leicht mit Salz
nd Pfeffer nachwürzen.

6 – 8 Hähnchenkeulen

1 Stück Ingwer

150 ml BBQ-Sauce (s. S. 56)

2 EL Pflanzenöl

1 Prise Salz,
1 Prise schwarzer Pfeffer

100 ml Wasser

Hähnchenkeule mit BBQ-Sauce

1. Die Hähnchenkeulen am Gelenk in zwei Teile schneiden. Das Fleisch zwei- bis dreimal mit einem Messer einritzen, damit die Marinade besser einwirken kann.

2. Den Ingwer schälen und in Scheiben schneiden. Die Keulen in eine Auflaufform geben und die BBQ-Sauce, das Öl und die Ingwerscheiben über die Hähnchenkeulen verteilen. Mit Klarsichtfolie abdecken und mindestens 2 Stunden marinieren lassen.

3. Nun die Hähnchenkeulen von beiden Seiten salzen und pfeffern und im auf 200 °C vorgeheizten Backofen etwa 40 Minuten backen. Nach der Hälfte der Backzeit mit Wasser ablöschen und immer wieder mit der Marinade übergießen. Die Keulen aus dem Ofen nehmen und mit Salat, geröstetem Brot oder Karotten servieren.

■ **Es empfiehlt sich, die Hähnchenkeulen schon einen Tag vorher zu marinieren, damit die BBQ-Sauce richtig einwirken kann.**

180

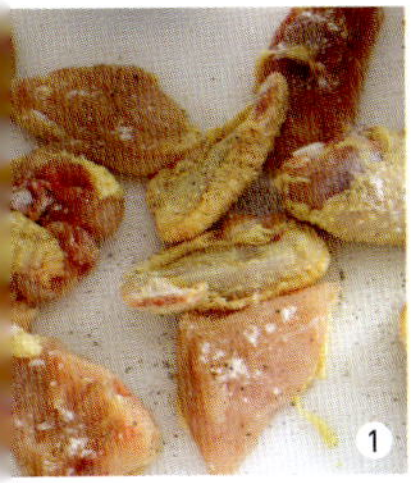

2 Zweige Rosmarin 

2 Zweige Thymian 

1 Hähnchen 

1 Prise Salz,
1 Prise schwarzer Pfeffer 

1 Ei 

2 EL Mehl 

80 g Weißbrotscheiben 

3 EL Olivenöl 

ıähnchenstücke in
‹räuterbrösel-Panade

Die Rosmarinnadeln und Thymianblätter
ı den Zweigen abzupfen und fein hacken.
ɜ herausgelösten Hähnchenteile
S. 518) auf ein Schneidebrett geben.
ɜ Brust zweimal teilen, die Hähnchenkeu-
ı im Gelenk durchtrennen und den oberen
l noch einmal entlang des Knochens
rchschneiden. Salzen und pfeffern.

Das Ei in eine Schüssel aufschla-
n. Mehl, Rosmarin, Thymian und Salz
ızufügen und mit einer Gabel zu einem
hen Teig vermengen. Die Weißbrot-
heiben entrinden und in der Küchen-
maschine fein mixen. Die Hähnchenteile in die Schüssel geben und mit dem Teig vermengen. Anschließend die Weißbrotbrösel hinzufügen und alles mischen.

3. Die Hähnchenkeulen in eine Auflaufform geben, mit etwas Olivenöl beträufeln und im auf 200 °C vorgeheizten Backofen bei Umluft etwa 40 Minuten backen. Die Hähnchenteile eventuell mit Alufolie abdecken, damit die Kruste nicht zu dunkel gerät. In der Form auf den Tisch geben und Kartoffelpüree und Karottengemüse dazu servieren.

70

4 Hühnerbrüste ohne Haut

1 Prise Salz,
1 Prise schwarzer Pfeffer

4 Scheiben gekochter Schinken

4 Scheiben Käse
(Gouda oder Emmentaler)

100 g Mehl

2 Eier

200 g Semmelbrösel

6 EL Pflanzenöl

1 EL Butter

Gefüllte Hühnerbrust mit Schinken und Käse

1. Der Länge nach eine Tasche in die Hühnerbrüste schneiden. Die Hühnerbrüste von beiden Seiten salzen und pfeffern. In die Taschen jeweils 1 Scheibe Schinken und Käse geben.

2. Von den Seiten die Hühnerbrust über den Schinken und den Käse klappen, sodass diese gut eingepackt sind.

3. Alle noch offenen Stellen gut verschließen und das Fleisch etwas andrücken.

4. Als Erstes die Hühnerbrüste in Mehl wenden und das überschüssige Mehl leicht abklopfen. Danach durch die verquirlten Eier ziehen und anschließend in den Semmelbröseln wenden.

5. Das panierte Cordon bleu in eine Pfanne mit Öl und Butter geben. Von beiden Seiten bei mittlerer Temperatur etwa 7 Minuten braten.

*** 30

■ **Die Hühnerbrust kann ebenfalls mit Parmaschinken, Serranoschinken und Blauschimmelkäse wie Gorgonzola oder Stilton gefüllt werden. Die Schnitzel müssen gut paniert werden, damit beim Ausbraten der schmelzende Käse nicht herauslaufen kann. Kalbsschnitzel oder Schweineschnitzel können ebenso zubereitet werden – auch mit Spinatfüllung schmecken sie lecker.**

2

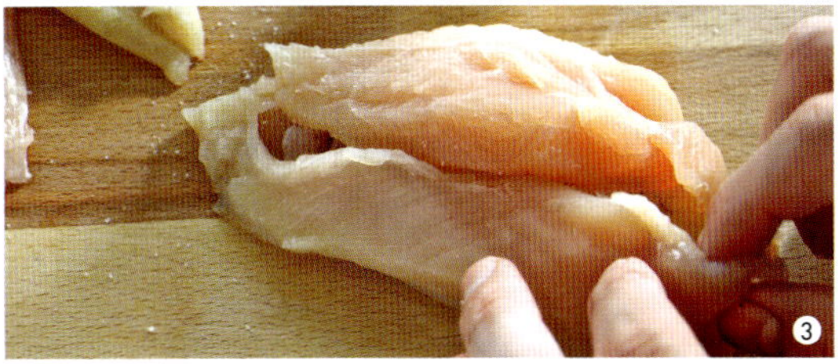
3

4

5

 4 Hühnerbrüste ohne Haut

 1 Prise Salz,
1 Prise schwarzer Pfeffer

 2 Eier

 1 Schuss Mineralwasser

 100 g Mehl

 400 g Paniermehl, am besten aus einer Bäckerei

 6 EL Öl

 1 EL Butter

Klassisches Hühnerbrustschnitze

1. Die Hühnerbrüste von Sehnen oder Häutchen befreien und von beiden Seiten salzen und pfeffern.

2. Die Eier pfeffern und mit dem Mineralwasser gut verquirlen.

3. Die Hühnerbrüste zuerst in Mehl wenden und das überschüssige Mehl wieder abklopfen.

4. Danach durch das Ei ziehen, bis die Brüste komplett bedeckt sind.

5. Dann die Brüste in dem feinen Paniermehl wenden. Die Panade nie andrücken, sonst wird sie nicht richtig locker.

6. Öl und Butter in einer Pfanne erhitzen.

7. Die Schnitzel in die Pfanne geben ui in der Öl-Butter-Mischung braten.

8. Dabei die Pfanne leicht schwenken, sodass das Fett über die Schnitzel schwappt und somit auch von oben gar

9. Die Schnitzel nach 5 Minuten wende und weitere 5 Minuten braten. Dabei wi der schwenken, damit die Panade richt kross wird.

10. Die Schnitzel herausnehmen und ku auf Küchenpapier abtropfen lassen.

Auf Tellern angerichtet entweder mit P tersilienkartoffeln oder mit Gurkensala servieren.

20

■ **Das Fleisch wird noch zarter und würziger, wenn man die geschnittenen Hühnerbrüste für 2 Stunden in eine Mischung aus Joghurt und scharfem Senf einlegt.**

5
6
7
8
9
10

 4 Hühnerbrüste ohne Haut

 1 Prise Salz,
1 Prise Pfeffer

 100 g Mehl

 2 Eier

 250 g feine Kokosflocken

 1 TL Curry

 8 EL Pflanzenöl

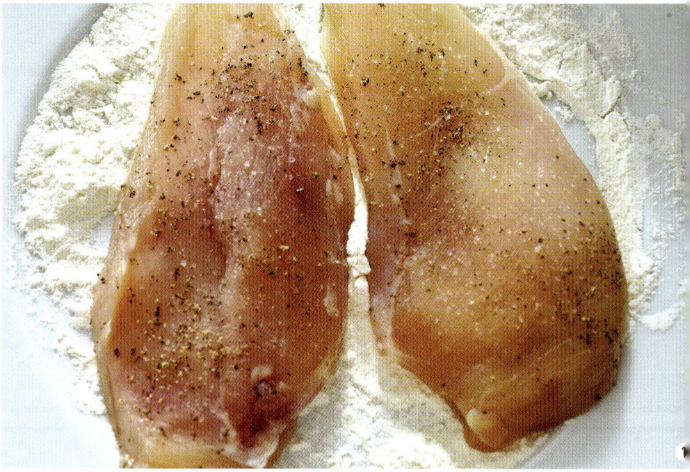

Hühnerbrustschnitzel in Curry-Kokos-Panade

1. Die Hühnerbrüste von den Sehnen befreien, salzen und pfeffern. Kurz in Mehl wenden und überschüssiges Mehl abklopfen.

2. Die Eier gut verquirlen und die mit Mehl bestäubten Hühnerbrustfilets durch die Eier ziehen.

3. Die Kokosflocken in eine breite Form geben und mit dem Curry vermischen.

4. Die durch das Ei gezogenen Hühnerbrüste nun in den Kokosflocken wenden.

5. In eine Pfanne mit Öl geben und bei mittlerer Hitze etwa 5 Minuten braten.

6. Wenden und weitere 5 Minuten goldgelb braten.

7. Die Schnitzel herausnehmen und auf einen mit Küchenpapier ausgelegter Teller zum Abtropfen geben.

Auf Tellern anrichten und mit Mandelrei und scharfem Blattspinat servieren.

20

■ Auf die gleiche Art können Hühnerkeule zubereitet werden: Die Hühnerkeulen von Knochen auslösen und etwas klopfen. Danach auf dieselbe Art panieren und zubereten. Das Fleisch der Keulen wird so etwas fester und muss etwa 3 Minuten länger gebacken werden.

2

3

4

5

6

7

120 g Butter

6 Eier

1 ½ TL Majoran, getrocknet

1 TL Salz,
1 TL schwarzer Pfeffer

½ TL Muskatnuss, frisch gerieben

250 g Geflügelleber

½ kg Weißbrotscheiben

300 g Sahne

1 Truthahn, ca. 6 – 7 kg

5 Karotten

3 Zwiebeln

3 Stangen Staudensellerie

250 ml süßer Apfelwein

750 ml Hühnerbrühe oder Wasser

2 Zweige Thymian

+ 5 Stunden Garzeit

60

Truthahn mit Brotfüllung

1. Die Butter für die Füllung bei Zimmertemperatur in einer große Schüssel schaumig rühren. 1 Ei hineinschlagen, getrockneten Majoran, Salz, schwarzen Pfeffer und geriebene Muskatnuss zugeben und weiter schlagen, bis das Ei aufgenommen ist. Nach und nach auch die anderen Eier einarbeiten.

2. Die Geflügelleber putzen, in 3 cm große Stücke schneiden und zur Buttermischung geben.

3. Die Weißbrotscheiben mitsamt der Rinde in 1 cm große Würfel schneiden und in die Schüssel geben. Mit der flüssigen Sahne begießen und etwa 10 Minuten einweichen lassen.

4. Danach alles vorsichtig mit einem Holzlöffel so vermischen, dass die Weißbrotwürfel weitgehend ihre Form behalten.

5. Den Truthahn von innen gut säuberr und von restlichen Innereien befreien. Nun von innen und außen gut salzen ur pfeffern. Die Füllung in den Bauch gebe und darauf achten, dass sie nicht am Hals herausquillt.

6. Den Truthahn mit Küchengarn zusammenbinden und auf ein Backblec geben. Die Karotten und Zwiebeln schälen, waschen und zusammen mit dem Staudensellerie in 5 cm große Stücke schneiden.

7. Den Truthahn mit dem süßen Apfelwein übergießen und in den auf 150 °C vorgeheizten Ofen geben. 4 Stunden im Ofen garen lassen und immer wieder

■ **Der Füllung können gekochte Maronen gedünstete Äpfel, getrocknete Aprikosen oder gebratene Kürbisstücke beigemischt werden. Mit gekochten Süßkartoffeln und Preiselbeersauce entsteht das in den USA typische Thanksgiving-Gericht.**

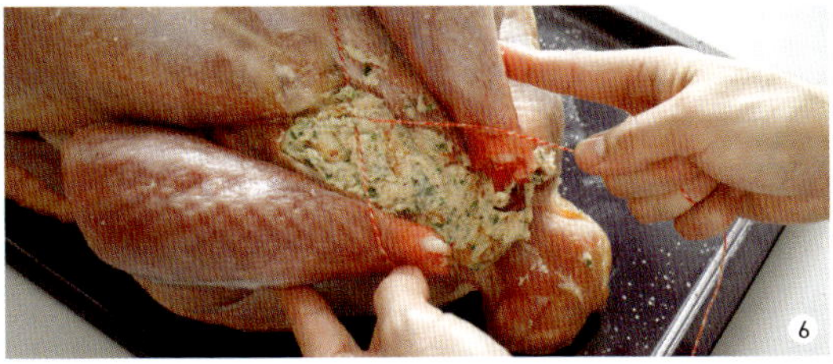

it dem Bratensaft übergießen. Diesen
vischendurch mit 250 ml Hühnerbrühe
S. 134) oder Wasser aufgießen.

Nach 4 Stunden das Gemüse und
e Thymianzweige um den Truthahn he-
m legen, die Füllung mit Alufolie abde-
en und 500 ml Hühnerbrühe zugießen.
Stunde garen lassen und zwischen-
urch das Gemüse wenden. Dieses aus
r Sauce in eine Stielkasserolle geben
d den Bratensatz durch ein feines
eb dazu passieren. Den Truthahn auf
nem Brett zusammen mit der Sauce
rvieren. Traditionell wird er vom
ausherrn zerlegt.

 1 ganze Ente

 3 Schalotten

 1 kleiner Apfel

 1 Prise Salz,
1 Prise schwarzer Pfeffer

 1 Knoblauchzehe

 ½ Bund frischer Majoran

 ¼ l Wasser

Gebratene Ente mit Äpfeln

1. Die Ente beim Metzger küchenfertig vorbereiten und Hals, Flügel und die Innereien separat einpacken lassen. Die Schalotten schälen und halbieren. Den Apfel vierteln, vom Kerngehäuse befreien und noch einmal halbieren. Die Ente von innen säubern und mit einem Küchenpapier ausreiben. Salzen und pfeffern. Die Ente mit den Schalotten, der ganzen Knoblauchzehe, den Apfelstücken und einem Majoranzweig füllen.

2. Die Öffnung mit Zahnstochern schließen, mit Küchengarn zuschnüren und die Zahnstocher von beiden Seiten mit einer Schere abschneiden. So kann die Füllung nicht herausquellen und der Geschmack verbleibt in der Ente. Eventuell vorhandene Federkiele mit einer kleinen Zange aus der Haut ziehen.

3. Die Ente außen salzen und pfeffern und die Gewürze gut in die Haut einreiben.

4. Die Ente in eine passende Form legen und das Entenklein außen herum legen. Mit der Hälfte des Wassers angießen und in den auf 180 °C vorgeheizten Backofen bei Umluft auf die unterste Schiene geben.

140

■ **Kartoffelrösti, Rosenkohl, Rotkohl oder Sauerkraut zur Ente servieren. Den Bratensaft durch ein feines Sieb passieren und als Sauce reichen. Da sie sehr konzentriert ist, reicht ein Beträufeln der Beilagen aus.**

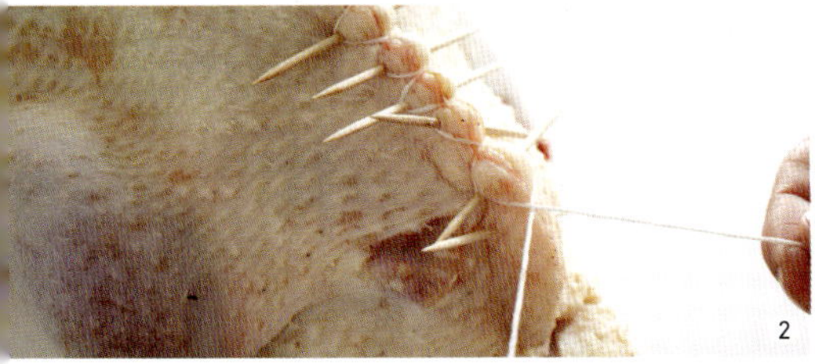

2

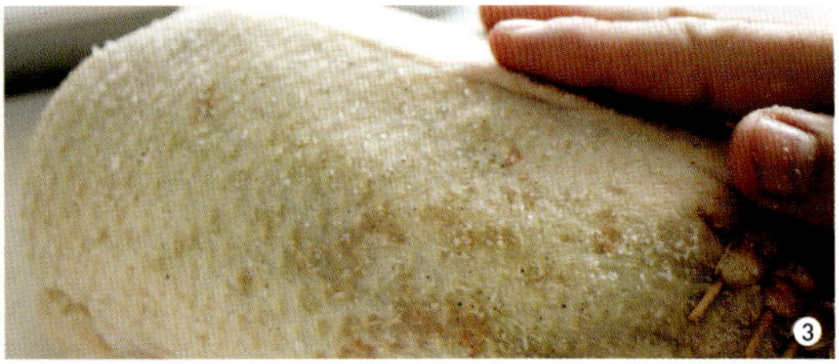

3

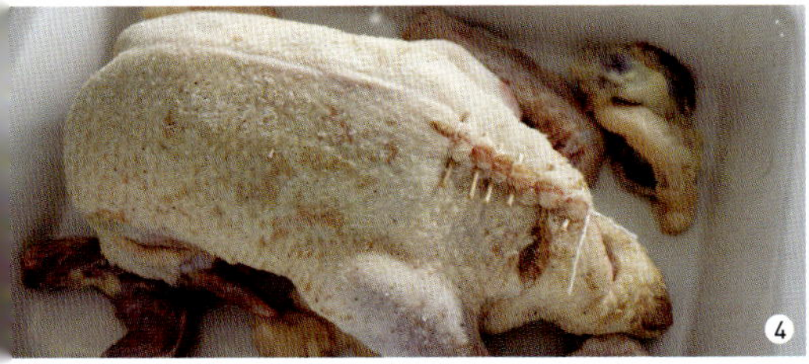

4

5

Die Ente mit dem eigenen Bratensaft ›ergießen. Nach etwa 45 Minuten das stliche Wasser zugießen und die Ente eitere 45 Minuten braten lassen. Sobald er Braten fertig ist, das Küchengarn mit nem Messer lösen und die Zahnstocher ıtfernen. Die Ente auf eine große Ser-erplatte geben und mit einigen Majo-nzweigen dekorieren.

 4 Entenbrüste (à 200 g)

 2 Orangen

 1 Prise Salz,
1 Prise Pfeffer

 2 EL Pflanzenöl

 10 cl Cointreau

 200 ml Orangensaft

 2 EL grüne Pfefferkörner in Lake

Gebratene Entenbrust auf Orangen-Pfeffer-Sauce

1. Die Entenbrüste mit der Hautseite nach oben auf ein Schneidebrett geben und die überstehenden Hautstücke abschneiden. Mit einem scharfen Messer die Haut kreuzweise einschneiden.

2. Die Orangen unter heißem Wasser gut waschen und trocknen. Die Schale auf einer Reibe fein reiben. Die Orangen mit dem Messer großzügig von der weißen Haut befreien. Danach in Scheiben schneiden.

3. Die Entenbrüste von beiden Seiten salzen und pfeffern. In eine Pfanne etwas Öl geben, erhitzen und die Entenbrüste mit der Haut nach unten in die Pfanne geben.

4. Die Entenbrüste bei mittlerer Hitze etwa 10 Minuten braten. Dabei immer wieder mit dem aus der Haut austretenden Öl begießen und weiter auf der Hautseite braten — so wird die Haut schön kross!

5. Die Entenbrüste mit der Hautseite nac oben auf einen Teller geben und ruhen lassen. Das Fett abgießen, die Orangenschal in die Pfanne geben und den Bratensatz mit Cointreau ablöschen. Mit Orangensaft aufgießen. Die Pfefferkörner und di Orangenscheiben darin erwärmen.

Zusammen mit den Entenbrüsten auf Tellern anrichten.

■ Die Sehnen auf der Innenseite vorsichtig mit einem Messer dünn abtrennen. Sie werden bei der kurzen Garzeit nicht weich.

35

2

3

4

5

- 4 Tauben
- 4 Weißbrotscheiben
- 1 Schalotte
- ½ Bund Petersilie
- 100 g Butter
- 2 Eier
- 1 Prise Salz, 1 Prise schwarzer Pfeffer
- 1 Prise Muskatnuss, frisch gerieben
- 8 Scheiben geräucherten Bauchspeck
- 4 Knoblauchzehen
- 10 Wacholderbeeren
- 2 EL Pflanzenöl
- 4 Zweige Rosmarin

Gefüllte Tauben im Speckmante

1. Die Tauben vom Metzger küchenfertig vorbereiten und die Herzen und Lebern separat mitgeben lassen. Die Lebern und Herzen in feine Würfel schneiden. Die Weißbrotrinde entfernen und das Brot in ½ cm große Würfel schneiden. Die Schalotte schälen und fein würfeln. Die Petersilie waschen, zupfen und fein schneiden. Die Butter bei Zimmertemperatur in einer Schüssel schaumig rühren. Die Eier trennen und das Eigelb nacheinander hinzugeben. Alles salzen, pfeffern, mit Muskatnuss würzen und mit einem Schneebesen vermengen. Nun auch die Schalotten und Petersilie zugeben.

2. Die Leber-, Herz- und Weißbrotwürfel hinzugeben und vorsichtig untermischen.

3. Die Tauben innen mit einem Küchenkrepp ausreiben und von Häuten und Blutresten befreien. Innen und außen salzen pfeffern und mit der Masse füllen.

4. Die Tauben jeweils mit 2 Scheiben Speck umwickeln und mit dem Küchenga verschnüren. Den Knoblauch in der Schal ebenso mit der flachen Seite eines Messe andrücken wie die Wacholderbeeren.

5. Das Öl in einer Pfanne erhitzen und di Tauben mit Rosmarin, Wacholderbeeren und Knoblauch hineingeben. Zuerst auf de Keulenseite anbraten, dann auf dem Rücken. Im auf 210 °C vorgeheizten Backofer bei Umluft etwa 25 Minuten garen lassen und immer wieder mit dem Bratensatz begießen. Herausnehmen, das Küchengarn entfernen und die Tauben mit einer scharfen Messer der Länge nach halbieren. Auf Teller geben und servieren.

90

■ Überschüssige Füllung in einer Soufléform im Backofen bei 200 °C etwa 15 Minuten backen. Die Souffléform zuvor mit Butter ausstreichen, damit sich der Inhalt später gut stürzen lässt. Als Beilage zur Taube passen Kürbisgratin oder Schwarzwurzelgemüse.

2

3

4

5

 2 Schalotten

 600 g Geflügelleber

 1 Zweig Oregano

 40 g Butter

 1 Prise Salz,
1 Prise schwarzer Pfeffer

 40 g Pinienkerne

 30 g Rosinen

 60 ml Balsamicoessig

 100 ml braune Geflügelsauce (s. S. 520)

1

Gebratene Geflügelleber auf venizianische Art

1. Die Schalotten schälen und in feine Würfel schneiden. Die Geflügelleber putzen, also von Sehnen und Äderchen befreien. Die Oreganoblätter abzupfen und fein schneiden. Die Butter in einer Pfanne aufschäumen lassen und die Leber hinzugeben.

2. Nun salzen und pfeffern und kurz anbraten.

3. Die Leberstücke vorsichtig wenden und wieder salzen und pfeffern. Die Leber erst in der Pfanne würzen, weil sie sonst trocken und hart wird.

4. Die Schalotten, Pinienkerne und Rosinen hinzugeben und etwa 1 Minute anrösten. Nun den geschnittenen Oregano einstreuen.

5. Mit dem Balsamicoessig ablöschen und verkochen lassen. Danach mit brauner Geflügelsauce aufgießen. Schnell zur Kochen bringen und sofort anrichten.

■ **Dazu schmeckt Kartoffelpüree, gebratene Polenta oder Salat mit Parmesanspänen und Vinaigrette.**

25

2

3

4

5

 1 Knoblauchknolle

 1 Zitrone

 1 Bund Petersilie

 4 Stubenküken (jeweils ca. 350 g)

 1 TL Salz,
1 Prise schwarzer Pfeffer

 300 g kleine Zwiebeln

 60 g Butter

Stubenküken gebraten mit Zitrone und Knoblauch

1. Die Knoblauchknolle mit dem Strunk nach oben auf eine Arbeitsfläche geben und mit dem Handballen andrücken, um die Zehen zu lösen. Die äußeren Schalen entfernen und die Zehen in der restlichen Schale andrücken. Die Zitrone heiß abwaschen und in ½ cm dünne Scheiben schneiden. Die Petersilie waschen. Die Stubenküken ausnehmen, säubern und innen mit Küchenkrepp trocknen.

2. Nun die Stubenküken innen und außen gut salzen und pfeffern. Mit den angedrückten Knoblauchzehen und der Petersilie füllen. Einige Zweige zum Garnieren aufheben.

3. Die gefüllten Stubenküken in eine ofenfeste Form geben. Die kleinen Zwiebe waschen, die lösbare Schale entfernen un den Strunkansatz abschneiden. Dann die Zwiebeln um die Stubenküken herum lege Die Butter auf dem Fleisch verteilen.

4. Im auf 180 °C vorgeheizten Backofen 25 Minuten braten. Mit den Zitronenscheiben belegen, 100 ml Wasser zugießen, mit dem Bratensatz übergießen und weitere 15 Minuten braten. Herausnehmen, die restliche Petersilie in die Stubenküken stecken und zusammen mit den Zwiebeln un dem Bratensaft servieren.

80

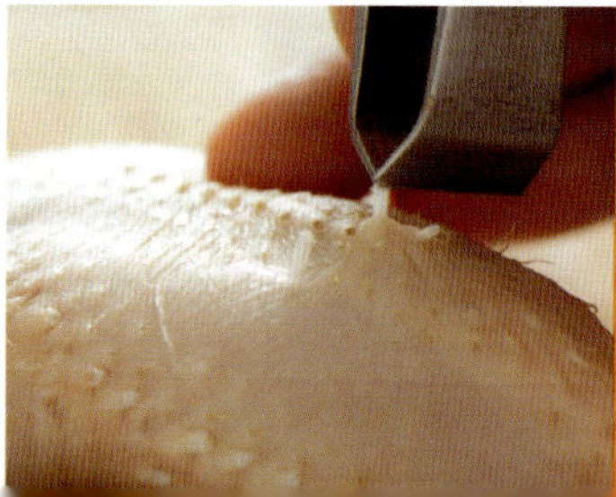

■ Die restlichen Federkiele abzupfen ode mit einer Fischgrätenzange herausziehen ohne jedoch die Haut zu verletzen. Das Brustfleisch würde sonst an der Stelle austrocknen. Die Stubenküken, die auch kalt schmecken, mit einer beliebigen Kartoffelbeilage reichen.

2

3

4

 100 g grüner Speck

 1 TL Wacholderbeeren

 ½ Bund Thymian

 5 Schalotten

 1 Fasan (ca. 1 kg)

 1 Prise Salz,
1 Prise schwarzer Pfeffer

 5 Lorbeerblätter

 150 g helle Trauben

 500 g Weinsauerkraut
(s. S. 398)

 20 g Butter

 40 ml trockener Wermut

 30 ml Pflanzenöl

Fasan auf Weinsauerkraut

1. Die Speckscheiben auf einem Teller auslegen. Die Wacholderbeeren mit der flachen Seite eines großen Messers zerdrücken und grob hacken. Die Thymianblätter von zwei Zweigen abzupfen und mit den Wacholderbeeren über den Speckscheiben verteilen.

2. Die Schalotten schälen und vierteln. 3 Thymianzweige beiseitelegen, die restlichen Zweige grob durchschneiden. Den Fasan von innen und außen gut säubern. Die restlichen Federkiele und mögliche Schrotkugeln entfernen. Danach den Fasan innen wie außen salzen und pfeffern und mit den Schalotten, dem geschnittenen Thymian und zwei Lorbeerblättern füllen. Die Trauben mit einem kleinen Messer schälen. Den Fasan mit den gewürzten Speckscheiben belegen, dan das Fleisch beim Braten nicht austrock- net und zusätzlich Geschmack erhält. Zwei Thymianzweige und die restlichen Lorbeerblätter auf die Keulen legen.

3. Den Fasan mit einem Küchengarn verschnüren, damit sich die Speckscheiben beim Braten nicht lösen. Die Lorbeerblätter und Thymianzweige mit festbinden.

4. Das Weinsauerkraut erhitzen. Die Butter in einer Pfanne aufschäumen las sen, die geschälten Weintrauben zugebe und kurz durchschwenken. Danach mit dem Wermut ablöschen und zum Weinsauerkraut geben.

■ Als grünen Speck bezeichnet man fetten Speck ohne Fleisch. Er wird meist zum Spicken oder Einwickeln verwendet. Mit einer Vorsuppe oder Vorspeise reicht 1 Fasa für 4 Personen. Ansonsten sollte man 2 Fasane zubereiten. Als Beilage schmeckt frisches Kartoffelpüree. Außerdem etwa 150 ml braune Geflügelsauce erhitzen bzw. aus Fasanenkarkassen zubereiten und dazu servieren.

90

Das Öl in einer Pfanne erhitzen. Den
san von beiden Keulenseiten etwa 5
nuten anbraten und dabei öfter mit
m Bratensaft begießen. Dann auf
m Rücken in eine Form geben und im
f 180 °C vorgeheizten Ofen etwa 40
nuten braten. Zwischendurch immer
eder mit dem Bratensaft begießen. Das
ichengarn nach dem Braten entfernen,
e Brust und die Keulen ablösen und auf
m Weinsauerkraut anrichten. Mit dem
oss gebratenen Speck garnieren.

Rind & Kalb

halt

Schnittarten bei Rind und Kalb

Sichtbare Qualitätszeichen sind bei Rind- und Kalbfleisch nicht leicht auszumachen: Die Beleuchtung an der Metzgertheke kann über die wahre Farbe hinwegtäuschen. Anfassen darf man die Ware meist nicht. Auch bei Rind und Kalb schmecken weibliche Tiere stets besser als männliche. Ochsen sind eine Ausnahme dieser Regel. Eine leichte Fettschicht am Rind ist nicht unerwünscht. Sie ist ein wichtiger Geschmacksträger. Ansonsten kann man Qualität weder an Herkunftsregionen noch an Rassen definitiv erkennen. Es gibt z. B. erstklassiges und minderwertiges Charolais-Rind. Beide werden jedoch unter demselben Namen verkauft.

Bratzeittabelle

Produkt	Form	Methode	Temperatur	Zeit	Anmerkung
Rinderbraten	1,8 kg	Ofen	160 °C	120 Minuten	mit Deckel
Roastbeef	2 kg	Ofen	200 °C	40 Minuten	scharf angebraten
Rinderfilet	200 g	Pfanne	mittlere Hitze	6 Minuten (medium)	
Rinderhüftsteak	200 g	Pfanne	mittlere Hitze	5 Minuten	
T-Bone-Steak	500 g	Grillpfanne	starke Hitze	12 Minuten (medium)	vorher einölen
Rinderroulade	ca. 300 g	Topf mit Deckel	kleine Hitze	90 Minuten	vorher scharf anbraten
Rindertournedos	60 g	Pfanne	mittlere Hitze	4 Minuten	
Rinderfiletspitzen	100 g	Pfanne	starke Hitze	2 Minuten	
Rindfleisch, gekocht	1,6 kg	Kochtopf	kleine Hitze	80 Minuten	
Hamburger	200 g	Pfanne	mittlere Hitze	4 Minuten	
Hackbraten	2 kg	Ofen	190°	80 Minuten	
Kalbsbraten	1,5 kg	Ofen	180°C	90 Minuten	
Entrecôte	250 g	Pfanne	mittlere Hitze	8 Minuten (medium)	
Kalbshaxe ohne Knochen, gerollt	1,3 bis 1,5 kg	Ofen	160°C	90 Minuten	
Kalbshaxe ganz	1,8 bis 2,4 kg	Ofen	170°C	120 Minuten	
Kalbsrollbraten, mager	2 kg	Ofen	150°C	100 Minuten	
Kalbsbrust, gefüllt	2,5 kg	Ofen	150°C	100 Minuten	
Kalbskotelett	300 g	Pfanne	mittlere Hitze	12 Minuten	
Kalbsrückensteak	200 g	Pfanne	mittlere Hitze	10 Minuten	
Kalbsmedaillons	60 g	Pfanne	mittlere Hitze	10 Minuten	
Ossobuco	400 g	Topf mit Deckel	mittlere Hitze	120 Minuten schmoren	10 Minuten anbraten
Kalbsbacken	200 g	Topf mit Deckel	mittlere Hitze	120 Minuten	auch im Ofen möglich
Buletten	100 g	Pfanne	mittlere Hitze	8 Minuten	
Kalbsschnitzel	90 g	Pfanne	mittlere Hitze	5 Minuten	
Kalbsleber	100 g Scheiben	Pfanne	mittlere Hitze	1 – 2 Minuten	
Kalbsnieren	in kleinen Röschen	Pfanne	starke Hitze	1 Minute	
Kalbszunge	500g	Topf	mittlere Hitze	60 Minuten	Kochen im Gemüsesud

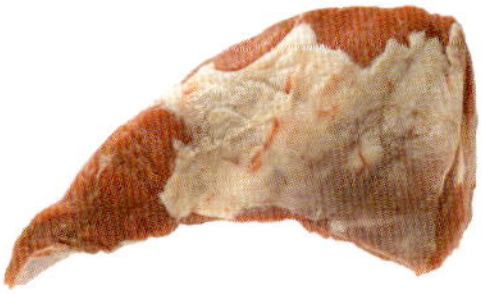

Tafelspitz

Rinderbraten

Roastbeef

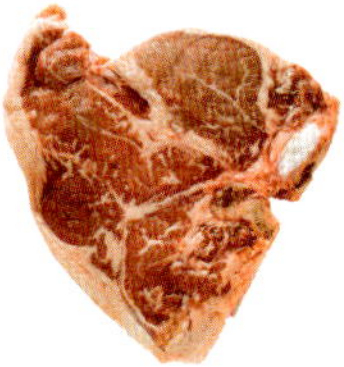

T-Bone-Steak

Kalbsbraten

Kalbsknochen

Kalbsniere

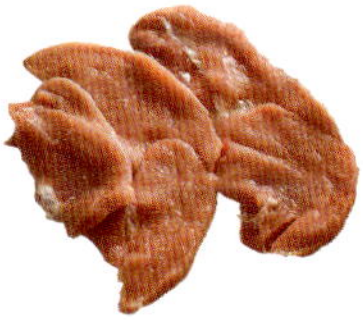

Kalbsschnitzel

Rinderfilet ganz

Rinderfilet (Tournedo)

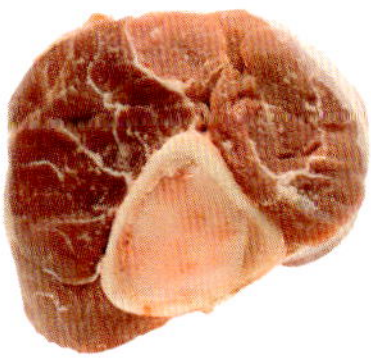

Kalbsbeinscheibe

Rindersteak

Kalbsfilet zuschneiden und parieren

1. Die äußere Haut behutsam mit einem mittelgroßen Messer ablösen und den langen, als Kette bezeichneten Strang an einer Seite freilegen.

2. Die Kette vorsichtig vom Filet abtrennen.

3. Mit dem Messer unter den äußeren Sehnen entlang schneiden, um sie vom Fleisch zu lösen.

4. Nun die Sehnen leicht spannen und mit dem Messer abtrennen. Dabei das Messer schräg nach oben führen, um möglichst wenig Fleisch wegzuschneiden.

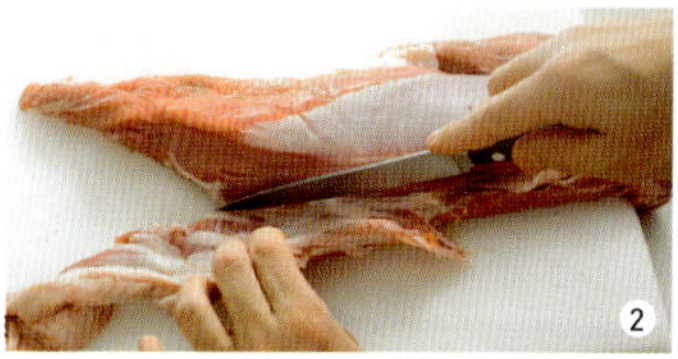

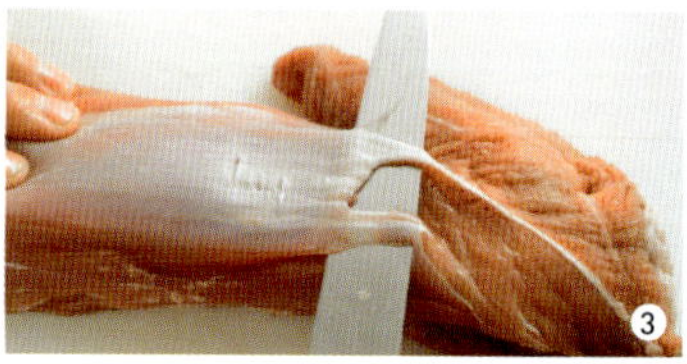

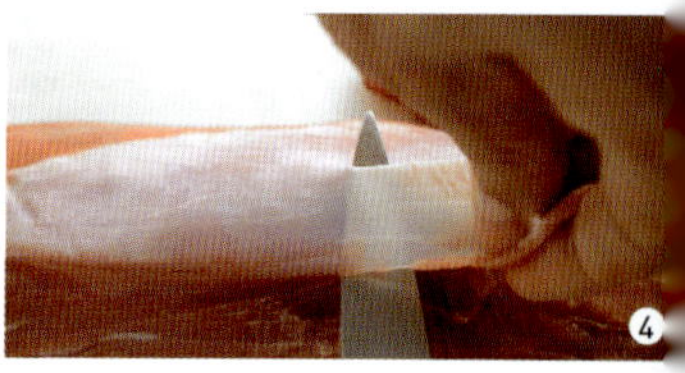

. Das Filet umdrehen und verbleibende
leine Sehnen oder Häute mit dem Mes-
er entfernen.

. Das Filet ist fertig vorbereitet, sobald
s schier und sehnenfrei ist.

7. Die Filetspitze und den oben am Filet anhängenden Kopfteil abtrennen. Den Mittelteil in Medaillons schneiden. Die Filetspitzen und den oberen Teil klein schneiden und für Geschnetzeltes verwenden.

8. Die Abschnitte wie Sehnen und Häute für Saucenansätze nutzen. Die Kette von den restlichen Sehnen befreien und für Füllungen oder Farcen verwenden.

Rinderfilet zuschneiden und parieren

Ein ganzes Rinderfilet zum Portionieren vorbereiten: Als Erstes die seitlichen Fleischteile (Kette) mit einem Messer abtrennen. Dann wie beim Kalbsfilet die obere weiße Sehne entfernen. Das Filet umdrehen und die äußere weiße Sehne und die Häute abschneiden. Anschließend das Filet wie folgt parieren und verwenden:

1. Die Filetspitzen für Geschnetzeltes nutzen.

2. 40 bis 50 g schwere Filets mignons zuschneiden und für kleine Zwischengerichte oder zu Geschnetzeltem verarbeiten. Dazu nur kurz von beiden Seiten anbraten.

3. 60 bis 70 g schwere Tournedos zuschneiden und kurz braten oder pochieren.

4. Aus dem Mittelstück entweder Filetsteaks à 200 g schneiden oder ein Chateaubriand von 400 bis 600 g – das eigentliche Königsstück!

5. Aus dem Kopf, wo das Fleisch etwas feinfaseriger und fester ist, Filetsteaks à 200 – 300 g schneiden.

6. Die Filetkette für Geschnetzeltes zuschneiden oder für asiatische Pfannen und mongolischen Feuertopf verwenden.

7. Aus der unteren Filetkette 6 cm große Stücke schneiden und kurz in der Grillpfanne braten. Diese schmackhaften Teil können auch zu Geschnetzeltem verarbeitet werden.

8. Abschnitt vom Filetkopf, größere Stücken für asiatische Kurzbratgerichte verwenden.

9. Das Ende des Filetkopfes ebenfalls fü Geschnetzeltes verwenden.

Das Rinderfilet mit fettem Speck mwickeln und mit einem Küchengarn erschnüren. Nach dem Braten kann er Speck entfernt oder auch mitgeges- en werden.

Garstufen

Rinderfilet

Rare / bleu / roh: Das Fleisch wird von beiden Seiten jeweils nur 1 Minute angebraten und bleibt innen roh.

Medium rare / saignant / blutig: Das Fleisch wird beidseitig jeweils 3 Minuten gebraten und ist innen rosa mit einem blutigen Kern.

Medium / medium / rosa: Dies ist die beliebteste Garstufe, für die das Fleisch beidseitig jeweils 5 Minuten gebraten wird und innen zwar rosa bleibt, jedoch keinen blutigen Kern aufweist.

Medium well / à point / halb durch: Das Fleisch wird von beiden Seiten jeweils 6 Minuten gebraten und ist innen noch zartrosa. Allerdings läuft beim Anschneiden kein blutiger Saft heraus.

Well done / bien cuit / durch: Das Fleisch wird beidseitig jeweils 8 Minuten gebraten und ist innen durchgebraten. Auch hier tritt beim Anschneiden keinerlei Saft aus.

 175 g grüne Paprikaschoten

 100 g rote Paprikaschoten

 3 Zwiebeln

 2 Knoblauchzehen

 750 g mageres Rindfleisch (Schulter)

 400 g gekochte Pintobohnen

 3 EL brauner Zucker

 100 ml Weißweinessig

 4 EL Pflanzenöl

 5 Nelken

 2 Lorbeerblätter

 1 Prise Salz,
1 Prise schwarzer Pfeffer

 1 EL Paprikapulver, edelsüß

 ½ EL Mehl

 2 Stück Chipotle-Chilischoten in Adobo (Marinade)

 500 g geschälte Tomaten aus der Dose

 100 ml Sauerrahm

 80 g geriebener Raclette-Käse

Chili con Carne

1. Die grünen und roten Paprikaschoten waschen, putzen und in ½ cm große Würfel schneiden. Die Zwiebeln und den Knoblauch schälen und fein würfeln. Das Rindfleisch in ½ cm dicke Würfel schneiden. Die Bohnen auf einem Sieb abtropfen lassen. Den braunen Zucker in 100 ml Wasser in einem Topf auflösen, bis er karamellisiert. Dann mit dem Weißweinessig ablöschen und einkochen lassen. Das Pflanzenöl und den Knoblauch hinzufügen und anschwitzen.

2. Die Nelken mit einem Messer grob zerdrücken und wie die Lorbeerblätter, Zwiebeln und Paprikaschoten hinzugeben. Das Ganze etwa 10 Minuten anschwitzen.

3. Die Fleischwürfel dazugeben, salzen, pfeffern und 10 Minuten langsam anrösten.

4. Mit Paprikapulver und Mehl bestäuben – das Mehl bindet das Chili. Die eingelegten Chilischoten hinzufügen und alles 5 Minuten leicht weiterrösten.

5. Die geschälten Tomaten in eine Schüssel geben und mit einem Pürierstab mixen. Danach zum Fleisch geben und mit geschlossenem Deckel etwa 1 Stunde leise köcheln lassen. Gelegentlich umrühren. Nach 45 Minuten die Bohnen hinzugeben und 15 Minuten leise weiterköcheln lassen. Anrichten und mit Sauerrahm und geriebenem Käse bestreuen.

90

■ Alternativ kann das Chili con Carne mit Hack- statt Rindfleisch oder mit Kidney- statt Pintobohnen zubereitet werden. Zusätzlich kann man auch frischen Mais oder kleine Maiskolben hinzufügen.

2

3

4

5

2 Weißbrotscheiben

1,5 kg Roastbeef

1 TL Meersalz

1 Prise schwarzer Pfeffer

3 EL Pflanzenöl

1 EL scharfer Senf

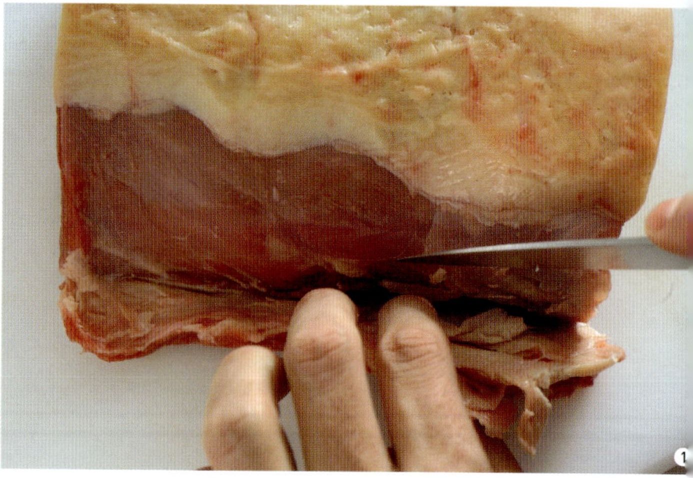

Roastbeef im Ganzen gebraten

1. Die Weißbrotrinde entfernen und das Brot in der Küchenmaschine zerkleinern. Die äußeren Sehnen vom Fleisch lösen. Die Fettschicht bis auf einen ½ cm abschneiden. Das Fleisch wenden, die Sehnen und Häute entfernen und das Stück sauber zuschneiden.

2. Die Fettschicht an den möglichen Schnittstellen einritzen, damit sich das Fleisch nach dem Braten leichter teilen lässt. Zusätzlich auch noch quer einritzen. So kann das Fett besser ausbraten, und das Roastbeef wird schön kross.

3. Das Fleisch von allen Seiten salzen und pfeffern und das Salz und den Pfeffer leicht einmassieren.

4. Das Öl in einer Pfanne erhitzen, das Fleisch hineinlegen und von allen Seiten etwa 2 Minuten anbraten.

5. Ein Backblech mit etwas Öl bestreichen und das angebratene Fleisch darau legen. Die Oberseite mit Senf bestreiche und mit Weißbrotbröseln bestreuen. Das Roastbeef im auf 210 °C vorgeheizten Bachofen bei Umluft rund 25 Minuten braten. Dann auf eine Platte geben und vor dem Anschneiden etwa 5 Minuten ruhen lassen.

50

■ **Kartoffelgratin oder Ofenkartoffeln zum Roastbeef servieren. Auch Pfefferrahmsauce und grüne Bohnenkerne sind köstliche Beilagen. Alternativ das Roastbeef auskühlen lassen, dünn aufschneiden und mit Bratkartoffeln und Remouladen- oder Tatarsauce (s. S. 52) servieren.**

2

3

4

5

5 Wacholderbeeren

5 weiße Pfefferkörner

2 Zwiebeln

160 g Karotten

160 g Lauch

160 g Staudensellerie

1 EL grobes Meersalz

1 kg Suppenfleisch oder Tafelspitz

2 Nelken

1 Lorbeerblatt

3 Zweige Petersilie

½ Bund Schnittlauch

Gekochtes Rindfleisch mit Wurzelgemüse und Kräutern

1. Die Wacholderbeeren und die Pfefferkörner mit dem Messerrücken leicht zerdrücken.

2. Die Zwiebeln mit der Schale halbieren. Vorher aber den Wurzelansatz abschneiden. Das Wurzelgemüse waschen und putzen. Die Karotten schälen und halbieren, den Lauch und den Staudensellerie je nach Größe in 2 oder 3 Stücke schneiden.

3. Gesalzenes Wasser in einem großen Topf zum Kochen bringen und das Rindfleisch 1 Stunde köcheln.

4. Nach 1 Stunde das geschnittene Wu zelgemüse und die Gewürze zugeben u alles 1 weitere Stunde kochen.

5. Zum Schluss mit Salz und Pfeffer abschmecken.

Zum Servieren das Gemüse in mundgerechte Stücke schneiden und auf einer Platte mit dem Rindfleisch anrichten. Mit gezupfter Petersilie und Schnittlauchstreifen bestreuen.

***120

■ Mit Petersilienkartoffeln, Bratkartoffe oder Rahmspinat servieren. Remouladen sauce schmeckt köstlich dazu.

2
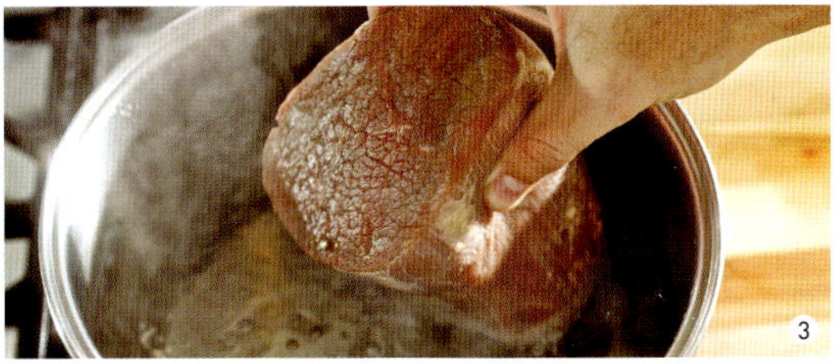
3

4

5

- 200 g Zwiebeln
- 1 TL Paprikapulver, edelsüß
- 1 EL Mehl
- 1 l Pflanzenöl
- 3 Schalotten
- 30 g Butter
- ½ TL Majoran, getrocknet
- 1 TL Tomatenmark
- 100 ml Bier
- ¼ l Kalbsfond
- 800 g Bratkartoffeln
- 4 Gewürzgurken
- 1 Bund Schnittlauch
- 4 Roastbeefs à 200 g
- 1 Prise Salz,
  1 Prise schwarzer Pfeffer

1

Zwiebelrostbraten mit Röstkartoffeln

1. Die Zwiebeln schälen und in feine Ringe schneiden. Mit Paprikapulver und Mehl bestreuen und gut vermischen.

2. Das Öl bis auf 2 EL in einem Topf auf 160 °C erhitzen und die Zwiebelringe in zwei Durchgängen goldgelb frittieren. Herausnehmen, auf einem Küchenpapier abtropfen lassen und leicht salzen.

3. Die Schalotten schälen und fein würfeln. Die Butter in einer Stielkasserolle aufschäumen lassen und die Schalotten goldgelb anschwitzen. Danach den getrockneten Majoran und das Tomatenmark zugeben und leicht anrösten.

4. Den Saucenansatz mit dem Bier ablöschen und einkochen lassen. Dann mit dem Kalbsfond aufgießen und auf ¼ des Volumens einkochen. In der Zwischenzeit die Bratkartoffeln zubereiten. Die Gewürzgurken halbieren. Den Schnittlauch waschen und in Röllchen schneiden.

5. Das Fleisch leicht klopfen, salzen und pfeffern. In einer Pfanne 2 EL Öl erhitzen und das Fleisch von beiden Seiten etwa 2 Minuten braten.

Die Bratkartoffeln und das Fleisch auf einem Teller anrichten. Das Fleisch mit der Sauce begießen und mit Röstzwiebeln und Schnittlauchröllchen bestreuen. Die Gewürzgurke dazulegen.

45

■ Besonders zart und fein wird der Zwiebelrostbraten, wenn man statt Roastbeef Rinderfiletstücke verwendet!

2

3

4

5

1 Bund Karotten

1 Kopf Romanesco

150 g Keniabohnen

10 Stangen grüner Spargel

2 EL grobes Meersalz

100 g Erbsen

½ Bund Schnittlauch

600 ml Rinderbrühe

800 g Rinderfilet

1 Prise Salz,
1 Prise schwarzer Pfeffer

120 g kalte Butter

1 Prise Muskatnuss, frisch gerieben

1

Rinderfilet im Schnittlauchsud mit Frühlingsgemüse

1. Die Karotten schälen und in 5 cm große Stücke schneiden. Den Romanesco in kleine Röschen schneiden. Die Keniabohnen vom Stiel befreien. Den Spargel schälen und ebenfalls in 5 cm große Stücke schneiden. Salzwasser in einem großen Topf zum Kochen bringen. Eine Schüssel mit kaltem Wasser und Eiswürfeln bereitstellen, um das gekochte Gemüse schnell abzukühlen und den Garprozess aufzuhalten.

2. Als Erstes die Karotten und die Keniabohnen abkochen, dann die Romanesco-Röschen und die Spargelstücke und zum Schluss die Erbsen. Alles kalt abschrecken. Den Schnittlauch waschen, verlesen und in Röllchen schneiden.

3. Die Rinderbrühe in einen Topf geben und 5 Minuten köcheln lassen. Das Rinderfilet parieren und in 8 gleich große Scheiben schneiden. Salzen und pfeffern und in die Rinderbrühe geben. Vom Feuer ziehen und 6 Minuten ziehen lassen. Dann die Filets herausnehmen, auf einen Teller geben und mit Alufolie abgedeckt warm halten.

4. Die kalte Butter in Scheiben schneiden, in die Brühe geben und diese zum Kochen bringen. Die Butter mit einem Stabmixer untermischen, den Schnittlauch hinzugeben und alles mit Salz, Pfeffer und frisch geriebener Muskatnuss abschmecken.

60

■ **Als Beilage nur frisches Weißbrot oder Petersilienkartoffeln oder gedünsteten Reis servieren.**

Zum Schluss das in einem Sieb abge-
opfte Gemüse hinzufügen und im Sud
wärmen. In tiefe Teller verteilen, die
nderfiletscheiben darauf anrichten.

400 ml Pfefferrahmsauce (s. S. 148)

4 Schalotten

2 Zweige Estragon

4 Rinderfilets à 200 g

1 Prise Salz,
1 Prise schwarzer Pfeffer

3 EL Pflanzenöl

60 g Butter

Gebratenes Rinderfilet in grüner Pfefferrahmsauce

1. Als Erstes die Pfefferrahmsauce zubereiten. Dann die Schalotten schälen und in feine Würfel schneiden. Den Estragon waschen, die Blätter abzupfen und in Streifen schneiden. Die Rinderfilets von allen Seiten salzen und pfeffern.

2. Das Öl mit der Butter in einer Stielkasserolle aufschäumen lassen und die Rinderfilets hineingeben.

3. Die Rinderfilets anbraten und immer wieder mit der Butter-Öl-Mischung begießen.

4. Die Filets wenden und unter Begieße mit der Butter-Öl-Mischung weiter nach Garwunsch braten.

5. Die Filets in der Stielkasserolle an den Rand schieben, die Schalottenwürfel zugeben und goldgelb braten. Zum Schluss die Estragonstreifen untermischen und dann mit den Zwiebeln auf de Rinderfilets verteilen. Je ein Filet in die Mitte eines Tellers geben, mit der Pfefferrahmsauce umgießen.

Dazu passt Kartoffelgratin (s. S. 314).

*** 40

■ Die gebratenen Rinderfilets auf einen Teller geben, mit Alufolie abdecken und etwa 3 Minuten ruhen lassen. Den ausgetretenen Saft in die Sauce geben. So wird das Fleisch gleichmäßig rosa und saftig.

2

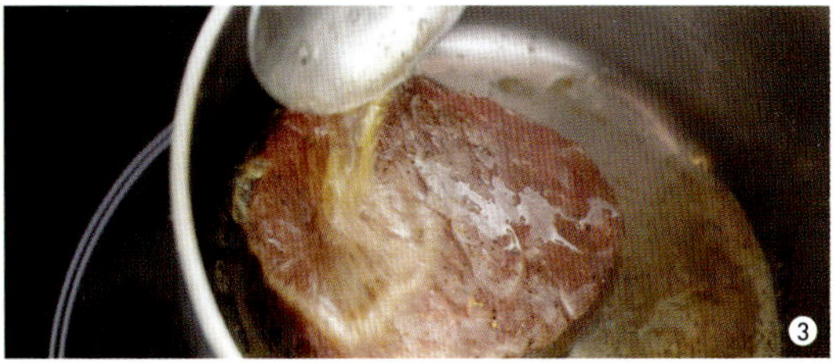
3

4

5

- 60 g schwarze Wintertrüffel
- 50 g kalte Butter
- 1 Prise Salz,
  1 Prise schwarzer Pfeffer
- 40 ml Madeira
- 200 ml braune Bratensauce (s. S. 138)
- 300 g Rinderfilet / Tournedos
- 150 g frische Gänsestopfleber
- 1 TL Mehl
- 2 EL Pflanzenöl
- 4 Weißbrotscheiben

Rindertournedos Rossini mit Gänseleber und Trüffelsauce

1. Die schwarze Trüffel waschen, bürsten und in 1 mm dünne Scheiben schneiden. Die Hälfte der Butter in einer Stielkasserolle aufschäumen lassen. Die Trüffelscheiben darin erwärmen, salzen und pfeffern. Mit Madeira ablöschen und diesen einkochen lassen.

2. Die braune Bratensauce hinzugeben, aufkochen lassen und beiseitestellen.

3. Das Rinderfilet in vier gleich große Medaillons schneiden. Die Gänsestopfleber ebenfalls in vier Scheiben schneiden. Die Rinderfilets wie die Leberscheiben salzen und pfeffern und letztere leicht mit Mehl bestäuben.

4. 1 EL Öl und 10 g Butter in einer Pfanne erhitzen und die Rindermedaillons von beiden Seiten nach Belieben braten – für die Garstufe „medium" etwa 3 Minuten von jeder Seite.

5. 1 EL Öl in einer beschichteten Pfanne erhitzen. Die Leberscheiben von beiden Seite nur 30 Sekunden braten und dann auf die Rinderfilets setzen. Das Bratfett mit der restlichen kalten Butter in die Sauce einschwenken. Das Weißbrot entrinden und kurz toasten. Das Rinderfilet mit Gänseleberscheibe daraufsetzen und mit der Sauce übergießen.

40

■ Gänsestopfleber lässt sich besser braten und zerläuft nicht, wenn man sie vorher 10 Minuten in den Tiefkühler gibt. Entenstopfleber ist eine gute Alternative, doch sollte auf jeden Fall fette Stopfleber verwendet werden.

2

3

4

5

- 4 Kartoffeln
- 10 g Butter
- 1 Prise Salz,
  1 Prise schwarzer Pfeffer
- 2 T-Bone-Steaks à 400 g
- 1 TL grobes Meersalz
- 2 TL gemahlene schwarze Pfefferkörner
- 3 EL Pflanzenöl
- 3 weiße Zwiebeln
- 1 TL Paprikapulver, edelsüß
- 1 EL Mehl
- 1 l Öl
- 100 ml BBQ-Sauce (s. S. 56)

T-Bone-Steak gegrillt mit Zwiebelringen und Ofenkartoffeln

1. Die Kartoffeln waschen und 10 Minuten in Salzwasser kochen. Vier Stücke Alufolie mit Butter einreiben. Salzen und pfeffern und die vorgekochten Kartoffeln darin einwickeln. Im Ofen bei 200 °C etwa 45 Minuten backen. Die beiden Steaks von beiden Seiten mit etwas grobem Meersalz und den gemahlenen Pfefferkörnern würzen und mit dem Öl einreiben. Eine große Grillpfanne erhitzen und das Fleisch zunächst 1 Minute auf der Fettseite anbraten.

2. Dann in die Grillpfanne legen und etwa 6 Minuten grillen.

3. Die Steaks wenden und weitere 6 Minuten grillen.

4. Die Zwiebeln schälen und in 2 cm dicke Scheiben schneiden. Die einzelnen Ringe trennen und in einer Schüssel zuerst mit Paprikapulver dann mit Mehl bestäuben und vermischen.

5. Das Öl in einem breiten Topf auf 160 °C erhitzen und die Zwiebelringe etwa 3 Minuten goldgelb frittieren. Herausnehmen und auf einem Küchenpapier abtropfen lassen. Danach salzen. Die Steaks auf ein Schneidebrett geben. Das Filet und das Entrecote ablösen. Danach in 1 cm dicke Scheiben schneiden und zusammen mit den Ofenkartoffeln und der BBQ-Sauce auf Tellern anrichten. Das Fleisch zum Schluss mit grobem Meersalz und frisch gemahlenem Pfeffer bestreuen.

*** 60

■ **Zum T-Bone-Steak schmecken auch frisch zubereitete Pommes frites und Blatt- oder Rahmspinat.**

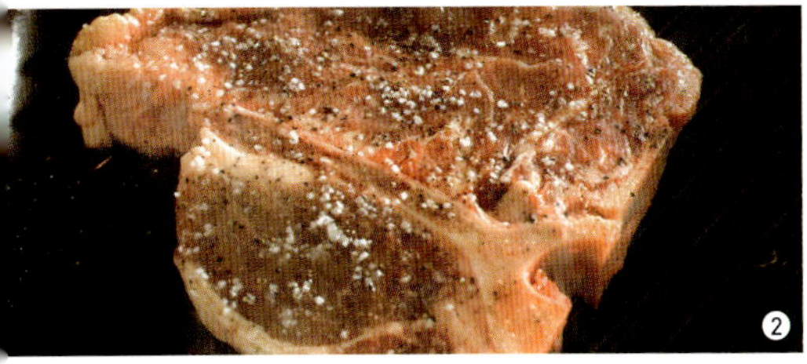
2

3

4

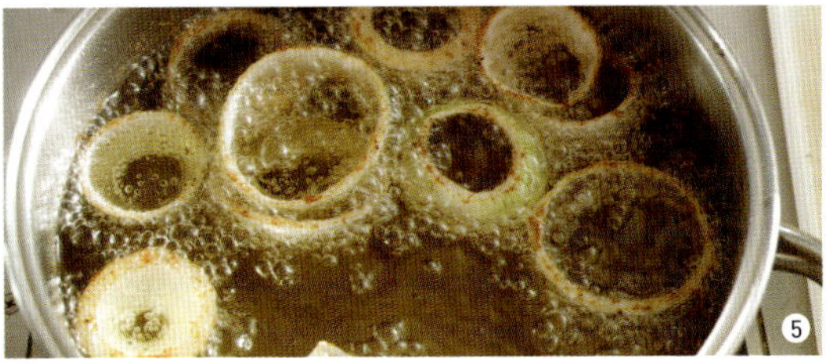
5

600 g Rinderfiletspitzen

100 g Champignons

2 Essiggurken

160 g Rote Bete (aus dem Glas)

2 Schalotten

50 g Butter

1 Prise Salz,
1 Prise schwarzer Pfeffer

1 EL Pflanzenöl

4 EL Essiggurkenwasser

250 ml braune Bratensauce (s. S. 138)

200 ml Crème fraîche

½ TL scharfer Senf

1 Prise Zucker

Rinderfiletspitzen auf Stroganoff-Art mit Gurken und Champignons

1. Die Rinderfiletspitzen in 5 cm lange und dünne Streifen schneiden. Die Champignons putzen und in Scheiben schneiden. Die Essiggurken und Rote Bete in feine Streifen schneiden und beiseitestellen. Die Schalotten schälen und fein würfeln.

2. 40 g Butter in einer Pfanne aufschäumen und die Filetstreifen hinzugeben. Salzen und pfeffern und kurz von allen Seiten hellbraun anbraten. Herausnehmen und auf einem Teller mit Alufolie bedeckt warm halten.

3. Das Öl in dieselbe Pfanne geben und die Schalottenwürfel anbraten. Die Champignonscheiben hinzufügen, salzen und pfeffern und ebenfalls kurz anbraten. Danach mit dem Gurkenwasser ablöschen und dieses einkochen lassen.

4. Nun die braune Bratensauce in die Pfanne geben und aufkochen lassen. De Bratensaft der Filetspitzen dazugießen.

5. Die Crème fraîche zugeben, mit frisch gemahlenem schwarzen Pfeffer nachschmecken.

6. Die Rinderfiletspitzen in die Sauce geben und die Gurkenstreifen darüber verteilen. Den Senf in die Sauce einrühren und diese nicht mehr kochen.

7. Die restliche Butter in einer Pfanne aufschäumen und die Rote-Bete-Streife nur kurz schwenken und mit einer Prise Salz und Zucker abschmecken. Zum Schluss über die angerichteten Rinderfiletstreifen verteilen.

■ **Das Gericht gelingt auch mit Fleisch aus dem Filetkopf und kann mit glatt gerührtem Sauerrahm und gedünstetem Rei serviert werden.**

60

5

6

7

4 Zwiebeln

2 EL Zucker

1 Lorbeerblatt

1 Prise Salz ,
1 Prise schwarzer Pfeffer

100 ml Obstessig

800 g mageres Rinderhackfleisch

2 EL Öl

8 Salatblätter

2 Tomaten

2 Essiggurken

4 weiche Sesambrötchen

4 TL Mayonnaise

1 EL mittelscharfer Senf

4 TL Ketchup

1

2

Klassische Hamburger mit Zwiebel-Relish

1. Die Zwiebeln schälen, halbieren und in dünne Streifen schneiden. Mit Zucker, Lorbeerblatt, gemahlenem schwarzen Pfeffer, Salz und Obstessig in eine Stielkasserolle geben. Danach mit 200 ml Wasser aufgießen und 25 Minuten langsam köcheln lassen. Das Zwiebel-Relish ist fertig, sobald die Flüssigkeit fast vollständig verkocht ist und eine marmeladenähnliche Konsistenz annimmt.

2. Aus dem Rindfleisch 4 gleich große Hamburger formen. Das Öl in einer beschichteten Pfanne erhitzen und die Hamburger hineingeben. Salzen, pfeffern und etwa 2 Minuten braten.

3. Danach wenden, erneut salzen und pfeffern und weitere 2 Minuten braten.

4. Die Salatblätter waschen. Die Tomaten und Essiggurken in Scheiben schneiden. Die Sesambrötchen halbieren und toasten. Die untere Hälfte mit Mayonnaise bestreichen. Die Salatblätter darauf geben und mit einem gebratenen Burger belegen. Diesen mit Senf bestreichen.

5. Die Tomatenscheiben darauflegen und das Zwiebel-Relish darüber verteilen. Zum Schluss die Gurkenscheiben darauf verteilen. Die zweite Hälfte des Sesambrötchens mit Tomatenketchup bestreichen und auf den Hamburger setzen.

■ Am besten mit frischen, selbst gemachten Pommes frites servieren. Hamburger können auch mit anderen pikanten Saucen, kross gebratenen Speckstreifen oder frischen Zwiebelringen zubereitet werden. Nach Belieben noch 1 Scheibe Schmelzkäse dazwischenlegen und den Hamburger so in einen Cheeseburger verwandeln.

45

3

4

5

5 EL Pflanzenöl

3 Zimtstangen

8 schwarze Kardamomkapseln

1 EL schwarze Senfsamen

½ TL Kreuzkümmel

1 EL Kurkuma

500 g Zwiebeln

3 Knoblauchzehen

1 kg Rinderschulter

1 TL Salz, ½ TL grob geschroteter schwarzer Pfeffer

1 EL Palmzucker

400 ml geschälte Tomaten aus der Dose

3 Lorbeerblätter

Indisches Rindercurry mit schwarzem Kardamom und Zimt

1. Das Pflanzenöl in einem Topf erhitzen. Die Zimtstangen, Kardamomkapseln, Senfsamen, den Kreuzkümmel und die Kurkuma hinzugeben und leicht anrösten, um das Aroma zu verstärken.

2. Die Zwiebeln und den Knoblauch schälen. Die Zwiebeln achteln, den Knoblauch grob würfeln. In den Topf geben und leicht anrösten. In der Zwischenzeit das Rindfleisch in 3 cm große Würfel schneiden.

3. Das Rindfleisch mit Salz, grob geschrotetem Pfeffer und Palmzucker würzen und in den Topf geben. 5 Minuten leicht rösten.

4. Die geschälten Tomaten und die Lorbeerblätter dazugeben und mit Deckel etwa 50 Minuten leise köcheln. Zwischendurch immer wieder etwas Wasser angießen, damit sich eine schöne Sauce bilden kann.

Zusammen mit den Gewürzen servieren und am besten gedünsteten Basmatireis dazureichen.

90

■ **Folgende Zutaten zu einer indischen Currypaste verarbeiten: 3 rote Chilischoten, 150 g Schalotten, 5 Knoblauchzehen, 10 g Galgantwurzel, 10 g frische Ingwerwurzel, 8 g frische Kurkumawurzel oder ersatzweise 1 TL gemahlene Kurkuma, 2 EL Koriandersamen, ½ TL Anissamen, 5 Nelken, ½ TL Fenchelsamen und 1 Stange Zitronengras. Zuerst die festen Gewürze in einem Mörser zerkleinern und nach und nach die anderen Zutaten beigeben, bis eine Paste entsteht. Diese zu Fisch, Geflügel oder Gemüse servieren oder in Gläser gefüllt aufbewahren bzw. einfrieren.**

2

3

4

 750 g Rinderhackfleisch

 1 große Zwiebel

 4 Minibrötchen vom Vortag

 ½ l Milch

 2 Eier

 2 TL Paprikapulver edelsüß

 1 Prise Salz,
1 Prise schwarzer Pfeffer

 1 TL Majoran, getrocknet

 1 EL scharfer Senf

 1 TL Speisestärke

1

Rinderhackbraten mit Sauce und Petersilienkartoffeln

1. Das Rinderhackfleisch in eine Schüssel geben und die geschälte und fein gewürfelte Zwiebel darübergeben.

2. Die Minibrötchen in einer 1 : 1 Mischung aus Wasser und Milch 20 Minuten einweichen.

3. Die Minibrötchen gut ausdrücken und zusammen mit den Eiern, dem Paprikapulver sowie Salz und Pfeffer, Majoran und scharfem Senf zum Hackfleisch geben. Gut vermischen und abschmecken.

4. Den Hackbraten in eine gebutterte Form geben und mit der feuchten Hand glatt streichen.

5. Im vorgeheizten Ofen bei 190 °C etwa 1 Stunde braten. Gelegentlich mit Wasser ablöschen und den Hackbraten damit begießen. Den Hackbraten aus der Form nehmen und aufschneiden. Die Sauce in der Form mit der in etwas Wasser angerührten Speisestärke abbinden.

Die Sauce über die Hackbratenscheiben gießen und mit Petersilienkartoffeln servieren.

110

■ Ein guter Schuss frischer Sahne in der Sauce schmeckt hervorragend, und mit diesem Trick kann man die Sauce verlängern, falls mehr Gäste zum Essen gekommen sind!

2

3

4

5

 2 Köpfe Romanesco

 3 Schalotten

 2 Tomaten

 1 Bund Stachelkoriander

 1 Stück Ingwer

 400 g Rinderlende

 4 EL Austernsauce

 4 EL Erdnussöl

 1 Knoblauchzehe

 1 Prise Zucker

 1 Limette

Vietnamesisches Rindergeschnetzeltes mit Ingwer

1. Den Romanesco waschen und samt Strunk in Röschen teilen. Die Schalotten schälen und der Länge nach in Streifen schneiden. Die Tomaten vierteln, entkernen und jedes Viertel noch zweimal durchschneiden. Den Stachelkoriander waschen und grob schneiden. Den Ingwer schälen und in dünne Scheiben schneiden. Die Rinderlende von Fett und Sehnen befreien und das schiere Fleisch in 2 cm breite und 3 cm lange Scheiben schneiden. Mit der Austernsauce in eine Schale geben und 10 Minuten marinieren lassen.

2. Die Romanescoröschen mit der Hälfte des Öls in einer beschichteten Wokpfanne etwa 3 Minuten langsam braten. Danach das restliche Öl von der Seite zugießen.

3. Die Knoblauchzehe schälen und fein würfeln. Ins Öl geben und kurz anbraten. Nun die marinierten Rinderstreifen zugeben und etwa 1 Minute unter Rühren und Schwenken scharf anbraten.

4. Die Schalottenstreifen, den Ingwer und die Tomatenstücke beifügen und durchschwenken. Nur kurz anbraten, damit das Gemüse knackig bleibt.

5. Zum Schluss den geschnittenen Stachelkoriander, den Zucker und den Saft der Limette zugeben. Nur noch einmal durchmischen und servieren.

30

■ **Dem Gericht können auch gekochte Glasnudeln oder breite Reisnudeln beigemischt werden. Für dieses Rezept etwa 200 g gekochte Nudeln verwenden.**

2

3

4

5

 1,5 kg Kalbsbraten aus der Unterschale

 1 TL Salz,
1 Prise weißer Pfeffer

 5 Zweige Rosmarin

 1 EL Mehl

 200 g Karotten

 300 g junge Zwiebeln

 150 g Knollensellerie

 7 Nelken

 60 g Butter

 3 EL Pflanzenöl

 2 Lorbeerblätter

 100 ml Weißwein

 800 g kleine Kartoffeln

Kalbsbraten mit Wurzelgemüse und kleinen Kartoffeln

1. Den Kalbsbraten salzen und pfeffern. Die Sehnen und Fett am Fleisch lassen, damit der Braten saftig wird. Mit Rosmarinzweigen belegen und mit Küchengarn umschnüren. Danach mit Mehl bestäuben.

2. Die Karotten, Zwiebeln und den Knollensellerie schälen. Alles in grobe Stücke schneiden, die Zwiebeln halbieren. Zusammen mit den Nelken in eine feuerfeste Form geben und die Butter darin verteilen. Das Gemüse leicht salzen und pfeffern.

3. Das Öl in einer beschichteten Pfanne erhitzen und den Kalbsbraten von allen Seiten gleichmäßig goldgelb anbraten.

4. Dann zum Gemüse legen und in den auf 180 °C vorgeheizten Backofen geben. Die Lorbeerblätter ebenfalls beifügen. 30 Minuten braten und dabei öfter mit de Bratensatz übergießen. Alle 10 Minuten mit 50 ml Weißwein ablöschen.

5. In der Zwischenzeit die Kartoffeln schälen und in einem Topf mit Salzwasser etwa 10 Minuten kochen. Danach abschütten und zum Braten geben. 1 weitere Stunde bei 170 °C braten. Dabei imme wieder mit dem Bratensaft übergießen und den Braten sowie das Gemüse gelegentlich wenden. Alles herausnehmen und das Gemüse, die Kartoffeln und die Sauce auf Teller geben. Das Küchengarn und die Rosmarinzweige vom Braten entfernen. Diesen in Scheiben schneide und anrichten.

120

■ **Für den Braten nicht zu mageres Fleisc verwenden, da es austrocknen könnte. Kalbshals und -schulter eignen sich gut. Das beigefügte Gemüse ergibt eine schön Beilage und bildet eine natürliche Sauce, die nicht gebunden werden muss.**

2

3

4

5

- 6 Kalbsbeinscheiben à 200 – 300 g
- 1 TL Salz, 1 Prise schwarzer Pfeffer
- 2 EL Mehl
- 250 g Karotten
- 150 g Zwiebeln
- 5 Knoblauchzehen
- 100 g Staudensellerie
- 100 g Lauch
- ½ Bund Petersilie
- 1 Orange
- 1 Zitrone
- 1 TL Fenchelsamen
- 90 g Butter
- 3 EL Olivenöl
- 1 EL Tomatenmark
- ¼ l Weißwein
- 250 g geschälte Tomaten aus der Dose
- ½ l Kalbsfond
- 1 Lorbeerblatt
- 2 Zweige Thymian

Ossobuco mit Gremolata

1. Die Kalbsbeinscheiben mit einem Küchentuch abtrocknen. Salzen, pfeffern und mit Mehl bestäuben.

2. Die Karotten, Zwiebeln und den Knoblauch schälen. Den Staudensellerie und den Lauch putzen. Zusammen mit dem Knoblauch fein würfeln (Brunoise s. S. 344).

3. Für die Gremolata gezupfte Petersilienblätter, 2 geschälte Knoblauchzehen, 2 Stück Orangen- und Zitronenschale, einige Staudenselleriebätter und Fenchelsamen fein hacken und mit 50 g Butte vermischen.

4. Das Öl in einem großen breiten Topf erhitzen, in den alle Beinscheiben nebeneir ander passen. Diese von beiden Seiten etw 10 Minuten langsam anbraten.

»

180

■ **Das Fleisch nicht zu stark erhitzen, damit sich die Scheiben nicht wölben.**

2

3

4

5. Nun zwei Scheiben auf die anderen Scheiben legen und die Butter auf die freie Stelle geben. Aufschäumen lassen und den Knoblauch und das Tomatenmark anrösten.

6. Die Zwiebeln, die Karotten, den Lauch und den Staudensellerie in feine Würfel schneiden (s. S. 354) und in den Topf geben. Ebenfalls leicht anrösten und um die Beinscheiben verteilen. Diese etwa 10 Minuten weiter rösten und zwischendurch wenden. Mit dem Weißwein ablöschen und den Wein verkochen lassen.

7. Nun die geschälten Tomaten, den Kalbsfond, das Lorbeerblatt und die Thymianzweige hinzufügen. Die Beinscheiben mit Deckel etwa 2 Stunden langsam schmoren lassen. Zwischendurch wenden und darauf achten, dass sie mit Sauce bedeckt sind. Gegebenenfalls Wasser nachgießen. Zum Schluss mit Salz und Pfeffer nachschmecken und auf Tellern anrichten. Dazu am besten Safranrisotto servieren.

■ Die Gremolata kann wahlweise auch mit frischem Majoran oder Fenchelkraut hergestellt werden. Die Butter nimmt alle Aromen auf und wird zum Schluss über die fertigen Beinscheiben mit Sauce gegeben, um das Gericht abzurunden.

6

7

 1 kg Kalbsfilet

 1 Prise Salz,
1 Prise schwarzer Pfeffer

 2 EL Pflanzenöl

 150 g mageres Kalbfleisch

 100 g gekochter Schinken

 2 Eier

 70 g Sahne

 1 EL Cognac

 100 g Champignons

 40 g Butter

 1 Prise Muskatnuss,
frisch gerieben

 20 ml Madeira

 30 g Pistazienkerne

 ½ Bund Petersilie

 250 g Blätterteig

Kalbsfilet im Blätterteig mit Kräuterfüllung

1. Das Kalbsfilet von Häuten und Sehnen befreien und in vier gleich große Stücke schneiden. Salzen und pfeffern. Das Öl in einer Pfanne erhitzen und die Kalbsfilets von beiden Seiten kurz anbraten, damit sich die Poren schließen. Dann zum Auskühlen auf einen Teller geben. Das magere Kalbfleisch und den gekochten Schinken in ½ cm große Würfel schneiden und in eine Küchenmaschine geben. Salzen, pfeffern sowie 1 Ei, 50 ml Sahne und Cognac zugeben. Die Zutaten etwa 1 Minute mixen.

2. Die Champignons waschen und fein hacken. Die Butter in einer großen Pfanne zerlassen und die Champignons anschwitzen. Salzen, pfeffern, die Muskatnuss darüberreiben und mit Madeira ablöschen. Zum Auskühlen in eine Schüssel geben. Die Pistazienkerne in der Küchenmaschine fein mixen und in die Schüssel geben. Die Petersilie waschen, zupfen und fein schneiden. Die Farce und die Petersilie zugeben und gu vermischen, sobald alle Zutaten ausgekühlt sind.

3. Die angebratenen Kalbsfilets mit der Pilz-Kräuter-Farce bestreichen, sodass sie vollständig bedeckt sind.

4. Den Blätterteig ½ cm dick ausrollen u in 4 gleich große Quadrate teilen. Die Kalb

*** 80

■ **Dazu eine Trüffelsauce (siehe Filet Rossini), eine Kräuter- oder Champignonrahmsauce (s. S. 149) oder frische Pfifferlinge reichen.**

ilets in die Mitte setzen. Das Ei trennen und das Eigelb mit 1 EL Sahne verquirlen. Die Blätterteigränder damit bestreichen und zu einem Päckchen einschlagen. Dabei den Teig leicht andrücken.

5. Mit der glatten Seite nach oben auf ein mit Backpapier ausgelegtes Backblech geben. Mit dem restlichen Eistrich bestreichen und mit einem Messerrücken ein Rautenmuster einritzen. Im auf 220 °C vorgeheizten Ofen bei Umluft etwa 25 Minuten backen. Nach der Hälfte der Backzeit die Temperatur auf 200 °C reduzieren. Zum Schluss je ein Kalbsfilet auf einem Teller anrichten.

- 800 g Kalbsnieren
- 1 Schalotte
- 200 g grüne Bohnen
- 1 EL Salz
- 1 kg Kartoffelpüree (s. S. 336)
- 2 Zwiebeln
- 4 EL Pflanzenöl
- 1 Prise schwarzer Pfeffer
- ½ Bund Petersilie
- 20 g Butter
- 40 ml weißer Portwein
- 300 g Sahne
- 1 EL grober Senf

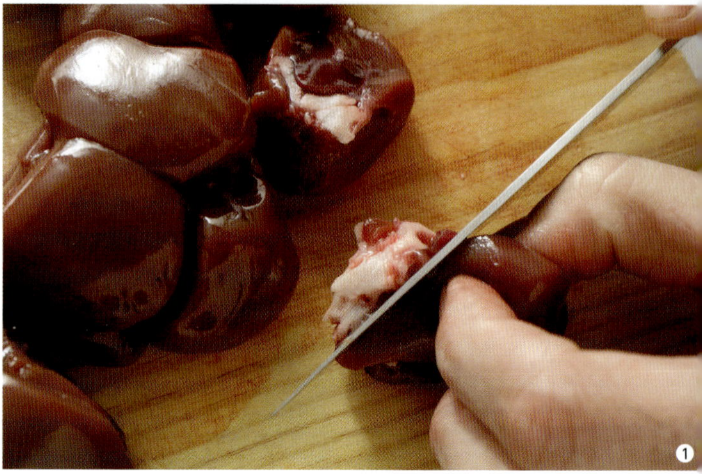

Kalbsnierenröschen in Senfrahmsauce und Zwiebel-Kartoffel-Püree

1. Die Kalbsnieren der Maserung folgend in Röschen zerteilen und das Fett mit einem Messer abschneiden. Die Schalotte schälen und fein würfeln. Die Bohnen putzen, von den Stielen befreien und in 2 cm große Stücke schneiden. In einem Topf mit Salzwasser etwa 3 Minuten kochen, danach in Wasser mit Eiswürfeln geben und auskühlen lassen. So bleiben die Bohnen schön grün.

2. Das Kartoffelpüree zubereiten. Die Zwiebeln schälen, halbieren, in Streifen schneiden und in 2 EL Öl goldbraun rösten. Dann unter das Püree mischen. Das restliche Öl in einer beschichteten Pfanne erhitzen. Die Röschen hineingeben, salzen, pfeffern und von allen Seiten scharf anbraten.

3. Die Röschen in ein Sieb geben und den Saft abtropfen lassen, um einen zu intensiven Geschmack der Sauce zu vermeiden. Die Petersilie waschen, abzupfen und fein schneiden.

4. Die Butter in einer Pfanne aufschäumen lassen und die Schalottenwürfel anschwitzen. Dann mit weißem Portwein ablöschen und diesen einkochen lassen. Mit der Sahne aufgießen und etwa auf die Hälfte einkochen.

5. Die gut abgetropften Nierenröschen und den groben Senf dazugeben, verrühren und aufkochen. Zum Schluss die grünen Bohnen und die fein geschnittene Petersilie untermischen und mit dem Zwiebel-Kartoffel-Püree auf Tellern anrichten.

*** 45

■ **Die Kalbsnierenröschen können ebenfalls mit Gemüse, beispielsweise kleinen Champignons, ganzen Silberzwiebeln, kleinen Karottenstücken oder grünen Bohnenkernen, angebraten und mit Gin und brauner Bratensauce abgelöscht werden.**

2

3

4

5

 ½ Knoblauchzehe

 100 g gekochter Schinken

 5 EL Butter

 2 Zwiebeln

 1 TL Majoran

 ½ Bund Petersilie

 500 g gehacktes Kalbfleisch

 4 Weißbrotscheiben

 150 ml Milch

 1 Prise Salz,
1 Prise schwarzer Pfeffer

 1 EL Senf

 2 Eier

Gebratene Kalbfleischbuletten

1. Den Knoblauch schälen und fein hacken, den Schinken fein würfeln.

2. Beides in 2 EL Butter anschwitzen. Die geschälten und gewürfelten Zwiebeln zugeben und glasig anschwitzen. Vom Herd nehmen und Majoran untermischen. Petersilie waschen, zupfen und fein schneiden.

3. Zum Kalbshackfleisch die in Milch eingeweichten und gut ausgedrückten Weißbrotscheiben geben.

4. Die abgekühlte Zwiebel-Schinken-Schmelze zugeben. Salzen, gut pfeffern und den Senf sowie die Eier hinzufügen.

5. Alles gut vermischen — am besten mit der Hand!

6. Nun mit feuchten Händen etwa 50 g große Buletten abdrehen.

7. Die Buletten in 3 EL Butter sanft von beiden Seiten etwa 5 Minuten braten.

8. Dabei die Buletten immer wieder mit der Bratenbutter begießen. So bleiben sie schön saftig.

Auf Tellern anrichten, mit Senf, Kartoffelsalat oder mit Bratkartoffeln servieren.

***

35

■ Anstelle von gekochtem Schinken kann man fein gewürfelten Bauchspeck nehmen — der macht die Buletten etwas würziger.

5

6

7

8

4 Kalbsschnitzel à 160 g

1 Prise Salz,
1 Prise schwarzer Pfeffer

100 g Mehl

2 Eier

300 g Paniermehl

100 g Mandelblättchen

5 EL Pflanzenöl

30 g Butter

1

2

Kalbsschnitzel in Mandel-Brot-Panade

1. Die Schnitzel mit der Schneide eines großen Messers leicht klopfen.

2. Danach salzen und pfeffern.

3. Die Kalbsschnitzel im Mehl wenden und überschüssiges Mehl vorsichtig abklopfen.

4. Die Eier in eine Schüssel aufschlagen und verquirlen. Durch die verquirlten Eier ziehen, sodass das Kalbsschnitzel vollkommen bedeckt ist.

5. Das Paniermehl und die Mandelblättchen in einen breiten Behälter geben, vermischen und die Kalbsschnitzel darin panieren.

6. In einer Pfanne das Öl und die Butter aufschäumen lassen und die Schnitzel darin einlegen. Sanft braten und nach gu 3 Minuten wenden.

7. Weitere 3 Minuten von der zweiten Seite braten, dabei immer wieder mit dem Bratenfett begießen.

8. Aus der Pfanne nehmen und kurz auf einem Küchenpapier abtropfen lassen.

Auf Tellern anrichten und mit Petersilienkartoffeln und Zitronenscheiben serviere

20

■ **Gibt man eine Mandelscheibe ins Öl und wirft diese Bläschen, dann hat das Öl die richtige Temperatur.**

3
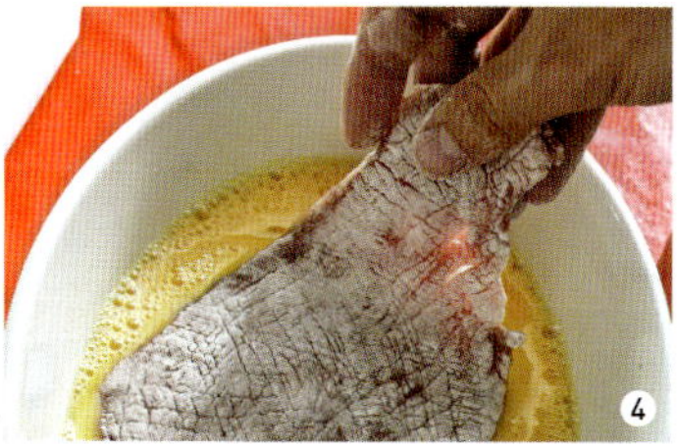
4

5

6

7

8

 8 dünne Kalbsschnitzel à 70 g

 1 Prise Salz,
1 Prise schwarzer Pfeffer

 3 Zweige Salbei

 8 Scheiben Parmaschinken

 800 g Grillkartoffeln (s. S. 326)

 1 EL Olivenöl

 60 g Butter

 100 ml Marsala

 150 ml Kalbsfond

Saltimbocca alla Romana mit Salbei und Parmaschinken

1. Die kleinen Schnitzel leicht klopfen und von beiden Seiten salzen und pfeffern. Mit Salz eher zurückhaltend sein, da der Parmaschinken bereits gut gesalzen ist. Danach die Schnitzel mit einigen Salbeiblättern belegen.

2. Die Parmaschinkenscheiben auf die Schnitzel legen und mit der Hand andrücken. Gegebenenfalls mit einem oder zwei Zahnstochern fixieren, wenngleich sich die Saltimbocca dann nicht ganz gleichmäßig braten lassen. Die Grillkartoffeln zubereiten.

3. Das Olivenöl und die Hälfte der Butter in einer Pfanne erhitzen. Die Schnitzel mit der Parmaschinkenseite nach unten hineinlegen und etwa 2 Minuten bei mittlerer Hitze braten. Danach wenden und weitere 2 Minuten braten.

4. Die Saltimbocca mit Marsala ablöschen und dann herausnehmen. Den Bratensatz mit Kalbsfond aufgießen und diesen auf die Hälfte einkochen lassen.

5. Die Sauce mit der restlichen, in Scheiben geschnittenen Butter binden und das Fleisch wieder in die Sauce geben. Abschließend mit den Grillkartoffeln auf Tellern anrichten und mit Oregano garnieren.

* * * 30

■ Die Schnitzel aus dem Rücken oder der Oberschale verwenden. Dazu als Beilage Blattspinat, Vichykarotten oder grünes Bohnengemüse reichen. Anstelle von Marsala kann man auch zu Madeira oder süßem Weißwein greifen.

2

3

4

5

8 Scheiben Kalbsoberschale à 70 g

1 Prise Salz,
1 Prise schwarzer Pfeffer

1 kg Kartoffeln

80 g Butter

1 Bund Petersilie

80 ml Pflanzenöl

150 g Mehl, Type 405

3 Eier

350 g Semmelbrösel

1 Zitrone

1

Wiener Schnitzel

1. Die geschnittenen Schnitzel noch ein Mal von beiden Seiten klopfen. Danach ebenfalls von beiden Seiten salzen und pfeffern. Die Kartoffeln schälen, je nach Größe halbieren oder vierteln und in Salzwasser etwa 20 Minuten kochen. Wasser abschütten und 40 g Butter über die Kartoffeln geben. Die Petersilie waschen, Blätter abzupfen und beiseite stellen.

2. Die gewürzten Schnitzel zuerst in Mehl wenden und das überschüssige Mehl leicht abklopfen. Die Eier in eine Schale schlagen und mit einer Gabel verquirlen. Einen kleinen Schuss Mineralwasser zugeben. Dann geht die Panade noch besser auf beim Braten.

3. Die Schnitzel nun durch das verquirlten Ei ziehen. Es muss überall mit Ei bedeckt sein, denn nur so kann die Panade überall haften.

4. Die Semmelbrösel auf eine Platte geben und die Schnitzel auf die Brösel legen. Nun von überall mit den Bröseln bedecken und die Brösel nur ganz leicht andrücken. Nicht zu fest, denn dann wirft die Panade später beim Braten nicht die gewünschten Wellen.

5. In einer großen Bratenpfanne das Öl und die restliche Butter aufschäumen lassen und die Schnitzel hineingeben un 3 Minuten braten.

6. Die Schnitzel mit einer Fleischgabel vorsichtig wenden und weitere 3 Minuter von der zweiten Seite braten. Danach herausnehmen und kurz auf ein Küchenpapier zum Abtropfen geben. Die Petersilie schneiden und zu den gekochten Butterkartoffeln geben. Die Schnitzel und die Kartoffeln auf Tellern anrichten Zitrone garnieren.

■ Nachdem die Schnitzel paniert sind, diese auf ein Brett geben, welches vorher noc mit Semmelbröseln bestreut wurde. So geht man auf Nummer sicher, dass die Panad nicht durchweicht, auch wenn die panierten Schnitzel wider Erwarten doch noch einige Minuten stehen sollten. Die klassische Garnitur für ein Wiener Schnitzel ist ein mi Kapern gefülltes und eingerolltes Sardellenfilet auf einer Zitronenscheibe.

*** 60

2
3
6
4
5

Schweinefleisch

Inhalt

Schweinefleisch

Fast elfenbeinweißes, geruchsarmes, festes Fleisch ohne Feuchtigkeit ist das Kennzeichen guten Schweins. Nicht unbedingt ein schlechtes Zeichen ist es, wenn das Stück Schweinefleisch über zwei unterschiedliche Farben verfügt. Das kann am Schnitt des Metzgers an einer kritischen Stelle liegen. Oder am Stress des Schweins vor dem Schlachten. Am besten schmeckt Schweinefleisch vom Bauernhof aus Freilandhaltung. Das gilt besonders, wenn die Tiere z. B. mit Eicheln und Kastanien ernährt wurden.

Enttäuschend fällt das Fleisch von industriell hochgezüchteten „Turbo-Schweinen" aus: Ihr Fleisch ist wässrig, sie haben riesige Koteletts und Schinken. Das charakteristische Fett hat man ihnen abgezüchtet. Fett wie ein Schwein dürfen solche Schweine nicht sein. Zuverlässige Qualitätszeichen gibt es kaum, dennoch sollte man darauf achten, dass Schweinefleisch beim Kauf trocken ist und kein Wasser von sich gibt. Fleisch, das schnell grau anläuft, stammt ebenfalls von hochgezüchteten Schweinen aus industrieller Zucht. Auch beim Schwein entfernt man das Fett am besten erst nach dem Braten oder Schmoren: Es ist ein wichtiger Geschmacksträger. Rund zwei Tage ist Schweinefleisch, im Papier vom Metzger eingehüllt, im Kühlschrank bei 2 °C haltbar.

In Frankreich kennt man das Sprichwort: „Tout est bon dans le cochon". Am Schwein ist alles gut. Tatsächlich kann das Tier von fachkundigen Metzgern vollständig verwertet werden. Das Blut wird zu Blutwurst, die Gedärme zu Wurst. Die Brust kann geräuchert oder gepökelt werden. Bauch und Nacken sind weit fetter als Filets. Das ist kein Nachteil. Wie gesagt, Fett ist ein wichtiger Geschmacksträger.

Bratzeittabelle

Produkt	Form	Methode	Temperatur	Zeit	Anmerkung
Schweinebraten mit Kruste (Kruste mit Rasierklinge einschneiden)	1,8 kg	Ofen	180 °C	100 Minuten	
Schweine-Rollbraten	1,5 kg	Ofen	160 °C	110 Minuten	
Kassler Braten roh	1,6 kg	Ofen	150 °C	70 Minuten	
Schweinefiletmedaillons	60 g	Pfanne	mittlere Hitze	8 Minuten	
Hackbraten	2 kg	Ofen	160 °C	80 Minuten	
Spanferkel-Keule	2,2 bis 2,5kg	Ofen	160 °C	90 Minuten	
Gulasch	große Würfel	Topf mit Deckel	kleiner Hitze	70 Minuten garen	20 Minuten anschwitzen
Schweinshaxe	1,2 kg	Ofen	180 °C	80 Minuten	
Spareribs	1 kg	Ofen	160 °C	40 Minuten	
Hackfleischbällchen	500 g	Ofen	180 °C	25 Minuten	
Schweinekotelett	250 g	Pfanne	mittlere Hitze	6 Minuten	
Nackensteaks	300 g	Pfanne	mittlere Hitze	10 Minuten	

Schweinefilet

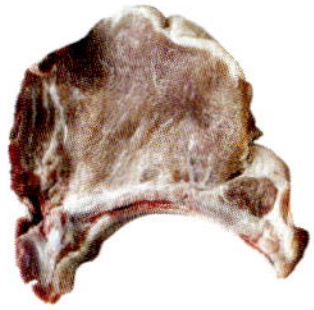

Schweinekotelett

Schweinebraten

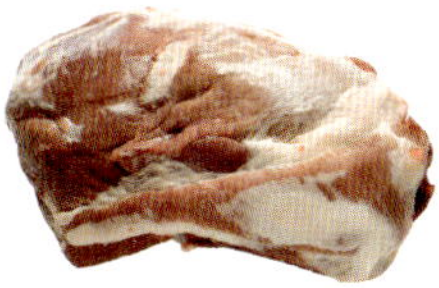

Schweinenacken

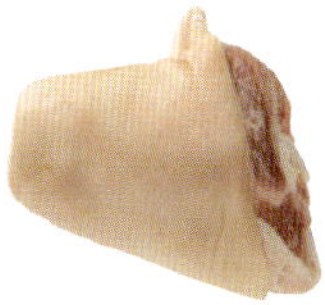

Eisbein

Hackfleisch

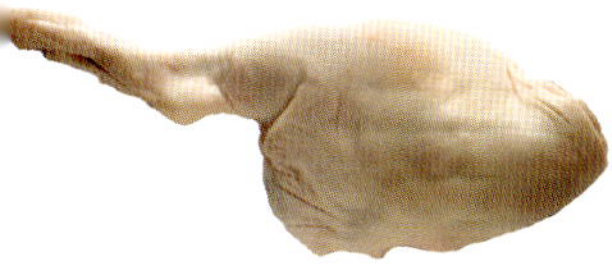

Spanferkelkeule

Sparerips

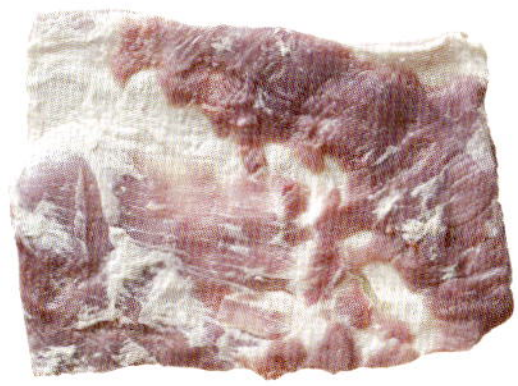

Bauchspeck für Rollbraten

Rippen

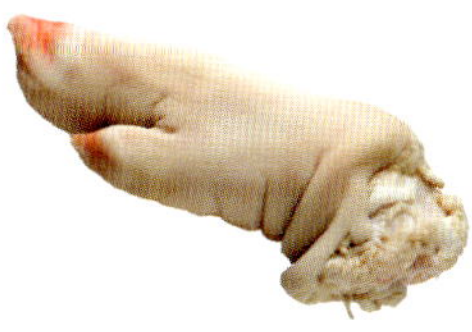

Schweinsfuß

Schweineohren

 1 kg Schweineschulter mit Schwarte

 ½ TL Kümmel

 2 EL Pflanzenöl

 1 kg Kümmelkartoffeln (s. S. 309)

 2 Knoblauchzehen

 1 Prise Salz, 1 Prise schwarzer Pfeffer

 2 Karotten

 ¼ Knollensellerie

 4 Zwiebeln

 ¼ l Wasser

 150 ml Bier

Schweinebraten mit Sauce und Kümmelkartoffeln

1. Die Schweineschulter mit Schwarte auf eine Arbeitsfläche geben und mit einem sehr scharfen Messer oder Cutter die Schwarte rautenförmig etwa ½ cm tief einschneiden und mit Kümmel einreiben. Mit dem Pflanzenöl begießen, so bleiben die Gewürze besser am Braten haften. Die Kümmelkartoffeln vorbereiten und beiseitestellen.

2. Die Knoblauchzehen schälen und fein würfeln. Die eingeschnittene Schweineschulter mit schwarzem Pfeffer aus der Mühle, Knoblauch und Salz einreiben und einmassieren. Die Karotten und den Sellerie schälen und grob zerteilen.

3. Danach die äußeren losen Schalen mit der Hand abreiben und den Wurzelansatz abschneiden. Dort befinden sich immer Schmutzreste. Die Zwiebeln sind noch in der Zwiebelschale und werden nun zum Schweinebraten in eine feuerfeste Form gegeben. Mit 200 ml kaltem Wasser angießen und den Braten für 40 Minuten in den auf 160 °C heißen Ofen geben.

4. Den Braten immer wieder mit dem Bratensaft begießen. Nach 40 Minuten die Kümmelkartoffeln in denselben Ofen auf die unterste Schiene geben. Den Braten und die Kartoffeln weitere

130

■ Schweinebraten schmeckt auch mit Sauerkraut, Rotkohl oder Vichy-Karotten. Das Rezept kann ferner mit Schweinenacken oder Haxen zubereitet werden. Zutaten für Bratkartoffeln mit Kümmel: 500 g kleine Bratkartoffeln, 1 EL Kümmel, 1 EL Butterschmalz, 1 EL Butter, Salz, schwarzer Pfeffer aus der Mühle

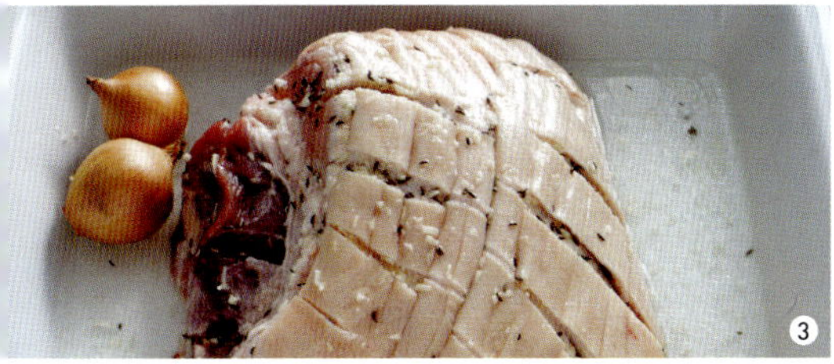

40 Minuten garen. Dann den Braten mit Bier begießen und das Wurzelgemüse beifügen. Für die letzten 10 Minuten auf 180 °C erhöhen und den Braten nicht mehr begießen, damit die Haut schön kross wird. Danach herausnehmen, aufschneiden und mit den Kartoffeln und dem Wurzelgemüse servieren.

 1 TL Salz

 1 Zwiebel, mit Lorbeerblatt und Nelken gespickt

 2 Karotten

 100 g Knollensellerie

 1 – 2 Spanferkelkeulen

 1 Ananas

 1 EL Nelken

 3 EL Akazienhonig

 1 Prise Zimt

 2 EL Pflanzenöl

Spanferkelkeule mit Honig und Ananas

1. Am besten kleine Keulen von Milchferkeln verwenden – bei 800 g Gewicht benötigt man 2 Keulen für 4 Personen. In einem großen Topf das Wasser mit Salz, der mit Nelken und Lorbeerblatt gespickten Zwiebel, den geschälten Karotten und dem ebenfalls geschälten Knollensellerie zum Kochen bringen. Die Keulen hineingeben und etwa 5 Minuten köcheln. Herausnehmen und auf einem Küchenbrett auskühlen lassen, um sie anfassen zu können.

2. Nun die Haut mit einem sehr scharfen Messer oder Cutter alle 1 cm einschneiden. Die Ananas schälen (s. S. 654), in 1 cm dicke Scheiben schneiden und beiseitestellen. In die Fleischschnitte jeweils 3 bis 5 Nelken stecken, die für einen wunderbaren Geschmack sorgen.

3. Das Fleisch in eine feuerfeste Form geben und mit Akazienhonig beträufeln. Im auf 160 °C vorgeheizten Ofen 1 ½ Stunden backen. Dabei von Anfang an immer wieder mit Wasser und dem sich bildenden Bratensaft übergießen. So wird die Haut mit der Zeit schön knusprig. Die Ananasscheiben leicht salzen, mit Zimt bestäuben und mit Öl einreiben. In einer beschichteten Grillpfanne von beiden Seiten 1 Minute grillen. Danach auf Tellern anrichten, die Spanferkelkeule darauflegen.

180

■ **Dazu Kartoffelpüree, gebratene Rote Bete, gegrillte Süßkartoffelscheiben oder glasierte Karotten reichen. Die Süßkartoffelscheiben können auch eine halbe Stunde vor Ende der Garzeit zu den Keulen gegeben werden, um so Bratensaft aufzunehmen und noch schmackhafter zu werden.**

2

3

1 kg Schweineschulter

1 TL Salz,
1 Prise schwarzer Pfeffer

2 EL Paprikapulver, edelsüß

1 TL Majoran, getrocknet

1 EL Mehl

300 g Zwiebeln

3 Knoblauchzehen

20 g Petersillienstängel

40 g Schweineschmalz

½ Zitrone

½ TL Kümmel

20 g Butter

1 EL Tomatenmark

½ l Geflügel- oder Rinderfond

500 g frische Bandnudeln
(s. S. 200)

1 Bund Schnittlauch

1

Schweinegulasch mit Paprika und Butternudeln

1. Die Schweineschulter in 4 cm große Würfel schneiden. Die Sehnen und das Fett am Fleisch belassen, damit das Gulasch schön zart und saftig wird. Die Fleischwürfel in eine Schüssel geben. Mit Salz, Pfeffer, Paprikapulver, Majoran würzen und mit Mehl bestäuben.

2. Mit den Händen alles gut vermengen. Die Zwiebeln schälen, halbieren und in Streifen schneiden. 2 Knoblauchzehen schälen und fein würfeln. Die Petersilienstängel mit Küchengarn zu einem Sträußchen zusammenbinden.

3. Das Schweineschmalz in einem großen Topf erhitzen und zuerst den Knoblauch, dann die Zwiebeln hineingeben. Etwa 10 Minuten glasig anschwitzen. Für die Gewürzmischung 1 geschälte Knoblauchzehe, 1 Stück Zitronenschale und den Kümmel fein hacken und mit der Butter bei Zimmertemperatur vermischen. Danach im Kühlschrank kalt stellen.

4. Das Fleisch in den Topf geben und 10 Minuten langsam anschwitzen, aber nicht braten. Nun das Tomatenmark auf eine freie Stelle im Topf geben und leicht anrösten. Mit dem Fleisch vermischen und weitere 10 Minuten mit Deckel garen.

120

■ **Für ein Szegediner Gulasch zum Schluss noch 500 g gekochtes Sauerkraut und 150 g Crème fraîche oder Sauerrahm unter das Gulasch mischen. Als Beilage frisch gekochte Petersilienkartoffeln bzw. Semmel- oder Serviettenknödel reichen.**

5

. Mit dem Fond aufgießen und wieder nit dem Deckel verschließen. Etwa Stunde langsam garen. Gelegentlich mrühren und eventuell etwas Wasser achgießen. 15 Minuten vor Ende der Gar-eit das Petersiliensträußchen zugeben nd mitkochen. Zum Schluss das Sträuß-hen herausnehmen, die kalte Gewürz-utter hineingeben und untermischen. uf Tellern anrichten, mit frisch gekoch-en, in Butter geschwenkten Bandnudeln ervieren und mit fein geschnittenen chnittlauchröllchen bestreuen.

1 kg Spareribs vom Schwein

3 l Wasser

¼ l Obstessig

150 g Zucker

2 Lorbeerblätter

8 schwarze Pfefferkörner

3 Schalotten

150 ml BBQ-Sauce (s. S. 56)

Spareribs mit BBQ-Sauce glasiert

1. Die Spareribs vom Metzger der Länge nach einmal durchschneiden lassen. Das Wasser in einem großen Topf zum Kochen bringen. Den Essig, Zucker, die Lorbeerblätter, Pfefferkörner und die ungeschälten Schalotten hinzugeben und etwa 5 Minuten köcheln lassen. Die Spareribs hineingeben und etwa 10 Minuten langsam im Sud köcheln lassen. Dann vom Herd nehmen und möglichst über Nacht, aber mindestens für 3 Stunden im Sud auskühlen lassen bzw. im Kühlschrank kalt stellen. Anschließend die Spareribs aus dem Sud nehmen und abtropfen lassen.

2. Die Spareribs großzügig mit BBQ-Sauce bepinseln und auf ein Backblech geben. Im auf 160 °C vorgeheizten Ofen etwa 40 Minuten braten. Zwischendurch die Spareribs wenden und erneut mit BBQ-Sauce bestreichen. Wegen des darin enthaltenen Honigs müssen die Spareribs bei geringer Temperatur gegart werden, damit die Sauce nicht anbrennt. Man kann die Spareribs auch am Vortag vorbereiten und in der Sauce im Kühlschrank marinieren. Alternativ können die Spareribs gegrillt und mit Ofen- bzw. Grillkartoffeln oder einem Salat serviert werden.

+ 3 Stunden kalt stellen

*** 120

■ **Für Spareribs nach Szechuan-Art die BBQ-Sauce als Basismarinade verwenden. Zusätzlich Ingwerwurzel und getrocknete Chilischoten fein reiben, Sternanis zerdrücken und zusammen mit Zwiebel oder Dillsamen untermischen. Dazu gebratenen Reis oder gebratene Nudeln und Gemüse servieren.**

2

1 daumengroßes Stück Ingwer

½ TL rote Currypaste

4 EL Austernsauce

3 EL Pflanzenöl

800 g Schweinebauch

1 Limette

1

2

Schweinebauch in asiatischer Marinade gegrillt

1. Den geschälten Ingwer mit einer feinen Reibe in eine Schüssel reiben.

2. Die Currypaste hinzufügen.

3. Die Austernsauce zugießen.

4. Das Pflanzenöl zugeben und gut verrühren.

5. Den Schweinebauch in Scheiben schneiden und in ein passendes Gefäß geben. Die Marinade darüber verteilen und gut mit dem Fleisch vermischen. Das Fleisch am besten 1 Stunde marinieren, damit die Gewürze richtig in das Fleisch einziehen können. In einer Grillpfanne von beiden Seiten etwa 5 Minuten grillen.

Mit der geviertelten Limette beträufeln und servieren. Dazu Weißbrot oder Ofenkartoffeln reichen.

80

■ In dieser Marinade kann man auch Schweinekoteletts oder -nacken einlegen und marinieren, um sie dann in der Grillpfanne oder auf dem Grill zuzubereiten.

3

4

5

- 500 g Schweinehackfleisch
- 2 EL Austernsauce
- 1 Dose Kokosmilch à 400 g
- 1 TL rote Currypaste
- 300 g Maiskörner aus der Dose
- 2 EL Mandelblättchen

1

2

Schweinehackfleischbällchen in Kokos-Curry-Sauce gegart

1. Das Hackfleisch mit der Austernsauce vermischen und zu kleinen Bällchen formen. In eine flache Auflaufform geben. Die Kokosmilch in ein hohes Gefäß füllen und die Dose gut auskratzen.

2. Die Currypaste in die Kokosmilch geben.

3. Die Kokosmilch mit einem Stabmixer kurz durchmixen, bis die Currypaste aufgelöst ist.

4. Die Sauce über die Schweinefleischbällchen gießen. Die Maiskörner im Sieb abtropfen lassen und darüber verteilen. Zum Schluss mit den Mandelblättchen bestreuen. In einem auf 180 °C vorgeheizten Backofen etwa 25 Minuten backen. Möglicherweise mit etwas Alufolie abdecken, damit die Mandelblättchen nicht verbrennen.

In Schalen anrichten.

45

■ Anstelle der roten Currypaste kann auch die mildere gelbe Currypaste verwendet werden. Zu der Sauce dann noch ein paar kleine Erbsen zugeben.

3

4

 1 kleine Dose mexikanische Salsa

 1 Prise schwarzer Pfeffer

 2 Zweige Rosmarin

 8 Schweinekoteletts à 120 g

 2 EL Olivenöl

 1 Prise Salz

Schweinekotelett mit mexikanischer Marinade gegrillt

1. Die mexikanische Salsa in eine Schale geben. Wenn man es scharf mag, dann die pikante Variante der Sauce kaufen.

2. Etwas schwarzen Pfeffer aus der Mühle dazugeben und die Rosmarinnadeln in die Sauce zupfen.

3. Die Schweinekoteletts auf eine Platte legen und die Marinade über dem Fleisch verteilen.

4. Die Koteletts wenden und auch von der anderen Seite mit Marinade bestreichen. Mit etwas Olivenöl beträufeln.

5. Die Koteletts mit Klarsichtfolie abdecken und für mindestens 1 Stunde – idealerweise jedoch 3 bis 4 Stunden – in den Kühlschrank zum Marinieren geben. In einer Grillpfanne von beiden Seiten etwa 3 Minuten braten und salzen.

Mit Paprikaschoten, Ofenkartoffeln oder Tomatensalat servieren.

80

■ **Schweinerücken am Stück kaufen und in 3 cm große Würfel schneiden. Das Fleisch abwechselnd mit Paprika und Zwiebelwürfeln auf Spieße stecken und mit der Marinade würzen. Danach langsam grillen oder in der Pfanne braten.**

2

3

4

5

 600 g Schweinenacken

 1 Prise Salz,
1 Prise schwarzer Pfeffer

 ½ TL Zimt

 100 g Mehl

 2 Eier

 250 g Pistazienkerne

 3 EL Pflanzenöl

 1 EL Butter

Schweinenackensteaks in Pistazienpanade gebacken

1. Den Schweinenacken in kleine Steaks schneiden und mit Salz, schwarzem Pfeffer und gemahlenem Zimt von beiden Seiten gut würzen.

2. Das Fleisch in Mehl wenden und das überschüssige Mehl leicht abklopfen. Durch die verquirlten Eier ziehen, sodass das Fleisch vollständig bedeckt ist.

3. Die Pistazienkerne mit einem großen Messer hacken und in einen flachen Behälter geben. Die durch das Ei gezogenen Steaks in die Pistazien legen.

4. Die Schweinesteaks mit den gehackten Pistazien gut panieren, die Panade etwas andrücken.

5. In einer Pfanne das Pflanzenöl und die Butter aufschäumen lassen und die Steaks hineingeben.

6. Bei mittlerer Hitze die Schweinesteaks etwa 5 Minuten von beiden Seiten braten und auf Küchenpapier kurz abtropfen lassen.

Auf Tellern anrichten und mit Karotten, Blumenkohl oder auch Couscous servieren.

25

■ **Kleine Schweinefiletmedaillons in der Pistazien-Panade braten und mit Gorgonzolakäse kurz überbacken.**

4

5

6

- 2 reife Birnen
- 1 EL Butter
- 1 EL Zucker
- 1 Prise schwarzer Pfeffer
- 2 Zweige Thymian
- 4 Schweinenackensteaks à 130 g
- 1 Prise Salz
- 1 EL Pflanzenöl
- 120 g Gorgonzola

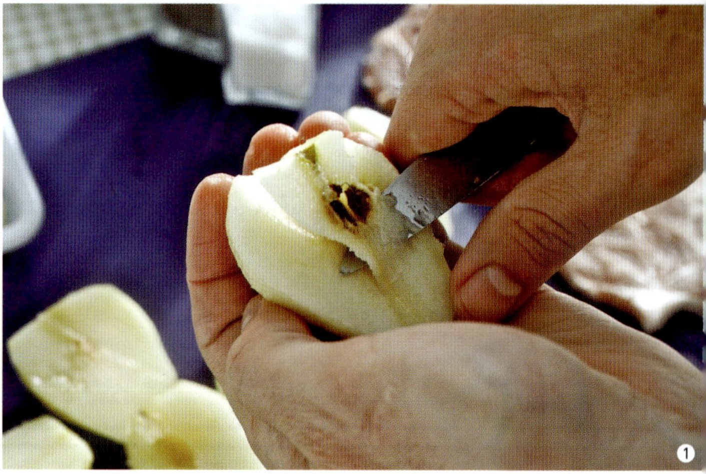

Schweinesteaks mit Birnen und Gorgonzola überbacken

1. Die Birnen schälen, halbieren und mit einem spitzen Messer das Kerngehäuse herausschneiden. Die Birnen in Spalten schneiden.

2. Die Butter zusammen mit dem Zucker in einer Pfanne schmelzen lassen. Die Birnenspalten hineingeben, mit Pfeffer aus der Mühle würzen und den Thymian beifügen. Schwenken und leicht karamellisieren lassen.

3. Die Schweinenackensteaks mit Salz und schwarzem Pfeffer aus der Mühle würzen. In einer beschichteten Pfanne in Pflanzenöl von beiden Seiten scharf anbraten und in eine Auflaufform oder auf ein Blech geben. Die Birnenspalten auf allen vier Steaks verteilen.

5. Darauf die Gorgonzolastücke legen und im auf 180 °C vorgeheizten Ofen mit starker Oberhitze 2 bis 3 Minuten überbacken.

Auf Tellern anrichten und mit dem entstandenen Bratensatz übergießen. Mit Kartoffeln oder Pasta servieren.

30

■ **In Rotwein gekochtes Trockenobst wie Pflaumen, Äpfel und Aprikosen auf die Schweinesteaks geben und mit Gorgonzola überbacken.**

2

3

4

5

1 reife Mango

2 Orangen

1 weiße Zwiebel

60 g Butter

1 EL Honig

6 grüne Pfefferrispen

1 Prise Salz

600 g Schweinefilet

2 EL Pflanzenöl

1 Prise schwarzer Pfeffer

2 Zweige Thai-Basilikum

Schweinefilet auf Mangosauce mit Basilikum und grünem Pfeffer

1. Die Mango schälen, mit dem Messer vom Kern lösen und in ½ cm große Würfel schneiden. Mit einem Sparschäler einen Streifen der gewaschenen Orangenschale entfernen und fein schneiden. Den Saft der Orangen auspressen und beiseitestellen. Die Zwiebel schälen und fein würfeln. 40 g Butter in einer Stielkasserolle zerlassen. Die Zwiebelwürfel glasig anschwitzen, dann die Mangowürfel zugeben.

2. Die Orangenstreifen und den Honig zugeben. 5 Minuten langsam anschwitzen.

3. Die grünen Pfefferkörner von zwei Rispen abstreifen, die anderen zur Dekoration aufheben. Die Pfefferkörner und den Orangensaft hinzufügen, salzen und etwa 10 Minuten leise köcheln lassen. In der Zwischenzeit das sauber zugeschnittene Schweinefilet in 8 Medaillons schneiden.

4. Das Öl und die restliche Butter in einer beschichteten Pfanne aufschäumen lassen. Die Medaillons von beiden Seiten salzen und pfeffern und in die Pfanne geben. Von beiden Seiten etwa 5 Minuten braten und immer wieder mit dem Bratenöl begießen. Die Mangosauce auf Tellern verteilen und je 2 Medaillons darauflegen. Jeweils mit einer grünen Pfefferrispe und einigen Blättern Thai-Basilikum garnieren.

■ **Bei der Zubereitung der Mangosauce kann die Hälfte der Mango durch Ananas ersetzt werden. So schmeckt sie noch fruchtiger. Ferner kann mit Curry, Ingwer oder Chilischoten noch kräftiger gewürzt werden.**

*** 50

2

3

4

Lamm & Wild

Inhalt

Lamm und Wild

Um wirklich gutes Wild zu genießen, sollte man einen Jäger kennen. Der Verbraucher will keine Bleikugeln in der Keule, keinen echten Wildgeschmack. Die meisten „Wildtiere" werden heute gezüchtet.

Hase: Auch bei Hasen schmeckt das weibliche Tier besser als das männliche. Letzteres ist zäher und fester. Je heller das Fleisch ausfällt, desto jünger ist das Tier. Rote bis rotschwarze Farbe deutet auf einen alten, zähen Hasen hin. Der junge Hase ist zarter, eignet sich als Braten. Ältere Tiere sind zum Marinieren oder als Ragout geeignet.

Reh und Hirsch: Hirsche, Rehe, Damhirsche, Hirschkühe etc. stammen heutzutage meist aus Zuchthaltung. Hirsche verfügen über dunkles fast braunes Fleisch, das Fleisch von Hirschkühen fällt etwas blasser aus. Damhirsch nähert sich von der Farbe des Fleisches her fast ein wenig dem Hammel an. Je kleiner das Tier ist, desto heller und feiner ist das Fleisch. Auch hier gilt: Weibliche Tiere schmecken besser als männliche.

Lamm: Gutes Lamm ist blassrosa oder fast weiß mit schneeweißer, fester Fettschicht. Letztere darf beim Anfassen nicht unter den Fingern rollen. Darf man das Fleisch anfassen, kann man sich die Hände anwärmen, bevor man sie über die Fettschicht gleiten lässt. Ist das Lamm zu alt, hat man anschließend typischen, strengen Hammelgeruch an den Fingern. Ein schlechtes Zeichen sind auch eine stumpfe rote, fast violette oder gar schwarze Farbe. Auch solches Lammfleisch stammt von älteren Tieren und schmeckt nach Hammel. Vorsicht ist auch bei sehr großen Koteletts oder Filets geboten. Ein normales Lamm wiegt zwischen 14 und 15 Kilo, alles, was schwerer als 18 Kilo ist, gilt als Hammel. Auch beim Lamm ist das weibliche Tier schmackhafter als das männliche. Zwei Tage lang kann man das Fleisch im kalten Teil des Kühlschranks (0-2 °C) aufbewahren.

Bratzeittabelle

Produkt	Form	Methode	Temperatur	Zeit	Anmerkung
Lammkeule	1,5 bis 1,8 kg	Ofen	160 °C	100 Minuten	
Lammrücken/ Lammkarree	400 g	Ofen	160 °C	20 Minuten	
Lammfilet	40 g	Pfanne	mittlere Hitze	4 Minuten	
Lammkotelett	60 g	Grillpfanne	mittlere Hitze	5 Minuten	vorher die Koteletts mit Öl einreiben, damit diese nicht in der Grillpfanne ankleben
Lammschulter	1,3 bis 1,5 kg	Ofen	200 °C	45 Minuten	
Lammhaxe	250 bis 300 g	Ofen	160 °C	90 Minuten	
Lammleber	300 g	Pfanne	mittlere Hitze	2 Minuten	in 1 cm dicke Scheiben schneiden
Rehrücken	im Ganzen 2 kg	Ofen	180 °C	35 Minuten	vorher von allen Seiten anbraten
Rehbraten	1,2 bis 1,5 kg	Ofen	160 °C	45 Minuten	
Hirschbraten	2 kg	Ofen	160 °C	70 Minuten	
Kaninchen	1,3 kg	Ofen	160 °C	40 Minuten	
Hasenrücken	450 g	Ofen	170 °C	20 Minuten	
Rehmedaillon	60 g	Pfanne	mittlere Hitze	10 Minuten	
Rehkeule	1 kg	Ofen	170 °C	25 Minuten	
Hasenkeule	400 g	Topf mit Deckel	mittlere Hitze	70 Minuten	schmoren
Kaninchenkeule	250 g	Pfanne mit Deckel	mittlere Hitze	30 Minuten	

Hirschkeule

Rehmedaillons

Rehkeule

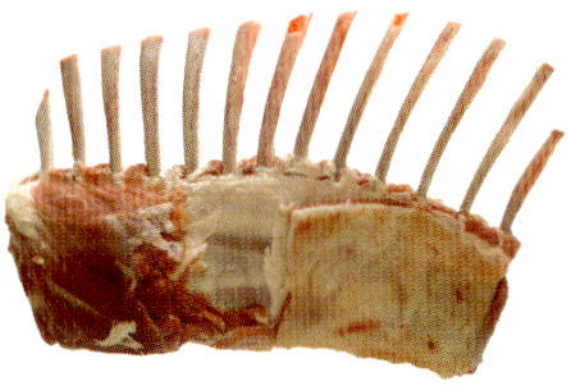

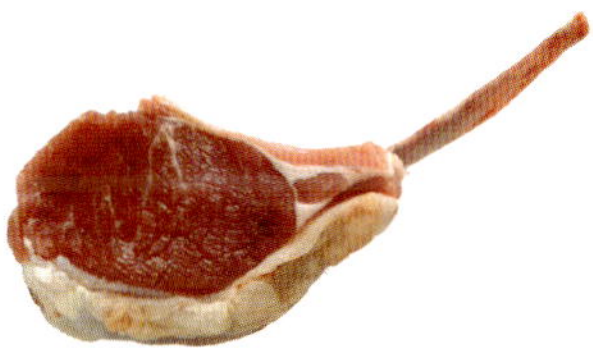

Lammkarree

Lammkotelett

Lammkeule

Hasenrücken

Kaninchen

Hirschfilet

- 8 EL Olivenöl
- 2 Zweige Thymian
- 1 Zweig Rosmarin
- 1 TL Fenchelsamen
- 1 Prise Salz,
  1 Prise schwarzer Pfeffer
- 1 Lammkeule à 1,8 kg
- 1 Knoblauchknolle

Gebratene Kräuterlammkeule mit Knoblauchzehen

1. Für die Marinade das Olivenöl in eine Schale gießen, die Thymianblättchen von den Zweigen abzupfen und dazugeben.

2. Die Rosmarinnadeln abzupfen, mit einem Messer etwas anschneiden und mit den Fenchelsamen ins Öl geben. Das Ganze vermischen und mit Salz und schwarzem Pfeffer aus der Mühle würzen.

3. Die vom Metzger vorbereitete Lammkeule sowie einige Lammknochen in einen Bräter geben und die Lammkeule mit dem Kräuteröl kräftig einreiben. Die einzelnen Knoblauchzehen von der Knolle lösen und mit dem Handballen in der Schale leicht andrücken. Auf die Lammkeule legen.

4. Die Lammkeule in den auf 200 °C vorgeheizten Ofen geben. 30 Minuten braten, den Braten öfter mit dem Bratensaft begießen und wenden. Dann die Temperatur auf 180 °C reduzieren und eine weitere Stunde braten. Dabei den Bratensatz immer wieder mit etwas Wasser ablöschen, um eine Sauce zu erzielen.

Die Keule auf einer Platte anrichten. Die Sauce unpassiert dazugeben, nur vorher die Knochen entfernen. Zusammen mit Folienkartoffeln oder Couscoussalat servieren.

***100**

■ Petersilie, Estragon, Majoran, Zitronen- und Orangenschale fein hacken und mit Butter verrühren. In einer Pfanne aufschäumen und über die Lammkeule geben.

3

4

- 1,3 kg Lammkeule
- 1 Bund Petersilie
- 1 Zweig Estragon
- 5 Schalotten
- 150 g Karotten
- 3 Zwiebeln
- 1 junger Kohl
- 2 Knoblauchzehen
- 300 g Kartoffeln
- 2 EL Pflanzenöl
- 1 TL Salz,
  1 Prise schwarzer Pfeffer
- ½ TL Tomatenmark
- 1 Lorbeerblatt
- 1,2 l Rinderbrühe

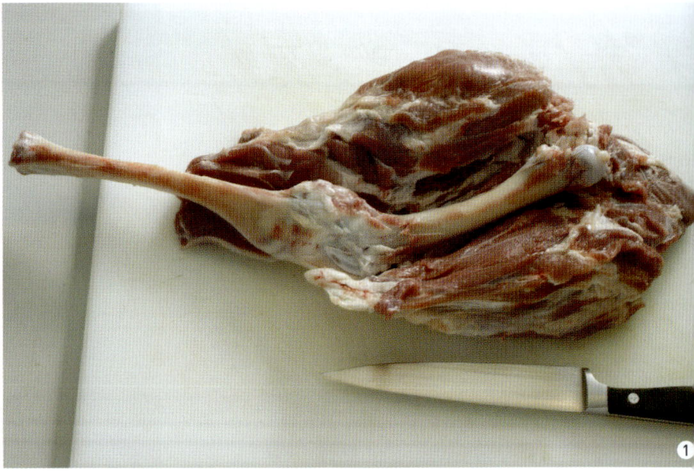

Irish Stew mit jungem Kohl und Karotten

1. Die Lammkeule entlang des Knochens einschneiden und diesen mit der Messerspitze vorsichtig aus dem Fleisch lösen. Das Fett der Hautseite und Knorpel entfernen. Das Fleisch in 3 cm große Stücke schneiden. Die Petersilie und den Estragon waschen, zupfen und beiseitestellen. Sie werden erst kurz vor der Zugabe zum Gericht geschnitten, um ihren Geschmack und die ätherischen Öle zu erhalten.

2. Die Schalotten schälen und halbieren. Die Karotten schälen und schräg in 1 cm breite Scheiben schneiden. Die Zwiebeln schälen, halbieren und in Streifen schneiden. Den jungen Kohl von den äußeren Blättern befreien, halbieren, den Strunk herausschneiden und den Kopf waschen In 3 x 3 cm große Stücke schneiden. Die Knoblauchzehen schälen und fein würfeln. Die Kartoffeln schälen und in 3 cm große Würfel schneiden.

3. Das Öl in einem Topf erhitzen. Zuerst den Knoblauch, dann die Zwiebelstreifen zugeben und glasig dünsten. Die Fleischwürfel salzen und pfeffern und in den Topf geben. Weitere 10 Minuten leicht anschwitzen. Das Fleisch an den Topfrand schieben und das Tomatenmar auf der freien Stelle erst etwas rösten, dann mit dem Fleisch vermengen. Das Lorbeerblatt hinzufügen.

120

■ **Statt Keule kann auch Lammschulter verwendet werden, die jedoch 15 Minuten länger kochen muss, da sie durchwachsener ist. Mit Schweine- oder Rinderschulter zubereitet entsteht eine deutsche Spezialität namens Pichelsteiner. Das Gemüse kan nach Belieben ergänzt oder ersetzt werden. Grüne Bohnen, Staudensellerie, Wirsing oder Petersilienwurzeln schmecken ebenso köstlich in diesem Eintopf.**

. Nun das Fleisch mit der Brühe auf-
ießen. Ersatzweise Wasser verwenden,
ber das Fleisch dann stärker würzen.
ufkochen und mit Deckel 15 Minuten
öcheln.

. Die Karotten, Schalotten und Kartof-
eln hinzufügen und weitere 10 Minuten
nit Deckel köcheln lassen. Nun den Kohl
ugeben, alles vermischen und weitere
0 Minuten köcheln. Durch die zeitver-
etzte Zugabe der Zutaten werden sie alle
ichtig gekocht, ohne zu verkochen. Zum
chluss die Petersilie und den Estragon
ein schneiden und unter den Eintopf mi-
chen. In tiefen Tellern servieren.

2 Lammrücken à 1 bis 1,2 kg

1 Prise Salz,
1 Prise schwarzer Pfeffer

3 EL Olivenöl

6 Knoblauchzehen

2 Zweige Rosmarin

30 g Butter

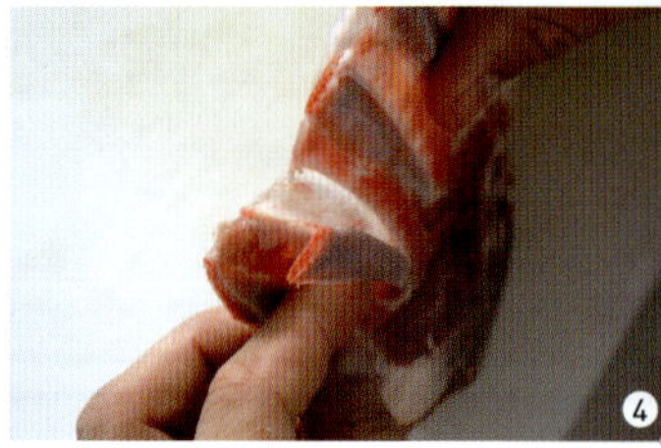

Lammkarree rosa gebraten mit Rosmarin

1. Statt Lammrücken können auch bereits fertig ausgelöste Lammkarrees verwendet werden, bei denen allerdings die Rippenknochen immer noch nachgeputzt werden müssen. Die Lammrücken auf ein Schneidebrett geben und die Haut unter dem Rückenfilet mit einem Messer 1 cm einschneiden.

2. Die Haut und das Fleisch von den Rippen schneiden.

3. Die Häutchen mit dem Messer vom Knochen schaben, so lässt sich die Haut besser abziehen.

4. Die Haut um den Knochen mit den Fingern vorsichtig so weit ablösen, bis der Knochen freigelegt und sauber ist.

5. Danach umdrehen und diesen Teil der Haut abschneiden.

6. Entlang des Rückenknochens einschneiden. Die weiße Sehne vorsichtig entfernen. Dann am Rücken bis zu den Rippenknochen weiterschneiden.

7. Wieder umdrehen und das Lammkarree mit einer scharfen Küchenschere vom Rückenknochen abtrennen.

8. Das ausgelöste Lammkarree von klei nen Sehnen und Knochen befreien und von beiden Seiten salzen und pfeffern.

9. Das Öl in einer breiten Pfanne erhitzen und das Lammkarre mit der Oberseite nach unten in die Pfanne legen. Die

60

■ Das Lammkarree kann auch mit einer Pekannuss-Zitronen-Marinade nachgebraten werden. Dafür Pekannüsse grob schneiden, 2 Stück Zitronenschale in feine Streifen schneiden und mit den Nadeln 1 Rosmarinzweigs sowie 2 EL Olivenöl und 1 TL grobem Senf vermischen. Die letzten 5 Minuten damit nachbraten. Als Beilage eignen sich Kartoffelgratin und grüne Bohnen.

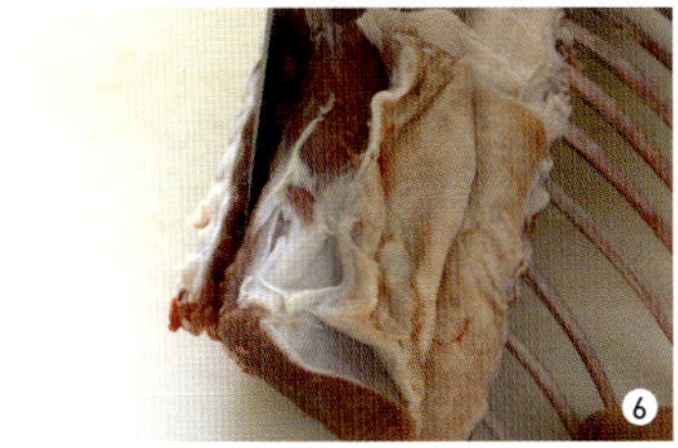

in der Schale angedrückten Knoblauchzehen und die Rosmarinzweige daraufgeben. Mit dem Bratensaft begießen und nach 5 Minuten wenden.

10. Danach den Rosmarin wieder auf das Lammkarree legen, damit er in der Pfanne nicht verbrennt, und die Butter dazugeben. Das Karree im vorgeheizten Ofen bei 180 °C etwa 10 Minuten braten und immer wieder mit dem Bratensaft begießen. Dann aus dem Ofen nehmen und mit Alufolie abgedeckt etwa 3 Minuten ruhen lassen. Zum Schluss aufschneiden und servieren.

 1 Zweig Rosmarin

 1 Zweig Thymian

 ½ Bund Petersilie

 3 Knoblauchzehen

 800 g Lammkoteletts

 4 EL Olivenöl

 1 Prise Salz,
1 Prise schwarzer Pfeffer

1

2

Mariniertes Lamm vom Grill

1. Die Kräuter waschen, verlesen, zupfen und mit einem scharfen Küchenmesser fein schneiden.

2. Die Knoblauchzehen schälen und mit einer Knoblauchpresse über die Lammkoteletts drücken.

3. Die geschnittenen Kräuter, Olivenöl sowie frischen schwarzen Pfeffer aus der Mühle über die Koteletts geben und alles miteinander vermischen. Etwa 30 Minuten marinieren.

4. Die Lammkoteletts salzen und in einer Grillpfanne oder auf einem Gartengrill von beiden Seiten rosa braten – etwa 2 Minuten von jeder Seite.

Auf Tellern anrichten und mit Knoblauchbrot oder gegrilltem Gemüse servieren.

45

■ Zum Marinieren von Lammkoteletts können folgende Gewürze und Kräuter verwendet werden: Salbei, Minze und Zitronenschale oder auch Zimt, gemahlener Kardamom, etwas Curry und Honig – so schmecken die Lammkoteletts etwas orientalisch. Dazu Couscous und Joghurtdip servieren.

3

4

 200 g fetter Speck

 2 Hasenrücken à 800 g

 4 Birnen

 1 TL Salz,
1 Prise schwarzer Pfeffer

 60 ml Pflanzenöl

 10 Wacholderbeeren

 5 Lorbeerblätter

 1 Zweig Rosmarin

 40 g Butter

 1 EL brauner Zucker

 6 TL Preiselbeermarmelade

Gespickter Hasenrücken mit Preiselbeerbirnen

1. Den fetten Speck etwa ½ Stunde ins Tiefkühlfach geben. Danach ist er fester und lässt sich besser verarbeiten. Die beiden Hasenrücken von den Sehnen und Häuten befreien. Den Speck in 5 cm lange und ½ cm dicke Streifen schneiden. Diese am hinteren Ende der Spicknadel einhaken.

2. Die Spitze der Spicknadel vorsichtig in das Fleisch stechen und durchführen, bis der Speck gleichmäßig im Rücken steckt und etwas herausragt. Den Vorgang alle 2 cm wiederholen. Durch das Spicken wird das Fleisch saftiger.

3. Die Birnen schälen, halbieren und das Kerngehäuse mit einem Kugelausstecher entfernen. Der Stiel sollte aus optischen Gründen an der Birne bleiben.

4. Den Hasenrücken mit Salz und Pfeffer würzen. Das Öl in einer Pfanne erhitzen und beide Filets seitlich scharf anbraten, danach wenden. Die Wacholderbeeren andrücken, zusammen mit den Lorbeerblättern zugeben und mit einem Zweig Rosmarin belegen. Dann im auf 170 °C vorgeheizten Ofen etwa 20 Minuten langsam braten und öfter mit dem Bratensaft begießen.

*** 120

■ Am besten kleine rote Williamsbirnen verarbeiten. Als Beilage kleine Kartoffelplätzchen, Schupfnudeln oder eine Steinpilzrahmsauce (s. S. 149) dazu reichen.

5. In der Zwischenzeit die Butter in einer Pfanne zerlassen und die Hälfte des Zuckers hineinstreuen. Die Birnenhälften mit der Schnittfläche einlegen, mit dem restlichen Zucker bestreuen und langsam goldgelb braten. Die Birnenhälften wenden und mit Preiselbeermarmelade füllen. Die Hasenrückenfilets vorsichtig mit einem Messer ablösen und schräg in 2 cm dicke Scheiben schneiden. Mit dem Bratensaft begießen, auf eine Platte geben und zusammen mit den gefüllten Birnen servieren.

- 1 Kopf Wirsing
- 2 EL Salz
- 2 Schalotten
- 750 g Sellerie
- ½ Bund Petersilie
- 100 g Butter
- 1 Prise schwarzer Pfeffer
- 1 Prise Muskatnuss, frisch gerieben
- 1 l Geflügelfond
- 1 EL Obstessig
- 250 g Morcheln
- ca. 750 g Rehrückenstrang
- 1 Zweig Rosmarin
- 2 EL Öl
- 8 Wacholderbeeren
- 50 ml Madeira
- 300 ml braune Bratensauce (s. S. 138)
- 250 g Sahne
- 2 EL Sahne, geschlagen

Rehmedaillons auf Wirsingpüree mit Morchelsauce

1. Den Wirsing von den äußeren Blättern befreien und vierteln, den Strunk herausschneiden. Die Viertel waschen und quer in feine Streifen schneiden. In kochendem Salzwasser 10 Sekunden abkochen, herausnehmen und in kaltem Wasser auskühlen lassen. Anschließend abtropfen lassen. Die Schalotten schälen und fein würfeln für das Selleriepüree. Den Sellerie schälen, in 3 cm große Würfel schneiden und in einem Topf mit kochendem Salzwasser etwa 2 Minuten kochen. Herausnehmen und unter kaltem Wasser abschrecken. Die Petersilie waschen, zupfen und die Blätter fein schneiden.

2. 20 g Butter in einer Stielkasserolle aufschäumen und die Hälfte der Schalottenwürfel glasig anschwitzen. Danach den abgekochten Wirsing hinzugeben. Salzen, pfeffern und mit Muskatnuss würzen. Mit der Hälfte des Geflügelfonds angießen und 15 Minuten leise köcheln, bis der Wirsing weich ist. In der Zwischenzeit weitere 20 g Butter in einer anderen Stielkasserolle erhitzen und den Rest der gewürfelten Schalotten anschwitzen. Die Selleriestücke hinzugeben. Salzen, mit Muskat würzen und mit Obstessig ablöschen. Mit dem restlichen Geflügelfond aufgießen und langsam mit Deckel weich dünsten.

3. Die Morcheln putzen, von den Stielen befreien und in lauwarmem Wasser kurz waschen. Sofort herausnehmen und

»

***150

■ Als Beilagen Rosenkohlröschen, glasierte Äpfel, Morchelsauce mit Sahne, Rotkohl, Spätzle, Schupfnudeln, grüne Bohnen, verschiedene Pilze oder Kartoffelplätzchen mit Schnittlauch verwenden.

2

3

zum Abtropfen auf ein Küchentuch geben. Bleiben Pilze zu lange im Wasser, saugen sie sich voll und geben die Flüssigkeit beim Anschwitzen in der Pfanne wieder ab.

4. Den Rehrückenstrang in 8 gleich große Medaillons schneiden und diese nur leicht mit dem Handballen anklopfen. Danach salzen, pfeffern und mit den abgezupften Rosmarinnadeln bestreuen.

5. Das Öl mit 20 g Butter in einer Pfanne aufschäumen lassen und die Rehmedaillons einlegen. Die Wacholderbeeren andrücken und dazugeben. Von beiden Seiten etwa 5 Minuten langsam braten und immer wieder mit dem Bratenöl begießen.

6. In der Zwischenzeit die restliche Butter in einer Pfanne aufschäumen lassen und die gut abgetropften Morcheln hineingeben. Salzen, mit Muskatnuss würzen und schnell anschwitzen. Mit Madeira ablöschen und diesen einkochen lassen.

7. Danach die braune Bratensauce hinzugeben, am besten eine aus den Knochen vorbereitete braune Wildsauce, die für einen besonderen Geschmack sorgt. Weitere 5 Minuten köcheln.

8. 100 g Sahne in den gekochten Wirsing zugießen und verrühren. Etwas kochen lassen und mit der geschlagenen Sahne und der geschnittenen Petersilie abrunden. Die restliche Sahne zum gedünsteten Sellerie gießen und ebenfalls noch 5 Minuten köcheln. Danach mit eine Stabmixer fein verrühren. Jeweils eine Nocke Selleriepüree und Wirsingpüree auf einen Teller geben. 2 Medaillons dazulegen, mit der Morchelsauce übergießen und servieren.

■ **Die Rehmedaillons passen auch sehr gut zu anderen Beilagen und Saucen. Für die Sauce können auch Pilze wie Pfifferlinge, Steinpilze oder Shiitake-Pilze verwendet werden. Die Sauce kann auch gerne mit Sahne und Orangenlikör verfeinert werden. Andere Beilagen wie Rotkohl, Speckböhnchen, glasierte Äpfel, gebratene Schwarzwurzeln oder Kürbisrösti harmonieren hervorragend.**

5

6

7

8

- 50 g Salz
- 2 Zweige Rosmarin
- 2 Zweige Thymian
- 2 Lorbeerblätter
- 1 Zitrone
- 1 TL Wacholderbeeren
- 10 Nelken
- 1 TL schwarze Pfefferkörner
- 1 kg Rehkeule
- ½ Bund Petersilie
- 5 Schalotten
- 5 Scheiben geräucherter Bauchspeck
- 250 g kleine Steinpilze
- 3 EL Pflanzenöl
- 40 g Butter
- 1 Prise Muskatnuss, frisch gerieben
- 40 ml roter Portwein
- 200 ml braune Bratensauce (s. S. 138)
- 200 g Sahne
- 100 ml Crème fraîche
- 3 EL Preiselbeermarmelade

Rehkeule im Ganzen mit Steinpilzrahmsauce

1. Zum Würzen der Rehkeule wird im Mixer ein spezielles Gewürzsalz aus folgenden Zutaten zubereitet: Salz, abgezupften Rosmarinnadeln und Thymianblättern, Lorbeerblättern, Schale einer halben Zitrone, Wacholderbeeren, Nelken und schwarzen Pfefferkörnern. Alles zu einem feinen Gewürzsalz mixen, das auch gut in einem Einmachglas aufbewahrt werden kann.

2. Die Rehkeule bereits beim Metzger auslösen lassen, um nur das Fleisch zum Braten zu erhalten. Dieses mit dem Gewürzsalz von allen Seiten einreiben und kurz einwirken lassen. Die Petersilie waschen, zupfen und die Blätter fein schneiden. Die Schalotten schälen, 2 davon fein würfeln, die restlichen der Länge nach vierteln. Die Speckstreifen in 2 cm breite Streifen schneiden.

3. Die Steinpilze putzen, von Unreinheiten befreien und in ½ cm dünne Scheiben schneiden.

4. Das Öl in einer Pfanne erhitzen und die Rehkeule von allen Seiten scharf anbraten. Dann im auf 170 °C vorgeheizten Ofen 10 Minuten braten.

5. Die geviertelten Zwiebeln und die Speckstreifen um die Rehkeule geben und weitere 20 Minuten bei 160 °C braten. Dabei öfter mit dem Bratenöl begießen.

120

■ Zu diesem Gericht passen handgeschabte Spätzle, knusprige Kartoffelplätzchen oder Fingernudeln. Preiselbeeren, möglichst selbst eingemacht, gedünstete Waldpilze und Selleriepüree runden das Wildessen ab.

5. Die Butter in einer beschichteten Pfanne aufschäumen lassen. Die geschnittenen Steinpilzscheiben anschwitzen, salzen und mit Muskatnuss würzen. Die fein gewür-elten Schalotten dazugeben und weiter glasig anschwitzen. Mit rotem Portwein ablöschen und einkochen lassen.

7. Nun mit der braunen Bratensauce aufgießen und etwa um $^2/_3$ des Volumens einkochen lassen.

8. Die Sahne und die Crème fraîche in die Sauce geben und noch einmal aufkochen. Mit der Preiselbeermarmelade abschme-cken und nicht mehr kochen lassen.

9. Wichtig ist, kleine Steinpilze zu verwenden und diese nicht zerfallen zu lassen. Sie müssen schön knackig in der Sauce schwimmen.

Die Sauce auf eine Platte geben, die Rehkeule in Scheiben schneiden und auf die Sauce legen. Den Bratensaft aus der Keule noch in die Steinpilzsauce schwenken!

 1½ kg Hirschkeule
 2 Zwiebeln
 2 Karotten
 1 Knollensellerie
 5 Lorbeerblätter
 2 Zweige Thymian
 2 Zweige Rosmarin
 5 schwarze Pfefferkörner
 8 Wacholderbeeren
 2 Nelken
 5 Pimentkörner
 1 l kräftiger Rotwein
 200 g Champignons
 1 Apfel
 150 g geräucherter Bauchspeck
 120 ml Pflanzenöl
 2 EL Balsamicoessig
 1 TL Salz,
1 Prise schwarzer Pfeffer
 1 EL Mehl

1

Hirschragout mit Wurzelgemüse und Kartoffelpüree

1. Die Hirschkeule auslösen und erst in 3 cm dicke Streifen schneiden, danach in 3 cm große Würfel. Die Zwiebeln, Karotten und den Sellerie schälen und in 2 cm große Würfel schneiden. Die Hälfte des Selleries für die Garnitur zurückbehalten.

2. Das Hirschfleisch in eine große Schüssel geben und mit dem Gemüse bedecken. Die Lorbeerblätter, Thymianzweige, Rosmarinzweige, angedrückten Pfefferkörner, Wacholderbeeren, Nelken und Pimentkörner dazugeben. Mit dem Rotwein aufgießen und bedecken.

3. Das Hirschfleisch am besten 24 Stunden im Kühlschrank marinieren. Zwischendurch vorsichtig durchmischen.

4. Danach in ein großes Sieb geben und abtropfen lassen. Den Marinierfond in einen Topf geben und langsam zum Kochen

+ 24 Stunden Marinierzeit

*** 180

■ **Es ist sehr wichtig, dass das Fleisch mariniert wird. Auf diese Art ein Rehragout, Wildschweinragout oder Hasenragout zubereiten. Ein wirkliches Wildragout wird zum Schluss noch mit 100 ml Blut gebunden. Das schmeckt besonders, ist aber nicht jedermanns Geschmack.**

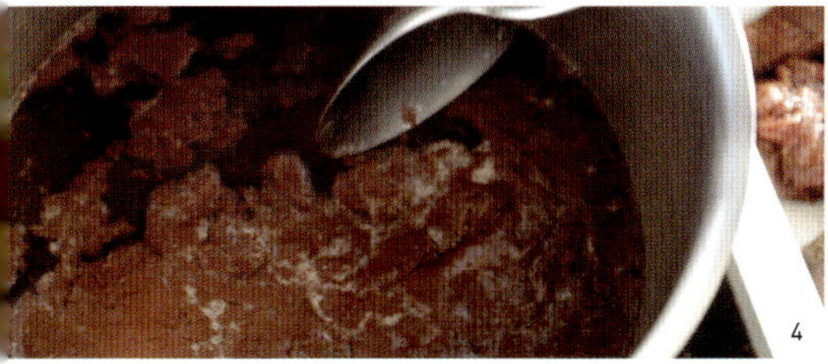

ɔringen. Das oben schwimmende Eiweiß ıbschöpfen, damit dieses nicht in die Sauce ɛinkochen kann. Diesen Marinierfond ;päter zum Aufgießen verwenden. Die Fleischstücke vom Gemüse trennen und ːum Abtropfen auf ein Küchentuch geben. Das Gemüse separat aufbewahren.

5. Die Champignons putzen und vierteln. ²⁄₃ der Champignons für die Garnitur ıufbewahren und beiseitestellen. Den Apfel entkernen und in 2 cm große Stücke schneiden. Den Speck erst in ½ cm dicke Scheiben und dann in 1 cm dicke Streifen schneiden. 40 ml Öl in einem breiten Topf erhitzen und ⅓ der Speckstreifen, ⅓ der Champignons und die Apfelstücke leicht anbraten. Mit Balsamicoessig ablöschen.

6. Das gut abgetropfte Gemüse aus der Marinade zugeben und etwa 30 Minuten langsam anbraten, bis das Gemüse weich wird. Danach aus dem Topf in eine Schüssel geben.

7. Das Hirschfleisch salzen, pfeffern und mit Mehl bestäuben. 60 ml Öl in den breiten Topf geben und die Fleischstücke nebeneinander verteilen, um sie gleichzeitig anzubraten. Andernfalls in zwei Durchgängen anbraten, denn gibt man zu viel Fleisch auf einmal in den Topf, würde es anfangen zu kochen statt zu rösten.

»

 1 EL Tomatenmark

 100 ml Cognac

 100 ml roter Portwein

 ¾ l Wild- oder Geflügelfond

 800 g Kartoffelpüree (s. S. 336)

 3 Weißbrotscheiben

 80 g Butter

8. Nun das Fleisch im Topf an den Rand schieben und das Tomatenmark auf der freien Stelle leicht anrösten. Mit dem Fleisch vermischen und weitere 5 Minuten rösten.

9. Jetzt das Gemüse zum Fleisch geben und vermischen. 5 Minuten weiter rösten, bis sich ein Bratensatz am Boden bildet. Den Bratensatz mit Cognac ablöschen und einkochen lassen. Bildet sich ein zweiter Bratensatz, dann mit rotem Portwein ablöschen und wieder einkochen lassen.

10. Mit dem aufgekochten Marinierfond aufgießen und mit Deckel etwa 45 Minuten köcheln lassen. Danach mit dem Wild- oder Geflügelfond aufgießen und weitere 20 Minuten köcheln lassen. In der Zwischenzeit das Kartoffelpüree zubereiten. Die Weißbrotscheiben entrinden und in einer Küchenmaschine fein mixen. Die Butter in einem kleinen Topf schmelzen lassen und die Brotkrumen goldgelb anrösten.

Das Hirschragout vom Feuer nehmen. Di Fleischstücke aus dem Ragout in einen anderen Topf geben und darauf achten, dass weder Gemüse oder Kräuterreste am Fleisch kleben. Diesen Vorgang nennt man „Ausstechen". Die Sauce noch einmal aufkochen und durch ein feines Sieb über das Fleisch passieren. Das Gemüse gut ausdrücken. Den übrigen halben Sellerie in 4 cm lange und 1 cm breite Streifen schneiden. Diese in kochendem Salzwasser 2 Minuten kochen und anschließend abschrecken. Das restliche Öl in einer beschichteten Pfanne erhitzen die übrigen Champignons scharf anbraten und die Speckstreifen hinzugeben. Leicht pfeffern und salzen und die Selleriestücke darin durchschwenken. Das Kartoffelpüree auf Tellern anrichten und mit den gerösteten Brotkrumen bestreuen. Nun das Hirschragout anrichten, die Champignon-, Speck- und Selleriestücke darüber vertei len und servieren.

■ **Mit Preiselbeerkompott oder Pilzen servieren. Rosenkohlröschen, in Salzwasser gegart und mit Zwiebeln und Speckwürfeln angebraten, sind ebenfalls eine schmackhafte Beilage.**

9

10

4 Kaninchenkeulen

1 Prise Salz,
1 Prise schwarzer Pfeffer

3 TL Paprikapulver, edelsüß

2 kleine Zwiebeln

30 g Butter

½ l Geflügel- oder Gemüsefond

400 g Sahne

Gedünstete Kaninchenkeule in Paprikarahmsauce

1. Die Kaninchenkeulen salzen, mit schwarzem Pfeffer und mit Paprikapulver würzen.

2. Die Zwiebeln schälen und in kleine Würfel schneiden. Diese in einem breiten Topf mit der Butter glasig anschwitzen und die Kaninchenkeulen hineingeben. Von beiden Seiten leicht anbraten.

3. Mit Geflügelfond ablöschen und zugedeckt etwa 30 Minuten dünsten.

4. Hin und wieder wenden und möglicherweise Wasser zugießen, falls es schnell verdunsten sollte – der Boden sollte etwa 1 cm hoch mit Flüssigkeit bedeckt sein.

5. Mit Sahne aufgießen und die Kaninchenkeulen 5 Minuten sanft in der Sauce köcheln. Eventuell mit Salz und Pfeffer nachschmecken.

Mit Schnittlauchkartoffeln, Serviettenknödeln oder auch Bandnudeln servieren.

***45**

■ Auf dieselbe Art kann auch ein ganzes zerteiltes Kaninchen zubereitet werden. Lässt man das Paprikapulver weg und gibt nach dem Anbraten 250 g in Scheiben geschnittene Pilze wie Champignons oder andere Waldpilze dazu, erhält man eine wunderbare Pilzsauce, zu der gedünsteter Reis serviert werden sollte.

2

3

4

5

Obst & Desserts

Inhalt

Obstsorten

Schöne Früchte sind leider oft keine guten Früchte. Die schrumpelige Bio-Ware verfügt meist über mehr Geschmack als glänzendes Obst aus dem Supermarkt. Deshalb sieht man Früchten ihre Qualität oft nicht an.

Rote Johannisbeeren

Himbeeren

Erdbeere

Starking-Apfel

Fuji-Apfel

Golden-Delicious-Apfel

Galia-Melone

Cantaloup-Melone

Wassermelone

Zuckerbirne

Nashi Birne

Conference-Birne

Grüne Pflaume

Aprikose

Kiwi

Blutorange

Rosa Grapefruit

Mandarine

Formosa-Papaya

Granatapfel

Mango

Mangos schälen und entkernen

1. Die Schale der Mango mit einem kleinen Messer oder Sparschäler entfernen.

2. Die Mango der Länge nach am Kern entlang aufschneiden.

3. Das am Kern anhaftende Fruchtfleisch lösen.

4. Die beiden Mangohälften und die kleineren Fruchtstücke sind nun gebrauchsfertig.

Aprikosen halbieren und entkernen

1. Die Aprikose der Länge nach halbieren.

2. Die Aprikosenhälften mit den Händen in entgegengesetzte Richtungen drehen, sodass sich eine Hälfte vom Kern löst.

3. Den Kern mit einem Messer aus der anderen Hälfte lösen.

4. Die halbierten Aprikosen schnell verarbeiten, da die Schnittstelle sonst braun wird.
Pfirsiche und Nektarinen auf dieselbe Art verarbeiten.

Vanilleschote auskratzen, Vanillezucker

1. Die Vanilleschote an einem Ende festhalten und mit dem Messer der Länge nach halbieren.

2. Das Mark mit der Messerspitze aus der gesamten Vanilleschote kratzen.

3. Das schwarze Vanillemark verleiht Desserts und Saucen einen besonderen, aromatischen Geschmack.

4. Die ausgekratzten Vanilleschoten mit Kristallzucker in einem Einmachglas aufbewahren. Sobald die Schoten hart geworden sind, mit dem Zucker in eine Küchenmaschine geben und fein mixen.

5. So entsteht selbstgemachter Vanillezucker für die Zubereitung von Desserts, Kuchen und Saucen.

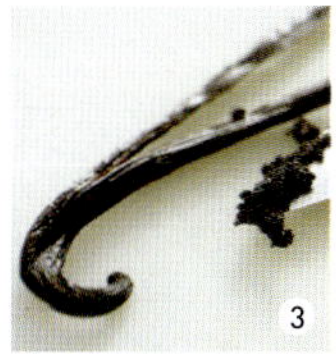

Kiwis schälen

1. Den Boden ½ cm dick abschneiden und den Deckel in derselben Stärke rund um den Kern herum einschneiden, aber nicht ganz abtrennen.

2. Nun den Deckel einfach herunterklappen – so löst sich auch der kleine Strunk. Dabei den Deckel leicht drehen.

3. Die Kiwi aufrecht stellen und die Schale von oben nach unten fein abschneiden.

4. Nun die Kiwi nach Belieben zerteilen und weiter verarbeiten.

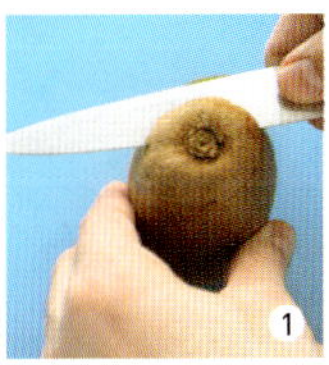

Honigmelonen zuschneiden

1. Die Melone der Länge nach halbieren.

2. Das Kerngehäuse mit einem Löffel entfernen.

3. Schiffchen erzielt man durch mehrmaliges Teilen der Melonenhälften. Abschließend die Schale bis auf einen kleinen Ansatz abtrennen, damit das Fruchtfleisch beim Verzehr nicht verrutscht.

4. Mit einem Kugelausstecher lassen sich auch Melonenbällchen ausstechen.

5. Die ausgehöhlte Melonenschale kann als dekorative Dessertschale dienen.

Ananas schneiden

1. Boden und Deckel 3 cm dick abschneiden.

2. Die Schale von oben nach unten etwa 1 cm dick abschneiden.

3. Die restlichen Kiele der Schale einfach mit einem V-förmigen Schnitt entfernen.

4. Das Fruchtfleisch in 1 cm dicke Scheiben schneiden und das holzige Innere mit einem Kugelausstecher herauslösen.

Orangen filetieren

1. Boden und Deckel 1 cm dick abschneiden.

2. Die Außenschale mitsamt der weißen Innenschale von oben nach unten entfernen.

3. Die geschälte Orange in der Hand mit einem Messer bis zur Fruchtmitte in Filets teilen und diese herausschneiden.

Äpfel aushöhlen

1. Den Deckel des Apfels 1 ½ cm dick abschneiden.

2. Das Kerngehäuse mit einem Kugelausstecher entfernen.

3. Danach den Apfel so weit aushöhlen, dass er später mit einer Füllung gegart werden kann.

½ Honigmelone

2 Bananen

2 Äpfel

3 Orangen

250 g rote Weintrauben

1 Limette

3 EL Honig

10 Minzeblätter

Einfacher Obstsalat

1. Die Melone schälen, halbieren, das Kerngehäuse mit einem Löffel entfernen und das Fruchtfleisch in 1 ½ x 2 cm große Stücke schneiden. Die Bananen schälen, der Länge nach vierteln und in 1 cm breite Scheiben schneiden. Die Äpfel schälen, das Kerngehäuse herausschneiden und das Fruchtfleisch in 1 ½ cm große Würfel schneiden. Die Orangen filetieren.

2. Die Trauben halbieren und mit der Messerspitze von den Kernen befreien, die zerkaut bitter schmecken würden.

3. Die Limette in einem Sieb über dem Obstsalat auspressen, sodass kein Fruchtfleisch hineingelangt. Die Säure verhindert das Verfärben des Obstes. Zum Schluss den Honig und die in Streifen geschnittene Minze untermischen und den Obstsalat gekühlt servieren.

20

- 1 Honigmelone
- 1 Mango
- 3 Orangen
- 3 Kiwis
- 2 Limetten
- 60 g Vanillezucker
- 4 Passionsfrüchte
- 6 Erdbeeren
- 1 Msp. Limettenzesten
- 1 Vanilleschote
- 2 EL Kokosraspel

Exotischer Obstsalat

1. Die Melone halbieren, das Kerngehäuse mit einem Löffel entfernen und mit einem Kugelausstecher Kugeln ausstechen. Die Mango schälen, halbieren, vom Kern befreien und das Fruchtfleisch würfeln. Die Orangen schälen und filetieren. Die Kiwis ebenfalls schälen, halbieren und in Scheiben schneiden.

2. Die Limetten mit der Hand auspressen und im Ganzen zum Obst geben. Die ätherischen Öle der Schale verleihen dem Obstsalat einen noch exotischeren Geschmack. Vorher natürlich heiß abwaschen.

3. Den Zucker zugeben. Die Passionsfrüchte halbieren, das Innere mit einem Löffel herausschaben und ebenfalls zugeben. Den Salat so ½ Stunde marinieren lassen. Die Limettenschalen wieder herausnehmen. Zum Schluss die Erdbeeren der Länge nach in dünne Scheiben schneiden und als Garnitur auf den Obstsalat legen. Nach Belieben mit Limettenzesten, Vanilleschote und Kokosraspel garnieren.

Den Obstsalat in einer der ausgehöhlten Melonenhälften anrichten.

50

5 Eier

130 g Zucker

½ l Milch

1 Vanilleschote

8 Blatt Gelatine

400 g Sahne

Bayerische Creme

1. Die Eier trennen und das Eigelb mit dem Zucker so lange mit dem Schneebesen verrühren, bis die Mischung fast weiß ist. Auf dem Herd ein Wasserbad vorbereiten, bei dem die Schüssel das Wasser nicht berühren darf.

2. In der Zwischenzeit die Milch mit Vanilleschote und -mark aufkochen und dann nach und nach mit dem Schneebesen in die Ei-Zucker-Mischung einrühren.

3. Die Mischung über dem Wasserbad langsam erhitzen und ständig mit einem Holzlöffel rühren, damit das Ei nicht am Schüsselrand gerinnt.

4. Die Milch unter Rühren erhitzen, bis das Ei bindet. Diesen Vorgang nennt man „zur Rose abziehen", da sich bei Anpusten des Holzlöffels rosenähnliche Muster bilden.

5. Die Gelatineblätter in kaltem Wasser ausdrücken und dann unter die abgezogene Creme mischen. Diese auf einem Wasserbad mit Eiswürfeln kalt rühren.

+ 3 Stunden kühlen

*** 40

■ Für eine Kaffeecreme 4 Tassen starken Espresso kochen und vor dem Unterziehen der Sahne in die Masse einrühren. Zusätzlich die Gelatinemenge auf 9 Blätter erhöhen.

6. Zunächst nur einen Teil der geschlagenen Sahne vorsichtig unterheben, um die verschiedenen Konsistenzen anzugleichen.

7. Dann die restliche Sahne unterheben und dabei den Schneebesen wie einen Rührlöffel aus dem Handgelenk drehen. Die Creme in Schalen oder Gläser füllen und gut 3 Stunden abgedeckt im Kühlschrank auskühlen lassen. Abschließend mit Fruchtsauce oder Obst servieren.

 150 g Zucker

 125 ml Wasser

 3 Eier

 1 Vanilleschote

 10 ml Amaretto

 500 g Sahne

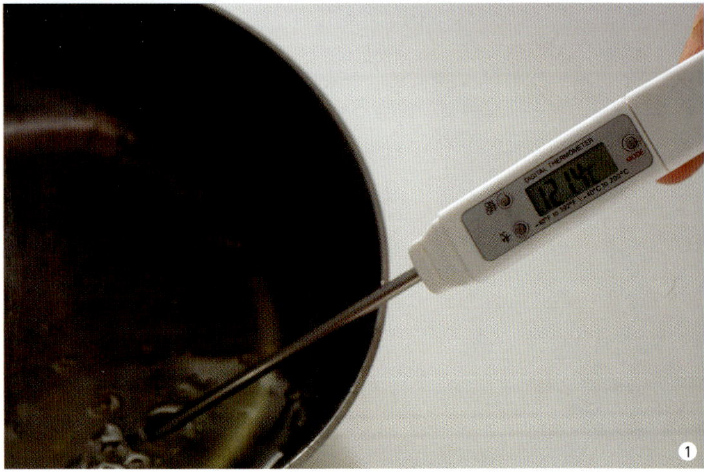

Vanilleeis-Parfait

1. Den Zucker ins Wasser geben und auf 121 °C (Zuckerthermometer) erhitzen.

2. Die Eier trennen und das Eigelb in einen Schlagkessel geben. Den gekochten Zucker nach und nach mit dem Eigelb vermischen. Dabei ständig mit dem Schneebesen rühren, damit das Ei nicht gerinnt.

3. Das ausgekratzte Vanillemark und den Amaretto untermischen, mit dem Schneebesen cremig aufschlagen und in einem kalten Wasserbad wieder kalt rühren.

4. Die kalte Sahne steif schlagen und zuerst nur ein Drittel mit einem Schneebesen einrühren. Dann die restliche Sahne vorsichtig unterheben, damit die schaumig-luftige Konsistenz des Parfaits nicht durch heftiges Rühren verloren geht.

5. Die fertige Masse in eine Form geben und mindestens 6 Stunden im Tiefkühlfach gefrieren lassen. Dann die Form kurz unter fließend heißes Wasser halten und das Parfait herausstürzen. Mit einem heißen Messer 1 cm dicke Scheiben abschneiden und servieren. Den Rest bis zur weiteren Verarbeitung in Klarsichtfolie wickeln.

Variationen des Vanilleeis-Parfaits mit folgenden Zutaten:

1. 200 g Erdbeerpüree,
2. 150 g Passionsfruchtpüree, 50 ml Kokoslikör,
3. 50 g geröstete Mandeln, 120 g grob gehackte Amarena, 20 ml Kirschlikör,
4. 200 g Aprikosenpüree, 20 ml Amaretto

+ 6 Stunden tiefkühlen

40

■ **Man kann die Gäste auch mit einem Eissoufflé überraschen, indem man einen Ring aus Backpapier formt, in ein Soufléförmchen stellt und mit Parfaitmasse füllt. Das Parfait wirkt wie ein Soufflé, besteht aber aus Eis.**

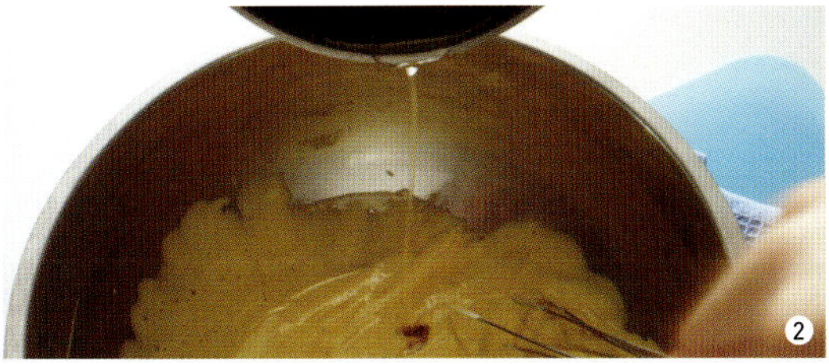
2

3

4

5

250 ml Milch

80 g Zucker

3 Eier

20 g Speisestärke

30 g Butter

1 Vanilleschote

250 g Blätterteig

200 g Beeren, gemischt

50 ml Wasser

30 g Zucker

50 ml Weißwein

1½ Blatt Gelatine

10 g Puderzucker

1 Orange

Kleine Obsttarteletts

1. 50 ml Milch abnehmen und mit dem Zucker, dem Eigelb von 1 Ei und der Speisestärke verrühren. Die Butter in kleine Stücke schneiden und kalt stellen. Die Vanilleschote der Länge nach halbieren und mit dem Messerrücken ausschaben. Das Mark und die ausgeschabte Schote mit der restlichen Milch aufkochen. Anschließend durch ein Sieb gießen und wieder auf den Herd stellen. Die vorbereitete Mischung aus Eigelb, Zucker, Speisestärke und Milch langsam in die Milch gießen und die Creme andicken lassen.

2. Die Creme mit der kalten Butter kalt rühren, abdecken und auskühlen lassen.

3. Den Blätterteig in gleich große Dreiecke und Röllchen schneiden und diese wie auf dem Foto gezeigt zusammensetzen. Vollständig mit dem Eigelb der übrigen Eier einpinseln und mit der Gabel kleine Löcher in den Tartelettboden stechen.

4. Die Tarteletts bei 180 °C im Ofen 12–15 Minuten backen und dann auskühlen lassen. Mit der Vanillecreme bis knapp unter den Rand füllen.

5. Nun die Vanillecreme mit frischen Früchten belegen. In der Zwischenzeit Wasser, Zucker und Weißwein aufkochen. Die eingeweichte Gelatine darin auflösen und abkühlen. Die Beeren mit der Glasur beträufeln, damit sie frisch bleiben und die Tarteletts glänzen. Zum Servieren mit Puderzucker bestäuben und eine Orangenzeste darübergeben.

75

■ **Die Tarteletts können mit beliebigen Beeren belegt werden. Eine große Blätterteigschnitte mit Vanillecreme und frischen Erdbeeren schmeckt auch als Kuchenersatz.**

2

3

4

5

 1 Ananas

 2 Eier

 1 Prise Salz

 1 ½ l Pflanzenöl

 120 g Mehl

 60 g Zucker

 125 ml Milch

 40 ml brauner Rum

 30 g Kokosflocken

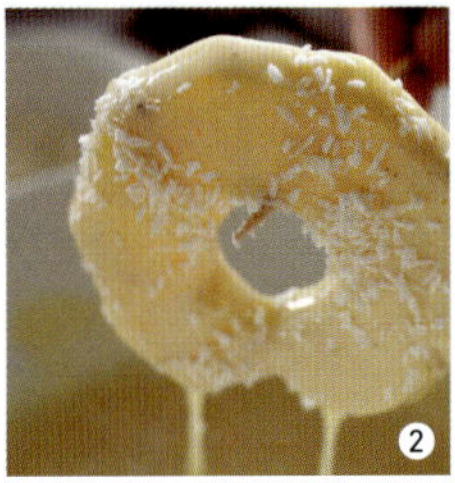

Ananasküchlein

1. Die Ananas schälen und den Kern herausstechen. Dann die Frucht in ½ cm dicke Scheiben schneiden und beiseitestellen. Die Eier trennen und das Eiweiß mit einer Prise Salz steif schlagen. Zur späteren Verwendung abgedeckt kalt stellen. Einen Topf mit Pflanzenöl aufstellen und auf 180 °C erhitzen.
In der Zwischenzeit das Mehl, den Zucker, das Eigelb, die Milch und den Rum zu einem glatten Teig rühren und den Eischnee vorsichtig unterheben.

2. Nun die Ananasscheiben durch den Backteig ziehen und mit Kokosflocken bestreuen.

3. Die Ananasküchlein im Pflanzenöl bei 160 °C goldbraun ausbacken. Danach auf Küchenpapier gut abtropfen lassen, mit den restlichen Kokosflocken bestreuen und servieren.

40

- 3 Eier
- 300 g Mehl
- 20 g Backpulver
- 60 g Zucker
- 350 ml Milch
- 4 Äpfel
- ½ Zitrone
- 1 Prise Salz
- 1 ½ l Pflanzenöl
- 1 EL Vanillezucker

Apfelküchlein

1. Die Eier trennen und das Eigelb zusammen mit Mehl, Backpulver, Zucker und Milch zu einem glatten Teig rühren. Nach und nach 160 ml Pflanzenöl einrühren. Die Äpfel schälen und das Kerngehäuse mit einem Ausstecher entfernen. Die Äpfel in ½ cm dicke Scheiben schneiden und diese mit der Zitrone einreiben, damit sie nicht braun werden.

2. Das Eiweiß mit einer Prise Salz steif schlagen und vorsichtig unter den Teig ziehen. Einen Topf mit Pflanzenöl auf 160 °C erhitzen. Die richtige Temperatur ist erreicht, wenn sich an einem ins Öl gehaltenen Holzspieß Blasen bilden.

3. Nun die Äpfel durch den Teig ziehen und sofort ins heiße Öl gleiten lassen. Die Apfelküchlein goldbraun ausbacken. Auf einem Küchenpapier gut abtropfen lassen, mit Vanillezucker bestäuben und mit Vanillesauce (s. S. 694) servieren.

■ **Apfelschalen in Öl frittiert ergeben leckere Apfelchips.**

45 ***

8 Löffelbiskuits

300 g saftige Kirschen

2 EL Zucker

½ TL Zimt

20 ml Kirschwasser

1 Packung Frühlingsrollenteig, 12 x 12 cm

1 Eiweiß

2 l Pflanzenöl zum Frittieren

10 g Puderzucker

1

2

3

4

Frühlingsrollen mit Kirschfüllung

1. Die Löffelbiskuits in einer Schale grob mit den Fingern zerdrücken.

2. Die Kirschen waschen, halbieren und den Kern herausnehmen. Die Kirschen zu den Biskuits geben.

3. Mit 2 EL Zucker und dem gemahlenen Zimt würzen.

4. Mit Kirschwasser beträufeln und gut vermischen.

5. Die Teigblätter auf die Arbeitsfläche legen. In die Mitte je 2 EL Kirschfüllung geben. Die Seiten mit Eiweiß bestreichen.

6. Zwei sich gegenüber liegende Ecken nach innen klappen, die Ränder mit Eiweiß bestreichen.

7. Die dritte Ecke nach innen klappen und den unteren Teil nochmal mit Eiweiß bestreichen.

8. Den unteren Teil dann über die Füllung nach oben klappen und etwas andrücken. Den oberen Teil mit Eiweiß bestreichen und ganz aufrollen.

9. Das Öl in einen großen Topf geben und auf 160 °C erhitzen. Die Frühlingsrollen darin etwa 5 Minuten goldgelb frittieren.

10. Die Frühlingsrollen herausnehmen und auf einem Küchenpapier abtropfen lassen.

Auf Teller mit Servietten verteilen und mit Puderzucker bestreuen.

45

■ Diese Frühlingsrollen können auch mit anderem Obst wie Zwetschgen, Sauerkirschen, Mango, Bananen oder Weintrauben gefüllt werden. Sie sehen dann wie Ministrudel aus. Auch Füllungen mit Quark oder Vanillecreme sind möglich, allerdings braucht man dann einige getränkte Biskuitwürfel, damit die Füllung etwas Struktur hat.

5
6
7
8
9
10

- 650 ml Kokosmilch
- 120 g Tapioka, geschrotet
- 60 g braunen Rohrzucker
- 1 Vanilleschote
- 1 Prise Salz
- 100 ml Orangensaft
- 3 Sternanise
- 1 EL Zucker
- 10 g Speisestärke
- 20 ml Orangenlikör
- 2 Orangen

Tapioka-Kokos-Pudding

1. Die Kokosmilch in einem Topf zum Kochen bringen, das Tapioka einrieseln lassen und mit einem Schneebesen einrühren.

2. Den braunen Rohrzucker zugeben und den Pudding 5 Minuten langsam köcheln lassen. Die Vanilleschote auskratzen und das Vanillemark sowie das Salz zugeben.

3. Der Pudding ist fertig, sobald er eine zähe gleichmäßige Konsistenz aufweist. Danach in Gläser oder Schalen füllen und mit Klarsichtfolie abgedeckt auskühlen lassen.

4. Den Orangensaft mit den Sternanisen und dem Zucker aufkochen lassen.

5. Die Speisestärke mit dem Orangenlikör aufrühren und den Orangensaft damit binden.

6. Orangenfilets aus zwei Orangen schneiden und in die gebundene Sauce geben. Vom Feuer nehmen und auskühlen lassen. Abschließend auf den Tapioka-Pudding geben und servieren.

120

■ Die Kokosmilch darf nicht gebunden sein. Sollte der Pudding am Topfboden ansetzen, nicht weiter rühren und sofort umfüllen. Grüntee-Eis oder Papayakompott runden den Pudding ab.

3

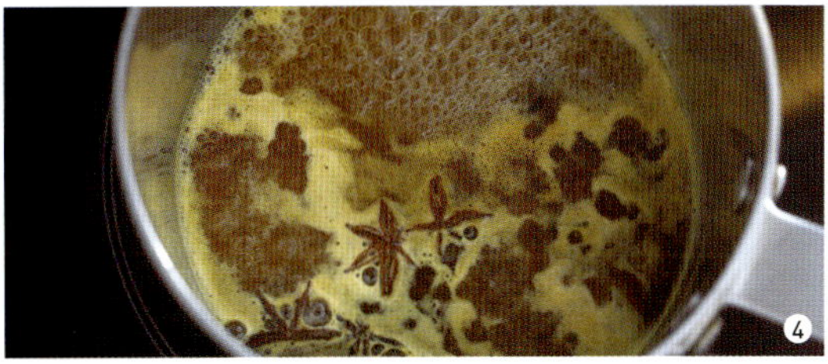
4

5

6

 100 g Butter

 100 g gemahlene Mandeln

 3 EL Zucker

 3 EL Semmelbrösel

 1 TL gemahlener Zimt

 500 g gekochte Kartoffelgnocchi

 10 g Puderzucker

Süße Gnocchi mit Mandel-Semmelbröseln

1. In einer beschichteten Pfanne die Butter schmelzen und die gemahlenen Mandeln sowie den Zucker zugeben.

2. Die Semmelbrösel in die Pfanne geben.

3. Mit dem Zimt bestreuen.

4. Die Brösel in der Butter sanft etwa 5 Minuten rösten, dabei öfters umrühren.

5. Die gekochten Gnocchi in die Pfanne geben und in den Bröseln wenden.

6. Die Gnocchi noch weitere 2 Minuten in den Bröseln rösten, bis sie vollständig von den Bröseln umgeben sind.

Auf Teller verteilen und zum Schluss mit Puderzucker bestreuen.

25

■ Auf diese Art können auch Schupfnudeln oder andere Gnocchi, die mit Kürbis, Mohn oder verschiedenen Nüssen gemischt sind, zubereitet werden. Wichtig ist, dass die Mandel-Semmelbrösel gut geröstet und gut gesüßt werden und dass die Gnocchi eher neutral sind. Besonders gut schmeckt auch gemahlener Mohn in Zuckerbutter dazu.

4

5

6

 4 Eier

 260 g Puderzucker

 200 g Himbeeren

 200 g Walderdbeeren

 ¼ l Sahne

 1 Vanilleschote

1

Pawlowa mit Beerenfrüchten und Vanillesahne

1. Die Eier trennen, das kalte Eiweiß in die Schüssel geben und mit dem Schneebesen halbsteif schlagen. Nach und nach Puderzucker beigeben und alles mit einem Handrührgerät steif schlagen.

2. Den Eischnee mit einem Teigschaber in einen Spritzbeutel füllen.

3. Den Eischnee wie eine Schnecke auf ein mit Backpapier ausgelegtes Backblech spritzen. Bei 120 °C im Ofen 35 Minuten backen. Anschließend die Temperatur auf 60 °C reduzieren und den Eischnee 4 Stunden trocknen lassen.

4. Die Beeren verlesen, waschen und in eine Schüssel geben.

5. Die gebackenen Eischneeschnecken mit einem scharfen Sägemesser vorsichtig halbieren. Die Sahne mit dem aus der Vanilleschote geschabten Mark schlagen und auf die unteren Hälften verteilen. Die Beeren auf die Sahne geben, den Deckel schräg darauf setzen und servieren.

+ 4 Stunden Trockenzeit

*** 65

■ Die Baisertörtchen auch mal in ganz klein versuchen – so brauchen diese nicht so lang zum Trocknen und können einfach zum Nachmittagstee gereicht werden. Auch schon auf Vorrat vorbereiten, aber erst vor dem Servieren füllen. Anstelle von Früchten kann auch Fruchsorbet hineingefüllt werden.

2

3

4

5

 ½ Vanilleschote

 500 g Sahne

 100 g Zucker

 1 EL Kaffeebohnen

 3 Blatt Gelatine

Panna cotta mit Kaffee

1. Die Vanilleschote der Länge nach halbieren, das Mark mit dem Messerrücken herausschaben und in die Sahne geben. Die Sahne mit der ausgeschabten Vanilleschote, dem Zucker und den Kaffeebohnen zum Kochen bringen. Die Gelatineblätter etwa 10 Minuten im kalten Wasser einweichen lassen.

2. Die aufgekochte Sahnemischung beiseitestellen. Die eingeweichte und ausgedrückte Gelatine dazugeben und auflösen.

3. Die Sahne durch ein Sieb in einen Messbecher gießen.

4. In Gläser umfüllen und mindestens 3 Stunden kalt stellen, damit die Panna cotta fest werden kann. Danach die Gläser kurz in heißes Wasser geben und stürzen.

210

■ Mit zerdrückten Mandelkeksen oder Amarettini bestreuen und mit Amarenakirschen garnieren. Für eine leichtere Panna cotta die Hälfte der Sahne durch Milch ersetzen.

3

4

1 Beutel Gelatinepulver

700 ml Milch

100 g weiße Schokolade

50 ml Ahornsirup

Weiße Schokomousse mit Ahornsirup

1. Das Gelatinepulver in 4 EL kaltem Wasser verrühren und 10 Minuten aufquellen lassen.

2. Die Milch erhitzen, 2 TL beiseite stellen, die Schokolade in Stücke brechen und in der restlichen Milch auflösen.

3. Die Gelatine mit den 2 TL heißer Milch verrühren, dann in die Schokoladenmilch gießen und unter Rühren komplett auflösen.

4. Die Schokoladenmousse mithilfe eines Trichters in einen Siphon gießen.

5. Den Ahornsirup eingießen, den Siphon mit 0,75 l schließen und gut durchschütteln. Im Kühlschrank etwa 1 Stunde abkühlen lassen.

Zum Servieren zwei Patronen aufstecken und die Mousse in Schälchen schäumen.

90

■ **Auf diese Art kann man gut Mousse auf Vorrat vorbereiten. Es wird im letzten Moment frisch in Gläser angerichtet und schmeckt besonders schaumig und fluffig. Ebenso können dunkle Schokolade, Nougat oder auch Fruchtpürees zu der Milch beigefügt werden. Die Fruchtpürees sollten aber nicht mehr gekocht werden, und die Gelatinemenge muss aufgrund der Fruchtsäure um die Hälfte erhöht werden, da das Püree sonst zu flüssig sein würde.**

2

3

4

5

- 150 g Zartbitterschokolade
- 2 Eier
- 3 EL Zucker
- 1 EL Kakao, stark entölt
- 20 ml Cognac
- 50 ml Espresso
- 1 Prise Salz
- 200 g Sahne
- 4 EL Schokoraspeln

Dunkles Schokoladenmousse

1. Die Zartbitterschokolade in einer Schüssel über einem Wasserbad langsam schmelzen lassen.

2. Die Eier trennen, das Eiweiß im Kühlschrank aufbewahren und das Eigelb mit dem Zucker schaumig rühren. Den Kakao, Cognac und Espresso in die Eimasse rühren.

3. Nun die geschmolzene Schokolade warm dazugeben.

4. Die Schokolade einrühren, bis alles gut vermengt ist.

5. Das Eiweiß mit einer Prise Salz steif schlagen und mit dem Schneebesen unterrühren. Danach die geschlagene Sahne unterheben und die fertige Mousse mindestens 2 Stunden kalt stellen. Zum Servieren eine Nocke mit einem Löffel ausstechen und mit einigen Schokoraspeln garnieren.

*** 160

■ Eine reife Banane mit 2 Stücken fein gehacktem kandiertem Ingwer, dem Saft einer ½ Orange und einer ½ Vanilleschote in einem Topf aufkochen. Die Mischung als Mittelschicht in das Schokoladenmousse geben und erkalten lassen. Die Kombination Schokolade und Banane harmoniert hervorragend und macht aus einer Mousse ein herrliches Dessert.

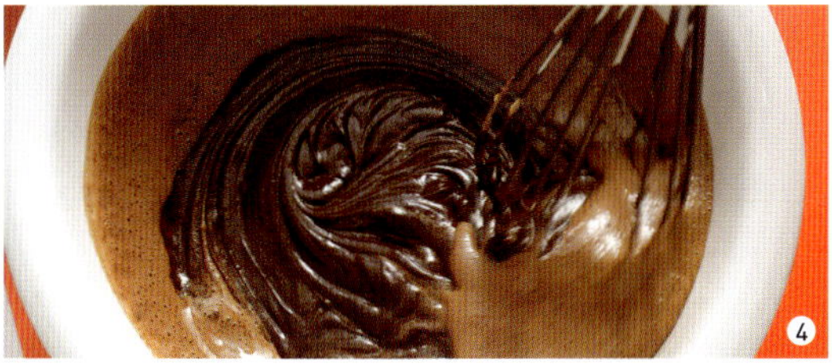

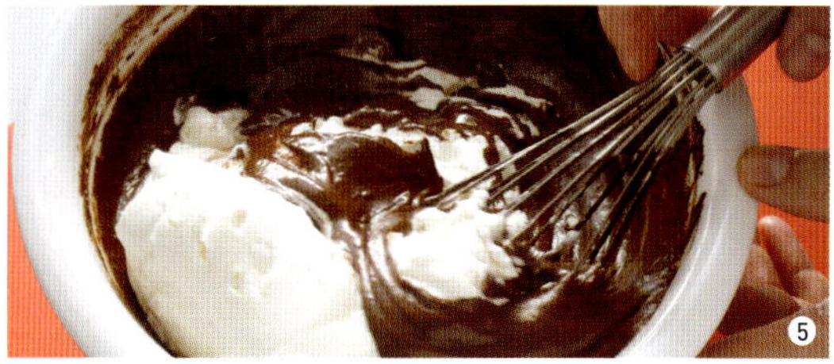

250 g Erdbeeren

400 g Sushi-Reis

100 g Quinoa

2 EL Mangomarmelade

20 g Butter

2 EL brauner Zucker

Süßes Sushi mit Erdbeeren und geröstetem Quinoa

1. Die Erdbeeren waschen, putzen, die Stiele und Kelchblätter entfernen und die Erdbeeren in Scheiben schneiden. Den Sushi-Reis (s. S. 235) und das Quinoa (s. S. 275) kochen.

2. Aus dem Sushi-Reis mit zwei Esslöffeln kleine Sushis ausstechen und je einen Klecks Mangomarmelade darauf geben.

3. Die Sushis mit je zwei Erdbeerscheiben bedecken.

4. Die Butter mit dem braunen Zucker in einer Pfanne erhitzen.

5. Das gekochte Quinoa in die Butter geben und anrösten.

Auf jedes Erdbeer-Sushi einige geröstete Quinoasamen geben und servieren. Als Dip Ahornsirup oder Honig dazu reichen.

25

■ Die süßen Sushis können so wie die regulären Fischsushis ebenfalls mit verschiedenem dünn aufgeschnittenen Obst angerichtet werden. Dazu eignen sich besonders Mango, Papaya, Orangen, Melonen, Pflaumen oder Kirschen.

3

4

5

1 EL Zitronensaft

130 g Joghurt, stichfest und fettarm

130 g Crème fraîche

90 g Puderzucker

150 g Erdbeerpüree

4 Blatt Gelatine

125 g Sahne

2 Eier

30 g Zucker

3 Erdbeeren

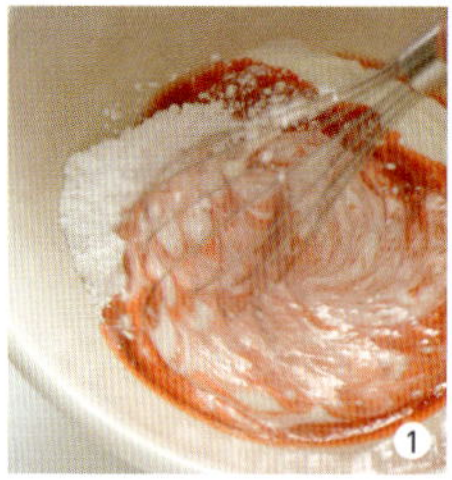

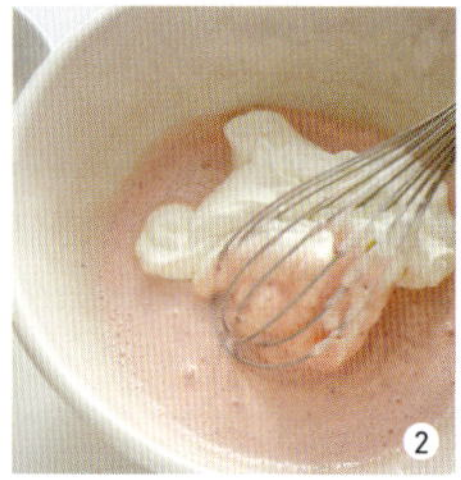

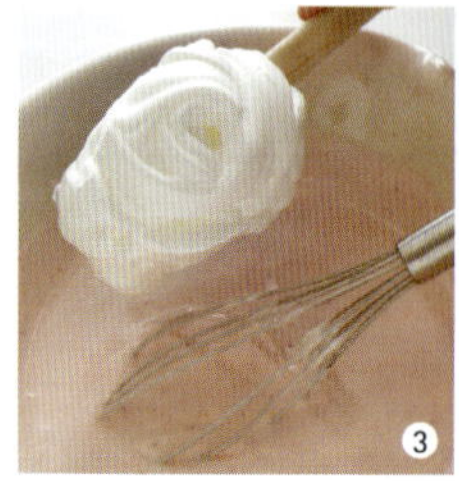

Erdbeer-Joghurt-Mousse

1. Eine halbe Zitrone auspressen und den Saft mit Joghurt, Crème fraîche, Puderzucker und 2/3 des Erdbeerpürees vermischen. Die Gelatineblätter etwa 10 Minuten in kaltem Wasser einweichen, ausdrücken und in einem kleinen Topf schmelzen lassen. Dann mit dem Joghurt vermischen.

2. Die Sahne steif schlagen und mit dem Schneebesen unterheben.

3. Die Eier trennen, das Eiweiß zusammen mit dem Zucker steif schlagen und langsam unter die Masse heben. Diese in Gläsern füllen und im Kühlschrank 1 Stunde kalt stellen. Vor dem Servieren ein wenig Erdbeerpüree darübergeben und mit Erdbeerscheiben garnieren.

120

Bananenmousse

1. Die Bananen in kleine Scheiben schneiden. Die Zitronen auspressen und sofort über die Bananenscheiben träufeln, damit diese nicht braun werden. Die Bananen mit dem Bananenlikör und der Butter in einem Topf kurz aufkochen, mit dem Stabmixer pürieren und durch ein Sieb streichen. Die Gelatineblätter etwa 10 Minuten in kaltem Wasser einweichen, ausdrücken und in einem kleinen Topf schmelzen lassen und in das Bananenpüree einrühren. Danach zum Abkühlen beiseitestellen.

2. Die Sahne halb steif schlagen und vorsichtig unter das erkaltete Bananenpüree ziehen.

3. Die Eier trennen. Das Eiweiß leicht schaumig schlagen und anschließend den Zucker und Vanillezucker nach und nach in den Eischaum laufen lassen. Nun das Eiweiß steif schlagen, unter die Mousse heben und diese in Portionsgläser füllen. Mindestens 2 Stunden kalt stellen. Einige Bananenscheiben mit Schale als Garnitur aufsetzen und mit Schokoladensauce beträufeln.

■ **Für 250 g geschälte Bananen benötigt man etwa 3 Bananen. Das Gewicht muss genau eingehalten werden, damit die Mousse gelingt.**

250 g Bananen 

2 Zitronen 

50 ml Bananenlikör 

30 g Butter 

2 ½ Blatt Gelatine 

125 g Sahne 

2 Eier 

65 g Zucker 

2 TL Vanillezucker 

4 EL Schokoladensauce (s. S. 694) 

160 ***

6 Eier

100 g Zucker

200 ml Schaumwein

50 ml Dessertwein

½ Zitrone

1. Heiße Basis-Zabaglione

30

1. Die Eier trennen. Das Eigelb mit dem Zucker, dem Schaumwein, dem Dessertwein und dem Saft einer ½ Zitrone in eine Schüssel geben.

2. Die Mischung über einem Wasserbad aufschlagen. Dabei in allen Bereichen der Schüssel mit dem Schneebesen schlagen, weil sonst das Ei gerinnt und Klumpen entstehen.

3. Die Masse wird immer heller und dickflüssiger und nimmt an Volumen zu.

4. Die Zabaglione ist fertig, wenn eine cremige und glänzende Konsistenz erreicht ist.

Danach sofort in Gläser einfüllen und servieren.

2. Pistazien-Zabaglione

4 Eier trennen. Das Eigelb mit **60 g Zucker** und **100 ml Schaumwein** über dem Wasserbad wie eine Zabaglione aufschlagen. **1 Blatt eingeweichte Gelatine** erhitzen, auflösen und zur Zabaglione geben. Diese im kalten Wasserbad kalt rühren. **60 g Pistazienkerne** in einem Mixer sehr fein, fast pastös mixen und zur Zabaglione geben. Danach **100 g Sahne** halb steif schlagen und unterheben.

Die fertige Zabaglione in Gläser abfüllen und mit frischen Himbeeren, Himbeersorbet, Vanilleeis oder pochierten Pfirsichen servieren.

3. Campari-Zabaglione

4 Eier trennen. Das Eigelb mit **60 g Zucker** und **80 ml Campari** über dem Wasserbad wie eine Zabaglione aufschlagen. Etwas **Orangenschale** fein abreiben und zur Zabaglione geben. **1 Orange** halbieren und auspressen. **1 Blatt** eingeweichte **Gelatine** im Orangensaft erhitzen, auflösen und zur Zabaglione geben. Diese im kalten Wasserbad kalt rühren. Danach **150 g Sahne** halb steif schlagen und unterheben.

Die fertige Zabaglione in Gläser abfüllen und mit gedünstetem Obst oder Pistazieneis servieren.

❶
❷
❸

 120 g Butter

 60 g brauner Zucker

 3 Eier

 50 g Mandelstifte

 100 g Weißbrot, gerieben

 4 Pfirsiche

 8 Zweige Lavendel

 1 Vanilleschote

 4 TL Honig

 8 TL Pfirsichlikör

1

Überbackene Pfirsiche mit Lavendel

1. Die Butter und den braunen Zucker bei Zimmertemperatur schaumig schlagen. Die Eier trennen und das Eigelb nach und nach einrühren.

2. Die Mandelstifte in einer Pfanne trocken goldgelb rösten und dann auskühlen lassen. Zusammen mit dem geriebenen Weißbrot zur Butter-Ei-Mischung geben und untermengen.

3. Die Pfirsichschale mit einem Messer leicht einritzen und etwa 10 bis 20 Sekunden in kochendes Wasser geben. Danach mit einer Schaumkelle in kaltes Wasser mit Eiswürfeln geben und abkühlen lassen.

4. Die Pfirsichschale abziehen und die Früchte halbieren. Den Kern herauslösen und die Pfirsichhälften mit der offenen Seite nach oben in eine mit Lavendelzweigen ausgelegte Auflaufform geben.

5. Die Pfirsiche mit der Mandelmasse füllen. Die Vanilleschote der Länge nach halbieren und in 3 cm lange Stücke schneiden. Mit Honig und Pfirsichlikör beträufeln und im Ofen bei 220 °C etwa 20 Minuten überbacken. Danach auf Tellern anrichten, mit Vanilleschoten garnieren und je nach Geschmack mit Vanilleeis oder Lavendelhonig servieren.

55

■ Gebackene Äpfel mit Rosinenfüllung: **40 g** schaumig geschlagene **Butter, 60 g** leicht geröstete, grob gehackte **Mandeln, 40 g Rosinen,** eingeweicht in **2 EL Tee, 50 g Weißbrotwürfel** ohne Rinde, **50 g** gewürfeltes **Marzipan, 8 kleine,** rotschalige **Äpfel** mit Stiel, **1 EL Butter** zum Einfetten der Ofenform, **1 EL Zucker, 1 EL Honig, 5 Gewürznelken, 2 Zimtstangen.** Zubereitung und Kochzeit wie bei den überbackenen Pfirsichen.

2

3

4

5

4 Eier

80 g Zucker

½ Vanilleschote

40 ml Cognac

20 ml Grand Marnier

500 g Mascarpone

150 g Löffelbiskuit

200 ml Espresso

30 g Kakaopulver

Tiramisu

1. Die Eier trennen und das Eigelb mit Zucker und dem aus der Vanilleschote ausgekratzten Vanillemark schaumig aufschlagen.

2. Den Cognac und den Grand Marnier dazugeben und einrühren.

3. Den Mascarpone mit einem Teigschaber zugeben und mit einem Schneebesen in die Masse einrühren.

4. Die Löffelbiskuits maximal 3 Sekunden in den Espresso tauchen, damit sie sich nicht ganz vollsaugen.

5. Die Zutaten schichtweise abwechselnd in eine Schüssel geben. Zuerst die Löffelbiskuits, dann die Mascarpone-Creme und so weiter. Zum Schluss mit Creme abdecken. Mindestens 1 Stunde im Kühlschrank durchziehen lassen. Danach mit Kakaopulver bestreuen und servieren.

+ 1 Stunde kühlen

40

■ **Küchendoktor: Sollte die Creme klumpen, kann man sie durch Zugabe von etwas heißer Milch wieder glatt rühren.**

2

3

4

5

5 Eier

80 g Löffelbiskuits

30 ml Grand Marnier

50 g Butter

1 Vanilleschote

30 g Speisestärke

200 ml Milch

120 g Zucker

1 Prise Salz

Vanillesoufflé

1. Die Eier trennen und 1 Eiweiß zur späteren Verwendung abgedeckt im Kühlschrank kalt stellen. Die Löffelbiskuits in ½ cm große Würfel schneiden und mit dem Grand Manier marinieren. 30 g Butter zum Einfetten der Förmchen bei Zimmertemperatur weich werden lassen. Die Vanilleschote der Länge nach halbieren und das Mark mit dem Messerrücken herausschaben. Das getrennte Eiweiß steif schlagen und abgedeckt im Kühlschrank kalt stellen. Die Speisestärke mit 40 ml kalter Milch anrühren. Einen Topf mit der restlichen Milch aufstellen. Die restliche Butter, 70 g Zucker, das Vanillemark, die ausgeschabte Schote und das Salz hinzufügen und zum Kochen bringen.

2. Zunächst die Förmchen mit einem Pinsel gleichmäßig mit der weichen Butter einpinseln. Dann, wie auf dem Foto gezeigt, das Förmchen mit etwas Zucker füllen und leicht schräg über der Zuckerschüssel drehen, sodass Zucker im Förmchen hängen bleibt und der überschüssige Zucker in die Schüssel fällt. Dies bezeichnet man in der Fachsprache als „Wattieren". Mit den anderen Förmchen genauso verfahren.

3. Wenn die Milch aufgekocht ist, 2 Minuten unter ständigem Rühren mit dem Schneebesen auf dem Herd belassen. Die aufgelöste Speisestärke dickt die Milch an. Die fertige Masse mit Klarsichtfolie bedeckt abkühlen lassen. Den Ofen auf 180 °C Umluft vorheizen. Eine Backform mit Backpapier auslegen, 2 Finger hoch mit Wasser füllen und in den Ofen geben, bis das Wasser zu kochen beginnt. Das Backpapier sorgt dafür, dass beim Ba-

■ **Beim Abkühlen mit Klarsichtfolie abdecken, damit sich keine Haut bildet.**

*** 90

cken keine Bläschen entstehen, die das Soufflé beim Aufgehen beeinträchtigen könnten.

4. Das Eigelb in die abgekühlte Masse einrühren. Die Masse muss kühl sein, damit das Ei nicht gerinnt. Anschließend durch ein Sieb streichen, um Klümpchen zu beseitigen, die eine luftige Konsistenz nach dem Backen verhindern.

5. Den steif geschlagenen Eischnee mit einem Teigschaber vorsichtig unter die Eigelbmasse heben. Nicht zu stark rühren, damit die eingeschlossene Luft nicht entweicht. Die marinierten Biskuitwürfel auf die Förmchen verteilen.

6. Die fertige Masse mit einem Löffel auf die Biskuitwürfel geben. Die Förmchen in der Backform ins Wasserbad stellen und bei 180 °C 20 Minuten backen. Das Soufflé ist fertig, sobald es eine goldgelbe Farbe annimmt und 2 – 3 cm über den Rand des Förmchens hinausgeht. Den Ofen während des Backens nie öffnen, da das Soufflé sonst nicht ausreichend aufgeht. So schnell wie möglich servieren, damit das Soufflé nicht wieder zusammenfällt. Hier gilt der Grundsatz: Der Gast wartet auf das Soufflé, und nicht das Soufflé auf den Gast.

 50 g Butter

 20 g Mehl

 1 Vanilleschote

 80 g Walnüsse

 20 g Schokolade

 3 Eier

 80 g Zucker

 200 ml Milch

 20 g Puderzucker

Walnusssoufflé

1. 30 g Butter bei Zimmertemperatur weich werden lassen und in einem kleinen Gefäß mit dem Mehl verrühren, bis eine homogene Masse entsteht. Man spricht hierbei auch von einer „Beurre manié", die zum Andicken dient. Die Vanilleschote der Länge nach halbieren und das Mark mit dem Messerrücken herausschaben. Die Walnusskerne mit einem Messer ebenso mittelgrob hacken wie die Schokolade. Die Eier trennen. Das getrennte Eiweiß cremig schlagen und abgedeckt im Kühlschrank kalt stellen. Die Förmchen mit der restlichen Butter ausfetten und den Rand mit Zucker „wattieren" (siehe Vanillesoufflé).

2. Die Milch mit den gehackten Walnüssen, den ausgekratzten Schoten und dem Vanillemark zum Kochen bringen. Nach dem Aufkochen die Schoten aus der Milch entfernen und die vorbereitete Beurre manié einrühren.

3. 3 Minuten unter ständigem Rühren köcheln lassen, bis die Masse erheblich eindickt. Dann mit Klarsichtfolie abdecken und abkühlen lassen. Währenddessen den Ofen auf 200 °C vorheizen und ein Wasserbad für die Förmchen vorbereiten. Dafür eine Backform mit Backpapier auslegen und 2 Finger hoch mit Wasser füllen. Wenn die Masse Zimmertemperatur erreicht, das Eigelb unterrühren. Den Eischnee aus dem Kühlschrank nehmen und vorsichtig mit einem Teigschaber unterheben. Die Förmchen zu $^2/_3$ mit der Masse füllen und im Wasserbad bei 200 °C 20 Minuten backen, bis das Soufflé 2 cm über den Rand hinaus aufgeht. Sofort mit Puderzucker bestreuen und servieren.

■ **Aus diesem Souffle kann ganz schnell ein anderes gezaubert werden. Dann müssen nur die Walnüsse durch andere Zutaten ersetzt werden, am besten Haselnüsse, Maronenpüree, geröstete Mandeln oder geriebene Kokonuss. Bei der Kokosnuss sollte jedoch die dunkle Schokolade durch weiße ersetzt werden – sonst würde die dunkle Schokolade dominieren.**

*** 90

Vanillesauce

1 Vanilleschote der Länge nach halbieren und das Mark mit dem Messerrücken herauskratzen. Das Mark und die Schote in **250 ml Milch** geben und alles in einem Topf zum Kochen bringen. In der Zwischenzeit **6 Eier** trennen, das Eigelb mit **50 g Zucker** vermischen und schaumig rühren. In einer Stielkasserolle Wasser zum Kochen bringen. Sobald die Milch aufkocht, durch ein Sieb gießen, damit keine Reste der Vanilleschote in die Sauce gelangen. Die heiße Milch nach und nach unter ständigem Rühren in die Ei-Zucker-Masse gießen. Die Mischung auf dem vorbereiteten Wasserbad erhitzen und bis zur Rose abziehen. Zum Schluss in einem Wasserbad mit Eiswürfeln kalt rühren.

Küchendoktor: Sollte die Sauce zu heiß werden, gerinnt sie. In diesem Fall durch ein feines Sieb passieren. 1 EL Speisestärke und 2 EL Milch anrühren und mit dem Schneebesen unter die heiße Vanillesauce rühren. Noch einmal aufkochen und die Sauce ist wieder cremig-sahnig!

Schokoladensauce

125 ml Milch, **100 ml Sahne** und **½ ausgekratzte Vanilleschote** in einem Topf langsam zum Kochen bringen. **100 g dunkle Kuvertüre** und **50 g Vollmilchkuvertüre** mit einem Messer klein schneiden und in die Milch geben. Mit einem Schneebesen langsam rühren und die Kuvertüre auflösen. Dann vom Feuer nehmen. Die Vanilleschote herausnehmen und **10 ml Cognac**, **20 g Zucker** sowie **40 ml Pflanzenöl** einrühren. Danach die Sauce durch ein feines Sieb passieren und möglichst bei Zimmertemperatur servieren.

■ Statt Pflanzenöl Haselnussöl verwenden!

Karamellsauce

50 g Zucker und **100 ml Wasser** in einer kleine Stielkasserolle auf kleiner Flamme aufkochen. So lange köcheln, bis der Zucker goldbraun und gleichmäßig karamellisiert. Danach mit **50 ml Wasser** ablöschen, damit der Zucker nicht weiter bräunt. Wieder langsam köcheln, bis das Wasser verkocht ist (etwa 5 Minuten). Dann mit **250 ml Milch** aufgießen. **1 Vanilleschote** der Länge nach halbieren und das Mark mit dem Messerrücken herauskratzen. Beides zur Milch geben und alles in einem Topf zum Kochen bringen. In der Zwischenzeit **6 Eier** trennen, die Eigelbe mit **30 g Zucker** vermischen und schaumig rühren. Eine Stielkasserolle mit Wasser zum Kochen bringen. Sobald die Milch aufkocht, durch ein Sieb gießen, damit keine Klumpen in die Sauce gelangen. Die heiße Milch nach und nach unter ständigem Rühren in die Ei-Zucker-Masse gießen. Die Mischung auf dem vorbereiteten Wasserbad erhitzen und bis zur Rose abziehen. Zum Schluss in einem Wasserbad mit Eiswürfeln kalt rühren.

Erdbeersauce

250 g Erdbeeren waschen und putzen und gegebenenfalls von fauligen Stellen befreien. **50 g Puderzucker** über die Erdbeeren geben, **80 ml Mineralwasser** darübergießen und alles mit einem Pürierstab zu einer feinen Sauce pürieren. Abschließend durch ein feines Sieb passieren und servieren.

Aprikosensauce

5 Aprikosen für 10 Sekunden in kochendes Wasser geben und sofort in kaltem Wasser abschrecken. Die Haut mit einem kleinen Messer abziehen, die Früchte halbieren und die Kerne entfernen. Die Aprikosenhälften mit dem Saft einer **½ Zitrone**, **50 g Puderzucker** und **80 ml Mineralwasser** in eine Schüssel geben und alles mit einem Pürierstab mixen. Anschließend durch ein feines Sieb gießen und das Fruchtfleisch mit einem Löffel oder Teigschaber durchstreichen.

Kiwisauce

4 Kiwis schälen, mit **50 g Puderzucker** und **80 ml Mineralwasser** in eine Schüssel geben und mit dem Pürierstab mixen. Abschließend durch ein feines Sieb passieren.

■ Kiwis lassen sich nicht mit beliebigen Molkereiprodukten verwenden, da sie ein gerinnendes Enzym enthalten (genau wie Ananas).

8 Eier

200 g Zucker

1 große Prise Zimt, gemahlen

800 ml Rotwein

Weinchaudeau

1. Die Eier trennen und das Eigelb in eine runde Edelstahlschüssel geben. Den Zucker und den gemahlenen Zimt zum Eigelb hinzufügen.

2. Nun den Rotwein eingießen und mit einem Schneebesen unterrühren. In eine Stielkasserolle 2 cm Wasser füllen und zum Kochen bringen.

3. Die Edelstahlschüssel auf die Kasserolle mit dem kochenden Wasser setzen, sodass sie durch den Dampf erhitzt wird.

4. Nun die Mischung kräftig schlagen, bis sich ihr Volumen um ein Dreifaches vergrößert und sie schön cremig vom Schneebesen läuft. Sofort vom Feuer nehmen und in Gläser füllen. Heiß mit etwas Zimt bestreut servieren.

30

■ **Heißes Rotweinchaudeau schmeckt sehr gut über gebackenen Birnen, Pfirsichen oder Äpfeln. Ersetzt man den Rotwein durch Prosecco oder Marsala, erzielt man eine leckere Zabaglione!**

2

3

4

4 Eier

100 g Zucker

1 Prise Zimt

400 ml Rotwein

2 Blatt Gelatine

300 g Sahne, geschlagen

8 Löffelbiskuits

Kalte Weincreme

1. Aus dem Eigelb, Zucker, gemahlenen Zimt und 200 ml Rotwein ein Weinchaudeau (s. S. 696) aufschlagen. Die Gelatineblätter in kaltem Wasser 10 Minuten einweichen, danach ausdrücken und in dem heißen Weinchaudeau auflösen. In eine Schüssel umfüllen und auskühlen lassen.

2. In der Zwischenzeit den Rest des Rotweins auf eine Menge von 4 Esslöffeln einkochen lassen. Die Sahne cremig steif schlagen.

3. Die Sahne und fast die gesamte Rotweinreduktion zur kalten Weinchaudeau reichen.

4. Vorsichtig unter das kalte Weinchaudeau heben. Die Rotweinreduktion verleiht der Weincreme die nötige Farbe und verstärkt zusätzlich den Geschmack. Die Löffelbiskuits mit den Fingern in Stücke teilen und in Gläser geben. Die Creme darübergeben und eine gute Stunde auskühlen lassen. Zum Schluss nach Geschmack etwas Rotweinreduktion mit Zucker vermischen und über die Weincreme träufeln.

+ 1 Stunde Kühlzeit

*** 40

■ Für die kalte Weincreme kann ebenfalls Weißwein verwendet werden. Dann aber auch für die Weinreduktion einen weißen Wein verarbeiten. Den Biskuits können noch kleine entkernte frische weiße Weintrauben beigefügt werden. Zu der Rotweincreme passen rote Trauben. So schmeckt es etwas frischer!

2

3

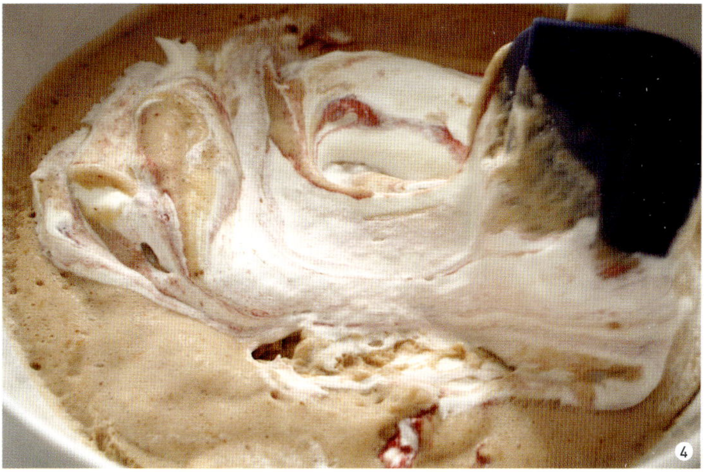
4

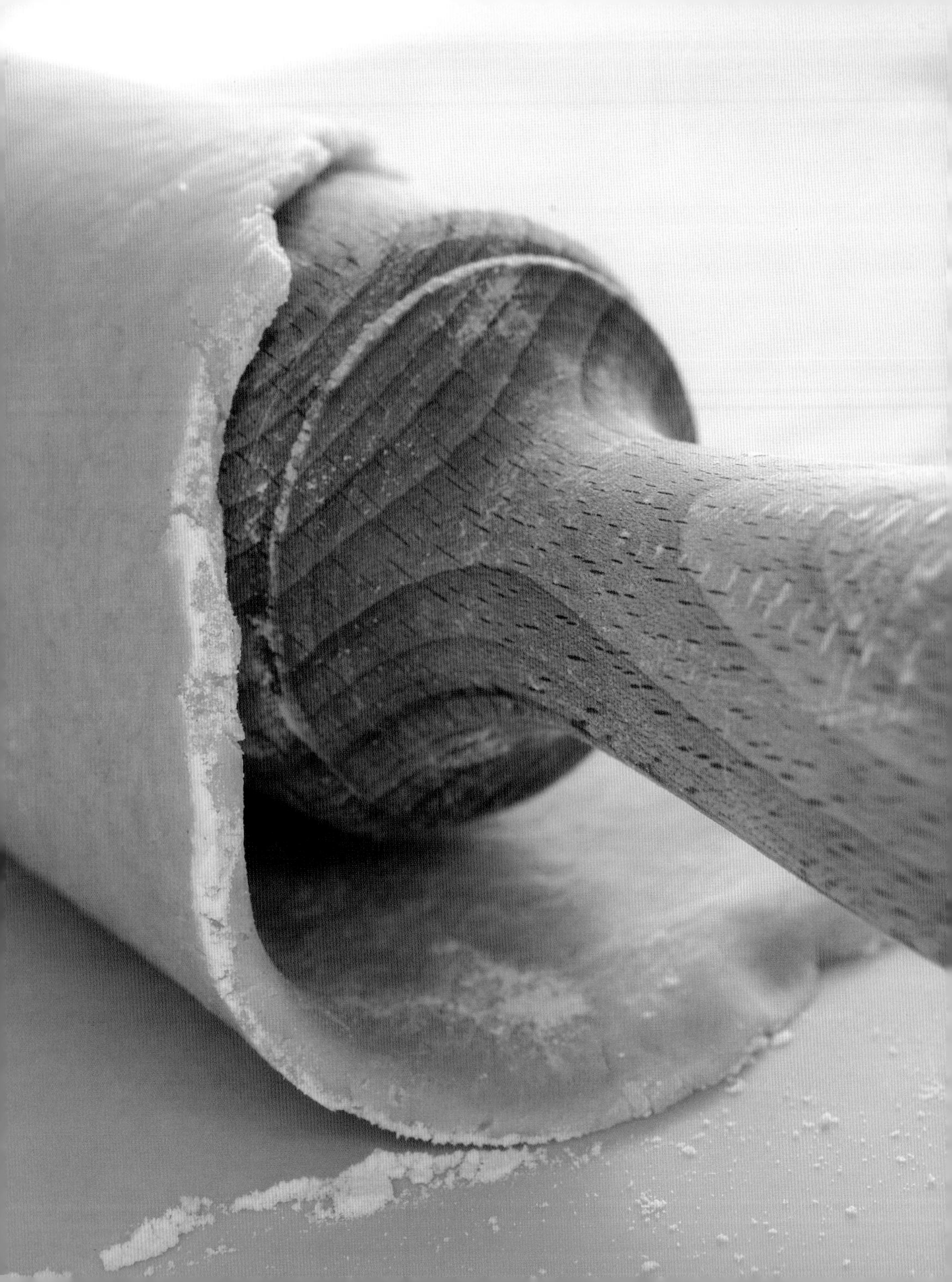

Kuchen & Brot

Inhalt

400 g Mehl

200 g kalte Butterstücke

100 g Zucker

1 Prise Salz

2 Eier

Süßer Mürbeteig

1. Das Mehl zusammen mit den kalten Butterstücken, den Zucker und Salz auf eine Arbeitsfläche geben.

2. Mit beiden Händen die Butter schnell unter das Mehl kneten. Knetet man zu lange, wird die Butter zu warm und der Teig später brüchig.

3. Nun 1 Ei und 1 Eigelb dazugeben und einarbeiten. Das übrige Eiweiß im Kühlschrank zur anderweitigen Verwendung aufbewahren.

4. Den Teig zügig durchkneten, bis er glatt ist und eine geschmeidige Konsistenz hat.

In Klarsichtfolie einwickeln und für mindestens 1 Stunde zum Ruhen in den Kühlschrank geben. Dann nach Belieben weiterverarbeiten.

Ergibt 750 g.

75

■ **Ein Viertel des Mehls durch fein geriebene Mandeln ersetzen. Danach den Mürbeteig wie beschrieben zubereiten, zu Plätzchen oder Teegebäck verarbeiten und goldbraun backen.**

500 g Mürbeteig (s. S. 702)

2 EL Mehl zum Bestäuben

100 g Lieblingsmarmelade (z.B. Heidelbeer-, Johannisbeer- oder Aprikosenmarmelade)

1 EL Puderzucker

Mürbeteigplätzchen mit Marmelade

1. Den kalten Mürbteig auf einer bemehlten Fläche etwa 2 mm dünn ausrollen. Dabei den Teig öfter wenden und immer wieder mit Mehl bestäuben, damit er nicht an der Arbeitsfläche kleben bleibt!

2. Den Teig mit beliebigen Formen ausstechen.

3. Die Plätzchen auf ein mit Backpapier belegtes Backblech geben und im auf 200 °C vorgeheizten Ofen backen. Man muss die Plätzchen beim Backen im Auge behalten. Da sie sehr dünn ausgerollt sind, können sie schnell zu braun werden – die Backzeit beträgt in der Regel zwischen 8 und 10 Minuten.

4. Die Plätzchen mit dem Backpapier vom Blech nehmen und auskühlen lassen. Die Hälfte der Plätzchen mit Marmelade bestreichen.

5. Die zweite Hälfte der Plätzchen darauf legen.

Mit Puderzucker bestreuen und auf einer Platte anrichten.

50

■ Sollten Sie keine Plätzchenausstecher zur Hand haben, können Sie ein nicht zu großes Glas als Ausstechform verwenden!

2

3

4

5

8 Eier

120 g Zucker

1 Prise Salz

60 g Mehl, Type 405

40 g Speisestärke

Biskuitteig

1. Die Eier trennen, das Eigelb in eine runde Schüssel geben und 4 Eiweiß zur Verarbeitung beiseitestellen. 60 g Zucker zum Eigelb geben.

2. Das Eigelb und den Zucker etwa 5 Minuten schaumig schlagen, bis die Masse hellgelb ist.

3. Die 4 Eiweiß in einer anderen Schale mit dem Salz langsam schlagen. Nach und nach den restlichen Zucker einrühren und einen steifen Eischnee erzeugen. Mit einer Küchenmaschine zuerst auf mittlerer Stufe schlagen, die letzte halbe Minute dann auf höchster Stufe. Den Eischnee zum Eigelb geben und mit einem Teigschaber vorsichtig unterheben.

4. Das Mehl und die Speisestärke durch ein feines Sieb über die Masse sieben. So gelangen keine Mehlklümpchen in den Biskuit.

5. Danach mit dem Teigschaber vorsichtig untermengen, ohne diesen am Schüsselrand abzuschlagen. Dabei würde die Biskuitmasse leicht „schrecken" und nicht mehr richtig aufgehen. Sie muss viel Luft enthalten, damit der Biskuit luftig wird!

6. Den Teig auf ein mit Backpapier ausgelegtes, etwa 30 x 40 cm großes Backblech geben und glatt streichen. Im auf 190 °C vorgeheizten Ofen rund 10 Minuten goldgelb backen. Dann herausnehmen, etwas auskühlen lassen und verarbeiten.

35

■ Für ein Schokobiskuit noch 20 g Kakaopulver, am besten entölt, unterheben. Danach wie angegeben backen. Schokobiskuit schmeckt sehr lecker als Rolle mit Kirschen und Kirschmarmelade.

3

4

5
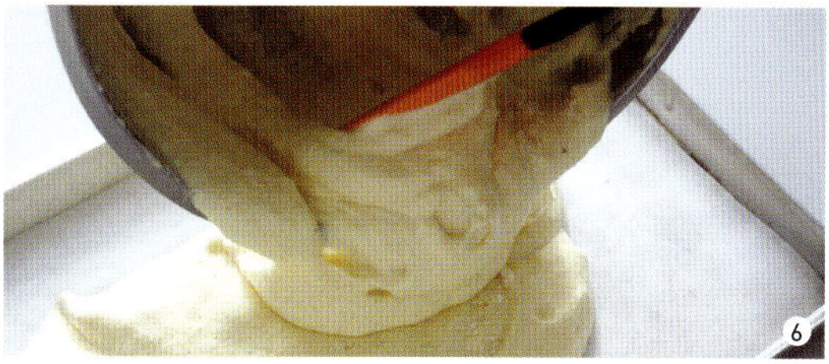
6

1 Stück Biskuit (s. S. 706)

1 EL Zucker

200 g Erdbeeren

200 g Erdbeerkonfitüre

Erdbeer-Biskuitrolle

1. Den fertigen Biskuit auf ein mit Zucker bestreutes Stück Backpapier stürzen. Das obere Backpapier sacht abziehen.

2. Den Biskuit vorsichtig zusammenrollen und auskühlen lassen. Kühlt der Biskuit gerollt aus, bricht er später nicht mehr beim Zusammenrollen, seine Form ist sozusagen schon vorgegeben. In der Zwischenzeit die Erdbeeren putzen und in feine Scheiben schneiden.

3. Die Biskuitrolle wieder aufrollen und mit der Erdbeermarmelade bestreichen. Die geschnittenen Erdbeeren gleichmäßig darauf verteilen.

4. Jetzt den belegten Biskuit mit beiden Händen und leichtem Druck einrollen, damit keine Hohlräume verbleiben. Die fertige Rolle noch eine ½ Stunde auskühlen lassen und anschließend in 3 cm dicke Scheiben schneiden. Auf einer Platte anrichten und gegebenenfalls mit frisch geschlagener Sahne servieren.

60

■ Nach dem Stürzen den Biskuit an der Oberseite mit einem nassen Küchentuch abreiben – so lässt sich das Backpapier viel besser und leichter abziehen.

2

3

4

 250 g Butter

 450 g Zucker

 50 g Vanillezucker

 4 Eier

 180 g Kakaopulver

 250 g Mehl

 1 TL Backpulver

 1 Prise Salz

 150 g Mandeln, gemahlen

Schokobrownies

1. Die Butter in einem breiten Topf langsam zerlassen. Den Zucker und Vanillezucker untermischen. Vom Feuer nehmen und die Eier nach und nach einrühren.

2. Erst das Kakaopulver mit einem Schneebesen unter die Butter-Zucker-Masse rühren, dann das gesiebte Mehl, das Backpulver, das Salz und die gemahlenen Mandeln dazugeben und alles gleichmäßig vermischen.

3. Den Teig in eine antihaftbeschichtete Form geben und glatt streichen. Im auf 180 °C vorgeheizten Ofen etwa 35 Minuten backen. Anschließend herausnehmen und auskühlen lassen. Aus der Form stürzen und in 4 x 4 cm große Würfel schneiden. Die Brownies möglichst warm mit einer Kugel Vanilleeis und Sahne servieren.

■ **Für mehr Schokoladengeschmack etwas Bitterschokolade grob hacken, unter den Brownieteig rühren und mitbacken.**

60

- 100 g brauner Zucker
- 250 g Butter
- 400 g Zucker
- 30 g Vanillezucker
- 280 g Walnusskerne
- 4 Eier
- 180 g Kakaopulver
- 220 g Mehl
- 1 TL Backpulver
- 1 Prise Salz

Walnuss-Karamell-Brownies

1. Den braunen Zucker in einem breiten Topf bei mittlerer Hitze hellbraun karamellisieren lassen. Danach mit 100 ml kaltem Wasser ablöschen und so den karamellisierten Zucker lösen. Die Butter darin auflösen und den Topf vom Feuer nehmen. Den Zucker und den Vanillezucker untermischen. 200 g Walnüsse grob hacken und beiseitestellen.

2. Nach und nach erst die Eier einrühren, dann das Kakaopulver. Das Mehl mit dem Backpulver und dem Salz durch ein feines Sieb dazusieben. Die grob gehackten Walnüsse gleichmäßig untermischen.

3. Den Teig in eine antihaftbeschichtete Form geben und glatt streichen. Die restlichen Walnüsse auf der Oberfläche verteilen. Im auf 180 °C vorgeheizten Ofen etwa 35 Minutenm backen. Herausnehmen und auskühlen lassen. Dann aus der Form stürzen und in 4 x 4 cm große Würfel schneiden. Die Brownies möglichst warm mit einer Kugel Vanilleeis und Karamellsauce servieren

■ **Brownies schmecken auch gut, wenn man verschiedene Nusssorten wie Macadamia-, Pekan- oder Paranüsse mischt und deren Anteil um maximal die Hälfte erhöht.**

60

 350 ml Milch

 100 g Butter

 500 g Mehl

 42 g frische Hefe

 1 Prise Salz

 80 g Zucker

 2 Ei

Hefeteig

1. Die Milch mit der Butter leicht erwärmen, bis die Butter anfängt zu schmelzen. Das Mehl in eine Schüssel sieben und in die Mitte eine Mulde drücken.
Die Hefe in die Mulde bröckeln und das Salz sowie die Hälfte des Zuckers über die Hefe streuen. Danach ¼ der warmen Milch zugießen und mit einem Holzlöffel in der Mulde einen Vorteig anrühren. So viel Mehl aufnehmen, bis die gesamte Hefe verrührt ist. Der Vorteig sollte eine pfannkuchenteigartige Konsistenz haben, da sich so die Hefekulturen am besten entwickeln. Danach mit einem Tuch abdecken und an einem warmen Ort etwa 15 Minuten gehen lassen.

2. Die beiden Eier aufschlagen und dazugeben. Den restlichen Zucker und die warme Milch nach und nach untermischen.

3. Nun den Hefeteig so lange schlagen, bis er sich von der Schüssel löst und eine glatte Oberfläche zeigt. Das bedeutet, dass das Mehl gut ausgearbeitet ist und der Hefeteig später gleichmäßig aufgeht. Nun noch einmal mit einem Küchentuch abgedeckt 30 Minuten gehen lassen. Anschließend kann der Teig weiterverarbeitet werden, beispielsweise zu Obststreuselkuchen, Dampfnudeln, Buchteln oder Bienenstich.

■ **Den fertigen Teig kann man abgedeckt im Kühlschrank bis zum nächsten Tag aufbewahren. Dies verzögert das Aufgehen und erlaubt es, den Teig am Abend vor der Weiterverarbeitung zuzubereiten. Vor dem Backen muss der Teig allerdings wieder auf Zimmertemperatur gebracht und noch einmal durchknetet werden.**

70

Schneckenkuchen

- 50 g Mehl, zum Arbeiten
- 1 Einheit Hefeteig (s. S. 712)
- 200 g kandierte Früchte
- 100 g Rosinen
- 30 g Kokosraspeln
- 30 g Butter
- 50 g Zucker
- 200 g Sahne
- 1 Ei

1. Den Hefeteig mit einem Nudelholz auf einer bemehlten Arbeitsfläche 1 cm dick ausrollen. Die kandierten Früchte in ½ cm große Stücke schneiden, mit den Rosinen und den Kokosraspeln vermischen und auf dem Teig verteilen. Diesen nun zusammenrollen.

2. Eine Auflaufform mit Butter ausstreichen und mit dem Zucker ausstreuen. Die Heferolle in etwa 3 cm dicke Scheiben schneiden und diese nebeneinander in die Form legen. Mit einem Küchentuch abgedeckt 30 Minuten gehen lassen.

3. Die Sahne mit dem Ei in einer Schale mit einem Schneebesen verschlagen. Danach über die aufgegangenen Schnecken gießen. Im auf 180 °C vorgeheizten Ofen etwa 35 Minuten goldbraun backen. Herausnehmen, auskühlen lassen und servieren. Nach Belieben Vanillesauce und Schlagsahne dazu reichen.

■ **Sollte der Teig beim Ausrollen reißen, zieht man einfach etwas Teig über die gerissene Stelle und drückt ihn mit den Fingern wieder zusammen. So lässt sich Teig leicht „flicken"!**

50

- 100 g kalte Butter
- 100 g Puderzucker
- 80 g Zucker
- ½ TL Salz
- 150 g Pekannüsse
- 175 g Mehl, Type 405
- 1 TL Backpulver
- 1 Ei
- 60 g Mehl, zum Arbeiten

Butter-Pekan-Cookies

1. Die kalte Butter mit dem Puderzucker, Zucker und Salz mit den Händen rasch verkneten, damit die Butter nicht zu warm wird. Eine Hälfte der Pekannüsse fein reiben, die andere Hälfte grob hacken.

2. Das Mehl und das Backpulver über die Butter sieben und wie bei Mürbteig einarbeiten. Die Nüsse mit dem Teig vermischen.

3. Nun das Ei dazugeben und alles zu einem homogenen Teig verkneten. Zügig verfahren, damit der Teig wegen der Butter nicht zu weich wird und an den Händen klebt.

4. Den Teig in einer Klarsichtfolie zu einer 5 cm dicken Rolle zusammenrollen und für 1 Stunde zum Auskühlen in den Kühlschrank geben. Anschließend lässt sich der Teig viel besser verarbeiten.

5. Ein Backblech mit Backpapier auslegen. Den Teig in 2 cm dicke Scheiben schneiden und diese mit etwas Abstand auf dem Blech verteilen. Die Cookies im auf 180 °C vorgeheizten Ofen etwa 20 Minuten goldgelb backen. Herausnehmen und leicht auskühlen lassen. Dann am besten in einem verschließbaren Behälter aufbewahren. Die Cookies schmecken gut zu kalter Milch, frischem Kaffee oder heißer Schokolade.

100

■ Für Schoko-Cookies noch 200 g Zartbitterschokolade oder weiße Schokolade grob hacken und zusammen mit den Nüssen in den Teig einarbeiten. Danach wie angegeben backen.

2

3

4

5

 800 g Magerquark

 200 ml Milch

 100 g Sahne

 5 Eier

 1 Zitrone

 50 g Butter

 80 g Vanillezucker

 90 g Speisestärke

 1 Prise Salz

 120 g Zucker

 250 g Mürbeteig (s. S. 702)

Käsekuchen

1. Den Magerquark in eine Schüssel geben und zusammen mit der Milch und der Sahne glatt rühren. Die Eier trennen und das Eiweiß in einer abgedeckten Schüssel in den Kühlschrank stellen. Die Zitronenschale heiß abwaschen und fein abreiben. Die Zitrone halbieren und auspressen. Die Butter in einem kleinen Topf auf dem Herd oder in der Mikrowelle zerlassen.

2. Das Eigelb, die zerlassene Butter, die Hälfte des Vanillezuckers, den Zitronensaft, die Zitronenschale und die Speisestärke zum Quark geben und alles mit einem Schneebesen glatt rühren.

3. Das kalte Eiweiß mit dem Salz und dem Zucker zu einem cremigen Eischnee schlagen und diesen unter die Quarkmasse heben.

4. Den Mürbeteig ½ cm dick ausrollen und eine antihaftbeschichtete Springform damit auslegen. Die überstehenden Ränder mit einem Messer abschneiden. Die Käsekuchenmasse einfüllen und glatt streichen. Die Form in den auf 220 °C vorgeheizten Ofen geben. Nach etwa 5 Minuten herausnehmen und die Kuchenhaut entlang des Mürbeteigs mit einem Messer einschneiden. Die Form wieder in den Ofen geben und weitere 15 Minuten backen. Dann noch einmal herausnehmen, den aufgegangenen Kuchen etwas sacken lassen und den Ofen auf 160 °C zurückdrehen. Anschließend den Kuchen weitere 35 Minuten backen.

5. Den Kuchen herausnehmen und noch heiß mit dem restlichen Vanillezucker bestreuen. Auskühlen lassen und aus der Springform nehmen. Auf eine Kuchenplatte geben und in Stücke schneiden.

*** 120

■ **Käsekuchen schmeckt leicht warm besonders gut, lässt sich so aber schwerer schneiden. Daher ist Vorsicht geboten! Nach Belieben können auch noch 50 g in Rum eingeweichte Rosinen unter die Quarkmasse gehoben werden.**

2

3

4

5

- 3 Eier
- 250 g Zucker
- 1 EL Vanillezucker
- 100 ml Milch
- 120 g Butter
- 280 g Mehl
- 2 TL Backpulver
- 1 Prise Salz
- 1 TL Speisestärke
- 200 g rote Johannisbeeren
- 200 g Blaubeeren

Johannis- und Blaubeer-Baiserkuchen

1. Die Eier trennen und das Eigelb mit 150 g Zucker und dem Vanillezucker in einer runden Schüssel schaumig schlagen. Das Eiweiß in einer Schale im Kühlschrank kalt stellen. Die Milch mit 100 g Butter aufkochen, zur Ei-Zucker-Masse gießen und gut verrühren.

2. 250 g Mehl mit dem Backpulver in die Schüssel sieben und alles zu einem Teig rühren.

3. Eine Springform mit 28 cm Durchmesser mit der restlichen Butter ausstreichen und dem restlichen Mehl ausstreuen. Dann den Teig einfüllen und im auf 180 °C vorgeheizten Ofen etwa 18 Minuten backen. Herausnehmen und etwas abkühlen lassen.

4. Das Eiweiß mit einer Prise Salz und dem restlichen Zucker in einer Küchenmaschine cremig rühren. Die Speisestärke hinzugeben und noch einmal auf höchster Stufe 1 Minute schlagen, bis der Eischnee steif ist. Die Beeren verlesen und bis auf jeweils 1 EL vorsichtig unter den Eischnee mischen. So entsteht ein fruchtiges Baiser.

5. Die Baisermasse auf dem gebackenen Boden verteilen.

6. Die restlichen Beeren über das Baiser streuen. Den Ofen nur mit Oberhitze auf 220 °C vorheizen. Den Kuchen nun noch einmal auf mittlerer Schiene etwa 15 Minuten backen. Danach herausnehmen und auskühlen lassen. Zum Schluss in Stücke teilen.

100

■ **Den Kuchenboden nach dem Auskühlen mit 3 cm dicken Vanille- und Schokoladeneisscheiben belegen. Mit dem Baiser bedecken und 5 Minuten bei 250 °C backen. Sofort aus dem Ofen nehmen und servieren. So entsteht ein besonders leckeres und festliches Dessert.**

2

3

4

5

6

 250 g Roggenmehl, Type 1150

 500 g Weizenmehl, Type 550

 650 ml lauwarmes Wasser

 1 TL Meersalz

 20 g frische Hefe

 1 TL Zucker

 20 g Butter

 1 EL Öl

 50 g Mehl, zum Arbeiten

Hausgebackenes Brot mit Meersalz

1. 150 g Roggenmehl und 150 g Weizenmehl in eine Schüssel sieben. Mit ½ l lauwarmem Wasser und dem Meersalz verrühren und den Teig 1 Stunde ruhen lassen.

2. Die Hefe mit 100 ml lauwarmem Wasser und dem Zucker verrühren und 15 Minuten gehen lassen.

3. Dann die aufgegangene Hefe, die zimmerwarme Butter und das Öl zum Teig geben und alles verrühren.

4. Nach und nach das restliche Weizen- und Roggenmehl beigeben und alles zu einem glatten Teig rühren. In einer Küchenmaschine mit Knethaken etwa 5 Minuten kneten.

5. Mit einem Küchentuch abgedeckt mindestens 1 Stunde gehen lassen.

6. Auf eine bemehlte Arbeitsfläche geben, zu einem länglichen Brotlaib formen und diesen auf ein Backblech legen. Noch einmal bemehlen, mit einem Küchentuch abdecken und so eine ½ Stunde gehen lassen.

7. Den Teig an der Oberseite mit einem Messer leicht einschneiden und im auf 210 °C vorgeheizten Ofen auf mittlerer Schiene etwa 50 Minuten backen. Danach herausnehmen und auskühlen lassen. Aufschneiden und mit frischer Butter bestreichen.

+ 2 ¾ Stunden Gehzeit

65

■ **Für eine schöne Brotkruste eine kleine Espressotasse Wasser auf den heißen Ofenboden gießen und den Ofen schnell wieder schließen.**

2

3

4

5

6

7

500 g Weizenmehl

42 g frische Hefe

1 TL Zucker

½ TL Salz

80 g Butter

300 ml lauwarmes Wasser

100 g Mohn

Sonntagsbrötchen mit Mohn

1. Das Mehl in eine Schüssel sieben und in die Mitte eine Mulde drücken. Die Hefe hineinbröckeln, den Zucker und das Salz dazugeben und mit der Butter sowie mit 100 ml lauwarmem Wasser zu einem Vorteig verrühren. Diesen 15 Minuten mit einem Küchentuch abgedeckt gehen lassen. Dann das restliche Wasser unter den Teig rühren und diesen in einer Küchenmaschine mit Knethaken etwa 5 Minuten kneten lassen. Noch einmal mit einem Küchentuch abgedeckt 30 Minuten an einem warmen Ort gehen lassen.

2. Den Teig auf einer bemehlten Arbeitsfläche ausrollen und in 50 g schwere Stücke teilen.

3. Diese Stücke noch einmal zusammenkneten, und zwar von außen nach innen.

4. Runde Brötchen mit den Händen formen.

5. Die Oberfläche mit etwas Wasser bepinseln und in den Mohn legen.

6. Die Brötchen auf ein mit Backpapier ausgelegtes Backblech geben und mit einer Schere kreuzweise einschneiden. Danach mit einem Tuch abdecken und wieder 20 Minuten gehen lassen. Anschließend auf mittlerer Schiene in den auf 220 °C vorgeheizten Ofen geben. Eine Espressotasse Wasser in den Ofen gießen, damit der Dampf die Brötchen beim Backen schön knusprig macht. Die Sonntagsbrötchen etwa 20 Minuten goldgelb backen. Dann herausnehmen und noch warm servieren.

Ergibt 18 Brötchen.

+ 65 Minuten Gehzeit

*** 45

■ **Die Oberseite der Sonntagsbrötchen nach Belieben mit verschiedenen Zutaten verfeinern, beispielsweise mit gehackten Pistazienkernen, Sonnenblumenkernen, Sesamsamen, Kürbiskernen oder gehackten Hasel- oder Walnüssen.**

2

3

6

4

5

500 g Mehl (Typ 405)

15 g frische Hefe

1 TL Salz

1 Ei

2 EL Olivenöl

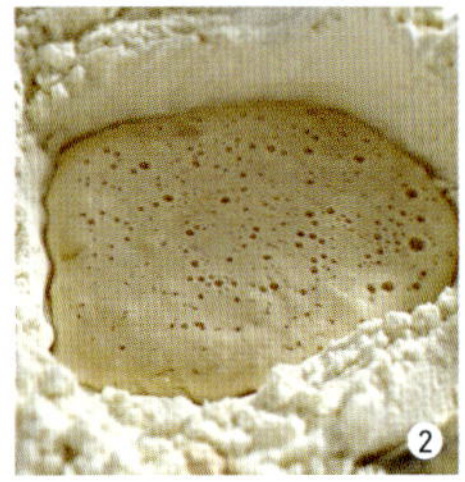

Pizzateig

1. Das Mehl auf eine Fläche geben und in der Mitte eine Mulde formen. In diese die zerbröckelte Hefe geben, mit ¼ l lauwarmem Wasser angießen und 1 TL Salz hinzugeben. Mit einer Gabel einen Vorteig anrühren und diesen 15 Minuten gehen lassen.

2. Bilden sich auf der Oberfläche Bläschen und hat sich die Menge des Vorteigs verdoppelt, dann ist er richtig gegangen.

3. Nun das Ei und 2 EL Olivenöl zum Vorteig geben.

4. Am Anfang den Vorteig mit einer Gabel verrühren ...

5. ... dann die Hände zum Ausarbeiten des Teiges nehmen. Nach und nach lauwarmes Wasser zugeben.

6. Soviel Wasser zugeben, bis das gesamte Mehl aufgenommen wurde und der Teig sich gut kneten lässt.

7. Den Teig mit dem Handrücken gut ausarbeiten und durchkneten. Dadurch bekommt der Pizzateig seine Elastizität und lässt sich später besser ausrollen.

8. Den Teig mit einem Küchentuch abdecken und 30 Minuten gehen lassen.

65

- 800 g Pizzateig
- 200 g Blattspinat
- 1 TL TL Salz
- 400 ml Tomatensauce (s. S. 144)
- 3 Tomaten
- 1 rote Zwiebel
- 2 Stück Mozzarella
- 4 EL Olivenöl, kalt gepresst
- 1 TL Oregano, getrocknet

Gemüsepizza

1. Den Pizzateig vierteln und dünn ausrollen. Den ausgerollten Pizzateig auf ein mit Backpapier belegtes Backblech geben. Den Blattspinat kurz in kochendem Salzwasser zusammenfallen lassen, in ein Sieb abschütten und unter kaltem Wasser auskühlen lassen. Danach den Spinat gut ausdrücken und grob schneiden.

2. Auf den Pizzaböden zuerst die Tomatensauce verteilen, danach den Blattspinat. Die Tomaten vom Strunk befreien und in 3 mm dünne Scheiben schneiden. Die rote Zwiebel schälen und in dünne Ringe schneiden. Die Mozzarellakugeln ebenfalls in 3 mm Scheiben schneiden.

3. Nun die Pizza mit diesen Zutaten flach belegen. In der Zwischenzeit den Backofen auf 230 °C vorheizen. Die belegte Pizza mit Olivenöl beträufeln und mit Oregano bestreuen. Dann etwa 12 Minuten im Ofen backen. Herausnehmen, auf Tellern anrichten und servieren. Das Backblech kann auch komplett mit dem Pizzateig ausgelegt werden, wenn beispielsweise der Ofen zu klein für mehrere Pizzas ist. Diese Blechpizza nach dem Backen in Rechtecke teilen und servieren.

■ **Pizza lässt sich ganz nach Geschmack belegen: mit Schinken, Sardellen, eingelegten Paprikaschoten, Oliven, Antipasti-Gemüse, Bolognesesauce, verschiedenen Käsesorten und mehr. Geriebenen Käse vor den übrigen Zutaten direkt auf der Tomatensauce verteilen.**

40

- 500 g Mehl, Type 405
- 250 ml lauwarmes Wasser
- 1 Prise Salz
- 20 g frische Hefe
- 40 g Steinpilze, getrocknet
- 1 Ei
- 50 ml natives Olivenöl extra
- 200 g Aprikosen, getrocknet
- 2 EL Apfelessig
- 1 EL Pflanzenöl
- 1 Zweig Rosmarin
- 10 Lorbeerblätter
- 1 TL grobes, gereinigtes Meersalz
- 3 EL Honig

Rosmarin-Focaccia mit Steinpilzen und Aprikosen

1. Das Mehl in eine große Schüssel sieben und in die Mitte eine Mulde drücken. 50 ml lauwarmes Wasser und Salz hinzugeben, die Hefe hineinbröseln und einen Vorteig anrühren. Dazu die Hefe mit dem Wasser vermischen und so viel Mehl dazunehmen, bis ein flüssiger Teig entsteht. Diesen mit einem Küchentuch abdecken und 15 Minuten gehen lassen. In der Zwischenzeit die Steinpilze mit kaltem Wasser bedecken und einweichen.

2. Das Ei, die eingeweichten, ausgedrückten und grob geschnittenen Steinpilze sowie das Olivenöl zum Vorteig geben. Nun das restliche Wasser nach und nach einarbeiten und den Teig solange schlagen, bis er geschmeidig ist und Blasen wirft.

3. Danach den Teig zu einer Kugel formen, mit Mehl bestäuben und mit einem Küchentuch abgedeckt etwa 30 Minuten ruhen lassen. In der Zwischenzeit die getrockneten Aprikosen in eine Schale geben und mit Apfelessig übergießen. Abgedeckt marinieren lassen.

4. Mittlerweile ist der Teig aufgegangen und hat sich fast verdreifacht.

5. Den Teig mit einem Holzlöffel durchrühren und noch einmal 20 Minuten mit einem Küchentuch abgedeckt gehen lassen.

6. Der Teig ist fertig, sobald sich sein Volumen verdoppelt hat.

+ 80 Minuten Gehzeit

*** 65

■ Diese Focaccia kann mit frischen Tomaten, Oregano, schwarzen Oliven und Fetakäse belegt und wie angegeben gebacken werden.

7. Auf ein mit dem Pflanzenöl ausgestrichenes Backblech geben und mit den Händen bis an den Rand ausbreiten.

8. Die Rosmarinnadeln abzupfen und über dem Teig verteilen. Die marinierten Aprikosen und die Lorbeerblätter leicht in den Teig drücken und mit dem groben Meersalz bestreuen. Zum Schluss noch mit dem Honig beträufeln.

9. Den fertig belegten Teig nochmals etwa 15 Minuten gehen lassen. Dann im auf 180 °C vorgeheizten Backofen etwa 35 Minuten backen. Herausnehmen und auf dem Blech auskühlen lassen. Zum Schluss in Stücke schneiden und servieren.

 42 g frische Hefe

 20 g Honig

 700 ml lauwarmes Wasser

 3 mittelgroße Zwiebeln

 3 EL Olivenöl

 120 g Sauerteig

 1200 g Weizenmehl Typ 550

 40 g Maismehl

 50 g schwarze Oliven, entkernt

 1 TL Salz

1

Minibaguettes mit Oliven und Zwiebeln

1. Die Hefe und den Honig im lauwarmen Wasser auflösen und 10 Minuten stehen lassen. Die Zwiebeln schälen, halbieren und in Streifen schneiden. In einer Pfanne mit Olivenöl langsam mit Farbe anbraten und dann etwas auskühlen lassen.

2. Den Sauerteig, das gesiebte Weizenmehl, das Maismehl, die grob geschnittenen Oliven, die Zwiebeln und das Salz in eine Schüssel geben.

3. Das Hefe-Honig-Wasser hinzugießen und den Teig mit einem Holzlöffel so lange ausarbeiten, bis er Blasen wirft. Mit einer Küchenmaschine mit Knethaken braucht man dafür etwa 5 Minuten.

4. Dann den Teig mit einem Küchentuch abdecken und 30 Minuten an einem warmen Ort gehen lassen.

5. Den Teig aus der Schüssel auf eine bemehlte Arbeitsfläche geben und kräftig zusammenkneten. Anschließend in 70 g schwere Stücke teilen, diese rund rollen und bemehlen.

6. Die Teigkugeln nun mit beiden Händen zu kleinen Stangen rollen und diese auf ein mit Backpapier ausgelegtes Back-

+ 65 Minuten Gehzeit

*** 45

■ Sauerteig kann man leicht selbst wie folgt ansetzen: 60 g Weizenvollkornmehl und 60 ml Wasser vermischen, mit Klarsichtfolie abdecken und 24 Stunden bei Zimmertemperatur säuern lassen.

blech geben. Mit Wasser bepinseln und noch einmal 30 Minuten gehen lassen.

7. Die Minibaguettes mit Mehl bestäuben und mit einem Messer schräg leicht einschneiden. In den auf 230 °C vorgeheizten Ofen geben, etwas Wasser auf den Boden gießen und den Ofen sofort schließen. Durch die Dampfentwicklung geht das Brot nochmals auf und wird schön knusprig. Die Minibaguettes etwa 25 Minuten backen. Herausnehmen und auf einem Kuchengitter auskühlen lassen. Mit einem herzhaften Belag versehen oder in Kräuterquark dippen.

 200 g Maismehl

 1 TL Salz

 200 ml kochend heißes Wasser

 42 g frische Hefe

 1 Prise Zucker

 200 ml lauwarmes Wasser

 2 EL Olivenöl

 30 g Butter

 250 g Weizenmehl

 80 g mittelscharfe grüne Paprikaschoten

Mexikanisches Maisbrot mit grünen Pfefferschoten

1. Das Maismehl mit dem Salz und dem kochenden Wasser anrühren und etwa 10 Minuten ruhen lassen. So quillt der Mais besser auf und wird weicher im Brot.

2. Die Hefe mit dem lauwarmen Wasser übergießen und den Zucker zugeben. Die Hefe mit einem Kochlöffel zerdrücken, bis sie sich vollständig aufgelöst hat.

3. Den Hefesatz, das Öl, die Hälfte der Butter, das Weizenmehl und die in 1 cm große Stücke geschnittenen grünen Pfefferschoten zum Maisansatz geben.

4. Nun alles mit einem Holzlöffel vermischen und den Teig kräftig schlagen, bis er kleine Blasen wirft.

5. Eine Kastenform mit der restlichen Butter ausstreichen und mit etwas Maismehl bestäuben. Den Teig einfüllen und zugedeckt 30 Minuten an einem warmen Ort gehen lassen. Im Backofen bei 190 °C etwa 45 Minuten goldbraun backen. Danach 20 Minuten auskühlen lassen und aus der Backform stürzen. Das Maisbrot schmeckt am besten lauwarm serviert mit frischer Butter.

+ 40 Minuten Gehzeit

85

- **Man kann ebenfalls grüne Jalapeños, schwarze Oliven oder in Würfel geschnittene, scharfe Salami untermischen.**

2

3

4

5

Käse

Inhalt

Wie entsteht Käse?

Käse gehört zu den ältesten von Meschenhand hergestellten Nahrungsmitteln. Forscher wollen ihn schon im Neolithikum, Ende des fünften, Anfang des vierten Jahrtausends vor Christus, ausgemacht haben. Der Kodex des babylonischen Königs Hammurabi erwähnt schon 1750 Jahre vor Christi Geburt Käse, Brot und Bier. Die Römer entdeckten in Gallien (Frankreich) schmackhafte Käsesorten, die in der Hauptstadt Rom heiß begehrt waren, „sofern sie die Reise überstanden". Je ausführlicher die Geschichtsschreibung für eine Epoche, desto ausgiebiger erzählen die jeweiligen Chronisten auch zum Thema Käse.

Die eigentliche Käseherstellung ist simpel: Warme Milch gerinnt von selbst. Lässt man die hauptsächlich aus Wasser bestehende Molke ablaufen, erhält man Käse, wenn auch nur einen recht sauren Frischkäse. Zuverlässiger gerinnt die Milch durch Zusatz von Lab – eine natürliche Substanz, die im Magen von Kälbern, Schafen und anderen Säugetieren, aber auch in manchen Pflanzen existiert. Das hatten schon Hirten und Nomaden erkannt: Sie bewahrten ihre Milch oft in Beuteln aus Ziegen- oder Schafsmägen auf – deren natürliches Lab die Käseherstellung beschleunigte.

Käse wurde nicht nur aus geschmacklichen Gründen hergestellt. Dank ihm konnten große Mengen Milch schnell haltbar gemacht werden.

Natürlich wurde Käse stets aus der Milch erzeugt, die gerade zur Verfügung stand: Kuh-, Schaf- und Ziegenmilchkäse steht heute noch auf unseren Speisezetteln. Für italienischen Mozzarella kommt traditionell Milch von Wasserbüffeln zum Einsatz – auch wenn es heute viel Mozzarella aus Kuhmilch gibt.

Ein finnischer Käse namens Ilves wird traditionell aus Rentiermilch fabriziert, in Jordanien nutzen die Hirten die Milch von Schaf, Ziege, Kuh und Kamel für ihren Labaneh.

Zuerst die Milch gerinnen lassen, anschließend die Molke ausheben, danach salzen, waschen, abschließend reifen – nach diesem Prinzip wird auch heute noch Käse hergestellt.

Wichtig ist die fachgerechte Lagerung und Reifung des Käses. Nur Frischkäse kommt praktisch ohne Reifezeit aus, je nach Sorte kann die Lagerzeit von Käse mehrere Jahre betragen! Besonders Käse wie der Parmesan, die trocken über diverse Gerichte gerieben werden, benötigen eine ausgiebige Reifezeit.

Käsegruppen

Frischkäse: In der Regel wird hierfür das Lab einfach in die Milch gerührt und stehen gelassen. Frischkäse ist stark wasserhaltig, wird nicht gepresst, sondern mit Salz ein- oder abgerieben. Er ist mild und meist von milchigem Geschmack.

Gepresster, nicht nachgewärmter Käse: Auch als „Schnittkäse" bekannt. Zu dieser Gruppe zählen u.a. Pecorino, Edamer, Gouda, Reblochon, Cheddar und Cantal.

Der Käsebruch wird abgeschöpft, zerkleinert, in Formen gegeben. Die Molke wird ausgepresst. Der „rohe Käse" wird dann aus der Form entfernt und in Salzlake gebadet. Während der Reifezeit wird er regelmäßig gesalzen, gewendet und gebürstet. Letzteres verleiht der Rinde eine gleichmäßige Farbe.

Gepresster, nachgewärmter Käse: Zu dieser Gruppe zählen u.a. Gruyère, Emmentaler, Parmesan, Comté und Beaufort.

Sie wurden traditionell aus „Abendmilch" (also am Abend gemolkener Milch) erzeugt, die man über Nacht ruhen ließ und am Tag darauf mit Morgenmilch mischte. Anschließend wurde der Käse bei 33 °C „eingelabt" und danach auf z.B. 53 °C erwärmt – diesen Prozess nennt man auch „brennen". Wichtig ist auch die Jahreszeit. Käse aus „Sommermilch", wenn die Kühe auf den Almen Gras und Wildkräuter fressen, ist aromatischer als „Wintermilchkäse", der von Tieren stammt, die mit Heu ernährt werden.

Käse mit Edelschimmel: Camembert, Brillat-Savarin, Brie de Meaux sind Vertreter dieser Gattung.

Sie werden weder gepresst noch gebrannt, sondern nach dem Dicklegen gesalzen und mit Penicillium candidum besprüht. Letzteres lässt den feinen Schimmelrasen auf diese Käsesorten sprießen.

Käse mit gewaschener Rinde: etwa Epoisses, Maroilles, Livarot, Münster, Remoudou, Langres, Limburger.

Streng im Geruch, aber überraschend mild bis herzhaft im Geschmack. Er wird regelmäßig mit schwacher Kochsalzlösung gewaschen und dabei gewendet.

Käse mit natürlicher Rinde: etwa Chabichou de Poitou, Saint-Maure de Touraine, Crottin de Chavignol.

Meist Schafs- und Ziegenkäse, z.B. aus dem Tal der Loire, Spanien, Italien. Zunächst erwärmt man die Milch auf 30 °C, anschließend wird der Bruch geschnitten und in Behälter geschöpft.

Blauschimmelkäse: etwa Stilton, Gorgonzola, Fourme d'Ambert, Roquefort.

Die meisten Blauschimmelkäsesorten werden aus Kuhmilch hergestellt. Zu den Ausnahmen zählt ausgerechnet der prominenteste Vertreter dieser Gattung: Für den Roquefort, Frankreichs ersten AOC-Käse, verwendet man Schafsmilch.

Die Milch für Blauschimmelkäse wird zunächst bei Temperaturen um die 30 °C eingelabt. Der Bruch wird später in mit einem Tuch ausgelegte Formen geschüttet. Selbst nach dem Verlassen der Form bleibt der Käse zunächst im Tuch, wird zwecks Abtropfen der Molke regelmäßig gewendet. Anschließend wird der Laib gesalzen und mit Penicillium roqueforti oder Penicillum gorgonzola geimpft.

Schmelzkäse: Darunter fällt beispielsweise der Schweizer Schabzieger.

Er entsteht durch Einschmelzen von gepresstem Käse. Butter, Sahne, Milch, oft auch Aromastoffe werden hinzugegeben.

Rohmilchkäse: Er wird aus nicht pasteurisierter Milch gefertigt. So werden die geschmacklichen Eigenheiten der Milch besser bewahrt – ein Rohmilchkäse kann z.B. im Sommer anders als im Winter schmecken, weil auch Kühe je nach Jahreszeiten andere Nahrung zu sich nehmen. Wegen langer Reifezeiten und viel „Handarbeit", etwa Waschen des Käses mit Marc (Schnaps), sind solche Delikatessen auch wesentlich teurer als Käse aus pasteurisierter Milch. Mit etwas Glück findet man sie auf den Käsewagen besserer Restaurants oder bei Fachhändlern.

Die USA verbieten die Einfuhr von Rohmilchkäse vollständig. Ein Grund für solche Verbote liegt in den Hygienebestimmungen: Durch das Pasteurisieren, das schnelle Erhitzen der Milch auf 90 °C werden gesundheitsschädliche Keime, wie etwa die bösartigen Listeriose-Bakterien, die sich auch in Wurst, rohem Hackfleisch oder Räucherfisch verstecken, wirkungsvoll abgetötet. Krankheit aus dem Käse, das klingt gefährlich. Doch die gesetzlichen Auflagen für Rohmilchkäse sind streng: So dürfen die Tiere keine durch Milch übertragbare Krankheiten haben, ein bestimmter Keimgehalt darf nicht überschritten werden. Nicht zuletzt geht es heute auch in kleinen, handwerklich arbeitenden Käsereien hygienisch zu: Schummrige Keller mit Schimmelbelag haben Edelstahl Platz gemacht, Temperatur und Luftfeuchtigkeit überwachen Computer.

Käse richtig lagern: Schmackhaft und appetitlich wirkt es allemal, wenn Käse unter einer Glaskuppel angeboten wird. Und ganz sicher gefällt dieser Anblick auch Ihren Gästen. Nur: Strenggenommen ist eine Käseglocke nichts anderes, als ein teurer Fliegenschutz. Sie stammt noch aus den Zeiten, in denen man Käse im kühlen Keller lagerte. Dort wäre er heute noch gut aufgehoben – sofern der Keller nicht zu stark beheizt ist. Bei 8-10 °C und 80–90 % Luftfeuchtigkeit fühlen sich die meisten Käsesorten wohl. Moderne Käsefabrikanten verfügen über ausgefeilte Reifekeller, in denen Luftfeuchtigkeit und Temperatur strengstens überwacht werden.

Zu Hause kann man Käse getrost im Gemüsefach aufheben, sofern man daran denkt, ihn rechtzeitig vor dem Essen herauszunehmen. Kalter Käse entfaltet noch nicht seinen vollen Geschmack und ist für verwöhnte Gaumen etwa so interessant wie kalter Kaffee.

Gütesiegel: DOC, DO, AOC? Wie guter Wein hat auch guter Käse seine „Erzeugerabfüllung". Sie garantiert, dass der Käse nach traditionellen Methoden hergestellt wurde.

Ganz wichtig: Vergewissern Sie sich auf jeden Fall, dass „Ihr" Käse das Gütesiegel tatsächlich erhalten hat. Ein Name wie Camembert oder Gorgonzola allein steht noch lange nicht für traditionelle Herstellung. Viele Käsenamen sind nicht gesetzlich geschützt, der vermeintlich ursprüngliche Käse kann ganz legal in jedem Land hergestellt werden.

Die Auszeichnungen

AOC (Appellation d'Origine Contrôlée), Frankreich
Label Rouge, Frankreich
DOC (Denominazione di Origine Controllata), Italien
DO (Denominación de Origen), Spanien

British Cheese Awards – Keine Regelung von Ursprung und Herkunft, sondern eine Art „Geschmacksolympiade" für Käsereien und Hersteller in den Disziplinen „Frischkäse", „Weichkäse", „Blauschimmelkäse" etc. Die allerbesten Käse erhalten den Titel „Supreme Champion".

G.U und g.g.A.: Auf europäischer Ebene vergebene Auszeichnung nach dem Vorbild des französischen AOC: Die geschützte Ursprungsbezeichnung (g.U.) besagt, dass Erzeugung, Verarbeitung und Herstellung eines Erzeugnisses in einem bestimmten geographischen Gebiet (geschützte geographische Angabe = g.g.A) nach einem anerkannten und festgelegten Verfahren erfolgen müssen.

1

Die Käsetafel

Man beginnt mit dem mildesten Käse und hört mit dem kräftigsten auf – das ist die einzig verbindliche Regel für Käsetafeln. Viele gute Restaurants bieten Abwechslung: Käse aus Schafs-, Ziegen- und Kuhmilch in verschiedenen Reifestufen, Farben und Formen. Blauschimmelkäse, in Asche gerollte Exemplare, goldgelbe und fahlweiße Käse, vielleicht ein gut gereifter Epoisses, der auf den Teller „gelöffelt" wird – dazu vielleicht Trauben, Walnüsse oder Feigen und die verschiedensten Brotsorten.

Alternativ kann man seinen Käsegeschmack schulen, indem man nur eine Sorte, wie z. B. Comté, in verschiedenen Reifestufen genießt.

Beachten sollte man freilich, dass Rohmilchkäse nicht das ganze Jahr über gleich schmeckt.

Was trinkt man zum Käse?

„Zum Käse passt nur Rotwein" heißt es oft. Eine Verlegenheitslösung. Oft ist beim Hauptgang etwas Rotwein übrig geblieben, der zum Käse geleert wird. Natürlich passt zum Käse oft Rotwein. Mit etwas Pech zieht bei vielen Zusammenstellungen jedoch der Wein den kürzeren. Große Weine werden von kräftigen Käsen aromatisch erschlagen, geschmackliche Leichtgewichte kommen nicht gegen die würzigen Käsearomen an. Wein und Käse ergänzen sich nicht generell, sondern rivalisieren oft miteinander. Vielfach sind Weißweine eine interessante geschmackliche Alternative.

Typische Getränke einer Region passen oft zu lokalen Käsesorten. Die beiden vertragen sich schließlich seit Jahrhunderten, manchmal trefflich, manchmal nur notgedrungen. Warum nicht einen Cidre zu einem Käse aus der Normandie probieren, ein Bier zu einem deutschen oder belgischen Käse, Rot- und Weißwein zu italienischen und französischen Käse?

Daneben gibt es klassische Kombinationen, bei denen man nichts falsch machen kann: Für Blauschimmelkäse darf es ruhig etwas „Süßes" sein: Ein guter Port zum Stilton oder ein Sauternes zum Roquefort sind stets ein Hochgenuss.

Einige Käse

Allgäuer Emmentaler

Deutschland · Kuhmilch
Reifezeit: 3 – 4 Monate
Verwendung: Zwischenmahlzeit, Frühstück, Käsegang – oder zum Gratinieren, für Saucen und Salate.
Fettgehalt: ca. 45 %
Gewicht: 40 – 90 Kilo
Form: radförmig
Dazu passt: Bier

Appenzeller (1)

Schweiz · Kuhmilch
Reifezeit: 3 – 4 Monate
Besonderheit: wird mit „Kräutersulz" eingerieben, einer Flüssigkeit aus Salz, Pfeffer, Weißwein und diversen Gewürzen.
Verwendung: Käsegang, Zwischenmahlzeit
Fettgehalt: 45 %
Gewicht: 6 – 8 Kilo
Form: radförmig

Ardi Gasna

Frankreich · Schafsmilch
Besonderheit: wird auch unter den Namen Ossau-Iraty-Brebis-Pyrénées gehandelt.
Verwendung: Zwischenmahlzeit oder als Dessert mit Kirschkonfitüre
Fettgehalt: um die 50 %
Gewicht: 3 – 5 Kilo
Form: Radförmig
Dazu passt: ein Irouléguy

Banon

Frankreich · verschiedene Milchsorten
Besonderheit: „Kuhmilch-Banon", umhüllt von mit Bast gebundenen Kastanienblättern. Wird ein Banon in Bohnenkraut gerollt, heißt er „Pebre d'ai" (Eselspfeffer).
Verwendung: Käsegang, mit Schnaps, Gewürznelken, Lorbeer, Pfeffer, Salz und Thymian in einem sorgfältig verschlossenen Gefäß eingelegt zum Weihnachts- oder Neujahrsessen
Fettgehalt: um die 50 %
Gewicht: 100 Gramm
Form: Scheibe, eingehüllt in Kastanienblätter
Dazu passt: ein Rotwein aus der Provence

Brie

Frankreich · Kuhmilch
Reifezeit: mindestens einen Monat.
Verwendung: Käsegang, Brie-Kroketten
Fettgehalt: ab 45 %
Gewicht: 1,2 Kilo für den Coulommiers, 2 – 3 Kilo für den Meaux, 1,5 Kilo oder mehr für den Melun
Form: radförmig
Dazu passt: ein Pommard oder Pomerol

Cabrales

Spanien · Kuh-, Schafs- und Ziegenmilch
Blauschimmelkäse
Reifezeit: 3 Monate in Kalksteinhöhlen
Verwendung: Käsegang
Fettgehalt: variabel
Gewicht: 2,5 – 3 Kilo
Form: zylindrisch
Dazu passt: ein kräftiger Rotwein

Camembert (2)

Frankreich · Kuhmilch
Reifezeit: 12 Tage
Besonderheit: Den „Weichetest" zwischen Daumen und Hand nehmen Experten stets an der Außenseite, nie an der Mitte vor. Camembert reift nämlich von außen nach innen. Camembert vor dem Verbrauch an einem kühlen Ort, aber nicht im Kühlschrank aufbewahren.
Verwendung: Käsegang, Camembert-Kroketten
Fettgehalt: 45 % oder mehr
Gewicht: 250 g
Form: scheibenförmig

Cheddar (3)

England · Kuhmilch
Reifezeit: 6 bis 24 Monate
Besonderheit: Einer der meistverkauften Käse. Der Name Cheddar ist nicht geschützt, er kann überall auf der Welt hergestellt werden.
Verwendung: Frühstück, Salate, zum Überbacken, Käsegang
Fettgehalt: 45 – 50 %
Gewicht: 25 – 35 Kilo
Form: zylindrisch

Edamer

Holland · Kuhmilch
Reifezeit: junge Variante (2-3 Monat) gereifte Edamer (12-18 Monat)
Verwendung: Frühstück, Käsegang, Zwischenmahlzeit, gegrillt
Fettgehalt: 30 – 48 %
Gewicht: 1,5 Kilo
Form: Kugel mit Wachsüberzug
Dazu passt: Bier oder ein kräftiger Rotwein (für die gereifte Variante)

Emmentaler (4)

Schweiz · Kuhmilch
Reifezeit: 8 – 10 Monate,
Verwendung: Käsegang, Zwischenmahlzeit, zum Grillen und Gratinieren, für Salate
Fettgehalt: 45 % oder mehr
Gewicht: 80 – 130 Kilo
Form: Rad mit gerundetem Rand
Dazu passt: Ein eher fruchtiger Schweizer Weißwein

Epoisses

Frankreich · Kuhmilch
Reifezeit: 2 – 3 Monate – oder 30 – 40 Tage, wenn die „Waschungen" in Marc de Bourgogne erfolgen.
Besonderheit: Das optimalen Reifestadium ist erreicht, wenn die rotbraune Rinde fast in der Mitte zusammenfällt.
Verwendung: Käsegang
Fettgehalt: 50 %
Gewicht: 250 – 300 Gramm
Form: scheibenförmig
Dazu passt: Ein kräftiger, roter „Vin de Bourgogne"

Feta

Griechenland · ursprünglich: Schafsmilch
Reifezeit: mindestens einen Monat lang in Salzlake
Besonderheit: Wer den Salzgeschmack nicht mag, kann ihn ein paar Minuten in Wasser einweichen.
Verwendung: traditionell für griechischen Salat, Zwischenmahlzeit, zum Gratinieren
Fettgehalt: 40 – 50 %
Gewicht: variabel
Form: variabel, von Würfeln bis Block

5

6

7

Gorgonzola (5)

Italien · Kuhmilch
Blauschimmelkäse
Reifezeit: 2 – 4 Monate
Verwendung: Käsegang, Salate, für Pasta
Fettgehalt: 48%
Gewicht: 6 – 12 kg
Form: trommelförmig

Gouda (6)

Holland · Kuhmilch
Reifezeit: jung 2 – 3 Monate, mittelalt 6 Monate, alt mindestens 12 Monate
Verwendung: Frühstück, Zwischengang, Käsegang
Fettgehalt: 40 – 48%
Gewicht: 3 – 10 kg
Form: radförmig, mit gerundeten Kanten
Dazu passt: Bier

Gruyère (7)

Schweiz · Kuhmilch
Reifezeit: 4 – 8 Monate.
Besonderheit: wird nur von Juni bis September produziert, 400 l Milch ergeben 35 kg Käse.
Verwendung: Käsegang, Fondue
Fettgehalt: 45 – 46%
Gewicht: 20 – 45 kg
Form: radförmig

Idiazabal

Spanien · Schafsmilch
Reifezeit: 1 – 2 Monate
Besonderheit: Wird über einem Feuer aus Weißdorn- und Buchenholz geräuchert:
Verwendung: Käsegang, Zwischenmahlzeit, zum Reiben
Fettgehalt: 45 – 55%
Gewicht: 1 – 2 kg
Form: zylindrisch
Dazu passt: Ein Rioja

Jarlsberg

Norwegen · Kuhmilch
Verwendung: Käsegang, zum Gratinieren
Fettgehalt: ca. 45%
Gewicht: 10 kg
Form: radförmig

Limburger

Deutschland · Kuhmilch
Reifezeit: 2 – 3 Monate
Verwendung: Käsegang, Zwischenmahlzeit
Fettgehalt: 40% und mehr
Gewicht: 200 – 750 g
Form: stangenförmig

Manchego

Spanien · Schafsmilch
Reifezeit: „viejo" 9 – 12 Monate, curado 2 – 3 Monate
Verwendung: Käsegang, Zwischenmahlzeit, gealtert auch zum Reiben
Fettgehalt: 57%
Gewicht: 2 – 3,5 Kg
Form: zylindrisch

Mascarpone (8)

Italien · Kuhmilch
Mascarpone erzeugt man, indem man Rahm von der Milch für die Parmesanherstellung abschöpft und mit Milchsäurebakterien versieht.
Verwendung: Desserts, zum Backen
Fettgehalt: 70% und mehr
Gewicht: variabel
Form: variabel

Mozzarella di Bufala

Italien · Büffelmilch
Reifezeit: 1 – 3 Tage
Besonderheit: Echter Mozzarella ist elastisch und nicht hart wie die weißen Pizza-Brocken, die man oft im Handel findet.
Verwendung: zum Gratinieren, für Pizza, Salate etc
Fettgehalt: 45 % Kuhmilch, 50% Büffelmilch
Gewicht: variabel
Form: variabel

Münsterkäse (Munster)

Frankreich · Kuhmilch
Reifezeit: 3 Monate
Besonderheit: Wird alle zwei Tage mit leicht gesalzenem Wasser oder Marc abgewaschen.
Verwendung: Käsegang, Zwischenmahlzeit
Fettgehalt: 45% und mehr
Gewicht: 120 g – 6kg
Form: rund
Dazu passt: ein Glas Gewürztraminer

8

9

10

Parmesan (9)

Italien · Kuhmilch
Reifezeit: nach 1 Jahr „vecchio" (alt), nach 3 „stravecchio" (extra-alt).
Verwendung: Käsegang, zum Reiben
Fettgehalt: 32%
Gewicht: 24 – 40 kg
Form: zylindrisch, mit gerundetem Rand

Pecorino

Italien · Schafsmilch
pecorino romano
Reifezeit: 8 – 12 Monate
pecorino sardo
Reifezeit: jung und süß als „dolce" (20-60 Tage Lagerzeit) oder gut gereift (12 Monate und mehr) als „maturo"
Verwendung: für Pasta, zum Reiben

pecorino toscano
Reifezeit: 6 Monate „Crosta Nero" mit der schwarzen Rinde
Verwendung: Käsegang, Salate, zum Reiben
Fettgehalt: 36 – 40%
Gewicht: variabel
Form: zylindrisch

Ricotta

Italien · Kuhmilch, manchmal auch Schafsmilch oder Ziegenmilch
Reifezeit: 1 – 5 Tage
Verwendung: Desserts, Ravioli, Lasagne
Fettgehalt: 20 – 30%
Gewicht: variabel
Form: variabel

Roquefort (10)

Frankreich · Schafsmilch
Reifezeit: 3 Monate und länger
Besonderheit: Reift in feuchten Grotten von Cambalou. Traditionell werden Roggenbrote zum Schimmeln ausgelegt. Der Schimmelflaum wird anschließend getrocknet und dem Käse zugegeben.
Verwendung: Käsegang, Salate, Nudelgerichte
Fettgehalt: 52% und mehr
Gewicht: 2,5 – 2,9 kg
Form: zylindrisch
Dazu passt: Süßwein, etwa Sauternes

Saint-Marcellin

Frankreich · Kuhmilch
Reifezeit: 4 – 6 Wochen
Verwendung: Käsegang
Fettgehalt: 40 – 50%
Gewicht: 80g
Form: scheibenförmig

Saint-Nectaire

Frankreich · Kuhmilch
Besonderheit: Individuell gefertigter Käse vom Bauernhof ist mit einer ovalen, grünen Plakette gekennzeichnet. Die Plakette des Saint-Nectaire laitier, hergestellt in Genossenschaften und Fabriken, ist hingegen quadratisch.
Verwendung: Käsegang, Zwischenmahlzeit
Fettgehalt: 45%
Gewicht: 1,5 kg
Form: radförmig

Serra da estrela

Portugal · Schafsmilch
Reifezeit: 1 bis 4 Monate
Besonderheit: Es ist ein „vegetarischer Käse". Sein Lab stammt von Blüten und Blättern einer auf den kargen Böden wachsenden Distelpflanze.
Verwendung: Käsegang, Zwischenmahlzeit
Fettgehalt: 45 – 50%

Stilton

England · Kuhmilch
Reifezeit: 6 – 12 Monate
Besonderheit: Stilton sollte man nicht mit White Stilton verwechseln. Letzterer verfügt über keinerlei Blauschimmel und schmeckt neutral.
Verwendung: Käsegang
Fettgehalt: 48 – 55%
Gewicht: 2 – 8 kg
Form: trommelförmig
Dazu passt: Portwein

Tête de Moine

Schweiz · Kuhmilch
Reifezeit: 2 – 3 Monate.
Verwendung: Käsegang, Zwischenmahlzeit
Fettgehalt: 50%
Gewicht: 700 g – 2 kg
Form: trommelförmig

- 200 g Gruyère
- 200 g Appenzeller
- 350 g Raclette-Käse
- 250 ml Weißwein
- 1 Knoblauchzehe
- 1 Prise Muskatnuss, frisch gerieben
- 1 Prise schwarzer Pfeffer
- 20 g Speisestärke

Käsefondue

1. Den Gruyère, den Appenzeller und den Raclette-Käse entrinden und grob reiben.

2. Den Weißwein, die geschälte Knoblauchzehe und die geriebene Muskatnuss in einen Topf geben und zum Kochen bringen.

3. Nun den gesamten geriebenen Käse hinzugeben und mit schwarzem Pfeffer aus der Mühle würzen.

4. Mit dem Schneebesen fortwährend rühren, bis sich der Käse mit der Flüssigkeit verbindet und schmilzt.

5. Die Speisestärke mit 3 EL Wasser verrühren, bis keine Klumpen mehr vorhanden sind, und unter Rühren langsam in das heiße Käsefondue gießen.

6. Danach noch einmal aufkochen lassen, bis die Stärke das Käsefondue bindet. In eine Käsefondue-Form geben und mit viel Weißbrot, kleinen Pellkartoffeln, Essiggemüse und frischem schwarzem Pfeffer servieren.

***30

■ Zum Schluss nach Belieben 40 ml Kirschwasser unter das Käsefondue mischen oder auch in kalten Gläsern zum Fondue servieren. Das Käsefondue schmeckt kräftiger, wenn die Käserinde mitgerieben wird. Sie löst sich beim Kochen auf und sorgt für eine pikant-scharfe Würze.

2

3

6

4

5

Wein

Inhalt

Die berühmtesten Weinbaugebiete

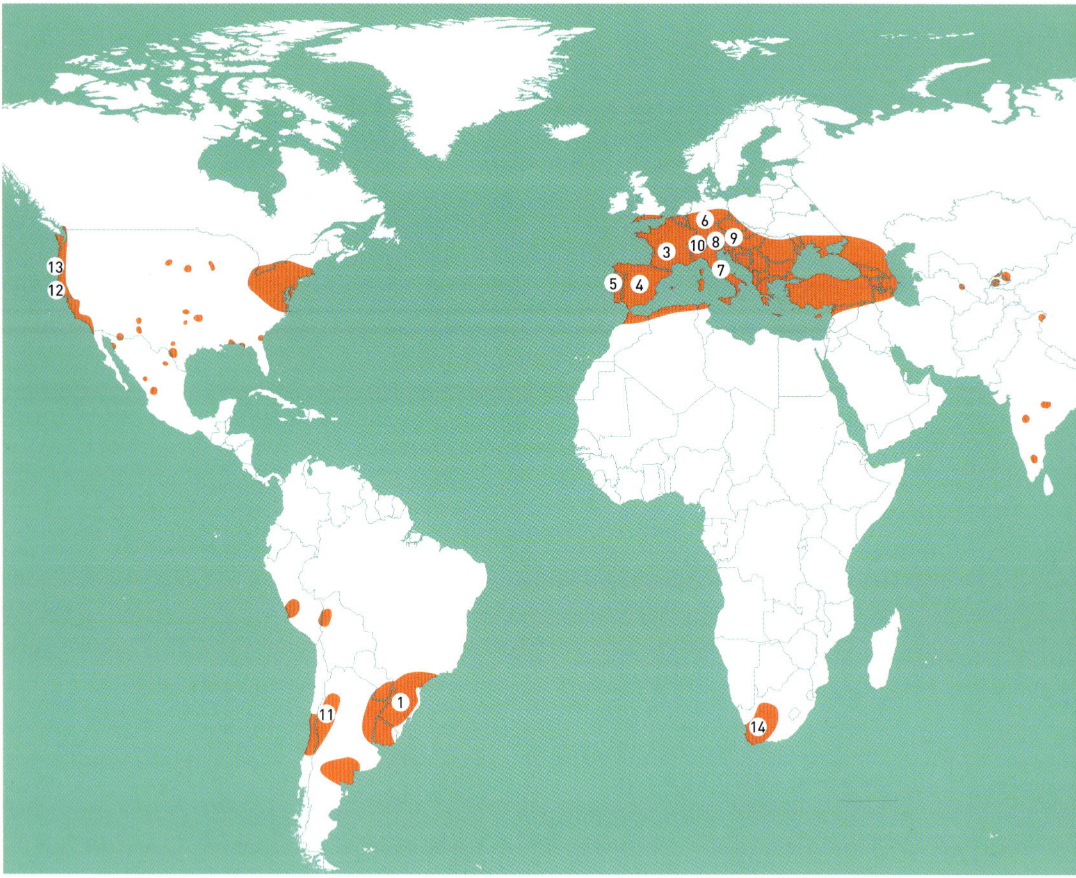

Argentinien (1): Das aufstrebende Weinland ist besonders für seine Gewächse auf Basis der Malbec-Traube berühmt. Spanische Eroberer führten Rebstöcke Mitte des 16. Jahrhunderts in die Südhalbkugel ein. Recht bekannt ist inzwischen die Weinbauregion Mendoza mit gut 900 Winzern auf über 148.000 km².

Australien (2): Im beständigen Aufschwung. Angebaut werden Riesling („Rhine Riesling") und Shiraz, Cabernet und Chardonnay. Berühmt sind u. a. die Weine aus der Umgebung von Adelaide, dem Barossa Valley.

Frankreich, Beaujolais (3): Die Region ist berühmt für leichte Weine. Inzwischen befriedigt rund ein Drittel der Produktion der Beaujolais-Weinberge die Nachfrage nach „Beaujolais Nouveau". Von 36 000 Hektar, die weltweit mit Gamay-Trauben bepflanzt sind, liegen 22 500 in der Region Beaujolais. Etwa 48 Millionen Beaujolais-Nouveau und Beaujolais-Villages Flaschen werden erzeugt.

Frankreich, Bordeaux (3): Das wohl berühmteste Weinbaugebiet der Welt im französischen Südwesten. Große Rotweine kommen aus dem nördlichen Bordelais (Médoc, Pomerol, St.-Emilion etc.), herrliche edelsüße Weine aus der Region Sauternes im Süden. Seit 1855 sind die Châteaux des Médoc klassifiziert von 1. bis 5. Grand Cru – diese Klassifizierung wurde nur einmal 1973 geändert.

Frankreich, Champagne (3): Der berühmteste Schaumwein der Welt darf nur in der Gegend rund um Reims und Épernay hergestellt werden. Nur Champagner aus guten Jahren wird zu Jahrgangschampagner. Die meisten Marken im Handel tragen keine Jahreszahl: Sie werden teils aus über 40 Grundweinen verschiedener Lagen und Jahrgänge verschnitten.

Frankreich, Burgund (3): Herkunftsregion von Chablis und Beaujolais. Eine für Einsteiger vollkommen unübersichtliche Region: Selbst wer auf große Namen setzt, hat die Qual der Wahl: Die 50 Hektar des berühmten Clos de Vougeot teilen sich 80 Winzer – und kein Wein gleicht dem anderen.

Frankreich, Elsass (3): Riesling, Gewürztraminer.... Das Elsass gehört zu den führenden Weißweinregionen. Je nach Winzer fallen die Gewächse von extrem trocken bis recht süß aus.

Spanien, Jerez de la Frontera (4): Die Heimat des Sherrys, eines jahrgangslosen Weins aus Palomino-Trauben, gereift im Solera-System: In den unteren Fassreihen des Kellers liegt der alte, gereifte Sherry, in den Reihen darüber lagert jeweils jüngerer Wein. Gekostet und verkauft wird von der unteren Reihe. Sobald ein Drittel fehlt, füllt man aus den etwas jüngeren Fässern auf, die ihrerseits wieder mit den noch Jüngeren vermischt werden.

Spanien, Ribera del Duero (4): Intensive, kräftige und prestigeträchtige Rotweine aus der Umgebung von Valladolid, angebaut entlang des Flusses Duero. Rebsorten: Tinto del País Zu den bekanntesten Erzeugern zählt die Bodega Vega Sicilia.

Spanien, Rioja (4): Das erste Weinbaugebiet Spaniens, dessen Gewächse sich mit dem DO-Siegel schmücken durften (seit 1926!). Die Traubensorten Tempranillo, Graciano und Garnacha ergeben beachtliche Rotweine, die weißen Riojas entstammen Viura, Malvasia und Garnacha Blanca.

Portugal, Doro (5): Die Region des Portweins: Kein Wein im eigentlichen Sinne, sondern hergestellt aus einer Mischung von Eau de Vie und Wein. Gefragt und selten: alter Jahrgangsport.

Deutschland, Mosel (6): Großartige Rieslinge, in guten Jahren herrliche Trockenbeerenauslesen und Eisweine. Heimat zahlreicher deutscher Top-Winzer. Leider gibt es hier nach wie vor auch viele besonders liebliche Massenweine.

Deutschland, Rheingau (6): Erstklassige Rieslinge aus der Umgebung von Mainz und Wiesbaden. Gute trockene Qualitätsweine werden hier zuweilen als „erstes Gewächs" bezeichnet.

Italien, Piemont (7): Die Heimat von Barbaresco und Barolo in Norditalien bei Turin. Spitzenklasse unter italienischen Rotweinen. Angebaut wird die Nebbiolo-Traube.

Italien, Toskana (7): Das bekannteste Gewächs der Toskana ist der Chianti: Neben einigen guten Chianti Classico Riserva stehen freilich viele Massenweine. Star des Weinbaus der Region ist der Brunello di Montalcino, einer von Italiens größten Rotweinen. Traubensorten: Trebbiano und Sangiovese.

Österreich, Wachau (8): Grüner Veltliner und Riesling gedeihen prächtig auf den 1400 Hektar der Wachau, des Donautals zwischen Melk und Krems. Die steilen Terrassen voller Reben sind ebenso beeindruckend wie die hiesigen Gewächse.

Ungarn, Tokaj (9): Diese Region verfügt über einen der größten Süßweine der Welt. Für den echten Tokajer werden „edelfaule", also mit dem Schimmelpilz Botrytis cinerea befallene Trauben der Rebsorten Furmint gelesen.

Schweiz, Wallis (10): Stellvertretend für all die großen Schweizer Weine, die man so selten im Ausland bekommt, sei hier das Wallis genannt. Über 22 700 Winzer teilen sich 5 225 Hektar Reben. Auf 30% der Fläche wird die Rebsorte Fendant angebaut.

Chile (11): Erst seit Mitte des 19. Jahrhunderts wird Wein in Chile systematisch angebaut. Cabernet Sauvignon und Merlot geben gute Rotweine, gemäß dem Zeitgeschmack wird inzwischen auch viel Chardonnay angebaut. Die Region Maipo gilt als sicherer Tipp für chilenische Weine.

USA, Napa Valley (12): Stellvertretend für alle guten Kalifornier. Angebaut werden meist Cabernet Sauvignon und Chardonnay, eine Kostprobe lohnt auch eine kalifornische Spezialität: Zinfandel, ein Rotwein, den man zuweilen mit einem guten Barolo vergleichen kann.

USA, Oregon (13): Die Region ist ein „Spätstarter": Erst seit den 1960er Jahren wird hier systematisch und in größerem Umfang Weinbau betrieben. Inzwischen gibt es über 300 „Wineries". Die wichtigsten Rebsorten sind Pinot Noir, Pinot Gris, Chardonnay, Merlot und Riesling.

Südafrika (14): Chardonnay, Cabernet Sauvignon und Shiraz sind die Stars im südafrikanischen Repertoire, gute Weine kommen besonders aus den Regionen Stellenbosch und Paarl.

Rebsorten

Cabernet Sauvignon (1) – eine der besten Rotweintrauben der Welt, wichtigster Bestandteil vieler Bordeaux-Weine (deren übrige Rebsorten sind Merlot, Cabernet Franc und Petit Verdot). Ihre Weine sind meist tiefrot, säurereich, voller Tannin (Gerbstoff), lagerfähig.

Chardonnay (2) – weltweit verbreitete Rebsorte, besonders renommiert im Burgund (Chablis, Puligny-Montrachet, Mersault) sowie in der Champagne. In Österreich Morillon genannt. Reiche, feine Weine mit harmonischer Säure. Lagerfähig. Auch in Kalifornien, Südafrika, Italien oder Australien beheimatet.

Gewürztraminer – Weißweintraube, verbreitet in Deutschland und im Elsass. Oft hoch aromatische und wie der Name schon sagt „würzige" Weine, die selbst zur asiatischen Küche passen. In der Region Jura ist die Rebsorte als Savagnin bekannt, aus ihr wird der „Vin jaune" (gelber Wein) erzeugt.

Muskateller (3) – Weißweintraube, nicht nur in Deutschland und im Elsass, sondern auch in südlichen Ländern angepflanzt. Frische und säurehaltige, meist jung zu trinkende Weine.

Nebbiolo – die Traube von Barolo und Barbaresco, der renommiertesten Rotweine des Piemont. Bürgt für volle, kräftige rote. Wird auch z. B. in Kalifornien angebaut.

Pinot Noir (4) – findet sich als kleiner Prozentsatz im Champagner und sorgt im Burgund bei Clos de Vougeot oder Chambertin für Furore. Tiefrote, fruchtige Weine. Pinot Noir wird auch für Champagner genutzt (und mit Chardonnay verschnitten).

Riesling (5) – Traube von einigen der besten Weißweine der Welt, besonders verbreitet in Deutschland und im Elsass. Vielseitige Rebe: Aus Riesling werden sowohl trockene Gewächse wie auch Süßweine hergestellt.

Sangiovese – hervorragende italienische Rotweintraube, Chianti besteht zu 90 bis 100% aus Sangiovese.

Sauvignon Blanc – Rebsorte für Sancerre und Pouilly-Fumé, sorgt auch für Säure und Frische bei den süßen Sauternes Weinen. Die wichtigste Weißweintraube des Bordelais. Je nach Anbaugebiet (darunter auch Chile, Kalifornien, Neuseeland) können die Sauvignons von sehr leicht bis recht schwer ausfallen.

Shiraz / Syrah (6) – besonders in Südafrika und Australien verbreitete Rotweintraube, zeichnet sich durch tiefrote Farbe aus. Kräftig, alkoholreich, oft voller Tannin. Im Rhônetal als Syrah bekannt.

Merlot: Die weltweit populäre Rotwein-Rebsorte stammt ursprünglich aus dem Bordelais.

Tempranillo: Bedeutende spanische Rotwein-Rebsorte. Der Name bedeutet „kleiner Früher", schließlich reifen die Tempranillo-Trauben schneller als andere spanische Rebsorten wie Garnacha.

1

2

3

4

5

6

Weinherstellung

Nach der Lese (1) und der Auslese von Hand im Weingut (2) werden Rotweintrauben zunächst entrappt, d. h. von Stielen, Kämmen etc. befreit. Die verbleibende Mischung aus Fruchtfleisch, Kernen und Schalen wandert in einen Gärbehälter.

Weiße Trauben hingegen presst man vor der Gärung – bei ihnen werden nur der Most, keinesfalls die Schalen vergoren. Verfügt der Most nicht über einen ausreichenden Zuckergehalt, werden ihm zuweilen Most oder Zucker zugefügt. Chaptalisation nennt man diese „Zugabe", die dafür sorgt, dass der Alkoholgehalt um 1 bis 1,5 Prozentpunkte steigt.

Im Gärbehälter verbleibt die „Mischung" bei guter Luftzufuhr und einer Temperatur um die 30 °C: Die Hefekulturen entwickeln sich, der Zucker verwandelt sich in Alkohol und setzt Kohlensäure frei. Dies ist die alkoholische Gärung, die etwa fünf bis acht Tage dauert. Der Wein gewinnt seine Farbe und seine Gerbstoffe aus dem festen Teil der Mischung, den die Winzer „Chapeau" (Hut) nennen, weil er unter dem Druck der Kohlensäure nach oben steigt. Der Hut muss täglich mit dem Most vermischt werden (3). Lagerfähige Weine müssen besonders reich an Tannin (Gerbstoffen) sein, sie benötigen daher eine lange Maischegärung von etwa zwei bis drei Wochen.

Vergoren wird heutzutage meist in Edelstahltanks: Sie sind hygienischer als Holz oder Beton, verändern den Geschmack des Weines nicht. Zudem kann man die Entwicklungin ihrem Innern – und damit den Gärprozess – kontrollieren.

Rotweine pumpt man mehrmals am Tag im Tank um, um die Farbstoffe und Tannine besser aus den Schalen zu holen.

Anschließend folgt der Abstich (4) des Gärbehälters: Der sog. „Vorlauf", also der reine Saft, wird von dem „Marc", dem Trester mit den festen Bestandteilen, getrennt. Letzterer wird durch Kelterung zum Presswein (5).

Vorlauf und Presswein kommen einige Wochen bei 18 bis 20 °C in getrennte Gärbehälter. Hier setzt die „malolaktische Gärung" ein, die die Apfelsäure im Wein zu Milchsäure umwandelt. Der Wein verliert dadurch etwas Säure, wird weniger herb und „runder". Die reine Vinifikation ist damit beendet, es beginnt der so genannte Ausbau.

Der Wein wird von seiner Kohlensäure und trüben Stoffe beseitigt. Eine recht alte Technik ist das „Schönen mit Eiweiß", das den Wein klärt und übermäßige Farbstoffe beseitigt. Zahlreiche Rotweine werden in Eichenholzfässern (6) ausgebaut. Das neue Holz gibt dem Wein einen Vanilleton.

Abschließend geht der Kellermeister (7) ans Werk. Seine Aufgabe ist es, den passenden Verschnitt verschiedener Rebsorten und das richtige Verhältnis von Vorlauf und Presswein herauszufinden.

Champagner

Champagne: Wer „Champagne" hört, verbindet mit der Region weniger Chagall und Jeanne d'Arc als Dom Pérignon, den Mönch, der 1688 den Champagner erfand.

Anders als Wein wird Champagner gezielt auf einen Kundenkreis abgestimmt: Grundweine aus verschiedenen Lagen und bis zu zehn unterschiedlichen Jahrgängen werden vom Kellermeister zum „Wunschgeschmack" vermählt und mit mehr oder minder starker Dosage (in Wein gelöstem Zucker) gesüßt. Das klingt nach „Panschen", gleicht aber wahrer Alchemistenarbeit. Ein Brut (trockener Champagner) schmeckt immer gleich, egal wann und wo er getrunken wird. Die Steigerung vom Brut ist der „Champagne millésimé" – Jahrgangschampagner, der nur in besonders guten Jahren hergestellt wird.

Die bekannten Konkurrenten heißen Winzersekt, Sparkling Wine, Cava, Crémant oder Spumante und kommen aus Deutschland, USA, Spanien, Frankreich und Italien. Solche Flaschen sind günstiger als „echte" Champagner, aber keinesfalls zweitklassig. Kein Wunder, denn viele Winzer stellen ihre Schaumweine genau wie die teurere Konkurrenz her: Zwar darf Champagner nur in der Champagne erzeugt werden, der Herstellungsprozess wird hingegen weltweit praktiziert.

Viele handelsübliche Sekte erleben nicht wie Champagner eine zweite Gärung in der Flasche sondern werden nach der sogenannten „Méthode Charmat" in riesigen Drucktanks vergoren. Der Qualität muss das nicht abträglich sein: Wichtiger als der Gärprozess ist nach Meinung von Önologen die Qualität des Grundweins. Dass die nicht nur in Frankreich stimmt, haben Experten längst gemerkt: Besonders kalifornische Schaumweine werden regelmäßig von Fachmagazinen mit Preisen ausgezeichnet.

Die Rebsorten: Pinot Meunier: rote Rebsorte. Sorgt für fruchtige Weine mit wenig Säure, wird bei der Assemblage oft eingesetzt um den Champagner „weicher" zu machen oder die beiden anderen Rebsorten besser zu vermählen. Wird auf etwa 48 % der Anbaufläche angepflanzt.

Pinot Noir: rote Rebsorte. Macht den Champagner kräftiger und wird auf ca. 28% der Anbaufläche gelesen. Ein Wein, der aus den beiden Pinots, oder nur einem von beiden, besteht, darf sich „blanc de noirs" nennen.

Chardonnay: weiße Rebsorte, angebaut auf 24 % der Appellation. Gibt dem Champagner Frische, Finesse und Leichtigkeit, macht ihn spritziger. Ein Champagner aus 100% Chardonnay heißt „blanc de blancs"

„Terroirs" und „Crus": Grand-Cru Lagen (sie sind mit der Höchstwertung von 100 % klassifiziert) findet man in den Anbaugebieten Côte des Blancs und Montagne de Reims.

Rosé: Zwei Methoden sind zur Herstellung von Rosé-Champagner zugelassen: Entweder man unterzieht einen Roséwein (den man zum Beispiel durch stärkere Pressung der roten Trauben gewinnen kann) der klassischen Méthode champenoise. Oder man mischt den weißen Champagner mit einer kleinen Portion Rotwein (10 – 15 %). Die Rechnung „Rot + Weiß = Rosé" erlaubt das französische Recht ausschließlich und exklusiv in der Champagne.

Geheimnisvolle Abkürzungen: Zwei winzige Buchstaben neben dem Namen des Erzeugers geben Auskunft über die wahre Herkunft ihres Champagners:

CM – Champagner einer Genossenschaft
MA – Marque auxiliaire, Marque d'acheteur - „Nebenmarke" eines Champagnerabfüllers. Als Sonderabfüllung für Restaurants genießbar, im Supermarkt selten ein gutes Produkt.
NM – Champagner eines Champagnerhauses
RC – Champagner eines Genossenschaftswinzers
RM – Winzerchampagner
SR – Erzeugnis einer Winzervereinigung

Tipps zum Champagnergenuss:

– Achten Sie auf die Lagerung beim Händler: Champagner mag kein grelles Neonlicht, keine hohen Temperaturen oder Temperaturschwankungen. Am besten lagert er bei ca. 13 °C im Dunkeln.

– Junge Champagner und die meisten Blanc de Blancs (ausschließlich aus Chardonnay-Trauben hergestellt) werden recht kalt (ca. 7 °C) serviert, Jahrgangschampagner und kräftiger Champagner dürfen etwas wärmer (ca. 9 °C – 10 °C) aufgetischt werden.

– Nur auf Werbeplakaten aus der Belle Époque wird Champagner aus Kelchen getrunken. Für optimalen Genuss braucht man Flöten- oder Tulpengläser.

– Der unscheinbare Zusatz MA (marque auxiliaire) neben dem Erzeugernamen auf dem Etikett heißt, dass es sich bei Ihrer Flasche um die Zweit-, Dritt- oder Viertmarke eines Produzenten handelt. Meist keine Spitzenqualität!

– Lagern Sie von guten Jahrgängen ruhig einige Flaschen: Champagner „kippt nicht um", wird also bei fachgerechter Lagerung nicht zu Essig, sondern verliert mit der Zeit an Mousse, wird runder, fülliger und nimmt zuweilen einen leichten Madeira-Ton an.

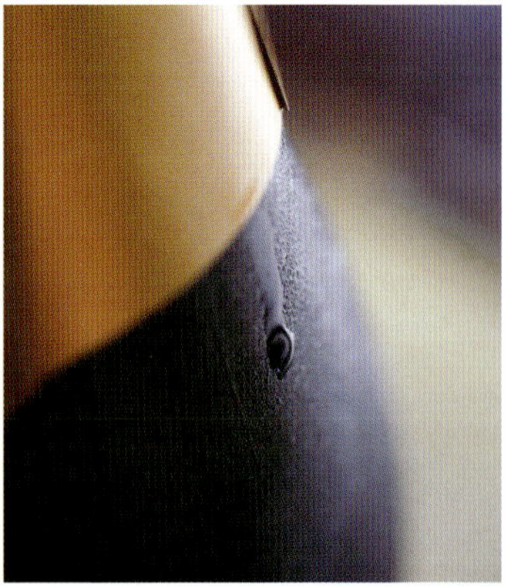

Edelsüße Weine

Es war ein schlechtes Jahr für Marquis Romain-Bertrand de Lur-Saluces. Seinen Bediensteten auf dem Weingut hatte er 1847 die Anweisung gegeben, erst nach seiner Rückkehr von einem Jagdausflug nach Russland mit der Lese zu beginnen. Die Reise des Adligen dauerte länger als erwartet, bei seiner Rückkehr waren die Trauben von Pilzen befallen – was ihn nicht daran hinderte, trotzdem zu lesen. Glück im Unglück: Das Resultat war ein exzellenter Süßwein von unvergleichlichem Geschmack: Château d'Yquem. Soweit die Legende. Kurioserweise erzählt man im Nachbarchâteau Suduiraut fast dieselbe Anekdote, ändert nur das Geschlecht der Hauptperson und das Jahrhundert. Und überhaupt beweist ein Dokument vom 4. Oktober 1666, entdeckt in den „Archives Départementales" der Gironde, dass die verspätete Lese schon lange Tradition in der Region war.

Botrytis cinerea heißt der Pilz, mit dem man bis heute rund um Sauternes und in Deutschlands besten Lagen die Trauben befallen lässt. Winzer nennen ihn auch „Edelfäule", was rein vom Wort her ja fast ein Widerspruch in sich ist. Just in dem Moment, in dem der Pilz die Traube zu zerstören scheint, veredelt er sie. Die Sporen durchdringen die Haut der Beeren und fördern die Verdunstung von Wasser im Fruchtfleisch. Die Trauben trocknen aus, die Konzentration von Zucker und Fruchtstoffen erhöht sich. Außerdem steigt der Glyceringehalt, der Wein wirkt „öliger" und geschmeidiger, sein Aroma wird honigähnlich, beim Schwenken des Glases bilden sich Schlieren. Als „getrunkenes Licht" oder flüssiges Gold" werden die raren Gewächse von Weinkritikern in höchsten Tönen gelobt.

Solche „Edelsüßen" werden gern zur Foie gras gereicht. Eine klassische Kombination, aber keine Pflicht, auch zum Hühnersalat, zum Kalbsbries à la crème, Ente à l'Orange oder zu Blauschimmelkäse wie Roquefort können sie erstklassig schmecken. „Steinbutt in Sauternes" heißt ein Klassiker der Grande Cuisine. Ganz nebenbei gehören die Gewächse mit dem Honigaroma zu den teuersten der Welt: Die Weine von Egon Müllers Scharzhof in Wiltingen brechen regelmäßig auf Auktionen Preisrekorde: 2 350 Euro für eine Flasche 90er Trockenbeerenauslese – Rekord für einen „jungen" Wein. Die sieben Hektar auf den besten Lagen des Scharzhofberges, seit 1797 in Familienbesitz, sind Weinkennern aus Asien und Amerika bekannt. Gerade 50 000 Bouteillen verlassen das Prestigeweingut pro Jahr, die Trockenbeerenauslesen und Eisweine sind absolute Sammlerstücke. Mithalten kann da in der Gunst der Weinfreunde höchstens noch Yquem, schon wegen der sorgfältig gepflegten Legende: „Die Sommer von einst brennen in den Flaschen von Yquem" schrieb schon Literaturnobelpreisträger Francois Mauriac. Selbst Lenin ließ diskret beim Marquis anfragen, ob er nicht einige seiner Rebstöcke in russische Erde pflanzen könnte. Aber Trauben und das richtige Klima allein reichen nicht: Um den Effekt der Edelfäule wirklich zu nutzen, muss jede einzelne Traube im idealen Reifestadium gelesen werden, sozusagen in „Präzisionsfäule". Die Lesehelfer gehen mehrfach durch die Rebfelder und wählen in aufeinanderfolgenden Lesen Traube für Traube aus. Fünf bis sechs solcher Durchgänge braucht man mindestens, die Lese dauert – sofern sie nicht vom ersten Regentropfen gestoppt wird, um die 45 Tage. Allein der Saft ist so kostbar, dass man die hölzernen Sammelkörbe mit Wachs abdichtet.

ALAGA
VIRGEN
SIRVASE FRIO
Pedro Ximen
Su inconfundible
sabor a uva de
Málaga se realza
al beberlo frío.
¡Disfrútelo!
V.L.C.P.R.D.
Añada 2002
López Hermanos, S.A.
Canadá 10 - Málaga
Alc. 17% Vol.
R.E. 410-MA
75 cl. e

Was steht auf dem Etikett?

Spanien

DO - Denominación de Origen, kontrollierte Ursprungsbezeichnung, spanisches Äquivalent zu DOC und AOC.

Frankreich

AOC = Appellation d'Origine Contrôlée - kontrollierte Ursprungsbezeichnung für bessere Weine
VDQS= Vin Délimité de Qualité Supérieure, Wein gehobener Qualität. Qualitätsweine mit Ursprungsbezeichnung unterhalb der Spitzengruppe.
Vin de pays – Landwein
Vin de table – Tischwein, schlimmstenfalls ein Verschnitt mit Weinen aus anderen EU-Ländern.
1er-5e Cru Classé – Qualitätsbezeichnung für Médoc- oder Sauternes-Weine. Die Klassifizierung stammt von 1855 und wurde nur einmal, 1973, geändert, als Mouton-Rothschild in die oberste Kategorie aufrückte.

Anspruchsvolle Weinliebhaber werden natürlich eine Erzeugerabfüllung wählen, die man am Zusatz „Mis(e) en Bouteille(s) au Château", oder „Mis en bouteille à la propriété" erkennt. Vorschrift sind auch Name und Adresse des Abfüllers, Füllmenge sowie für den Export eine Aufschrift mit dem Erzeugerland.

Aufschriften wie „In der Region abgefüllt" oder „Mise en bouteilles dans la région" bedeuten meist, dass es sich um einen Verschnitt aus Weinen mehrerer Winzer handelt.

Italien

DOCG – Denominazione di Origine Controllata e Garantita. Kontrollierte und garantierte Ursprungsbezeichnung für Topweine wie Barolo, Barbaresco und Brunello di Montalschino.
DOC – Denominazione di Origine Controllata. Kontrollierte Ursprungsbezeichnung.
Vini da tavola – Tafelweine

Deutschland

Etikett:

- Anbaugebiet von Qualitätsweinen (z.B. Pfalz, Rheingau, Nahe)
- Name des Weinguts
- Jahrgang
- Erzeugerabfüllung – heißt, dass der Wein direkt auf dem Weingut abgefüllt wurde. Andere mögliche Abfüller sind Handelshäuser und Importeure
- Hinweis auf die Lage (z.B. Bad Neuenahrer Sonnenberg)
- Rebsorte (z.B. Riesling, Grauburgunder, Spätburgunder)
- Hinweis auf die Qualitätsstufe bei deutschen Weinen (z.B. Qualitätswein mit Prädikat)
- Alkoholgehalt des Weins in Volumenprozent
- Inhalt der Flasche in Liter
- Amtliche Prüfnummer – enthält Informationen über Prüfstelle
- Jahr der Prüfung und Erzeuger
- Herkunftsland: bei Weinen für den Export

Klassifizierung Deutschland

Tafelwein – simpler, nicht besonders hochwertiger Wein, darf vor der Gärung mit Zucker angereichert werden. Heißt der Wein nicht deutscher Tafelwein, kann es sich um einen Verschnitt aus Gewächsen diverser europäischer Länder handeln.

Landwein – darf nicht mehr als 18 g/l Restzucker enthalten, ist deshalb oft trockener als Tafelwein. Rein theoretisch etwas besser als Tafelwein, aber weit entfernt von einem großen Gewächs.

Qualitätswein bestimmter Anbaugebiete (Q.b.A.)

Dieser Wein muss zu 100% aus der angegebenen Region stammen, aus zugelassenen Rebsorten erzeugt werden und über ein bestimmtes Mostgewicht verfügen, das je nach Region variieren kann. Qualität bietet er deswegen noch nicht.

Qualitätswein mit Prädikat (Q.m.P.)

Rein theoretisch Deutschlands Spitzenklasse. Wie Q.b.A., Zuckerzusatz (Chaptalisation) ist verboten, eine amtliche Prüfung ist vorgeschrieben. Dazu gibt es fünf Unterkategorien, die sich wieder auf das Mostgewicht stützen. Und wie schon beim Q.b.A. gelten dafür z.B. in der Pfalz nicht dieselben Regeln wie an der Mosel:

Kabinett 67-85° Öchsle
Spätlese 76-95° Öchsle
Auslese 83-95° Öchsle
Beerenauslese 110-128° Öchsle
Trockenbeerenauslese 150-154° Öchsle
Vino de la tierra - Landwein

Zusätze wie „Grand Vin" oder „Großvaters Reserve" haben keine gesetzliche Grundlage und entspringen oft nur der Fantasie des Winzers. Auch Aufdrucke mit Medaillen und Auszeichnungen bürgen nicht immer für Qualität: Darauf achten, dass der Jahrgang auf der Auszeichnung mit dem gekauften Jahrgang übereinstimmt.

Amerika

Vorderes Etikett
- Produzent (das ist nicht immer der Winzer, der die Trauben anbaute)
- Rebsorte
- AVA (amerikanisches Weinbaugebiet)
- Weinberg
- Jahrgang
- Alkoholgehalt (von 7 bis 13,9 %)
- Sulfitanteil
- Gefiltert/ungefiltert
- Inhalt der Flasche (manchmal auf rückseitigem Etikett)

Rückseitiges Aufkleber
- Beschreibung des Weins
- Obligatorische Warnhinweise

Australien

- Weinkellerei, Warenzeichen oder Handelsname
- Rebsorte oder Weinstil (etwa: trockener Roter). Der simple Eintrag „Wein" reicht auch
- Herkunftsregion (optional)
- Jahrgang (optional)
- Flaschengröße
- Alkoholgehalt
- Standard Drinks (in Zahlen. Eine Flasche enthält 7,4 Standard Drinks)
- Auflistung allergener Substanzen (etwa Sulfit)
- Name und Adresse
- Herkunftsland

Wein genießen

Gläser: Kaum empfehlenswert sind aufwendig geschliffene oder gefärbte Gläser. Sie sehen zwar manchmal schmuck aus, verbergen aber die Farbe des Weins. Umgekehrt braucht man bei Weitem nicht für jeden Wein ein anderes Glas. Die Profis der französischen INAO (Institut National des Appellations d'Origine), die Weine mit kontrollierter Erzeugerabfüllung überwachen, verwenden gerade mal zwei: ein Rotwein- und ein Weißweinglas. Große, teure Namen stehen nicht unbedingt für große Qualität. Ganz generell gilt: Wein nicht aus den vermeintlich stabilen Gläsern aus Pressglas genießen. Kuriose Designerformen vermeiden (eckige Weingläser haben auch schon Kenner zur Verzweiflung getrieben). Und auf Reisen sind die traditionell in der Region üblichen Gläser meist optimal auf die lokalen Weine abgestimmt, manchmal sogar aus jahrhundertelanger Erfahrung.

Weißweingläser sind kleiner und tulpenförmig nach innen gebogen. Ihre Form hält den Duft besser im Glas. Rotweingläser sind bauchig: Sauerstoff ist in aller Regel gut für den Roten, größer darf das Glas ruhig sein, weil der (wärmer getrunkene) Rotwein nicht so schnell an Temperatur zulegt.

Temperatur: Die unausrottbare Regel, dass Wein bei Zimmertemperatur zu genießen ist, stammt aus der Zeit vor Erfindung der Zentralheizung. Heute serviert man Wein bei folgenden Temperaturen:

Rund 8 – 9 °C für Champagner, Schaumweine und leichte Weiße; 10 – 11 °C für schwerere Weiße wie Spätlesen; 12 – 13 °C für große Weißweine; etwa edle Chardonnays; 14 – 15 °C für leichte Rote à la Beaujolais; 16 – 17 °C für junge Rote und 18 – 19 °C für schwere, volle Rotweine wie Barolo, große Bordeaux. Im Zweifelsfall den Wein lieber ein Grad zu kalt servieren. Warm wird er schließlich von selbst.

Korkenzieher: Es gibt verschiedenste Modelle von Korkenziehern. Viele versprechen, Korken ohne Kraftaufwand zu entfernen oder versuchen, durch besonders schöne Formen zu bestechen. Im Grunde braucht man nur einen soliden traditionellen Korkenzieher. Er entfernt den Kork zuverlässig, ohne ihn zu durchstechen. Denn dadurch fallen oft Korkstücke in den Wein.

Dekantieren: Nicht nur im Restaurant werden Weine zuweilen dekantiert, also in eine Karaffe umgefüllt. So bekommt der Wein, eine kräftige Dosis Sauerstoff, ältere Bouteillen werden außerdem vom Bodensatz (Depot) befreit. Vielen jungen Weinen tut die Sauerstoffzufuhr gut, bei alten Weinen sollte man vorsichtig sein: Dekantiert man Stunden vor dem Genuss, hat sich mancher Wein-Veteran schon in eine trübe, leicht alkoholisierte Flüssigkeit verwandelt. Viele Sommeliers empfehlen, rare Weine erst kurz vor dem Trinken zu dekantieren. Aber wie bei jeder Regel gibt es Ausnahmen: Einigen alten Weinen tut es ausgesprochen gut, Stunden vor der Verkostung dekantiert zu werden.

Weine degustieren: Wer mehrere Weine nacheinander kosten möchte, sollte einige Grundregeln beachten – egal, ob zu Haus oder im Restaurant:

· Zuerst junge, leichte Weine servieren, die älteren folgen danach - andernfalls würden die jungen von der Geschmacksfülle der älteren erschlagen.

· Trockene Weine vor Süßen trinken - sonst betäubt der Restzucker die Zunge.

· Bessere Weine nach den einfacheren trinken, so steigert sich der Wohlgeschmack wie in einem guten Menü. Denn wer will den Tisch schon mit dem Gedanken daran verlassen, dass er zuvor weit Besseres getrunken hat.

Ein Probeschluck: Der erste Blick: Stimmt die Farbe? Wirkt der Wein trüb, staubig oder verschleiert (möglicherweise fehlerhaft!). Oder ist er im Gegenteil klar und glänzend? Profis erkennen Rebsorte und Alter schon am Farbton. Wer wirklich erkennen will, ob der Rote eher ein wenig violett schimmert (Zeichen eines jungen Weines) oder seine Couleur an Mahagoni erinnert (in der Regel ein Reifezeichen), sollte bei Tageslicht trinken. Blau schimmernde Neonröhren können die Farbe verfälschen. Und natürlich hält man das Glas am Stiel und nicht etwa wie einen Cognacschwenker in der Hand.

Anschließend den Wein im Glas kreisen lassen. Bilden sich kaum Schlieren am Glasrand, ist er leicht, zeichnen sich zahlreiche, enge Schlieren ab, handelt es sich um alkoholreichen, schweren Wein.

Dann die Nasenprobe: Wonach riecht der Wein? Erde, Unterholz, Wildkirsche? Besonders wichtig: Auf muffigen Korkgeruch achten. Penetranter Korkgeruch ist stets ein Alarmzeichen, oft beruht er auf fehlerhaften Korken, die zu viel Sauerstoff durchlassen und ihren Geschmack durch Oxidation dem Wein aufdrängen. Woran man den berüchtigten Korkgeruch erkennt? Riechen Sie ruhig einmal an einem Stück: Genau den Duft und Geschmack finden Sie im Wein wieder. Kurz: Korkiger Wein ist fehlerhaft, im Restaurant können Sie ihn zurückgehen lassen. Auch schwaches, charakterloses Aroma ist kein gutes Zeichen.

Abgesehen davon gilt: Duft und Geschmack sind teilweise subjektiv. Natürlich können Profis sofort erkennen, ob der Wein nach Wildkirsche oder Unterholz schmeckt, ob er nervig, säurehaltig oder tanninreich ist.

Schließlich der eigentliche Probeschluck: Hat der Wein die richtige Temperatur, ist er zu kalt, zu warm? Wonach schmeckt er? Auch hier ist Korkgeschmack wieder Zeichen fehlerhaften Weins. Verfügt der Wein über einen langen Abgang, d. h. bleibt der Geschmack nach dem Herunterschlucken lange am Gaumen? Ein erstklassiges Merkmal.

Und gefällt er Ihnen selbst? Selbstverständlich haben Sie das Recht, einen Wein nicht zu mögen, auch wenn er teuer war oder aus einem renommierten Château stammt. Das heißt in den Augen anderer Weintrinker nicht etwa, dass Sie keinen Geschmack haben – Sie haben ihren eigenen.

Wein kaufen

Wer vor Ort beim Winzer Wein kaufen will, sollte bedenken, dass die Bouteillen auf dem Heimweg, etwa durch starke Temperaturschwankungen beim Transport im Kofferraum, Schaden nehmen könnten. Über den Korken können sogar Aromen von außen in die Flasche eindringen: Zwiebelsäcke oder auslaufende Benzinkanister sind keine freundlichen Nachbarn für einen guten Tropfen. Nach dem Transport muss der Wein erst wieder zur Ruhe kommen: Weiße sollte man etwa vier Wochen, Rote etwa acht Wochen liegen lassen.

Wein kaufen

Weine aus dem Internet

Vom Hobbyversand in der Garage bis zum professionell gestalteten Sortiment günstiger bis rarer Weine – im Internet findet man fast jeden Wein, wenn man richtig sucht.

Supermarkt

Auch wenn man ihn täglich aufsucht, um Tiefkühlkost oder Karotten zu kaufen: Der Supermarkt ist kein guter Ort für optimalen Weingenuss. Monatelang stehend gelagert unter Neonlicht bei Temperaturen um 22 °C – das ist eine Tortur, der nur billigste Alltagsweine standhalten. Bleiben die Feinschmeckerzentren in renommierten Kaufhäusern. Dort stimmt das Angebot, selbst große Bordeaux und Champagner gibt es manchmal halbwegs preiswert. Nur die Beratung ist Glückssache.

Fachhändler

Ein fachkundiger Weinhändler ist die beste Adresse für den Weinkauf. Viele Händler suchen ihre Weine persönlich aus, kennen die Winzer und können fundierte Empfehlungen aussprechen. Meist lagern sie Wein fachgerecht und sorgfältig. Aber: Dieser Service sorgt dafür, dass Weine vom Fachhändler manchmal etwas kostspieliger sind.

Glossar

Abgang: Geschmackseindruck nach dem Schlucken.

Adstringierend – ist ein Wein mit viel Tannin (Gerbstoff).

Alkohol – Weine haben zwischen 8,5 und 15 Volumenprozent davon.

AOC – Appellation d'Origine Contrôlée. Auszeichnung erstklassiger französischer Weine.

Assemblage – Verschneiden (Mischen) verschiedener Rebsorten (etwa beim Bordeaux) oder Mischen desselben Weins aus mehreren Fässern.

Aufspriten – Alkohol oder Weinbrand in den Wein geben. Wird zur Herstellung von Likörweinen wie Port durchgeführt.

Ausbau – Reifung des Weins, meist in Stahltanks oder Holzfässern.

Auslese – Prädikatsstufe deutschen Weins für Weine mit 90 bis 100 ° Öchsle.

Barrique – Eichenholzfass mit 225 Liter Inhalt.

Beerenauslese – Süßwein aus von Edelfäule (→Botrytis) befallenen Beeren mit 110 bis 128 ° Öchsle

Botrytis cinerea – Edelfäule: Faule Trauben führen nicht immer zu minderwertigem Wein: Botrytis cinerea heißt ein Pilz, mit dem man rund um Sauternes und in Deutschlands besten Lagen Trauben befallen lässt. Die Pilzsporen durchdringen die Haut der Beeren und fördern die Verdunstung von Wasser im Fruchtfleisch. So trocknen die Trauben aus, die Konzentration von Zucker und Fruchtstoffen erhöht sich. Der Glyceringehalt steigt, der Wein wirkt „öliger" und geschmeidiger, sein Aroma und Duft können Honig ähneln.Solche Edelsüßen schmecken etwa zu Foie Gras oder Blauschimmelkäse.

Brut – französisch für trocken.

Cava – spanischer Schaumwein.

Cave – Weinkeller.

Champagnermethode – Flaschengärung beim Champagner. Außerhalb der Champagne nach derselben Methode hergestellte Weine tragen die Aufschrift Méthode classique oder Méthode traditionelle.

Chaptalisieren – Anreichern des Mostes mit Zucker.

Crémant – Schaumwein.

Cru – französisch für eine gute Weinlage.

Cuvée – Mischung von Grundweinen aus verschiedenen Rebsorten oder Jahrgängen.

Dekantieren – Umfüllen des Weins in die Karaffe.

Depot – „Schwebeteilchen" im Wein, kein Zeichen fehlerhaften Weins.

DO – spanisch für kontrollierte Ursprungsbezeichnung.

DOC – italienisch für kontrollierte Ursprungsbezeichnung.

DOCG – höchste Auszeichnung für italienische Weine, derzeit nur sechzehn Weinen (Barolo, Barbaresco, Chianti...) zugestanden.

Edelfäule – vgl. Botrytis.

Edelzwicker – nichts übermäßig Edles, sondern ein aus verschiedenen Rebsorten gekelterter Wein.

Eiswein – Seine Trauben werden bei mindestens minus 8 °C gelesen und in gefrorenem Zustand gepresst. Hat mindestens die Qualität einer Beerenauslese.

Eiweiß – dient zur Klärung von Rotwein, bindet dabei Hefe und Trübstoffe.

Flaschengärung – zweite Gärung bei Champagner und anderen auf traditionelle Art hergestellten Schaumweinen. Wie der Name schon sagt, findet sie in der Flasche statt.

Grand Cru – Bezeichnung für die besten Lagen und Weine in französischen Weinbaugebieten.

Gran Reserva – mindestens sechs Jahre gereifter spanischer Roter. Zwei Jahre verbringt eine Gran Reserva im Holzfass.

Halbtrocken – heißen Weine mit einem Restzuckergehalt von 10 bis 18 Gramm pro Liter.

Lage – Ort und Weinberg, wo der Wein gewachsen ist.

Likörwein – Dessertweine mit 15 Volumenprozent Alkohol und mehr (Sherry, Port, Banyuls, Madeira).

Magnum – Flasche mit 1,5 Liter Inhalt.

Mostgewicht – Maßeinheit für den Zuckergehalt (und damit den potenziellen Alkoholgehalt) des Weins. Hierzulande in Öchsle gemessen.

Nase – Duft und Bukett des Weins.

Öchsle – Maßeinheit des → Mostgewichts. Erklärt grob gesagt, um wie viel Gramm ein Liter Most schwerer ist als ein Liter destilliertes Wasser.

Oxidation – entsteht bei langem Kontakt des Weins mit Sauerstoff, trübe Farbe und muffiger Duft können zu den Folgen gehören.

Phylloxera – wissenschaftlicher Name für Reblaus.

Sommelier – Weinkellner.

Schwefel – wird zwecks Haltbarmachung dem Wein zugesetzt, schützt vor Oxidation.

Tannin – Gerbstoff. Rotwein enthält durch das Vergären der Beerenhäute und eventuellen Ausbau im Barrique die meisten davon.

Tastevin – silberne Probierschale, heute reine Dekoration.

Trinkreif – nennt man einen Wein, der das richtige Alter erreicht hat, um serviert zu werden.

Trocken – Wein mit weniger als 9 Gramm Restzucker pro Liter.

Trockenbeerenauslese – edelsüßer Wein mit mindestens 150 Grad Öchsle.

Vinifikation – Weinbereitung.

Vintage – englisch für Jahrgang.

Weinstein – Ablagerungen der Weinsäure in Weißweinen. An sich harmlos und kein Qualitätsfehler.

MATUSA

Technische und fremdsprachige Küchenbegriffe

Abschrecken: Besonders Gemüse wird nach dem Garen kurz in eiskaltes Wasser getaucht (abgeschreckt), damit Farbe, Mineralstoffe und Vitamine erhalten bleiben. Das Gargut wird anschließend über einem Sieb abgegossen.

Anschwitzen: Bei nicht zu starker Hitze wird das Gargut mit etwas Fett in einer Pfanne oder Sauteuse angebraten, ohne es Farbe nehmen zu lassen.

Auskühlen: Wichtig bei Suppen, Saucen, Eintöpfen oder anderen Gerichten, welche aufbewahrt werden sollen. Diese an einen kühlen Ort (im Winter auf den Balkon) stellen und auf Zimmertemperatur auskühlen lassen, danach abdecken und im Kühlschrank aufbewahren. Man kann auch noch warme Suppe in den Kühlschrank stellen, allerdings sollten es dann nicht mehr als 2 Portionen sein, und die Temperatur sollte für eine kurze Zeit auf die maximale Kühlung gestellt werden.

Backen: Das jeweilige Gargut wird in einer feuerfesten Form oder auf einem Backblech im vorgeheizten Backofen gegart. Das Garen erfolgt durch heiße Luft, entweder in konventionellen Öfen oder in Heißluftherden. Die am häufigsten benutzte Temperatur ist 180 °C und ideal für Kuchen, Gebäck, Plätzchen, Braten, Fisch und Geflügel. 200 bis 220 °C benötigt man beim Backen von Blätterteig, Soufflés und beim Überbacken von Aufläufen. Geringere Temperaturen um die 150 °C bis 160 °C sind optimal zum schonenden Garen von Fischgerichten aber auch für zarte Braten (Geflügel oder Kalb). Eine Faustregel: Je niedriger die Temperatur desto länger die Garzeit. Auch Frittieren in heißem Öl wird in der Fachsprache als Backen bezeichnet.

Bain-Marie: Darunter versteht man in der Küchensprache in erster Linie ein heißes Wasserbad, in dem Speisen warm gehalten werden. Es erfüllt jedoch mehrere Aufgaben, u. a. das Schmelzen von Schokolade oder Kuvertüren für Kuchen, Cremespeisen und Desserts. Auch bei einer klassischen Mousse au Chocolat wird das Eiweiß warm über einem Wasserbad aufgeschlagen. Die Mousse wird dadurch besonders luftig und hat einen guten Stand. Bei der Zubereitung von warmen aufgeschlagenen Saucen, wie etwa einer Hollandaise oder Béarnaise ist das Wasserbad unerlässlich, denn es garantiert eine problemlose und schonende Zubereitung. Das Eigelb wird langsam erhitzt und bekommt dadurch das richtige Volumen, um sich später gut mit der flüssigen Butter zu verbinden.

Bardieren: Magere Fleischstücke, vor allem Rehrücken, Fasan, Hasenrücken, werden mit Speckscheiben umhüllt und mit Küchengarn verschnürt. So bleiben die Fleischteile schön saftig, trocknen nicht aus und bekommen zusätzlich einen guten Geschmack.

Begießen: Gargut wird mit dem austretenden Bratensaft, der sich in der Form oder auf dem Backblech sammelt, immer wieder begossen. Zusätzlich kann man Wein, Brühe oder einfach nur klares Wasser verwenden. Durch ständiges Begießen und »Pflegen« des Gargutes bleibt es schön saftig und trocknet nicht aus. Diese naturelle Sauce schmeckt besonders intensiv, da alle Geschmacksstoffe darin enthalten sind.

Beizen: Sowohl Fleisch als auch Fisch kann man in Beizen einlegen. Fleisch wird durch diesen Vorgang mürber und durch die Aromen der Beize aromatischer. Roher Lachs wird mit Salz, Zucker, Gewürzen und Kräutern gebeizt und dadurch nicht nur würziger, sondern auch länger haltbar.

Beurre manié: Gleiche Teile Mehl und weiche Butter werden verknetet und flöckchenweise in eine kochende Flüssigkeit eingerührt. Dieses schnelle Bindemittel mit feinem Butteraroma ist besonders leicht zu handhaben, da sich durch die Butter-Mehl-Verbindung beim Kochen keine Klümpchen bilden.

Blanchieren: Gemüse, wie z.B. Spinat, Wirsing, Lauch und Karotten, wird in reichlich kochendem Wasser kurz gekocht. Wichtig ist das anschließende Abschrecken in Eiswasser. Das Gemüse bleibt dadurch knackig und behält seine ursprüngliche Farbe. Nach dem Blanchieren wird das Gemüse je nach Rezept noch in heißer Brühe oder Butter erhitzt und dann serviert.

Blini: Russisches Hefegebäck aus Buchweizenmehl, das in kleinen Spezialpfannen gebacken wird. Zur besseren Bindung wird das Buchweizenmehl zusätzlich noch mit Weizenmehl vermischt. Klassisch werden sie zu Kaviar serviert. Auch als Beilage zu geschmortem Fleisch und Wild schmecken die kleinen luftigen Pfannkuchen besonders lecker.

Bouquet garni: Kräutersträußchen bestehend aus unterschiedlichen frischen Kräutern, das zusammengebunden mitgegart wird. Vor dem Anrichten wird das Sträußchen wieder entfernt.

Braisière: Dieser große feuerfeste Schmortopf ist eine notwendige Anschaffung für alle, die Schmorgerichte, wie z.B. Ochsenschwanz und Wildragout lieben. Das Gargut kann durch die große Oberfläche des Schmortopfes sein Aroma voll entfalten. Es gibt Töpfe die gerade für längliche Braten, wie Lammkeule oder Rollbraten wunderbar geeignet sind.

Braten: Braten ist Garen im heißen Fett. Deshalb eignen sich zum Braten am besten hoch erhitzbare Fette und Öle, wie z.B. Sonnenblumenöl, Butterschmalz oder Gänseschmalz. Fettreiche Fleischteile wie z.B. T-Bone-Steaks oder Schweinekoteletts kann man in einer beschichteten Grillpfanne auch gut ohne Fett braten. Schweinekrustenbraten wird wegen seines hohen Fettanteiles häufig nur mit etwas Wasser begossen im Backofen gebraten. Dabei muss die Schwarte immer oben sein, denn durch die starke Hitze zieht sich das Fett zusammen, verfärbt sich und wird zur festen und sehr geschmackvollen Kruste.

Bridieren: Fleischstücke, wie z.B. Rouladen und Geflügel werden mit Küchengarn gebunden und dadurch in Form gebracht.

Canapé/Kanapee: Kleine, mundgerechte Brotscheiben mit unterschiedlichem Belag wie Räucherlachs, Gänsestopfleber, Kaviar, geräucherte Entenbrust, Schinken usw.

Celestine: Fein geschnittene Pfannkuchenstreifen als Einlage für klare Brühen.

Chiffonade: Fein geschnittene Kopfsalatstreifen, die zu Shrimps-Cocktails serviert werden.

Chinois: Spitzsieb zum Passieren von Saucen und Suppen.

Cocotte: Feuerfeste ovale Form aus Porzellan oder Steingut.

Concassée: Tomaten blanchiert, enthäutet, geviertelt, entkernt und klein geschnitten.

Crêpes: Dünne Pfannkuchen, die aus einem Teig mit Öl zubereitet werden. Die Pfannkuchen werden langsam in einer Pfanne hell gebacken. Sie können süß mit Marmelade oder Schokoladencreme, aber auch herzhaft mit einer Gemüsefüllung serviert werden.

Dämpfen: Das heißt Garen über Wasserbad, ohne dass das Gargut mit der Flüssigkeit in Berührung kommt. Das Gargut wird auf einem Siebeinsatz über leicht siedendem Wasser oder Brühe schonend im Dampf gegart. Die Aromen bleiben durch diese Garmethode besonders gut erhalten. Gemüse bleibt knackig und geschmackvoll, Fisch kann auch ohne Fettzugabe aromatisch zubereitet werden. Besonders eignet sich diese Zubereitungsart für Diäten, Kleinkinder und Personen, die aus gesundheitlichen Gründen auf eine fettarme Ernährung achten müssen. Aber auch für alle, die echten, unverfälschten Genuss lieben, ist Dämpfen ideal.

Dünsten: Gargut wird mit etwas Fett und wenig Flüssigkeit in einem Topf offen gegart. Diese Garmethode eignet sich besonders gut für Gemüse- und Fischgerichte.

Duxelles: Farce aus klein gehackten Pilzen, angeschwitzt mit Zwiebelwürfeln und Kräutern. Klassische Anwendung für Rinderfilet »Wellington« (im Blätterteig gebacken).

Farce: Fein gehacktes Fleisch oder Fisch, aus dem eigenständige Gerichte zubereitet werden, wie z.B. Hechtklößchen, Brätnockerl oder Rehklößchen. Sie dient auch als Basis für Terrinen und Pasteten, wie z.B. Rehterrine oder Wildschweinpastete.

Filet: Bei Schlachtfleisch ist es die Bezeichnung für die Lende, bei Lamm, Kaninchen, Reh, Hase, Hirsch etc. für den ausgelösten Rücken sowie für die kleinen „richtigen" Filets. Bei Geflügel sind es die ausgelösten Brüstchen, bei Fisch der ausgelöste Fisch ohne Kopf, Karkassen und Gräten.

Filetieren: Fleisch, Geflügel, Wild und Fisch werden mit einem scharfen Messer von den Knochen gelöst.

Flambieren: Abbrennen und Anzünden mit hochprozentigem Alkohol (Cognac, Grand Marnier) von Fleisch oder auch Süßspeisen. Berühmt sind vor allem Rinderfiletstreifen in Cognacrahmsauce.

Fleurons: Kleine gebackene Blätterteigstücke in verschiedensten Formen, wie z.B. Blumen, Schiffchen und Hummer. Werden zu Fischgerichten mit Sauce oder zu Hühnerfrikassee gereicht.

Fond: Grundbrühe für Suppen und Saucen, die beim Kochen von Kalb, Rind, Wild, Geflügel oder Fisch entsteht. Wichtig ist dabei, dass die Fonds langsam köcheln und dabei der sich immer wieder bildende Schaum mit einer Schöpfkelle abgeschöpft wird. Beim abgekühlten Fond die Fettschicht abnehmen, so wird der Fond besonders leicht und klar.

Frittieren: Bei dieser Garmethode wird das Gargut in heißem Fett schwimmend ausgebacken. Nachdem es gar und knusprig ist, nimmt man es mit einem Schaumlöffel aus dem Fett und lässt es auf einem Küchenpapier gut abfetten. Da das heiße Fett oftmals spritzt, ist Vorsicht geboten. Eine elektrische Fritteuse mit exakt einstellbarer Temperatur ist sinnvoll - nicht nur zum Schutz vor Fettspritzern, auch wegen des unangenehmen Geruches beim Frittieren. Zum Frittieren eignen sich z.B. geschälte, rohe, kleingeschnittene Kartoffeln, Garnelen und Gemüse im Tempurateig, gebackene Grießklößchen als Suppeneinlage, aber auch Süßspeisen, wie z.B. Krapfen, Apfelbeignets etc.

Gazpacho: Kalte spanische Gemüsesuppe aus frischen Tomaten, Gurken, Knoblauch und frischen Kräutern. An heißen Sommertagen schmeckt sie besonders gut.

Glasieren: Überglänzen oder Übergießen von Gemüse, Fleisch, Fisch oder Süßspeisen. Dazu verwendet man entweder einen entsprechenden Fond, das eigene Bratfett, einen hell gekochtem Karamell, Gelee, heiße Konfitüre oder auch Zuckerguss.

Gnocchi: Kleine Klößchen, die in Italien je nach Region entweder aus Kartoffelteig, Grieß-, Ricotta- oder Brotmasse zubereitet und anschließend in kochendem Salzwasser kurz gegart werden.

Gratinieren: Bei starker Oberhitze von etwa 220° C oder auch mehr werden Gerichte überbacken, bis eine braune Kruste entsteht. Zum Überbacken eignen sich geriebener Käse oder Brotbrösel oder eine Mischung aus beiden.

Grill: Gargut wird auf einem Rost ohne Fett gegrillt.

Durch das Grillen bekommt das Gargut einen wunderbar rauchigen Geschmack. Gerade für Menschen, die sich kalorienbewusst ernähren, ist das Grillengut besonders empfehlenswert. Fleisch, Fisch, Geflügel aber auch Gemüse wird ohne Fettzugabe gegart.

Jus: So bezeichnet man den austretenden Bratensaft bzw. Fleischsaft, aber auch extra angesetzte braune Saucen aus unterschiedlichen Fleischsorten.

Kaltschale: Kalte Fruchtsuppe aus pürierten Früchten, wie z.B. Himbeeren, Melonen, Erdbeeren, werden mit Zitronensaft und je nach Geschmack mit Weißwein fein püriert und mit frischen Kräutern verfeinert. Wichtig ist, sie gut gekühlt zu servieren.

Karkassen: Knochen und Gerüst von Geflügel und Fisch, die zum Ansetzen von Saucen und Fonds verwendet werden.

Klären: Nennt man das Entfernen aller Trübstoffe aus Suppen, Fonds oder Gelees mit Hilfe von leicht geschlagenem Eiweiß. Das gerinnende Eiweiß schließt die kleinen Schmutzteile ein, wodurch sie mühelos abgeschöpft werden können.

Klärfleisch: Für Klärfleisch wird sehnenreiches, mageres und muskulöses Fleisch, wie z.B. Rinderwade, verwendet. Fleisch wird mit Wurzelgemüse und Kräutern durch die grobe Scheibe des Fleischwolfs gedreht und mit etwas angeschlagenem Eiweiß und einigen Eiswürfeln verrührt und langsam unter ständigem Rühren erhitzt. Zum Klären sollten die Zutaten eiskalt sein – auch die Brühe muss vollständig ausgekühlt sein. Das Eiweiß fängt bei 70 °C an zu gerinnen und umschließt so die Trübstoffe in der Brühe. Dadurch wird die Brühe klar und bekommt zusätzlich ein kräftigeres Aroma. Zum Klären eignen sich Rinderbrühe, Wildbrühe, aber auch Gemüse- und Fischsuppen (wobei dann natürlich nur mit Eiweiß und Gemüse geklärt wird).

Köcheln: Gargut wird bei schwacher Hitze sanft gegart, dadurch bleibt es saftig und kann so das volle Aroma besser entwickeln. Gerade bei der Herstellung von Suppen und Saucen wird diese Garmethode verwendet.

Kraftbrühe: Auch Consommé genannt, muss geklärt werden. Doppelte Kraftbrühe – Consommé double – wird mit der doppelten Menge an Klärmasse geklärt. Durch die Verwendung von Klärfleisch bekommt die Brühe einen besonders intensiven und kräftigen Geschmack.

Legieren: Saucen oder Suppen mit Eigelb binden. Nach dem Einrühren darf die Flüssigkeit nicht mehr kochen.

Marinade: Mischungen aus Essig, Zitronensaft oder Buttermilch. Zusätzlich kann sie noch mit Gewürzen oder Kräutern angereichert werden. Man verwendet sie zum Anmachen von Salaten oder zum Einlegen von zartem Fleisch. Gerade die Fleischmarinaden geben der Sauce erst den richtigen Pfiff, denn in ihr sammeln sich die verschiedenen Geschmacksrichtungen aus Kräutern, Gemüse und Gewürzen.

Mehlieren: Kurzes Wenden in Mehl von Fisch- oder Fleischscheiben vor dem Braten. Durch das Mehlieren bekommt das jeweilige Gargut eine wohlschmeckende Kruste und bleibt zusätzlich schön saftig.

Mie de pain: Geriebenes trockenes Weißbrot ohne Rinde. Verwendet man zum Binden von Farcen, zum Panieren von Fisch, als Kruste zum Überbacken von Lamm etc.

Minestrone: Klassische italienische Gemüsesuppe, die in jeder Region und je nach Jahreszeit immer wieder andere Gemüsezutaten enthält. Ein „Muss" sind Bohnenkerne und Nudeln.

Mirepoix: Klein gewürfeltes Gemüse, manchmal auch Speck und Kräuter, in Butter geröstet als Würzmittel für Saucen.

Montieren: Suppen und Saucen, aber auch Desserts werden am besten mit einem Stabmixer aufgeschlagen. Dadurch werden sie nicht nur gebunden, sondern auch locker und schaumig.

Muffins: Kleine amerikanische Kuchen aus schwerem Rührteig und in speziellen Backformen mit Papiertütchen gebacken. Es gibt verschiedenste Muffins, wie z.B. mit Johannisbeeren, Himbeeren, Heidelbeeren, Schokolade.

Nappieren: Gemüse, Fleisch oder Fisch mit Saucen überziehen.

Panieren: Fleisch- oder Fischscheiben werden vor dem Braten in heißem Fett durch Mehl, verquirltes Ei und zum Schluss durch Semmelbrösel gezogen. Das Gargut wird dadurch außen besonders knusprig und innen bleibt es saftig.

Parieren: Entfernen von Sehnen und Fett von Schlachttieren jeder Art. Die Parüren (Abschnitte) werden für das Kochen von Fonds, Brühen und Saucen verwendet. Wichtig ist ein scharfes Messer, das man flach zum Fleisch hält, damit man nicht zu viel Fleisch abschneidet.

Passieren: Suppen, Saucen, Brühen und Fonds werden durch ein feines Sieb gegossen oder gestrichen. Bei Brühen und feinen Fonds verwendet man zusätzlich noch ein Passiertuch (grob gewebtes Tuch).

Pie: Auch englische Pastete genannt. Es gibt verschiedenste süße und herzhafte Variationen. Typisch für eine Pie ist die flache Form mit einem etwa 5 cm hohen schrägen Rand. Eine Pie wird immer mit einem Teigdeckel abgedeckt. Dabei wird in die Mitte eine kleine Öffnung geschnitten, sodass der Dampf entweichen kann und sich die Füllung nicht allzu sehr aufbläht.

Plattieren: Fleisch oder Fisch wird mit einem Plattiereisen oder dem Boden eines kleinen Topfes zwischen zwei Folien dünn geklopft. Plattiert wird zum Beispiel das Fleisch für Carpaccio, Rouladen oder Fischröllchen.

Pochieren: Garen in heißer Flüssigkeit unter dem Siedepunkt von besonders empfindlichem Gargut, wie z.B. Fisch, Kalbsbries, Eier oder Austern.

Profiteroles: Sind aus Brandteig zubereitete kleine Windbeutel, die man sowohl süß als auch pikant füllen kann.

Reduzieren: Flüssigkeit wird so lange eingekocht, bis sie eine sämige Konsistenz hat. Durch mehrmaliges Reduzieren bekommt die Saucen einen besonders aromatischen Geschmack und zusätzlich einen schönen Glanz.

Roux: Ist die Bezeichnung für helle oder dunkle Mehlschwitzen. Butter wird erhitzt, Mehl eingerührt, mit Flüssigkeit aufgegossen und mindestens 15 Minuten unter ständigem Rühren gekocht. Bei einer dunklen Roux wird das Mehl „abgebrannt", bis es eine braune Farbe hat. Da dadurch die Bindefähigkeit des Mehls nachlässt, muss die Mehlmenge erhöht werden. Dunkle Roux verwendet man für saure Kutteln, Nieren und Leber, sauren Bohnen- und Linseneintopf.

Royale: Besser bekannt als Eierstich. Eier und Milch werden miteinander verrührt, gewürzt und in gebutterte Förmchen gefüllt und im Wasserbad bei 70 bis 80 °C pochiert.

Salamander: Elektrisches Gerät, das in der Gastronomie zum Überbacken und Bräunen von Gerichten verwendet wird. Vergleichbar mit einem Grill.

Samtsuppen: Pürierte und gebundene Suppen werden mit einer Eier-Sahne-Mischung abgerundet. Nach dem Einrühren der Legierung sollte die Suppe nicht mehr kochen, da das Eigelb sonst gerinnen würde.

Sautieren: Fachausdruck für das rasche Anbraten von dünnen Fleisch- oder Fischscheiben oder auch Gemüsestückchen unter Schwenken in einer Stielkasserolle (Sauteuse).

Schmoren: Darunter versteht man ein kombiniertes Garverfahren aus Braten und Kochen. Zuerst wird das Gargut in heißem Fett von allen Seiten angebraten. Dadurch schließen sich die Poren, das Fleisch bekommt eine leichte Kruste, Röststoffe bilden sich, die später für Farbe und Geschmack der Sauce wichtig sind. Anschließend wird mit einer beliebigen Flüssigkeit aufgegossen und zugedeckt im vorgeheizten Backofen langsam gar geschmort. Zum Schmoren eignen sich kräftige Fleischteile, wie z.B. Ochsenschwanz, Gulasch, Rinderbraten oder Lammragout.

Sieden: Gleichbedeutend mit der Zubereitungsart des Kochens. Das Gargut wird in reichlich Flüssigkeit gekocht. Die Temperatur beträgt während der ganzen Kochzeit etwa 100° C.

Suppenknochen: Sind wichtig für das Ansetzen von Brühen, um einen intensiven Geschmack zu bekommen. Ideal sind glatte Rinderknochen aus Gelenk und Wade. Am aromatischsten sind die Markknochen. Gerade in heutiger Zeit sollte der gezielte Einkauf von Fleisch beim bekannten Metzger des Vertrauens oder aus garantiert ökologischer Zucht an erster Stelle stehen. Nur so kann man Infektionen, die auf Krankheiten, wie z.B. BSE (Rinderwahnsinn) zurückzuführen sind, vorbeugen.

Soufflé: Besonders zarte, mit Eischnee aufgelockerte Aufläufe, die süß oder pikant sein können. Ein Menü, das z.B. mit einem Schokoladensoufflé gekrönt wird, bleibt sicher immer in besonders guter Erinnerung.

Spicknadel: Besonders magere Fleischstücke, wie z.B. Rehrücken oder Hasenrücken, werden mit Hilfe einer Spicknadel mit schmalen Speckstreifen gespickt. Der Speck verhindert das Austrocknen des Fleischstücks und verleiht dem mageren Gargut außerdem Geschmack.

Suprême: Bezeichnung für das beste Teilstück eines Schlachttiers, das immer auf feinste Art zubereitet wird. Auch „Königsstück" genannt.

Tartellettes: Kleine Törtchen aus Mürb- oder Blätterteig, die süß oder pikant gefüllt werden.

Timbale: Kleine Pasteten oder Terrinen, die in Becherformen gefüllt und entweder im Backofen gebacken oder im Wasserbad pochiert werden.

Tiramisù: In Kaffee und Grappa getränkte Bisquits schichtweise mit einer Mascarponecreme eingesetzt und Kakao bestäubt serviert. Typisches italienisches Dessert.

Tomatisieren: Gemüse oder Knochen werden nach dem Anbraten mit Tomatenmark vermischt und miteinander angeröstet. Saucen oder Suppen werden so besonders aromatisch.

Tournieren: Gemüse und Kartoffeln mit einem speziellen Messer – kleines Messer mit halbmondförmiger Schneide – in die gewünschte Form schneiden.

Tranchieren: Fleisch- oder Fischstücke in einzelne Scheiben (Tranchen) zerlegen. Am besten tranchiert man auf einem Brett mit einer Saftrinne und mit Hilfe eines speziellen Tranchierbestecks.

Versalzen: Sollte eine Suppe oder Sauce versalzen sein, hilft nur, diese wieder mit Wasser zu verdünnen. Versalzenes Wasser nimmt man zum Kochen von grünem Gemüse, da so die Farbstoffe besser erhalten bleiben.

Vinaigrette: Salatmarinade auf einer Essig-Öl-Basis, die beliebig aromatisiert werden kann. Auch ein Fleisch- oder Fischcarpaccio schmeckt erst durch die gut abgeschmeckte Vinaigrette.

Vollwertkost: Ausgewogene und abwechslungsreiche Ernährung auf der Basis gesundheitlich wertvoller Nahrungsmittel wie Vollkornprodukte, Fleisch, Fisch und Geflügel aus natürlicher Haltung und frischem Gemüse.

Wattieren: Ausstreuen von gebutterten Soufflé- und Auflaufförmchen mit Kristallzucker, damit sich beim Stürzen der Inhalt leicht aus der Form löst.

Zesten: Mit einem Zestenreißer wird die Schale von unbehandelten Orangen oder Zitronen in dünnen Streifen abgeschält. Es gibt spezielle »Zestenreißer« mit einer oder mehreren Einkerbungen schon im Handel zu kaufen.

Index

Symbole

H

I

J

K

L

M

N

O

T